Qiche Ditan Yunyong

汽车低碳运用

易宗发　江兴智　王　秦　编著

人民交通出版社

内容提要

本书是江西省交通运输厅为建设低碳交通运输体系，深入开展“车、船、路、港”千家企业低碳交通运输专项行动和“节能宣传周”活动而特约编写。全书分为16章，以标准规范和理论知识的普及、实践经验的提炼与推广为编写主线，内容涉及碳排放、汽车分类与产品管理、汽车耗能、汽车燃耗、汽车排放、新能源汽车、节能驾驶、汽车维护、故障诊断、车用燃油、车用燃气、车用机油、齿轮油与润滑脂、车用液体、汽车轮胎、绿色维修等。

本书可供汽车驾驶人员、维修人员、设计人员参考，也可作为相关专业教学用书。

图书在版编目(CIP)数据

汽车低碳运用/易宗发，江兴智，王秦编著.
--北京：人民交通出版社，2012.12

ISBN 978-7-114-10257-8

I. ①汽… II. ①易… ②江… ③王… III. 车—节能—基本知识 IV. ①U471.23

中国版本图书馆CIP数据核字(2012)第306238号

书　　名：汽车低碳运用
著 作 者：易宗发　江兴智　王　秦
责任编辑：丁润铎
出版发行：人民交通出版社
地　　址：(100011)北京市朝阳区安定门外外馆斜街3号
网　　址：http://www.ccpress.com.cn
销售电话：(010)59757973
总 经 销：人民交通出版社发行部
经　　销：各地新华书店
印　　刷：北京市密东印刷有限公司
开　　本：720×960　1/16
印　　张：26.5
字　　数：478千
版　　次：2012年12月　第1版
印　　次：2012年12月　第1次印刷
书　　号：ISBN 978-7-114-10257-8
定　　价：65.00元

前　言

本书是江西省交通运输厅为建设低碳交通运输体系，深入开展“车、船、路、港”千家企业低碳交通运输专项行动和“节能宣传周”活动而特约编写的。

本书依据《中华人民共和国节约能源法》、《全国人大常委会关于积极应对气候变化的决议》、《中国应对气候变化的政策与行动》和《公路水路交通节能中长期规划纲要》编写。

2009 年 11 月 25 日，我国政府宣布，到 2020 年我国单位国内生产总值二氧化碳排放比 2005 年下降 40%～45%。截至 2011 年年底，我国汽车保有量达 10 578.77 万辆，汽车运用成为我国二氧化碳排放的大户。随着经济的发展，国内汽车保有量将大幅增加，探讨汽车运用低碳之路对实现我国政府减排承诺，保持国民经济可持续发展和人民生活水平不断提高具有重要意义。

汽车低碳运用是以低碳为主要目标，在汽车使用全寿命期内，通过科学运用与管理，以较低的耗费维持和充分发挥汽车的固有性能的工程技术。截至 2011 年年底，我国汽车驾驶人达 23 562.34 万人，私人汽车保有量达 7 872 万辆，公路营运汽车达 1 263.75 万辆。这标志着我国已步入“汽车社会”，汽车低碳运用不再限于公路营运汽车，而是随着汽车进入家庭和驾照的普及使该项工作变为全社会每位车主及驾驶人的行为，行车节油与节电、节水一样，成为全民低碳行动的主要内容之一。我们期望本书能将汽车低碳运用的相关知识从专业技术人员的书斋中“下放落地”，同时使汽车运用者的成功经验“上浮水面”，为拥有驾照的 2 亿多驾驶人及相关者所接受，并成为自觉行动，切实收到汽车低碳运用的效果。

全书分为 16 章，以标准规范、理论知识的普及和实践经验的提炼、推广为编写主线，将读者群定位为汽车运用活动的直接参与者，以及潜在的参与者，包括技工学校、职业院校和高等院校相关专业的学生。

由于汽车运用中涉及低碳的内容非常广泛、丰富，受篇幅的限制与编著目标的制约，我们难以做到多维阐述和深入研究。同时，由于水平有限、时间仓促，书中一定有错漏之处，欢迎业内专业人士与广大读者批评指正。

编著者

2012 年 5 月

目　录

1 碳 排 放

1.1 地球大气的形成

据同位素测定，地球自生成以来，已有50多亿年。最初，当地球刚由星际物质凝聚成疏松的团状时，大气仅在地球表面，而且还渗在地球里面。那时候，空气中最多的是氢气，约占气体总体积的90%。此外，还有水汽、甲烷、氨气以及一些惰性气体，但是几乎找不到氮气、氧气和二氧化碳。随着时间的推移，由于地心引力的作用，这个松散的地球团逐步收缩变小。在收缩时，地球里面的空气受到压缩，使地球的温度猛烈升高，地球内部的空气大量飞散到太空中去。地球收缩到一定程度后，收缩速度就会变慢，而且在强烈收缩时所产生的热量，也渐渐失散，地球就渐渐冷却，地壳逐渐凝固。部分最后被挤出地壳的空气，被地心引力拉住，围在地球表面，形成了大气层。同时，水汽冷凝成为水，使地壳上开始有了水体。当时大气层是很薄的，大气成分也与现在大气层的成分大不相同，仍是水汽、氢气、氨气、惰性气体等。

地壳凝固起来后的很长时期内，地球内部又因放射性元素的作用而不断加热，造成地层的调整，使地壳的某些地方发生断层和位置移动，许多岩石和地壳中的水在高温中又继续释放出来，增添了地壳中的水量。被拘禁在岩石或地层中的一些气体，包括二氧化碳在内，也大量跑出来，充实了稀薄的大气层。这时，大气上层已经有了许多水蒸气，它们受到太阳光的照射，一部分分解为氢气和氧气。这些分解出来的氧气，一部分与氨气中的氢结合，使氨气中的氮分离出来；一部分与甲烷中的氢结合，使甲烷中的碳分离出来，这些碳又与氧气结合成二氧化碳。这样，大气圈内空气的主要成分就变为水汽、氮气、二氧化碳和氧气。不过，那时候二氧化碳比现在多，而氧气则比现在少。

陆地上开始出现植物之时，大气中二氧化碳含量比较多，所以十分有利于植物的光合作用，使植物大为繁茂。大量植物在进行光合作用时，吸收了大气中丰富的二氧化碳，放出了氧气，使大气中的含氧量大大增多。在大约5亿年前，地球上动物增加很快，动物的呼吸，又使大气中部分的氧气转为二氧化碳。地球上动植物增多后，它们在排泄和腐烂时，蛋白质的一部分变为氨气和铵盐，另一部分直接分解出氮气。由于氮气不太活泼，不容易在正常温度下与其他元素化合，因此大气中的氮也就越积越多，最后就达到了目前大气中氮气的含量。这时，地面附近的大气就变成了现在的成分，体积比例是：氮气约占78%，氧气约占

21%，惰性气体约占0.94%，二氧化碳约占0.03%，其他杂质约占0.03%。

大气的形成，一方面与地球的形成、地壳的形成有关，一方面又与动植物的出现有关。它不是孤立地形成的。

1.2 大气层的结构

大气层的厚度大约在1 000km以上，但没有明显的界限，探空火箭在3 000km高度仍然发现有稀薄的大气。科学家认为，大气层一直可以延续到距地面6 400km左右，气体密度随离地面高度的增加而变得越来越稀薄。大气质量约6 000万亿t，差不多占地球总质量的百万分之一。整个大气层随高度不同表现出不同的特点（如温度、成分及电离程度等），从地面开始依次分为对流层、平流层、中间层、暖层，再上面是外大气层。除此之外，还有两个特殊的层，即臭氧层和电离层。

对流层是接近地球表面的大气层，空气的移动是以上升气流和下降气流为主的对流运动，它的厚度不一，其厚度在地球两极上空为8km，在赤道上空为17km，平均高度约10km，是大气中最稠密的一层。大气中的水汽几乎都集中于此，云、雨、雪、雹等主要天气现象都发生在该层；动、植物的生存，人类的绝大部分活动，也在这该层内。对流层温度随高度降低，每上升100m，温度下降约0.6℃。

平流层在对流层上面，直到高于海平面50km这一层，气流主要表现为水平方向运动，大气流动平稳，基本上没有水汽和尘埃，晴朗无云，很少发生天气变化，适于飞机航行。

中间层在平流层以上，到离地球表面85km。这里的空气已经很稀薄，突出的特征是气温随高度增加而迅速降低，空气的垂直对流强烈。

暖层在中间层以上，到离地球表面800km。暖层最突出的特征是当太阳光照射时，太阳光中的紫外线被该层中的氧原子大量吸收，因此温度升高，故称暖层。在中间层和暖层内，经常会出现许多有趣的天文现象，如极光、流星等。

外大气层在暖层以上，延伸至距地球表面1 000km处。这里的温度很高，可达数千度。外大气层大气已极其稀薄，其密度为海平面处的一亿亿分之一。

平流层中存在着臭氧层（臭氧是无色气体，有特殊臭味，因此而得名"臭氧"）。由太阳释出的带电粒子进入大气层，使氧分子裂变成氧原子，而部分氧原子与氧分子重新结合成臭氧分子。距地面15～50km度高度的大气平流层，集中了地球上约90%的臭氧，这就是"臭氧层"。臭氧具有吸收紫外线功能，像一道屏障保护着地球上的生物免受太阳高能粒子的袭击。

电离层很厚，大约距地球表面60km以上。电离层是高空中的气体被太阳光的紫外线照射，电离成带电荷的正离子和负离子及部分自由电子形成的。电离层对电磁波影响很大，人们可以利用电磁短波能被电离层反射回地面的特点，来实现电磁波的远距离通信。

1.3 大气层的作用

月球上没有生命的原因就是因为没有大气层。有些星球也有大气层，但它的大气层不适合生命的孕育和发展，如太阳大气层充满的是燃料。地球能够孕育和发展生命的很重要的原因就是有很合适的大气层。地球大气层对生命的作用主要有：

(1)密度适中，使得地面气压不至于过高或者过低。

(2)大气中的水汽使得大气中的降水成为可能，从而连接了地球水圈的循环。

(3)大气中的氧气让生物的有氧呼吸成为可能，与无氧呼吸相比，有氧呼吸效率更高，使得生物的繁衍进化加快。

(4)氮元素是组成蛋白质的基本物质，是生命的基础。

(5)防止地球被太空小星体袭击。陨石在运动过程中与空气摩擦，使陨石温度升高烧毁。

(6)空气中的水汽、二氧化碳、甲烷等温室气体能吸收大地释放的长波辐射，从而加热大气，并且有保温作用，而臭氧、电离层能阻挡太阳辐射的过量输入，使得大气层内保持相对均衡且适宜的温度。月球没有大气层，被太阳照射时温度急剧升高，不受照射时温度则急剧下降，加上月球表面物质的热容量和热导率很低，月球表面白天阳光垂直照射的地方温度高达 127℃，夜晚则可降低到 −183℃。目前适宜人类居住的地球，表面平均温度维持在大约 15℃的水平。

1.4 “温室效应”与“碳排放”

温室效应最早是法国数学家让·巴蒂斯特·傅立叶发现的，1824 年，他在论文《地球及其表层空间温度概述》里首次阐述了这一现象。他得出的结论是：尽管地球确实将大量的热量反射回太空，但大气层还是拦下了其中的一部分并将其重新反射回地球表面。他将此比作一个巨大的钟形容器，顶端由云和气体构成，能够保留足够的热量，使得生命的存在成为可能。温室效应如同花房，具有让阳光进入、阻止热量外逸的功能，故又称为“花房效应”。

地球红外线在向太空的辐射过程中被地球周围大气层中的某些气体或化合物吸收才最终导致全球温度普遍上升，所以这些气体的功用和温室玻璃有着异曲同工之妙，都是只允许太阳光进入，而阻止其反射，进而起到保温、升温作用，因此被称为温室气体。温室气体如同花房四周的玻璃。

大气中主要的温室气体是水汽(H_2O)，水汽所产生的温室效应大约占整体温室效应的60%～70%，其次是二氧化碳(CO_2)，大约占了26%，其他的还有臭氧(O_3)、甲烷(CH_4)、氧化亚氮(N_2O)、全氟碳化物(PFC_S)、氢氟碳化物(HFC_S)、含氯氟烃($HCFCS_S$)及六氟化硫(SF_6)等。要是没有温室气体的温室效应，近地层平均气温要比现在下降33℃，地球会变成一个寒冷的星球。

温室气体过量将加剧温室效应，使太阳辐射到地球上的热量无法向外层空间发散，其结果是地球表面变热起来，这种现象称为“增强的温室效应”。

温室气体中水汽是水流通中的一种形态，没有水汽，水就没办法流通到河流无法到达的地方，比如山上。没有水的流通，地球上的生物自然都无法生存了，所以虽然水汽是大气中含量最大的温室气体，但其对地球是必不可少的。二氧化碳虽然也是大自然中必不可缺的气体，但它的含量已经超出了我们的需求量；二氧化碳虽然不是大气中含量最多的温室气体，但它是人类活动产生增强温室效应的主要气体。人类控制温室气体排放造成增强的温室效应，主要是指控制二氧化碳排放，也称碳排放。除二氧化碳之外，大气中还存在一些比如甲烷、氧化亚氮等别的温室气体。这些“非二氧化碳”气体的综合影响也相当巨大，再加上空气污染形成烟雾带来的升温，非二氧化碳气体的暖化效应大体上与二氧化碳相当。

1895年，瑞典物理学家斯文特·阿列纽斯读过傅里叶的论文后，研究出了第一个用以计算二氧化碳对地球温度影响的理论模型。他得出的结果是，大气层中的二氧化碳含量减少约40%，温度就会下降4～5℃，并可引发一个新的冰川期。同理，二氧化碳的含量翻番的话，温度就会上升5～6℃。

1.5 地球变暖的后果

大气层中二氧化碳增多将带来增强的温室效应，使地球温度升高。地球温度升高不是温度单纯升高而已，它将影响到地球上的一切生物。

英国著名科学家马克·利纳斯，用3年的时间走遍了世界各地进行环境变化考察，将搜集的资料整理成《聚焦：来自一个正在变暖的世界的讯息》，并在此基础上，对数千份科学文件进行精心的研究，于2007年撰写了一部有关全球变暖危害的专著《六度的变化：一个越来越热的星球》，书中利用超级计算机模拟地球平均温度上升的结果，首次系统地描述了地球气温升高6℃后全球可能面临的灾难。

1.5.1 全球平均气温升高 1℃

气温上升 1℃，美国的粮食基地内布拉斯加州将重新变回 6 000 年前的样子，那时候那里是一片大沙漠，气温比现在正好高出 1℃，因此那里出产的鲜美牛肉将不复存在。不过，与内布拉斯加州正好相反，世界上最大的沙漠撒哈拉地区可能也会回到 6000 年前，那时那里是水草丰美的草原，埃及壁画中狩猎的情景将重现眼前。

欧洲阿尔卑斯山的冰雪将全部融化。热带地区的珊瑚将全部死亡。北冰洋的气温将不止上升 1℃。据科学家们观测，北极地区气温上升的速度比全球任何地方都快。

1.5.2 全球平均气温升高 2℃

气温上升 2℃，欧洲就会重现 2003 年夏天的热浪，在那场热浪中，至少有 30 000人死于酷热。届时，格陵兰岛上的冰盖全部消失，全球海平面上升 7m。在 125 000 年前地球平均温度就比现在高 1～2℃，海平面高度就是如此。太平洋岛国图瓦卢将、伦敦、曼谷、纽约和上海这些大城市届时都将被海水淹没。这时候全球粮食产量会严重下降，大约 1/3 的物种会灭绝。

科学家们估计，如果我们还想将全球气温上升控制在 2℃内，那么从现在起还有 10 年时间让人类控制二氧化碳排放量。

1.5.3 全球平均气温升高 3℃

气温上升 3℃是地球的一个重大“转折点”，因为一旦真的发生，那么就意味着全球变暖的趋势将彻底失控，人类对地球气温的变化已经“无力回天”。

灾难核心将是南美洲的亚马逊热带雨林。根据计算机模拟结果，干旱使得亚马逊热带雨林无力防火，一个小小的雷击都有可能引发热带雨林大火，最终烧毁整个热带雨林。今天仍占地达 100 万 km^2 的热带雨林一旦消失了，亚马逊流域将是荒漠的世界。

在南亚次大陆，由于印度河水位开始下跌，印度与巴基斯坦因为抢水而爆发冲突乃至战争。在欧洲大陆和英国，夏季干旱高温与冬天极冷相伴而来，一些低海拔的沿岸地区被海水淹没。

厄尔尼诺这种异常的气候现象将成为常态，地中海与欧洲部分地区将无力抵挡热浪袭击。

1.5.4 全球平均气温升高 4℃

气温上升 4℃对于地球的大部分地区来说都是灾难。

这意味着数十亿吨被冰封在南北两极和西伯利亚的二氧化碳气体将释放出来，进入臭氧层，从而成为全球变暖的加速器——加快变暖的速度。

在欧洲，新的沙漠开始形成，并且向意大利、西班牙、希腊和土耳其扩展。在如今温度宜人的瑞士，夏季的气温将高达 48℃，比巴格达还热。阿尔卑斯山最高峰将彻底没有冰雪，裸露出巨大的岩石。由于气温持续保持在 45℃，欧洲人将被迫大量向北迁居。

上涨的海水将淹没人口稠密的三角洲，让 10 亿人无家可归。孟加拉国将被冲垮，埃及会浸在水里，威尼斯将完全被淹没，冰河会全部消失，阻断另外 10 亿人的淡水来源（源自喜马拉雅山的数条河流是超过 10 亿人的生命源泉，对中国、尼泊尔、印度供水），加拿大北部将成为全球最丰饶的农业区之一。斯堪的那维亚海滩则可能成为未来的圣特罗佩。西南极洲大冰源将全面融解，使海平面进一步上升。

1.5.5 全球平均气温升高 5～6℃

气温上升 5～6℃，树木可在南北极生长，95％的生物灭绝，地球面临着一个与史前大灭绝一样的最后劫难。

科学家曾在加拿大北极圈内发现了鳄鱼和乌龟的化石。这说明 5 500 万年前，这些动物曾经在加拿大北极圈内生活过。因此，一旦全球气温上升 5～6℃时，绿色阔叶林将重现加拿大北极圈，而南极的腹地也会有类似的情景。

1.5.6 全球平均气温升高 6℃以上

生物大灭绝，人类集体灭亡。

早在 1969 年，英国科学家 J. E. 拉弗洛克就提出了一个“盖亚理论”。“盖亚”是希腊神话中的大地女神。拉弗洛克形容说，地球与大气层就像是一个细胞体，大气层相当于细胞壁，空气就相当于细胞液，地球相当于细胞核，人类和生态系统相当于细胞液中的各种物质。“盖亚理论”和“六度理论”不谋而合之处就是给出了这样一条信息：整个地球是一个生命系统，这个系统有自我调节能力，但这个能力很有限，一旦超出了就难以逆转。

日本著名学者山本良一于 2008 年也写了一本名为《2℃改变世界》的书，书中给出了 I PCC（世界气象组织和联合国环境规划署于 1988 年建立的政府间气候变化专业委员会）提供的气候变化数据：从 1861 年至今，地球表面平均温度上升了 0.6℃；在此后的 100 年里，地球平均气温还会上升 1.4～5.8℃。山本良一重复了一些马克·林纳斯的结论，只不过更强调在气候变化中 2℃是一个临界点，即超过这个值之后，全球气候将不可逆转，因为这超出了地球自身的调节能力，也就是说，地球到时候就会“高烧不退”。

1.6 国际公约

国际公约是指国际间有关政治、经济、文化、技术等方面的多边条约。公约通常为开放性的，非缔约国可以在公约生效前或生效后的任何时候加入。有的公约由专门的国际会议制定。

1.6.1 联合国气候变化框架公约

1992年6月4日在巴西里约热内卢举行的联合国环境与发展大会(又称为“地球高峰会”、“地球首脑会议”)中，155个国家签署了《联合国气候变化框架公约》(简称《公约》)。《公约》由序言及26条正文组成。这是一个有法律约束力的公约，旨在控制大气中二氧化碳、甲烷和其他造成“温室效应”的气体的排放，将温室气体的浓度稳定在使气候系统免遭破坏的水平上，减少人为活动对气候系统的危害，减缓气候变化，增强生态系统对气候变化的适应性，确保粮食生产和经济可持续发展。这是世界上第一个为全面控制二氧化碳等温室气体排放，以应对全球气候变暖给人类经济和社会带来不利影响的国际公约，也是国际社会在对付全球气候变化问题上进行国际合作的一个基本框架。《公约》于1994年3月21日正式生效。《公约》确立了五个基本原则：

(1)“共同而区别”的原则，要求发达国家应率先采取措施，应对气候变化。

(2)要考虑发展中国家的具体需要和国情。

(3)各缔约方应当采取必要措施，预测、防止和减少引起气候变化的因素。

(4)尊重各缔约方的可持续发展权。

(5)加强国际合作，应对气候变化的措施不能成为国际贸易的壁垒。

《公约》将缔约方分为三类：

(1)工业化国家。这些国家答应要以1990年的排放量为基础进行削减。承担削减排放温室气体的义务。如果不能完成削减任务，可以从其他国家购买排放指标。

(2)发达国家。这些国家不承担具体削减义务，但承担为发展中国家进行资金、技术援助的义务。

(3)发展中国家。不承担削减义务，以免影响经济发展，可以接受发达国家的资金、技术援助，但不得出卖排放指标。

《公约》于1994年3月21日正式生效。截至2004年5月，已拥有189个缔约方。中国于1992年6月11日签署了该《公约》，1993年1月5日交存加入书。

1.6.2　中国应对气候变化国家方案

2007 年 6 月，我国政府发布了《中国应对气候变化国家方案》。这是中国第一部应对气候变化的政策性文件，也是发展中国家在该领域的第一部国家方案，它全面阐述了中国在 2010 年前应对气候变化的对策。该方案共分五部分：

(1)中国气候变化的现状和应对气候变化的努力。

(2)气候变化对中国的影响和挑战。

(3)中国应对气候变化的指导思想、原则与目标。

(4)中国应对气候变化的相关政策和措施。

(5)中国对若干问题的基本立场及国际合作需求。

我国政府提出，到 2010 年实现单位国内生产总值能源消耗比 2005 年降低 20%左右，同时还要调整能源结构，尽可能少用化石燃料，多生产一些可再生能源，力争到 2010 年使中国可再生能源的比重提高到 10%，到 2020 年提高到 16%，通过这些措施相应减少二氧化碳排放。

1.6.3　气候变化、能源和环境新加坡宣言

2007 年 11 月，在新加坡举行主要议题为“气候变化、可持续发展”的第三届东亚峰会上，国务院总理温家宝发表了题为《携手合作　共同创造可持续发展的未来》的讲话，着重阐述了中国政府在应对气候变化问题上的 5 点主张：

(1)气候变化是全球性问题，需要各国携手合作，共同保护我们的家园。发达国家应该率先减排，并履行对发展中国家的技术转让和资金支持承诺。

(2)气候变化从根本上说是发展问题，应将经济增长、社会发展、环境保护统筹协调起来，建立适应可持续发展要求的生产方式和消费方式。应对气候变化的努力应该促进而不是阻碍各国尤其是发展中国家发展经济、消除贫困。

(3)《公约》确立的“共同但有区别的责任”和公平原则，凝聚了国际社会共识。应该以《公约》及其《京都议定书》作为国际合作的基本框架，也欢迎将其他开展务实合作的倡议和机制作为有益的补充。

(4)技术进步对减缓和适应气候变化具有决定性作用。国际社会要增加资金投入，扩大信息交流，在技术创新、推广和利用方面加强合作，提高共同应对气候变化的能力。

(5)适应气候变化是发展中国家最为关心的问题，是应对气候变化挑战的重要组成部分。发达国家应积极帮助发展中国家提高适应能力，增强应对气候灾害的能力。

会议签署了《气候变化、能源和环境新加坡宣言》。

1.6.4 京都议定书

1997年12月11日,《公约》第3次缔约方大会在日本京都召开。149个国家和地区的代表通过了《京都议定书》。其目标是:为了人类免受气候变暖的威胁。2005年2月16日,《京都议定书》正式生效。这是人类历史上首次以法规的形式限制温室气体排放。

《京都议定书》规定:发达国家从2005年开始承担减少碳排放量的义务,而发展中国家则从2012年开始承担减排义务。从2008到2012年期间,主要工业发达国家的温室气体排放量要在1990年的基础上平均减少5.2%,其中欧盟将6种温室气体的排放削减8%,美国削减7%,日本削减6%。

为促进各国完成温室气体减排目标,《京都议定书》允许采取以下减排方式:

(1)两个发达国家之间可以进行排放额度买卖的"排放权交易",即难以完成削减任务的国家,可以花钱从超额完成任务的国家买进超出的额度。

(2)以"净排放量"计算温室气体排放量,即从本国实际排放量中扣除森林所吸收的二氧化碳的数量。

(3)可以采用绿色开发机制,促使发达国家和发展中国家共同减排温室气体。

(4)可以采用"集团方式",即欧盟内部的许多国家可视为一个整体,采取有的国家削减、有的国家增加的方法,在总体上完成减排任务。

我国政府于1998年5月签署并于2002年8月核准了该议定书。

1.6.5 巴厘岛路线图

2007年12月,《公约》第13次缔约方大会在印度尼西亚巴厘岛举行,会议着重讨论"后京都"问题,即《京都议定书》第一承诺期在2012年到期后如何进一步降低温室气体的排放。会议通过了"巴厘岛路线图",启动了加强《公约》和《京都议定书》全面实施的谈判进程,致力于在2009年年底前完成《京都议定书》第一承诺期2012年到期后全球应对气候变化新安排的谈判并签署有关协议。"巴厘岛路线图"要点如下:

(1)强调了国际合作。在第一项的第一款指出,依照《公约》原则,特别是"共同但有区别的责任"原则,考虑社会、经济条件以及其他相关因素,与会各方同意长期合作共同行动,行动包括一个关于减排温室气体的全球长期目标,以实现《公约》的最终目标。

(2)把美国纳入进来。由于拒绝签署《京都议定书》,美国如何履行发达国家应尽义务一直存在疑问。"巴厘岛路线图"明确规定,《公约》的所有发达国家缔约方都要履行可测量、可报告、可核实的温室气体减排责任,这把美国纳入其中。

(3)除减缓气候变化问题外，还强调了另外三个在以前国际谈判中曾不同程度受到忽视的问题：适应气候变化问题、技术开发和转让问题以及资金问题。这三个问题是广大发展中国家在应对气候变化过程中极为关心的问题。

(4)为落实《公约》设定了时间表。要求有关的特别工作组在2009年完成工作，并向《公约》第十五次缔约方会议递交工作报告，这与《京都议定书》第二承诺期的完成谈判时间一致，实现了"双轨"并进。

1.6.6 中国应对气候变化的政策与行动

2008年10月，我国政府发表了《中国应对气候变化的政策与行动》白皮书，全面介绍了气候变化对中国的影响、中国减缓和适应气候变化的政策与行动，以及中国对此进行的体制、机制建设。

白皮书分为前言、气候变化与中国国情、气候变化对中国的影响、应对气候变化的战略和目标、减缓气候变化的政策与行动、适应气候变化的政策与行动、提高全社会应对水平等部分。

白皮书指出，工业革命以来的人类活动，尤其是发达国家在工业化过程中大量消耗能源资源，导致大气中温室气体浓度增加，引起全球气候近50年来以变暖为主要特征的显著变化，对全球自然生态系统产生了明显影响，对人类社会的生存和发展带来严重挑战。

白皮书指出，中国是一个发展中国家，人口众多，经济发展水平低，气候条件复杂，生态环境脆弱，易受气候变化的不利影响，其影响主要体现在农牧业、森林与自然生态系统、水资源和海岸带等方面。

白皮书还说，中国正处于经济快速发展阶段，面临着发展经济、消除贫困和减缓温室气体排放的多重压力，应对气候变化的形势严峻，任务繁重。

1.6.7 全国人大"关于积极应对气候变化的决议"

2009年8月，全国人大常委会表决通过关于积极应对气候变化的决议。这是我国最高国家权力机关首次专门就应对气候变化这一全球性重大问题作出决议。

(1)应对气候变化是我国经济社会发展面临的重要机遇和挑战。

(2)应对气候变化必须深入贯彻落实科学发展观。

(3)采取切实措施积极应对气候变化。

(4)加强应对气候变化的法治建设。

(5)努力提高全社会应对气候变化的参与意识和能力。

(6)积极参与应对气候变化领域的国际合作。

1.6.8 联合国气候变化峰会

2009年9月，联合国气候变化峰会在纽约联合国总部举行。国家主席胡锦涛发表了题为《携手应对气候变化挑战》的重要讲话，指出今后中国将进一步把应对气候变化纳入经济社会发展规划，并继续采取强有力的措施。

(1)加强节能、提高能效工作，争取到2020年单位国内生产总值二氧化碳排放比2005年有显著下降。

(2)大力发展可再生能源和核能，争取到2020年非化石能源占一次能源消费比重达到15%左右。

(3)大力增加森林面积，争取到2020年森林面积比2005年增加4 000万hm^2，森林蓄积量比2005年增加13亿m^3。

(4)大力发展绿色经济，积极发展低碳经济和循环经济，研发和推广气候友好技术。

1.6.9 哥本哈根协议

2009年12月，《公约》第15次缔约方会议在丹麦哥本哈根举行。会议达成不具法律约束力的《哥本哈根协议》。协议至少有以下几个特点：

(1)维护了《联合国气候变化框架公约》和《京都议定书》确立的"共同但有区别的责任"原则，坚持了"巴厘岛路线图"的授权，坚持并维护了《公约》和《京都议定书》"双轨制"的谈判进程。

(2)在"共同但有区别的责任"原则下，最大范围地将各国纳入了应对气候变化的合作行动，在发达国家实行强制减排和发展中国家采取自主减缓行动方面迈出了新的步伐。

(3)在发达国家提供应对气候变化的资金和技术支持方面取得了积极的进展。

(4)在减缓行动的测量、报告和核实方面，维护了发展中国家的权益。

(5)提出了将全球平均温升控制在工业革命以前2℃的长期行动目标。

会上，国务院总理温家宝发表了题为《凝聚共识　加强合作　推进应对气候变化历史进程》的重要讲话。全面阐述中国政府的立场主张。讲话要点如下：

(1)保持成果的一致性。会议成果必须坚持《联合国气候变化框架公约》及《京都议定书》的基本原则，必须遵循而不能偏离"巴厘岛路线图"的授权，必须锁定而不能否定业已达成的共识和谈判取得的进展。

(2)坚持规则的公平性。"共同但有区别的责任"原则是国际合作应对气候变化的核心和基石，应当始终坚持。发达国家必须率先大幅量化减排并向发展中国家提供资金和技术支持。发展中国家应根据本国国情，在发达国家资金和技术转让支持下,尽可能减缓温室气体排放,适应气候变化。

(3)注重目标的合理性。应对气候变化既要着眼长远,更要立足当前。重点放在完成近期和中期减排目标上,放在兑现业已作出的承诺上,放在行动上。

(4)确保机制的有效性。要在《公约》框架下作出切实有效的制度安排,促使发达国家兑现承诺,向发展中国家持续提供充足的资金和技术支持,有效帮助他们应对气候变化。

在该次会议上,中国并承诺到2020年,单位国内生产总值碳排放比2005年减少40%~45%,兑现对国际社会的承诺。

1.7 碳交易

碳交易即温室气体排放权交易,也就是购买合同或者碳减排购买协议。在6种被要求排减的温室气体中,二氧化碳为最大宗,这种交易以每吨二氧化碳当量(t CO_2)为计算单位,通称为“碳交易”。其交易市场称为碳市。其基本原理是,合同的一方通过支付另一方获得温室气体减排额。买方可以将购得的减排额用于减缓温室效应从而实现其减排的目标。随着人类对气候变化和环境保护的重视,很多国家也都为减少二氧化碳等温室气体的排放制定具体的计划和目标,低碳经济也就此成为一个新的经济增长点,碳交易就是其中之一。

1.7.1 碳交易的起源与法律依据

1992年“联合国环境与发展会议”签署的《联合国气候变化框架公约》系清洁发展机制根本母法。

《京都议定书》第12条“确定一种清洁发展机制”,把市场机制作为解决二氧化碳为代表的温室气体减排问题的新路径,即把二氧化碳排放权作为一种商品,从而形成了二氧化碳排放权的交易,简称碳交易。

2001年《公约》第7届缔约方会议,通过落实《京都议定书》机制的一系列决定文件,称为“马拉喀什文件”,包括:

第15/cp.7号决定:“执行《京都议定书》第6条、第12条和第17条规定的机制原则、性质和范围”。

第16/cp.7号决定:“执行《京都议定书》第6条的指南”。

第17/cp.7号决定:“执行《京都议定书》第12条确定的清洁发展机制的方式和程序”。

第18/cp.7号决定:执行“《京都议定书》第17条的排放量贸易的方式、规则和指南”。

1.7.2 碳交易原理

合同的一方通过支付另一方获得温室气体减排额，买方可以将购得的减排额用于减缓温室效应从而实现其减排的目标。在二氧化碳(CO_2)、甲烷(CH_4)、氧化亚氮(N_2O)、氟烃(HFCs)、全氟烃(PFCs)、氟化硫(SF_6)六种被要求排减的温室气体中，二氧化碳(CO_2)为最大宗，所以这种交易以每吨二氧化碳当量(tCO_2e)为计算单位，所以通称为"碳交易"。其交易市场称为碳市场。

由于温室气体引起的地表温升具有全球性特征，在《京都议定书》的规定下，二氧化碳等温室气体排放权就成了一种稀缺资源。由于发达国家有减排责任，而发展中国家没有，因此产生了碳资产在世界各国的分布不同；同时，减排的实质是能源问题，发达国家的能源利用效率高，能源结构优化，新的能源技术被大量采用，减排的成本极高，难度较大；而发展中国家，能源效率低，减排空间大，成本也低。这导致了同一减排单位在不同国家之间存在着不同的成本，形成了高价差。这样，在发达国家与发展中国家共同但有区别的责任前提下，温室气体排放权出现了流动的可能，也就成了商品。

清洁发展机制鼓励发达国家向发展中国家提供资金、技术，帮助发展中国家建设温室气体减排项目，在获得该国清洁生产发展机制管理部门和联合国气候变化 CDM 理事会的认证、注册后，可用于抵扣发达国家的排放量。发展中国家每减排 1t 二氧化碳，发达国家就可以获得并抵扣 1t"二氧化碳排放权"。

1.7.3 碳交易的三种机制

前述的法律架构约定了三种排减机制：清洁发展机制、联合履行机制、排放交易机制。

这三种机制都允许《公约》缔约方国与国之间，进行减排单位的转让或获得，但具体的规则与作用有所不同。

《京都议定书》第 12 条规范的"清洁发展机制"，针对附件一国家(发展中国家)与非附件一国家之间在清洁发展机制登记处的减排单位转让，旨为使非附件一国家在可持续发展的前提下进行减排，并从中获益；同时协助附件一国家透过清洁发展机制项目活动获得"排放减量权证"，以降低履行联合国气候变化框架公约承诺的成本。清洁发展机制详细规定于第 17/cp.7 号决定："执行《京都议定书》第 12 条确定的清洁发展机制的方式和程序"。

《京都议定书》第 6 条规范的"联合履行"，系附件一国家之间在"监督委员会"监督下，进行减排单位核证与转让或获得，所使用的减排单位为"排放减量单位"。联合履行详细规定于第 16/cp.7 号决定"执行《京都议定书》第 6 条的指南"。

《京都议定书》第17条规范的"排放交易"包括"排放减量单位"、"排放减量权证"、"分配数量单位"等减排单位核证的转让或获得。"排放交易"详细规定于第18/cp.7号决定:"《京都议定书》第17条的排放量贸易的方式、规则和指南"。

1.7.4 碳交易的形态

根据碳交易的三种机制,碳交易被区分为两种形态。

配额型交易:指总量管制下所产生的排减单位的交易,如欧盟的欧盟排放权交易制的"欧盟排放配额"交易,主要是指《京都议定书》排减的国家之间超额排减量的交易,通常是现货交易。

项目型交易:指因进行减排项目所产生的减排单位的交易,如清洁发展机制下的"排放减量权证"、联合履行机制下的"排放减量单位",主要是透过国与国合作的排减计划产生的减排量交易,通常以期货方式预先买卖。

1.7.5 碳交易市场

全世界的碳交易市场有:阿姆斯特丹的欧洲气象交易所、法国的未来电力交易所、德国的欧洲能源交易所,加拿大、日本、俄罗斯、美国、澳大利亚等国有国内交易市场。其中美国的芝加哥气候交易所是全球首家国内气候交易所。

1.7.6 碳交易量

2005年京都议定书正式生效后,全球碳交易市场出现了爆炸式增长。2007年碳交易量从2006年的16亿t跃升到27亿t,上升68.75%。成交额的增长更为迅速。2007年全球碳交易市场价值达400亿欧元,比2006年的220亿欧元上升了81.8%,2008年上半年全球碳交易市场总值甚至就与2007年全年持平。

据联合国和世界银行预测,全球碳交易在2008～2012年间,市场规模每年可达600亿美元,2012年全球碳交易市场容量为1 500亿美元,有望超过石油市场成为世界第一大市场。碳交易成为世界最大宗商品势不可挡,而碳交易标的的标价货币绑定权以及由此衍生出来的货币职能将对打破单边美元霸权促使国际货币格局多元化产生影响。

2　汽车分类与产品管理

2.1　汽车分类国家标准

目前,我国的汽车分类依据主要是 2002 年 3 月 1 日正式实施的国家标准 GB/T 3730.1—2001《汽车和挂车类型的术语和定义》和 GB/T 15089—2001《机动车辆及挂车分类》。

2.1.1　GB/T 3730.1—2001《汽车和挂车类型的术语和定义》分类

GB/T 3730.1—2001《汽车和挂车类型的术语和定义》属通用性分类,适用于一般概念、统计、牌照、保险、政府政策和管理的依据。其对汽车的定义为:

由动力驱动,具有四个或四个以上车轮的非轨道承载的车辆,主要用于载运人员和(或)货物;牵引载运人员和(或)货物的车辆;特殊用途还包括:与电力线相连的车辆,如无轨电车,整车整备质量超过 400kg 的三轮车辆。

该标准将汽车分为乘用车与商用车两类。

1)乘用车

乘用车辆的定义:在其设计和技术特性上主要用于载运乘客及其随身行李和(或)临时物品的汽车,包括驾驶员座位在内最多不超过 9 个座位。它也可牵引一辆挂车。乘用车俗称轿车。

乘用车分为普通乘用车、活顶乘用车、高级乘用车、小型乘用车、敞篷车、舱背乘用车 、旅行车、多用途乘用车、短头乘用车、越野乘用车、专用乘用车、旅居车、防弹车、救护车、殡仪车等。

2)商用车

商用车的定义:在设计和技术特性上用于运送人员和货物的汽车,并且可以牵引挂车。乘用车不包括在内。

商用车分为客车、小型客车、城市客车、长途客车、旅游客车、铰接客车、无轨电车、越野客车、专用客车、半挂牵引车、货车、普通货车、多用途货车 、全挂牵引车 、越野货车、专用作业车、专用货车等。

注:本书引用标准仅供学习,如正式引用,以有效的现行版本为准,下同。

2.1.2　GB/T 15089—2001《机动车辆及挂车分类》分类

GB/T 15089—2001《机动车辆及挂车分类》主要用于形式认证,是形式认证及技术法规适用范围的依据。

该标准将道路上使用的机动车辆和挂车分为L类、M类、N类、O类、G类。

L类指两轮或三轮机动车辆；M类指至少有四个车轮并且用于载客的机动车辆；N类指至少有四个车轮且用于载货的机动车辆；O类指挂车（包括半挂车）；G类指满足相关条件的M类、N类越野车。以下主要介绍M类和N类。

1)M类

M_1类：指包括驾驶员座位在内，座位数不超过9座的载客车辆。

M_2类：指包括驾驶员座位在内座位数超过9个，且最大设计总质量不超过5 000kg的载客车辆。

M_3类：指包括驾驶员座位在内，座位数超过9个，且最大设计总质量超过5 000kg的载客车辆。

2)N类

N_1类指最大设计总质量不超过3 500kg的载货车辆。

N_2类指最大设计总质量超过3 500kg但不超过12 000kg的载货车辆。

N_3类指最大设计总质量超过12 000kg的载货车辆。

2.1.3 GB 7258—2012《机动车运行安全技术条件》分类

GB 7258—2012《机动车运行安全技术条件》是我国机动车安全技术管理的最基本的技术性法规，是公安交通管理部门新车注册登记和在用车定期检验、事故车检验等安全技术检验的主要技术依据，同时也是我国机动车新车定型强制性检验、新车出厂检验及进口机动车检验的重要技术依据之一。

该标准将汽车分为：乘用车、客车、半挂牵引车、货车、专用作业车、气体燃料汽车、两用燃料汽车、双燃料汽车、电动汽车9大类。

2.2 汽车分类行业标准

2.2.1 公安系统

公共安全行业标准GA 802—2008《机动车类型 术语和定义》将汽车分为载客汽车、载货汽车、专项作业车三类，并将载客汽车细分为四类，载货汽车细分为六类。详见表2.1。该标准适用范围为道路交通管理。

该标准同时将机动车按使用性质分为营运和非营运两大类。营运机动车是指个人或者单位以获取利润为目的而使用的机动车，非营运机动车是指个人或者单位不以获取利润为目的而使用的机动车。详细分类见表2.2。

机动车规格术语分类表 表 2.1

分类			说明
汽车	载客汽车①	大型	车长大于等于 6 000mm 或者乘坐人数大于等于 20 人的载客汽车
		中型	车长小于 6 000mm 且乘坐人数为 10～19 人的载客汽车
		小型	车长小于 6 000mm 且乘坐人数小于等于 9 人的载客汽车，但不包括微型载客汽车
		微型	车长小于等于 3 500mm 且发动机汽缸总排量小于等于 1 000mL 的载客汽车
汽车	载货汽车	重型	总质量大于等于 12 000kg 的载货汽车
		中型	车长大于等于 6 000mm 或者总质量大于等于 4 500kg 且小于 12 000kg 的载货汽车，但不包括低速货车
		轻型	车长小于 6 000mm 且总质量小于 4 500kg 的载货汽车，但不包括微型载货汽车、三轮汽车和低速货车
		微型	车长小于等于 3 500mm 且总质量小于等于 1 800kg 的载货汽车，但不包括三轮汽车和低速货车
		三轮（三轮汽车）	以柴油机为动力，最大设计车速小于等于 50km/h，总质量小于等于 2 000kg，长度小于等于 4 600mm，宽度小于等于 1 600mm，高度小于等于 2 000mm，具有三个车轮的货车。其中，采用转向盘转向、由传递轴传递动力、有驾驶室且驾驶人座椅后有物品放置空间的，总质量小于等于 3 000kg，车度长小于等于 5 200mm，宽度小于等于 1 800mm，高度小于等于 2 200mm
		低速（低速货车）	以柴油机为动力，最大设计车速小于 70km/h，总质量小于等于 4 500kg，长度小于等于 6 000mm，宽度小于等于2 000mm，高度小于等于 2 500mm，具有四个车轮的货车
	专项作业车		专项作业车的规格术语分为重型、中型、轻型、微型，具体参照载货汽车的相关规定确定
有轨电车			有轨电车的规格术语参照载客汽车的相关规定确定
摩托车	普通		最大设计车速大于 50km/h 或者发动机汽缸总排量大于 50mL 的摩托车
	轻便		最大设计车速小于等于 50km/h，且若使用发动机驱动，发动机汽缸总排量小于等于 50mL 的摩托车
挂车②	重型		总质量大于等于 12 000kg 的挂车
	中型		总质量大于等于 4 500kg 且小于 12 000kg 的挂车
	轻型		总质量小于 4 500kg 的挂车

注：①对《公告》记载的乘坐人数为区间的载客汽车（包括以载运人员为主要目的的专用汽车），以上限确定其规格术语。乘坐人数包括驾驶人。

②不适用于设计和技术特性上需由拖拉机牵引的挂车。

机动车使用性质分类表 表 2.2

分类		说明
营运	公路客运	专门从事公路旅客运输的机动车
	公交客运	城市内专门从事公共交通客运的机动车
	出租客运	以行驶里程和时间计费，将乘客运载至其指定地点的机动车
	旅游客运	专门运载游客的机动车。
	租赁	专门租赁给其他单位或者个人使用，以租用时间或者租用里程计费的机动车
	教练	专门从事驾驶技能培训的机动车
	货运	专门从事货物运输的机动车
	危化品运输	专门用于运输剧毒化学品、爆炸品、放射性物品、腐蚀性物品等危险化学品的机动车
非营运①	警用	公安机关、国家安全机关、监狱、劳动教养管理机关和人民法院、人民检察院用于执行紧急职务的机动车
	消防	公安消防部队和其他消防部门用于灭火的专用机动车和现场指挥机动车
	救护	急救、医疗机构和卫生防疫部门用于抢救危重病人或处理紧急疫情的专用机动车
	工程救险	防汛、水利、电力、矿山、城建、交通、铁道等部门用于抢修公用设施、抢救人民生命财产的专用机动车和现场指挥机动车
	幼儿校车	专门从事运载3岁以上学龄前幼儿上下学的校车
	小学生校车	专门从事运载小学生上下学的校车
	其他校车	除了幼儿校车和小学生校车以外的其他专用校车
	营转非	原为营运机动车，现改为非营运机动车
	出租转非	原为出租客运机动车，现改为非营运机动车

注：①非营运机动车没有对应细类的，使用性质确定为非营运。

2.2.2 交通行业

交通行业标准JT/T 325—2010《营运客车类型划分及等级评定》将营运客车分为客车及乘用车两类。同时按客位形式划分为座位客车与卧铺客车。该标准适用范围为在道路上使用的经营性客车。

该标准将客车按车长分为特大型、大型、中型和小型四种，见表2.3。乘用车不分类型。

交通行业营运客车类型划分(单位:m) 表 2.3

类型	特大型①	大型	中型	小型
车长(L)	$13.7 \geqslant L > 12$	$12 \geqslant L > 9$	$9 \geqslant L > 6$	$6 \geqslant L > 3.5$

注:①按 GB 1589 道路车辆外廓尺寸、轴荷及质量限值。

营运客车按动力性、行驶平顺性、制动性、密封性、车内噪声、空气调节、乘客座椅(卧铺)、车内服务设施、整车布置与内饰等指标划分为若干等级,见表 2.4。

交通行业营运客车及轿车等级划分 表 2.4

类型	客车																		轿车			
	特大型					大型					中型				小型							
等级	高三级	高二级	高一级	中级	普通级	高三级	高二级	高一级	中级	普通级	高二级	高一级	中级	普通级	高二级	高一级	中级	普通级	高二级	高一级	中级	普通级

2.2.3 建设行业

建设部标准 CJ/T162—2002《城市客车分等级技术要求与配置》对城市客车的分类如下。

1)按运行特点分类

(1)市区城市客车(市内公共汽车):是为城市内客运而设计和装备的客车。这种车辆设有座椅及站立乘客的位置,并有足够的空间供频繁停站时乘客上下车走动用。

(2)城郊城市客车(城郊公共汽车):是为城郊间客运而设计和装备的客车。这种车辆设有座椅及可供短途乘客站立的位置。

2)按车辆长度(L)分类

(1)特大型城市客车:13m<L≤18m 的铰接客车;10m<L≤12m 的双层客车。

(2)大型城市客车:10m<L≤12m 的客车。

(3)中型城市客车:7m<L≤10m 的客车。

(4)小型城市客车:3.5m<L≤7m 的客车。

3)按车辆配置分

(1)特大型城市客车分为:超 1 级、高级、中级、普通级四个等级。

(2)大型城市客车分为:超 2 级、超 1 级、高级、中级、普通级五个等级。

(3)中型城市客车分为:超 1 级、高级、中级、普通级四个等级。

(4)小型城市客车分为:高级、中级、普通级三个等级。

2.3 汽车分类历史标准

GB 9417—89《中国汽车分类标准》将汽车分为 8 类。

2.3.1 载货汽车

载货汽车按公路运行时厂定最大总质量(M_{max})分为以下几类：

(1)微型货车。M_{max}≤1.8t 的货车。

(2)轻型货车。1.8t<M_{max}≤6t 的货车。

(3)中型货车。6t<M_{max}≤14t 的货车。

(4)重型货车。M_{max}>14t 的货车。

2.3.2 越野汽车

越野汽车按越野车运行时厂定最大总质量分为以下几类：

(1)轻型越野汽车。M_{max}≤5t 的越野汽车。

(2)中型越野汽车。5t<M_{max}≤13t 的越野汽车。

(3)重型越野汽车。13t<M_{max}≤24t 的越野汽车。

(4)超重型越野汽车。M_{max}>24t 的越野汽车。

2.3.3 自卸汽车

自卸汽车按公路运行时厂定最大总质量分为以下几类：

(1)轻型自卸汽车。M_{max}≤6t 的自卸汽车。

(2)中型自卸汽车。6t<M_{max}≤14t 的自卸汽车。

(3)重型自卸汽车。M_{max}>14t 的自卸汽车。

(4)矿用自卸汽车。非公路(矿用)自卸车是在露天矿山为完成岩石土方剥离与矿石运输任务而使用的一种重型自卸车，其工作特点为运程短、承载重，常由大型电铲配合装载，往返于采掘点和卸矿点。这里的“非公路”绝无越野行驶的含义，而只是因其外形超宽，总质量超量，不允许在公路上行驶而得名。

2.3.4 牵引车

牵引车分为以下几类：

(1)半挂牵引汽车。

(2)全挂牵引汽车。

2.3.5 专用汽车

专用汽车分为以下几类：

(1)箱式汽车。
(2)罐式汽车。
(3)起重举升汽车。
(4)仓栅式汽车。
(5)特种结构汽车。
(6)专用自卸汽车。

2.3.6 客车

客车按车身长度(L)分为以下几类:
(1)微型客车。$L>3.5$m 的客车。
(2)轻型客车。3.5m<$L\leqslant$7m 的客车。
(3)中型客车。7m<$L\leqslant$10m 的客车。
(4)大型客车。$L>$10m 的客车。
(5)特大型客车。指铰接客车和双层客车。
注:中型、大型客车包括城市客车、长途客车、旅游客车及团体客车。

2.3.7 轿车

轿车按发动机排量分为以下几类:
(1)微型轿车。指发动机排量>1L 的轿车。
(2)普通级轿车。指 1L<发动机排量≤1.6L 的轿车。
(3)中级轿车。指 1.6L<发动机排量≤2.5L 的轿车。
(4)中高级轿车。指 2.5L<发动机排量≤4L 的轿车。
(5)高级轿车。指发动机排量>4L 的轿车。

2.3.8 备用分类号

该项暂未分类。

2.3.9 半挂车

半挂车按公路运行时厂定最大总质量分为以下几类:
(1)轻型半挂车。$M_{max}\leqslant$7.1t 的半挂车。
(2)中型半挂车。7.1t<$M_{max}\leqslant$19.5t 的半挂车。
(3)重型半挂车。指 19.5t<$M_{max}\leqslant$34t 的半挂车。
(4)超重型半挂车。$M_{max}>$34t 的半挂车。

该标准已被 GB/T 3730.1—2001《汽车和挂车类型的术语和定义》和 GB/T 15089—2001《机动车辆及挂车分类》两个标准替代,但在有时仍有应用。

2.4 国产汽车编号

GB/T 9417—1998《汽车产品型号编制规则》,规定了编制汽车产品型号的术语及构成。

汽车产品型号是为了识别车辆而给一种车辆指定的一组汉语拼音和阿拉伯数字组成的编号。为了避免混乱,不应采用汉语拼音字母中的“I”和“Q”。

汽车产品型号由企业名称代号、车辆类别代号、主参数代号、产品序号组成,必要时附加企业自定代号(图 2.1)。对于专用汽车及专用半挂车还应增加专用汽车分类代号。

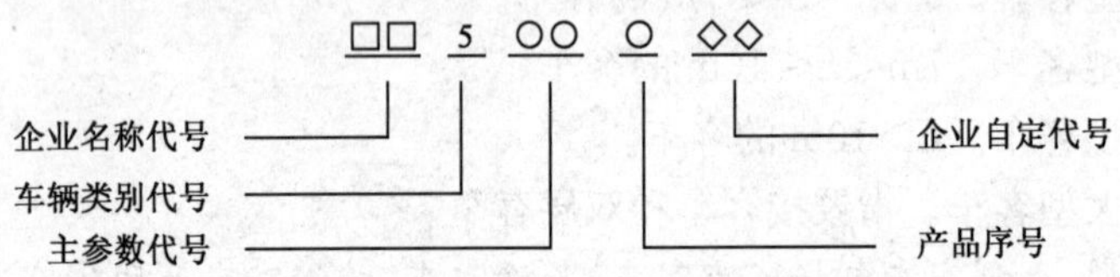

图 2.1 汽车产品型号组成

企业名称代号:位于产品型号的第 1 部分,用代表企业名称的 2 个或 3 个汉语拼音字母表示。

车辆类别代号:位于汽车产品型号的第 2 部分,用 1 位阿拉伯数字表示,按表 2.5 规定。

车辆的类别代号 表 2.5

车辆类别代号	车辆种类	车辆类别代号	车辆种类	车辆类别代号	车辆种类
1	载货汽车	4	牵引汽车	7	轿车
2	越野汽车	5	专用汽车	8	
3	自卸汽车	6	客车	9	半挂车及 专用半挂车

注:表 2.5 也适用于所列车辆的底盘。

主参数代号:各类汽车的主参数代号位于产品型号的第 3 部分,用两位阿拉伯数字表示,不足位时,在参数前应以“0”占位。当总质量在 100 t 以上时,允许用 3 位数字表示。当车辆主参数有变化,但不大于原定设计主参数的 10%时,其主参数代号不变;大于 10%时,应改变主参数代号;若因数字修约而主参数代号不变时,则应改变其产品序号。汽车主参数代号的含义见表 2.6。

汽车主参数代号的含义 表2.6

车辆类别	表示数字	第二、二位数字含义
载货汽车	1	表示汽车总质量(t)
越野车	2	同上
自卸车	3	同上
牵引汽车	4	同上(包括牵引座上的最大质量)
专用汽车与半挂车	5	同上
客车	6	车辆长度(m)
轿车	7	汽车排气量(L)

产品序号:各类汽车的产品序号位于产品型号的第4部分,用阿拉伯数字表示,数字式由0、1、2、……依次使用。

企业自定义代号:位于产品型号的最后部分,同一种汽车结构略有变化而需要区别时(如汽油、柴油发动机,长、短辆距,单、双排驾驶室,平、凸头驾驶室等),可用汉语拼音字母和阿拉伯数字表示,位数也由企业自定。供用户选择装的零部件(如暖风装置、收音机、地毯、绞盘等)不属结构特征变化,应不给予企业自定代号。

型号标志示例:

例1:第一汽车制造厂生产的第二代载货汽车,总质量为9 310kg,其型号为:CA1 091。

例2:第二汽车制造厂生产的越野汽车,越野时总质量为7 720kg,其型号为:EQ2 080。

例3:上海重型汽车厂生产的第一代自卸汽车,总质量为59 538kg,其型号为:SH3 600。

例4:汉阳特种汽车制造厂生产的第一代公路上行驶总质量为30 000kg的牵引汽车,其型号为:HY4 300。

例5:济南汽车改装厂生产的第一代保温汽车,采用EQ1 090汽车底盘改装时,其型号为:JG5 090XI□□。

例6:兰州专用汽车制造厂生产的第一代野外淋浴半挂车,总质量为5 000kg,其型号为:LQ9 050X□□。

例7:天津客车厂生产的第二代车长为4 750mm的客车,其型号为:TJ6 481。

例8:上海汽车厂生产的第二代轿车,发动机排量为2.2 321,其型号为:SH7 221。

例 9:青岛汽车制造厂生产的总质量为 15 010kg 的第二代半挂运输车,其代号为:QD9 151。

GB 9417—1998《汽车产品型号编制规则》已经作废,但目前执行的 GB/T 3730.1—2001《汽车和挂车类型的术语和定义》和 GB/T 15089—2001《机动车辆及挂车分类》两个标准并未明确规定汽车型号编制的规则。企业在没有国标、行标的情况下,仍将 GB 9417—1998《汽车产品型号编制规则》作为企业标准继续执行。在行业内包括政府相关管理部门仍然延用该标准作为车辆形式审核的依据,其效力仍然被约定俗成的认为有效。同时企业可以用商标、系列名称、技术特征、VIN(车辆识别代号)等作为产品型号的表示方法。

2.5 从 VIN 码中识别车辆类型

在汽车产品标牌和前风窗玻璃的左(或右)下角,在车外就能看到仪表板上贴着一块金属标牌,上面刻着一组由 17 位字母或数字组成的代码。在车辆行驶证的车架号中也有这组信息。这就是该车的识别码——VIN 码。“VIN”是“车辆识别代号”的英语词汇的简写。VIN 码相当于汽车的身份证,通过 VIN 码能够查询到每辆汽车的生产年代、产地、车型、发动机和变速器型号、安全气囊的配置等信息,是识别当代汽车最有效的工具。

GB 16735—2004《道路车辆 车辆识别代号(VIN)》对车辆识别代码作了详细规定。

2.5.1 含义划分

17 位的 VIN 码可以根据其各自代表的含义划分成三个部分,它们分别是世界制造厂识别代号(WMI)、车辆说明部分(VDS)和车辆指示部分(VIS)。世界制造厂识别代号用来标识车辆制造厂的唯一性,通常占车辆识别码的前三位,当此代号被指定给某个车辆制造厂时,就能作为该厂的识别标志;车辆说明部分说明车辆的一般特性,由车辆识别码的第 4 位到第 9 位共六位字符组成;车辆指示部分是制造厂为了区别不同车辆而指定得一组字符,它由车辆识别码的后八位字符组成,其最后四位字符应是数字。

2.5.2 车辆说明

车辆说明部分(VDS)是车辆识别代号的第二部分,由六位字码组成(即 VIN 的 4~9 位)。如果车辆制造厂不使用其中的一位或几位字码,应在该位置填入车辆制造厂选定的字母或数字占位。

VDS 的 1~5 位(即 VIN 的 4~8 位)应对车型特征进行描述,其代码及顺序由车辆制造厂决定。

VDS 可从以下方面对车型特征进行描述。

1)车辆类型

车辆类型按照 GB/T 3730.1—2001《汽车和挂车类型的术语和定义》和 GB/T 5359.1—2001《摩托车和轻便摩托车术语 车辆类型》进行分类,见表 2.7。

VIN 码车辆分类 表 2.7

乘用车	普通乘用车、活顶乘用车、高级乘用车、小型乘用车、敞篷车、舱背乘用车、旅行车、短头乘用车、越野乘用车、多用途乘用车、专用乘用车(旅居车、防弹车、救护车、殡仪车)等
载货车(含牵引车)	半挂牵引车、普通货车、多用途货车、越野货车、专用作业车、专用货车等
客车	小型客车、城市客车、长途客车、旅游客车、卧铺客车、铰接客车、无轨电车、越野客车、专用客车等
挂车	牵引杆挂车、半挂车、中置轴挂车
摩托车及轻便摩托车	两轮轻便摩托车、两轮轻便踏板摩托车、普通正三轮轻便摩托车、专用正三轮轻便摩托车、两轮普通摩托车、两轮踏板摩托车、两轮公路越野车、两轮越野摩托车、两轮场地(跑道)赛车、两轮公路赛车、两轮越野赛车、两轮拉力赛车、特种两轮摩托车、普通边三轮摩托车、边三轮赛车、特种边三轮摩托车、普通正三轮摩托车、专用正三轮摩托车、四轮全场地摩托车、两轮电动摩托车等
非完整车辆	有驾驶室、底盘(二类底盘)、无驾驶室、底盘(三类底盘)

2)车辆特征

对于以下不同类型的车辆,在 VDS 中描述的车型特征应包括表 2.8 中规定的内容。

车辆特征规定描述内容 表 2.8

车辆类别	车型特征
乘用车	车身类型、发动机特征①
载货车(含牵引车)	车身类型、车辆最大总质量、发动机特征①
客车	车辆长度、发动机特征①
挂车	车身类型、车辆最大总质量
摩托车和轻便摩托车	车辆类型、发动机特征①
非完整车辆	车身类型②、车辆最大总质量②、发动机特征③

注:①发动机特征至少应包括对燃油类型、排量和(或)功率的描述。

②用于制造成为货车的非完整车辆的描述项目。

③用于制造成为客车的非完整车辆的描述项目,此时发动机特征至少应包括对燃油类型、发动机布置形式、排量和(或)功率的描述。

(1)车身类型。可对车身外形、驾驶室类型、货箱类型、承载方式等进行描述,车身外形可分为长头、平头、短头、双层、N厢N门等,驾驶室类型可分为平头驾驶室、长头驾驶室、翻转式驾驶室、单排座驾驶室、双排座驾驶室、带卧铺驾驶室等,货箱类型可分为平板式、栏板式、厢式、罐式、仓栅式、自卸式、集装箱式、车辆运输式、特种结构类等,承载方式可分为承载式车身、半承载式车身、非承载式等。

(2)驱动类型。可对驱动方式和驱动类型进行描述,驱动方式可分为前驱、后驱、全驱等,驱动类型可分为4×2、4×4、6×2、6×4、6×6、8×4等。

3)装置特征

(1)发动机特征。对于汽车,可对发动机类型、发动机排量(L)或功率(kW)、缸数、燃油类型、供油方式、发动机排列方式和布置形式等特征进行描述。

对于摩托车及轻便摩托车,可对发动机类型、缸数、冲程数、发动机排列方式和布置形式、冷却方式等特征进行描述。

(2)约束系统类型。可对车辆是否具有安全带、安全气囊(驾驶员侧安全气囊、乘员侧安全气囊、侧面安全气囊)等特征进行描述。

(3)变速器类型。可对变速器类型、挡位数等特征进行描述。

(4)悬架类型。悬架类型可按照相关标准的规定进行分类。

(5)制动类型。对于汽车,制动类型可按照GB/T 5620—2002《道路车辆 汽车和挂车制动名词术语及其定义》的规定进行分类。

(6)传动方式与起动方式。传动方式可分为链传动、带传动、轴传动、电传动、液力传动等;起动方式可分为人工起动、电机起动等。

4)技术特性参数

车辆技术特性参数包括尺寸参数、质量参数、座位数等。

5)检验位

VDS的最后一位数字(即VIN的第9位号码)为检验位。检验位可为"0~9"中任一数字或字母"X",用以核对车辆识别代号记录的准确性。校验位按标准通过加权计算得到。

2.5.3 VIN代码示例

以上海大众桑塔纳2000型轿车为例,其VIN代码为LSVHJ133022221761,见表2.9。

上海大众桑塔纳2000型轿车VIN码 表2.9

含义划分	WMI			VDS						VIS							
代码举例	L	S	V	H	J	1	3	3	0	2	2	2	2	1	7	6	1
代码位置	1	2	3	4	5	6	7	8	9	10	11	12	13	14	15	16	17

(1)第1～3位为世界制造厂识别代码:LSV代表上海大众汽车有限公司。

(2)第4位为车身形式代码:A代表4门折背式车身;B代表4门直背式车身;C代表4门加长型折背式车身;E代表4门加长型折背式车身;F代表4门短背式车身;H代表4门加长型折背式车身;K代表2门短背式车身。

(3)第5位为发动机或变速器代码

①上海桑塔纳轿车、上海桑塔纳旅行轿车、上海桑塔纳2000轿车系列:A代表JV(026A)/AHM(014.K);B代表JV(026A)+LPG/AHM(014.K);C代表JV(026A)/2P(013.9);D代表JV(026A)+LPG/2P(013.9);E代表JV(026A)+CNG/2P(013.9);F代表AFE(026N)/2P(013.9);G代表AYF(050B)/QJ(013.3);H代表AJR(06BC)/2P(013.9);J代表AYJ(06BC)/FNV(01N.A);K代表AFE(026N)+LPG/2P(013.9);L代表AYF(050B)+LPG/QJ(013.3);M代表AYJ(06BC)+LPG/2P(013.9)。

②上海帕萨特轿车(PASSAT)系列:A代表ANQ(06BH)/DWB(01W.D)[FSN(0A9.A)];B代表ANQ(06BH)/DMU(01N.A);C代表AWL(06BA)/EZS(01V.J);D代表AWL(06BA)/EMG(01W.V);E代表BBG(078.2)/EZY(01V.B);L代表BGC(06BM)/EZS(01V.J);M代表BGC(06BM)/EMG(01W.V)。

③上海波罗轿车(POLO)系列:A代表BCC(036P)/GET(02T.Z)[FCU(02T.Z)];B代表BCC(036P)/GCU(001.H)[ESK(001.H)];C代表BCD(06A6)/GEV(02T.U)[FXP(02T.U)]。

④上海高尔夫轿车(GOL)系列:A代表BHJ(050.C)/GPJ(013.D)。

(4)第6位为乘员保护系统代码:0代表安全带;1代表安全气囊(驾驶员);2代表安全气囊(驾驶员和副驾驶员、前座侧面);3代表安全气囊(驾驶员和副驾驶员、前后座侧面),4代表安全气囊(驾驶员和副驾驶员);5代表安全气囊(驾驶员和副驾驶员、前后座侧面、头部),6代表安全气囊(驾驶员和副驾驶员、前座侧面、头部)。

(5)第7～8位为车辆等级代码:33代表上海桑塔纳轿车、上海桑塔纳旅行轿车、上海桑塔纳2000轿车;9F代表上海帕萨特轿车;9J代表上海波罗轿车;5X代表上海高尔轿车。

(6)第9位为校验位:0～9中任何一数字或字母“X”。

(7)第10位年份代码:B代表1981,C代表1982,D代表1983,E代表1984,F代表1985,G代表1986,H代表1987,J代表1988,K代表1989,L代表1990,M代表1991,N代表1992,P代表1993,R代表1994,S代表1995,T代表1996,V代表1997,W代表1998,X代表1999,Y代表2000,1代表2001,2代表2002,3代表2003,4代表2004,5代表2005,6代表2006,7代表2007,8代

表2008,9代表2009,A代表2010。

(8)第11位为装配厂代码:2代表上海大众汽车有限公司。

(9)第12～17位为车辆制造顺序号。

由此可知:该VIN码的含义是2002年上海大众汽车有限公司生产的桑塔纳2000型轿车,该车配备AYJ发动机,FNV(01N.A)自动变速器,出厂编号221761。

2.6 内燃机分类与编号

热机有内燃机和外燃机两种。直接以燃料燃烧所生成的燃烧产物为工质的热机为内燃机,反之则为外燃机。内燃机包括活塞式内燃机和燃气轮机。外燃机则包括蒸汽机、汽轮机和热气机等。内燃机与外燃机相比,具有结构紧凑、体积小、质量轻和容易起动等许多优点。因此,内燃机被极其广泛地用作汽车动力。

GB/T 725—2008《内燃机产品名称和型号编制规则》对内燃机的分类与编号作了相应要求。

2.6.1 内燃机分类

(1)按活塞运动方式的不同,活塞式内燃机可分为往复活塞式和旋转活塞式两种。

(2)根据所用燃料种类,活塞式内燃机主要分为汽油机、柴油机和气体燃料发动机三类。以汽油和柴油为燃料的活塞式内燃机分别称作汽油机和柴油机。使用天然气、液化石油气和其他气体燃料的活塞式内燃机称作气体燃料发动机。

(3)按冷却方式的不同,活塞式内燃机分为水冷式和风冷式两种。以水或冷却液为冷却介质的称作水冷式内燃机,而以空气为冷却介质的则称作风冷式内燃机。

(4)往复活塞式内燃机还按其在一个工作循环期间活塞往复运动的行程数进行分类。活塞式内燃机每完成一个工作循环,便对外作功一次,不断地完成工作循环,才使热能连续地转变为机械能。在一个工作循环中活塞往复4个行程的内燃机称作四冲程往复活塞式内燃机,而活塞往复两个行程便完成一个工作循环的则称作二冲程往复活塞式内燃机。

(5)按照汽缸数目分类可以分为单缸发动机和多缸发动机。仅有一个汽缸的发动机称为单缸发动机;有两个以上汽缸的发动机称为多缸发动机。如双缸、三缸、四缸、五缸、六缸、八缸、十二缸等都是多缸发动机。现代车用发动机多采用四缸、六缸、八缸发动机。

(6)内燃机按照汽缸排列方式不同可以分为单列式和双列式。单列式发动机的各个汽缸排成一列，一般是垂直布置的，但为了降低高度，有时也把汽缸布置成倾斜的甚至水平的；双列式发动机把汽缸排成两列，两列之间的夹角小于180°(一般为90°)称为V型发动机，若两列之间的夹角等于180°称为对置式发动机。

2.6.2 产品编号

内燃机编号依次包括四部分内容。

1)第1部分

由制造商代号或系列代号组成。本部分代号由制造商根据需要选择1～3位字母表示。

2)第2部分

由汽缸数、汽缸布置形式符号、冲程形式符号、缸径或缸径行程符号组成。

(1)汽缸数用1～2位数字表示。

(2)汽缸布置形式符号见表2.10。

汽缸布置形式符号 表2.10

符号	含义	符号	含义
无符号	直列多缸或单缸	H	H型
V	V型	X	X型
P	卧式		

注：其他布置形式符号见GB/T 1883.1—2005《往复式内燃机词汇第1部分：发动机设计和运行术语》。

(3)冲程形式为四冲程时符号省略，为二冲程时用符号E表示。

(4)缸径符号一般用缸径或缸径/行程数字表示，亦可用发动机排量或功率数表示。其单位由制造商自定。

3)第3部分

由结构特征符号、用途特征符号组成。结构特征符号见表2.11，汽车用内燃机用途符号为Q。

内燃机结构特征符号表 表2.11

符号	结构特征	符号	结构特征
无符号	冷却液冷却	Z	增压
F	风冷	ZL	增压中冷
N	凝气冷却	DZ	可倒转
S	十字头式		

4)第 4 部分

第 4 部分为区分符号。同系列产品需要区分时,允许制造商选用适当符号表示。

5)编号原则

(1)内燃机型号由阿拉伯数字,汉语拼音字母或国际通用的英文缩略字母组成。

(2)型号编制应优先选用 GB/T 725—2008《内燃机产品名称和型号编制规则》中的汽缸布置形式符号、内燃机结构特征符号、内燃机用途特征符号规定的字母,允许制造商根据需要选用其他字母,但不得与气缸布置形式符号、内燃机结构特征符号、内燃机用途特征符号规定的字母重复。符号可以重叠使用,但应按规定顺序表示。

(3)内燃机型号应简明,第二部分规定的符号必须表示,但第一部分、第三部分及第四部分符号允许制造商根据具体情况增减,同一产品的型号应一致,不得随意更改。

(4)由国外引进的内燃机产品,允许保留原产品型号或在原型号基础上进行扩展。经国产化的产品宜按 GB/T 725—2008 的规定编制。

6)型号示例

(1)柴油机型号 YZ6102Q:六缸直列、四冲程、缸径 102mm、冷却液冷却(YZ 扬州柴油机厂代号)。

(2)汽油机型号 492Q/P-A:四缸直列、四冲程、缸径 92mm、冷却液压泵冷却、汽车用(A 为区分符号)。

(3)燃气机型号 12V190ZL/T:12 缸、V 型、四冲程、缸径 190mm、冷却液冷却、增压中冷、燃料为天然气。

(4)双燃料发动机型号 G12V190ZLS:12 缸、V 型、缸径 190mm、冷却液冷却、增压中冷、燃料为柴油或天然气双燃料(G 为系列代号)。

2.7 汽车产品认证制度

1999 年版《辞海》对产品认证制度作了如下的诠释:认证制度是证明某种产品达到某种质量标准的合格评定程序。当企业认为有必要显示其产品达到了该产品应该符合的质量标准而在消费者(用户)心目中树立起可信赖的产品形象,从而争得市场、保住市场乃至扩大市场时,企业提出申请,由国家质量监督机关或某一得到过质量标准管理组织授权的质量评定机构对产品质量或质量控制体系进行验证,给予生产该产品的厂商以质量达标证书或允许其使用某种质量标准体系的标志。而这种证书或标志通常是进入特定市场的必备资格。这也是进行产品形式认证的意义所在。

2.7.1 国外

国外大体形成了美国、欧洲、日本三种认证制度。这三种认证制度，经过几十年的运转和不断改革，体系已相当完善，成为其他国家建立汽车认证制度的样板。他们遵循的各项原则也成为国际惯例，为世界各国所接受。

1)美国

美国采取的是自我认证、强制召回制度。

1953年，美国在世界上首先颁发了《联邦车辆法》，政府由此开始对车辆进行有法可依的管理。与美国的政体一样，美国汽车法规有联邦法规，也有州法规。按照美国汽车联邦统一的汽车认证，它主要分为安全认证和环境保护认证两个部分。

美国汽车业实行的是“自我认证”，即汽车制造商按照联邦汽车法规的要求自己进行检查和验证。如果企业认为产品符合法规要求，即可投入生产和销售。因此说，“自我认证”体现了美国式的自由，汽车企业对自己的产品具有直接发言权。

美国政府主管部门的任务就是对产品进行抽查，以保证车辆的性能符合法规要求。在美国，汽车安全的最高主管机关是隶属于运输部的国家公路交通安全署(NHTSA)。为确保车辆符合联邦机动车安全法规的要求，NHTSA可随时在制造商不知情的情况下对市场中销售的车辆进行抽查，也有权调验厂家的鉴定实验室数据和其他证据资料。如果抽查发现车辆不符合安全法规要求，主管机关将向制造商通报，责令其在限期内修正，并要求制造商召回故障车辆，这就是所谓的强制召回。同时，如果不符合法规的车辆造成了交通事故，厂家将面临高额惩罚性罚款。在这种严厉的处罚背景下，汽车企业对产品设计和生产过程中的质量控制不敢有丝毫懈怠，而且对召回非常“热心”，一旦发生车辆质量瑕疵，就主动召回；否则，被公路交通安全署查出，后果不堪设想。

因此，美国的自我认证方式，尽管表面看来较宽松，实际上汽车企业要真正为自己的产品负责，所有制造商并不敢弄虚作假。

2)欧洲

欧洲采取的是型式认证、自愿召回制度。

欧洲各国实行的虽然也是认证制度，但与美国有较大的区别，其区别就在于美国是由企业自己进行认证，欧洲则是由独立的第三方认证机构进行认证。而且欧洲对流通过程中车辆质量的管理没有美国那样严格，他们是通过检查企业的生产一致性来确保产品质量的。因此可以说，美国对汽车的管理是推动式的，政府推着企业走；而欧洲则是拉动式的，政府拉着企业走。

欧洲各国的汽车认证都是由本国的独立认证机构进行的，但标准则是全欧洲统一的，依据的是ECE法规、EC指令，主要有E标志认证和e标志认证两类。

E标志源于ECE法规。这个法规是推荐性的，不是强制标准。也就是说，欧洲各国可以根据本国具体法规操作。E标志证书只涉及产品的零部件及系统部件，不包括整车认证。获得E标志认证的产品，是为市场所接受的。

e标志是欧盟委员会依据EC指令强制成员国使用整车、安全零部件及系统的认证标志。测试机构必须是欧盟成员国内的技术服务机构，比如德国的TUV、荷兰的TNO、法国的UTAC、意大利的CPA等。发证机构是欧盟成员国政府交通部门，如德国的交通管理委员会(KBA)。像欧元在欧盟成员国自由流通一样，获得e标志认证的产品各欧盟成员国都认可。

要获得E标志或e标志，首先产品要通过测试，生产企业的质量保证体系至少要达到ISO 9000标准的要求。据德国的认证机构TUV介绍，德国对汽车质量保证体系审核及认证标准很严，依据的是ISO 9000、QS 9000、ISO 14000、VDA6.1等标准。在该机构出示的汽车认证流程表中，检验项目达47项之多，除了噪声、排放、防盗、制动等基本项目外，仅车灯就有6项。

与美国不同的是欧洲实行企业自愿召回，企业发现车辆有问题，就可自行召回，但要向国家主管机关上报备案。但如果企业隐瞒重大质量隐患或藏匿用户投诉，一经核实将面临处罚。

3)日本

与美国、欧洲相比，日本采取的是独具特色的型式认证。

日本汽车型式认证制度产生于20世纪50年代，迄今已有60多年的历史。日本的汽车认证制度总体上来讲与欧洲一样，是型式认证制度，但也很有特色。之所以有特色，是因为它的认证体系由《汽车型式指定制度》、《新型汽车申报制度》、《进口汽车特别管理制度》三个认证制度组成。根据这些制度，汽车制造商在新型车的生产和销售之前要预先向运输省提出申请以接受检查。

《汽车型式指定制度》指对具有同一构造装置、性能，并且大量生产的汽车进行检查。《新型汽车申报制度》针对的是形式多样而生产数量不是特别多的车型，如大型载货汽车、公共汽车等。《进口汽车特别管理制度》针对的则是数量较少的进口车。

代表日本型式认证制度特点的应该是《汽车型式制定制度》，该制度审查的项目主要有：

(1)汽车是否符合安全基准(车辆的尺寸、质量、车体的强度、各装置的机能、排气量、噪声大小等)。

(2)汽车的均一共同性(生产阶段的质量管理体制)。

(3)汽车成车后的检查体制等。

以上的检验合格后，制造商才能拿到该车型的出厂检验合格证。但获得型式认证后，还要由运输省进行“初始检查”，目的是保证每一辆在道路上行驶的车都要达标。达标后的车辆依法注册后就可以投入使用了。但如果投放市场的车辆与检验时的配备不同，顾客可以投诉。

日本实行的召回制是由厂家将顾客投诉上报运输省，如果厂家隐瞒真相，将顾客的投诉置之高阁，造成安全问题后，政府主管部门会实行高额惩罚。

2.7.2 国内

目前，汽车产品进入国内市场，需进行以下认证即获得销售资格：国家工业和信息化部《公告》、中国质量认证中心《CCC认证证书》（中国强制性认证）、国家环保总局《国家环保目录》。上述政府各部门对汽车行业的管理并不存在多少横向联系，是根据本部门职能对汽车行业进行纵向垂直管理。如国家工业和信息化部《公告》目前仍是汽车上牌照的最重要依据；中国质量认证中心受国家认监委委托受理汽车产品CCC认证，CCC认证是汽车产品生产、出厂销售、使用的依据；《国家环保目录》是国家环保总局依据环保法规对汽车排放、噪声等提出的要求。

1)公告管理

工业和信息化部负责汽车行业产业政策、标准法规制定，汽车生产企业及产品准入管理。产品准入是对汽车实施行业管理的基础，是以微观工作实现宏观管理的主要手段。这部分职能在2008年实行“大部制”后从国家发展改革委员会移植到工业和信息化部。2008年8月7日，工业和信息化部发布了2008年第1号公告——《车辆生产企业及产品》（第173批），8月20日，工业和信息化部又发布了《车辆生产企业及产品》（第175批），这个公告新增了6家专用汽车生产企业（向社会公示），继后工业和信息化部开始定期发布产品公告，而且，工业和信息化部制定了《道路机动车辆生产企业及产品准入管理规定》等文件，其要点如下。

(1)准入管理是指国家主管部门对道路机动车辆生产企业（以下简称车辆企业）及道路机动车辆产品（以下简称车辆产品）实施的生产和市场准入行政许可。

(2)凡在中华人民共和国境内从事道路机动车辆生产的企业，必须具备相应条件并经过国家主管部门许可后，方能取得道路机动车辆生产资格；其车辆产品须经国家主管部门许可后，方可生产、销售。取得准入许可的车辆企业及产品由国家主管部门以《车辆生产企业及产品公告》（以下简称《公告》）的方式发布。

(3)车辆企业准入条件有：符合国家法律、法规、有关规章和产业政策及国家宏观调控政策的规定；具备与所生产车辆产品相适应的生产能力和条件；具备相应车辆产品的设计开发能力；具备相应车辆产品的营销和售后服务能力；所生产的车辆产品符合有关国家标准及规定；具备相应车辆产品的生产一致性保证能力。

(4)车辆企业生产的车辆产品准入条件有:应当符合国家有关安全、环保、节能、防盗等方面的要求,符合有关国家标准和国家主管部门的有关规定。

(5)国家主管部门按照车辆产品类型及品种对车辆企业及产品准入进行分类管理。各产品类型及品种的准入管理规则由国家主管部门另行制定发布。

(6)国家主管部门委托具备条件的中介机构(以下称中介机构)承担准入管理的技术审查工作;授权有资格的检测机构(以下称检测机构)承担车辆产品的检测工作。中介机构和检测机构要具备第三方公正地位,不得与车辆企业存在资产、管理方面的利益关系。

(7)审查、检验机构要严格执行《公告》审查和样车检验制度的有关规定,保证《公告》产品符合《机动车运行安全技术条件》(GB 7258—2004)、《道路车辆外廓尺寸、轴荷及质量限值》(GB 1589—2004)等国家标准的要求。建立《公告》检查确认制度,对已经审查通过的《公告》产品定期或不定期进行抽查复核,发现《公告》产品不符合国家标准及有关规定的,一律予以撤销,情节严重的,追究违规审查、检验等相关人员的责任。

(8)进一步加强生产一致性监督管理。车辆生产企业实际生产的车辆产品要符合《公告》批准的技术参数和有关国家标准,按标准配备车辆行驶记录装置、防抱死制动装置、汽车安全带等安全防护装置,并按照规定配发机动车出厂合格证,严禁为汽车配发拖拉机合格证的行为。工业和信息化部将通过新产品公示、企业现场检查、销售市场抽查、注册登记核查等方式加强车辆产品生产一致性监督检查。公安部与工业和信息化部建立违规车辆产品信息通报制度。公安交通管理部门发现车辆产品不符合《公告》批准的技术参数和有关国家标准,或者未列入《公告》,或者超过《公告》有效期出厂的,通过机动车登记系统"违规机动车产品信息上报程序"报公安部,公安部将对违规车辆产品信息进行汇总分析,建立"涉嫌违规机动车产品库",并通报工业和信息化部。工业和信息化部将按规定责令违规车辆生产企业限期整改并予以撤销违规产品公告、暂停产品申报、撤销准入许可等处罚,违规车辆生产企业及其销售商必须在新闻媒体上发布相关信息,召回已销售的不合格车辆。

2)CCC 认证

CCC 认证(也称 3C 认证)就是中国强制性产品认证制度(China Compulsory Certification,英文缩写 CCC)。是国家安全认证(CCEE)、进口安全质量许可制度(CCIB)、中国电磁兼容认证(EMC)三合一的权威认证。需要注意的是,3C 标志并不是质量标志,而只是一种最基础的安全认证,是我国政府按照世贸组织有关协议和国际通行规则,为保护广大消费者人身和动植物生命安全,保护环境、保护国家安全,依照法律法规实施的一种产品 3C 认证标志合格评定制度。

主要特点是:国家公布统一目录,确定统一适用的国家标准、技术规则和实施程序,制定统一的标志标识,规定统一的收费标准。凡列入强制性产品认证目录内的产品,必须经国家指定的认证机构认证合格,取得相关证书并加施认证标志后,方能出厂、进口、销售和在经营服务场所使用。

国家监督检验检疫总局和国家认证认可监督管理委员会于 2001 年 12 月 3 日一起对外发布了《强制性产品认证管理规定》,于 2002 年 10 月 10 日首次发布了《机动车辆类强制性认证实施细则》,其要点如下。

(1)认证模式。认证模式为型式试验+初始工厂审查+获证后监督。

(2)检测项目和检测依据。制造商应全面执行国家颁布的汽车产品安全、环保、节能、防盗标准和规定,且符合要求。型式试验结果仅对样品所进行的检测项目负责。

(3)初始工厂审查。初始工厂审查应在型式试验合格后进行。根据需要,型式试验和初始工厂审查也可以同时进行。初始工厂审查内容包括生产一致性审查和质量保证能力审查。

(4)工厂现场审查。工厂现场审查包括生产一致性现场审查和质量保证能力审查。生产一致性现场审查是在制造商生产一致性控制计划审查通过后,到生产一致性控制的现场对生产一致性控制计划的执行情况进行确认,应覆盖申请认证产品。质量保证能力审查应覆盖申请认证产品的加工场所。

(5)认证结果的评价与批准。型式试验的结果由检测机构做出,生产一致性控制计划审查的结果由认证机构做出,初始工厂审查的结果由工厂检查组做出。

(6)认证批准。认证机构对型式试验、生产一致性控制计划、工厂审查进行综合评价,型式试验、生产一致性控制计划和工厂审查均符合要求,经认证机构评定后,颁发认证证书(每一个申请单元颁发一份认证证书)。认证证书的使用应符合《强制性产品认证管理规定》的要求。

(7)认证证书。认证证书除满足《强制性产品认证管理规定》要求的项目和内容外,还须随同证书出具附件,注明该证书涉及产品符合本实施规则引用的标准和认证实施规则的名称、编号。对于证书的变更应注明变更的版本号,以明确显示该产品的变更次数。

对于多阶段制造车辆应注明以前一阶段的制造商及其产品车型系列和单元信息。如前一阶段产品已获得强制性产品认证的,应注明其证书编号。证书应注明本证书涉及产品是否为完整车辆。对于按照非量产车型系列认证的产品,认证证书须列明覆盖产品的车辆识别代码。

(8)获证后的监督。一般情况下从获证后的 12 个月起,每年至少进行一次监督审查。获证后的第五年,应按生产一致性审查要求和质量保证能力审查要求,对工厂进行全面审查,审查内容和审查时间与初始工厂审查相同。

(9)用户投诉信息在监督审查中的应用。企业应建立用户投诉信息收集、汇总、分析、保存系统，并保证全面向认证机构公开用户投诉信息，不得隐瞒和销毁用户投诉信息。认证机构在监督审查时，应将用户投诉中涉及本规则包含的安全、环保、节能、防盗问题作为审查的重要内容。认证机构应保证除向认证主管部门汇报外，不得向第三方泄露企业的用户投诉信息。认证机构和国家认监委也将建立本规则涉及的车辆安全、环保、节能、防盗等项目的用户投诉搜集、处理、反馈系统，以加强对获证企业和产品的监督。

(10)认证的暂停、注销和撤销。认证的暂停、注销和撤销按《强制性产品认证管理规定》的要求执行。当车辆存在重大设计缺陷或安全隐患，并经查实确为制造商责任时，认证机构视具体情况和性质可暂停和撤销认证证书。

3)国家环保目录

国家对汽车环保管理的法规依据是《汽车排气污染监督管理办法》。排气污染物包括发动机排气管废气、曲轴箱泄漏、油箱及燃料系统的燃料蒸发的排放物。《汽车排气污染监督管理办法》要点如下。

(1)各级人民政府的环境保护行政主管部门是对汽车排气污染实施统一监督管理的机关，指导、协调各汽车排气污染监督管理部门的工作。

各省、自治区、直辖市及省辖市人民政府的环境保护行政主管部门对其所辖地区汽车生产企业生产的汽车及其发动机产品的排气污染实施监督管理。

各级人民政府的公安交通管理部门根据国家环境保护法规对在用汽车排气污染实施具体的监督管理。

(2)汽车及其发动机产品生产主管部门必须将汽车及其发动机产品排气污染指标纳入产品质量指标。汽车及其发动机生产企业必须具备出厂检验所必需的排气污染检测手段，其质量检验单位应按标准要求对出厂产品严格检验，达不到国家规定的排放标准的产品不得出厂。

汽车及其发动机产品的排放情况，应由各省、自治区、直辖市环境保护行政主管部门认可的监督检测机构进行抽测，抽测频率每季度不得多于一次，每年不得少于两次。达不到国家规定的排放标准的产品，不得出厂。

(3)在用汽车排气污染必须达到国家规定的排放标准。

公安交通管理部门必须将汽车排气污染检验纳入初次检验、年度检验及道路行驶抽检内容。初次检验达不到国家规定的排放标准的汽车不发牌证；年检达不到国家规定的排放标准的汽车不得继续行驶。对抽检的车辆，其排气达不到国家规定的排放标准的，由公安交通管理部门按有关规定给予处罚。

(4)汽车维修主管部门对所维修的汽车排气污染实施行业监督管理。

汽车维修主管部门必须将汽车排气污染指标纳入维修质量考核内容。经维修的汽车其排气必须达到国家规定的排放标准。

凡从事汽车大修、发动机总成维修的企业，必须具备符合规范的汽车排气污染检测手段，车辆维修后的排气状况必须经过自检合格方可出厂。

凡承担汽车排气污染控制装置的安装、更换和调整等业务的维修企业，必须经汽车维修主管部门审查核发专修许可证，并报当地环境保护行政主管部门备案。

市级以上环境保护行政主管部门对大修竣工、发动机总成大修及车辆排气专修出厂的汽车，进行排气污染抽测，达不到国家规定的排放标准的，不得出厂。

(5)市级以上环境保护行政主管部门负责汽车排气检测仪器设备的抽检和业务指导。对不符合规范要求的检测单位和个人，环境保护行政主管部门应停止其检测工作，直到合格。

3 汽车耗能

3.1 耗能分布

图 3.1 为汽车各总成能源消耗分布。

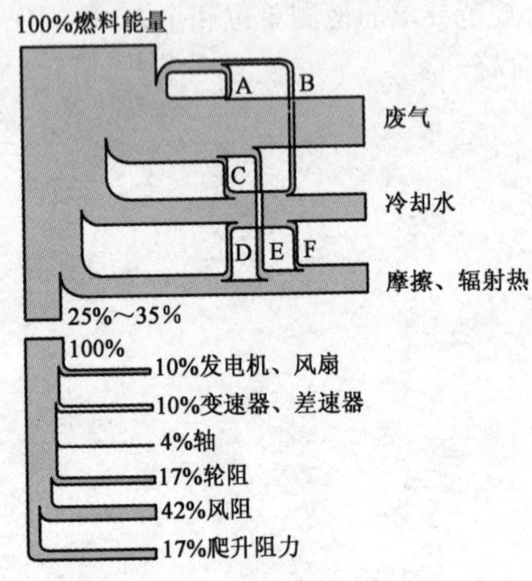

图 3.1 汽车能量分布

A-废气中可回收热量；B-通过缸壁回收热量；C-废气传给冷却水的热量；D-冷却水带走的摩擦热量；E-排气管辐射热；F-冷却水系统的辐射热

图 3.2 为现代中型轿车城市(公路)循环行驶工况时的整车消耗能量分布。

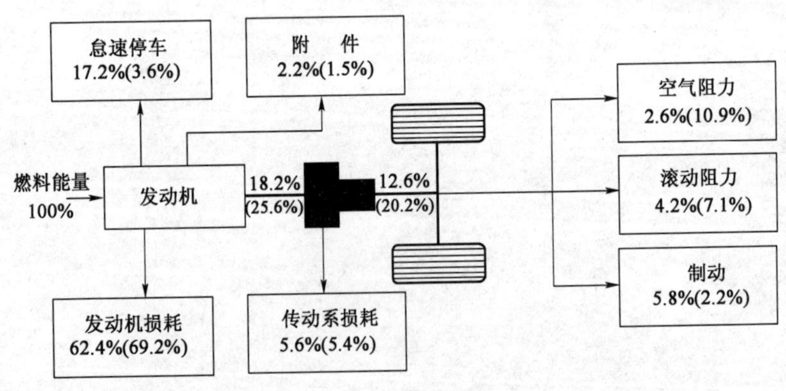

图 3.2 现代中型轿车城市(公路)循环行驶工况消耗能量分布

由图 3.2 可知，汽车公路行驶能耗可分为三大部分，主要为内燃机的热损失，约 65.6%的能量作为内燃机的热量排放散发了；其次，为用于汽车行驶所需的能量，即 10.9%用于克服空气阻力，7.1%用于克服滚动阻力，2.2%消耗于制动，共约 20.2%；其三，为克服机件摩擦和带动附件消耗的能量，即 5.1%为内燃机及附件消耗(非空调车)，5.4%损耗于传动系，共约 10.5%；汽车空调要消耗发动机功率的 10%～12%。真正转化到车轮上用于克服行驶阻力的只占总能量的 10%左右。传递至驱动轮的有效机械能约 53%被用来克服风阻、47%被用来克服滚动阻力。表 3.1 为三种轿车在 EPA 城市/高速公路混合循环下的情况对比。

三种轿车在 EPA 城市/高速公路混合循环下的情况对比 表 3.1

车型 M=1 000kg $A=2m^2$	现代常规轿车 C_D=0.31 f=0.015				先进轿车 C_D=0.19 f=0.0045				未来轿车 C_D=0.13 f=0.004			
能耗(kW·h)	城市	%	高速	%	城市	%	高速	%	城市	%	高速	%
滚动阻力能耗	0.49	38.7	0.67	39	0.15	17	0.2	20	0.13	16.4	0.18	21.8
风阻能力	0.27	21.4	0.88	51	0.17	19.3	0.54	53	0.11	14.3	0.37	44.9
加速动能(惯性能)	0.51	39.9	0.17	10	0.55	63.7	0.27	27	0.55	69.3	0.28	33.3
合计	1.27	100	1.72	100	0.87	100	1.01	100	0.79	100	0.83	100
巡航里程(km)	94.5		95.5		138.7		163.1		200		204.7	

注：M 为汽车总质量，A 为迎风面积，C_D 为空气阻力系数，f 为滚动阻力系数。

3.2 发动机能耗

在汽车发动机中，效率表示输入与输出的关系，发动机的效率有机械效率和热效率两个指标。

3.2.1 机械损失

1)机械损失分类

机械损失包括内燃机内部机件实际摩擦产生的损耗，如活塞环与汽缸壁、轴承与轴颈之间的摩擦损耗；泵气损失；还包括辅助装置损失，如点火装置、喷油泵、风扇、水泵、增压器耗能等。表 3.2 为内燃料机机械损失各部分比例。

发动机机械损失各部分比例 表 3.2

项 目	占机械损失(%)	占指示功率(%)
摩擦损失	60～70	8～20
驱动附件损失	10～20	1～5
换气损失	10～20	1～5

转速升高时，摩擦副之间的相对速度增大，惯性力、侧压力随之增大，换气损失和驱动附件损失相应增加。

转速不变时，机械损失变化不大，随着负荷增加，机械效率升高。这与一般的机械效率的概念不大一样。

试验表明，发动机的转速比负荷对机械损失的影响为大。低速时，负荷的影响约占25%，在转速达到最大输出功率时，其影响约占10%。

润滑油的品质影响到运动副的摩擦损失。在可靠的润滑前提下，黏度较小的润滑油能减少摩擦损失，改善起动性能。

冷却介质的温度实际影响润滑油的温度，继而影响黏度，所以温度要适宜。

2)减少机械损失的措施

减少机械损失，提高发动机机械效率的措施，归纳起来如图3.3所示。

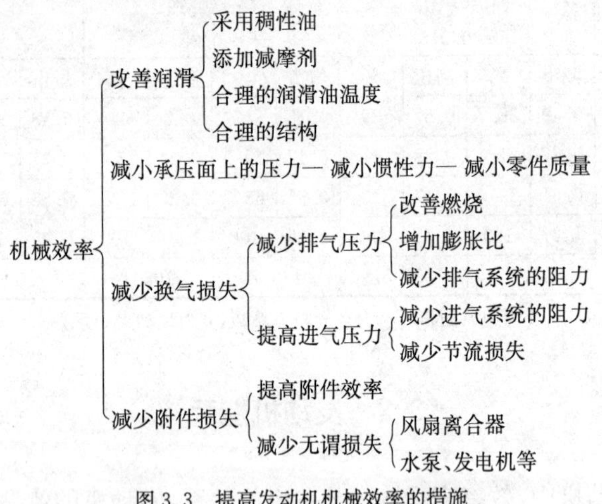

图3.3 提高发动机机械效率的措施

3.2.2 热损失

1)热损失分类

废气损失：发动机排出的废气带走相当一部分热量，约为30%。

传热损失：工质温度与缸壁温度相差很大，通过冷却液散发的热量。

换气损失：为有效地排气，排气门的活塞运动到下止点前就已打开，部分还能作功的废气从排气门处排出。

时间损失：有限的燃烧速度不能完全实现理想燃烧。

燃烧损失：空气不足或混合不良，使所供给的燃料不能完全燃烧。

泄漏损失：由于活塞环和缸壁之间、气门与气门座之间不能完全密封，部分工质从燃烧室内泄漏。

涡流与节流损失：活塞的运动使缸内工质形成涡流而消耗一部分有用功。

另外，节气门的部分关闭产生的节流效应、分隔式燃烧室的通道都会产生损失。

工质损失：燃烧前，工质的成分和摩尔数发生了变化，未燃工质和已燃气体性质的不同导致热力方程的变化；燃烧过程中，燃料在裂解过程中工质的比热增加，工质会吸收更多的热量，使缸内压力和温度达不到理想循环值；膨胀过程中，裂解的分子又重新聚合，使得膨胀了的压力和温度升高，被废气带走的热量也增加，使内燃机热效率下降。

汽车发动机的热效率很低，但却很难大幅度提高，因为这些过多的热量如果不被排出就会将发动机自身熔化。

2)发动机尾气利用

(1)目前成熟的对内燃机尾气利用技术。

废气涡轮增压技术：由内燃机排出的废气作动力实现进气压力提高的装置。涡轮机进气口与内燃机排气管相连，内燃机排出的废气高速进入涡轮推动涡轮高速运转，并带动与涡轮同轴的压气机叶轮工作，经空气滤清器滤清的空气进入压气机后压力得到提高，然后再进入汽缸，使进气密度得以增加，从而提高进气量并提高内燃机的功率，使动力性和经济性得到明显提高。

尾气采暖技术：高温尾气通过排气管后，进入与消声器做成一体的交换器，同时利用风机将经尾气加热的新鲜空气强制送入车厢内，用于冬季采暖。

废气再循环利用：将部分废气回送到进气系统并与新鲜空气混合后再次进入汽缸，从而使汽缸内的最高燃烧温度和压力降低，以控制有害气体 NO_x 的产生，达到降低排放的目的。

尾气空调技术：利用制冷剂的物理特性使尾气排放的热能重复利用，从而获得制冷效果。目前有氨水吸收式和氨氢水吸收扩散式两种方式。

尾气制动技术：通过废气蝶阀来关闭和开通排气系统，废气碟阀工作时使排气背压提高，排气困难，从而由逆向驱动内燃机而产生的旋转阻力来制动汽车。

(2)内燃机尾气利用技术发展方向。

涡轮蒸汽机：其工作原理基于蒸汽机，液体被加热成蒸汽用以驱动发动机，内燃机废气经过热交换器成为能量源。这项技术使废气中 80%以上的热能得以回收利用。蒸汽生成后直接被导入与内燃机曲轴相连的膨胀单元。大部分剩余的热量被发动机冷却循环吸收，成为涡轮蒸汽机的第二能量源。在测试中，装有创新性辅助系统的宝马 1.8L 四缸发动机的油耗降低了 15%，输出功率却增加了 10kW，同时转矩也增加了近 20N·m。

量子发动机：美国得克萨斯 A&M 大学的物理学家斯卡利提出一个创新想法，利用一个量子加力燃烧室，将尾气中的热量转化为激光，从而给汽车发动机提供更高效的动力。斯卡利打算在汽车尾气排气管上增加一个光激射器和一个微波激射器，一旦尾气中的高能量分子的数目异常增多时，两个激射器就会产生辐射,形成激光。实现能级粒子数反转是产生激光的先决条件。粒子数反转,就是处于高能级(或激发态)的粒子数比处于低能级的多。当其受激以光子形式释放出来时,同时也释放出能量。利用包括一个光激射器和一个微波激射器的量子燃烧室,一旦尾气中的高能量分子的数目异常增多时,两个激射器就会产生辐射,形成激光能源,从而给汽车发动机提供更高效的动力。经斯卡利改良的"量子发动机"则可充分回收并再利用废气中的热量,从而提高发动机的效率。

尾气温差发电:美国通用汽车公司在美国能源部的资助下,与俄亥俄州州立大学合作研究的温差发电设备采用热电效应原理,将一种特殊的电镀金属装置安装在汽车排气管上。该装置由两种金属组成回路,并利用内燃机尾气与空气在两个接触点之间产生的温度差,使两种金属的状态发生变化而形成电流,通过电动机驱动汽车,或储存于蓄电池中,供车辆电器使用。数据表明该装置可将汽车燃油利用率提高10%。

余热制氢:以醇类燃料为基质,利用排放废气的余热,实现醇类随车制氧的目的。在排气管处安装"余热氢气发生器",利用废气余热,在催化剂的作用下,促使醇类原料裂解为氢和其他辅助燃料,供发动机燃烧,可使热效率提高5.3%,动力提高2.8%,节约燃料30%,降低排污95%。

尾气制冷:利用汽车行驶中发动机的振动及余热作为车载空调或冰箱的能量来源,根据金属或合金在温度的变换下,可以和氢进行可逆热效应,使生成的氢化物金属材料能够吸收氢气的热量并放出氢,反应器中金属氧化物释氢吸热的过程可用于制冷。

内燃机保温:在BMW(宝马)的研究中发现,发动机工作温度每降低1℃所增加的油耗为0.2%,发动机冷起动会加倍耗费燃料。该技术主要是透过底盘绝缘材质的配置,将发动机"封装"起来。BMW预估达到的目标是,要让发动机在熄火之后还能够维持在最高40℃的工作温度达12h,以减少发动机热能流失的浪费,同时也降低外界温度对发动机的影响。

废气热能转换器:通过保持动力系统的温度来降低变速器等总成件的损耗;根据BMW的研究,这个系统能够将热能传递到变速器的润滑油,并以这样的概念设计出一套系统,能够发挥一般在柴油发动机上常见的电热器效果。

3.2.3 发动机万有特性图

发动机负荷特性和速度特性只能表示某一转速或一定供油量工况下发动机的参数变化规律。但是汽车发动机的工作转速和负荷变化范围很广,要全面评价发动机性能,分析各工况下的情况,就需要许多负荷特性和速度特性,这样既不方便,也不清楚,需要有一个综合万有特性图。通常根据负荷特性曲线族经过转换画出多参数特性——万有特性曲线。万有特性能表示3个或3个以上参数之间的关系，可以在一张图上较全面地显示发动机各种工况下的性能指标，如图 3.4 所示。

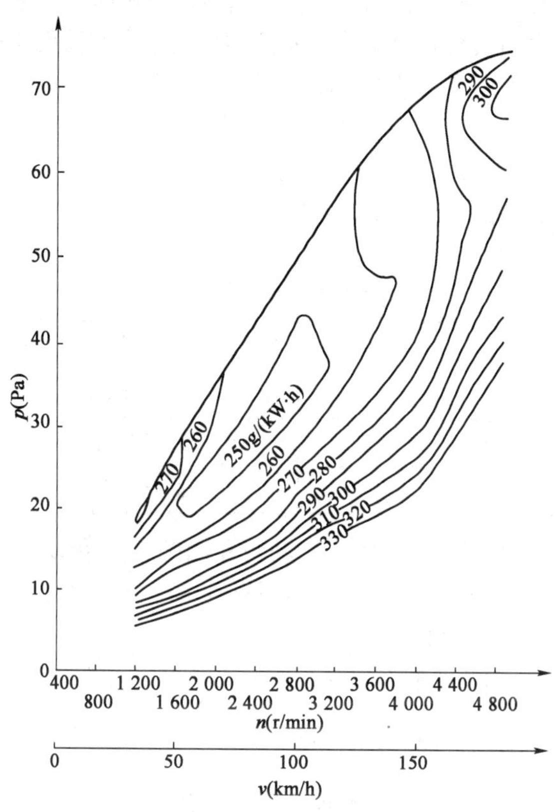

图 3.4　发动机万有特性图

万有特性曲线是以转速 n 为横坐标，以有效转矩 M_e 或平均有效压力 p 为纵坐标，在图上画出许多等耗油率曲线和等功率曲线，组成发动机万有特性曲线。

从图 3.4 上可以看出，最内层的耗油曲线所围区域是经济区，越靠外经济性越差。因此，必须尽量使发动机常用转速和负荷落在最经济区，并希望耗油率曲线横向较长，在一个较大转速范围内有较好的经济性。

3.3　传动系能耗

发动机输出的功率经传动系传至驱动轮的过程中，需要克服传动系各部件中的摩擦，消耗能量。其功率损失由组成部件变速器、万向节、主减速器的消耗功率组成。其中，变速器和主减速器的能量损失比重最大，其余部件损失较小。

传动系功率损失可分为机械损失和液力损失两类。机械损失是指齿轮传动副、轴承、油封等处的机械摩擦损失;机械损失与啮合齿轮的对数、传递转矩的大小等因素有关;挡位越低,所传递的转矩越大,齿面摩擦损失也大,所以传动系效率较低。液力损失指消耗于润滑油的搅动、润滑油与旋转零件之间的表面摩擦等的功率损失;液力损失与润滑油的品种、温度、壳体内的油面高度以及齿轮等旋转件的转速有关;当润滑油黏度增加,或润滑油温度降低,以及油面高度增加,或旋转件转速提高时,液力损失增大,且在高转速低转矩运转时,液力损失在传动系总损失中所占比重较大。实际试验结果表明,传动系的液力损失和机械损失在不同挡位时互有增减,汽车以不同挡位行驶时,效率的改变不大。表 3.3 为传动系各部件的传动效率。

传动系各部件的传动效率 表 3.3

部件名称	(%)	部件名称	(%)
4～6 挡变速器	95	单级主减速器	96
辅助变速器(副变速器或分动器)	95	双级主减速器	92
8 挡以上变速器	90	传动轴万向节	98

汽车变速器分为机械传动和液力传动两种,由于液力传动存在着液力损失,与机械传动相比其效率较低,最高效率也只有 0.85～0.9,因而在正常行驶时油耗较高。

目前汽车传动系的节能措施主要有如下几种。

3.3.1 优化传动系与发动机匹配

在汽车设计过程中,当发动机性能和汽车的常用行驶工况确定后,合理选择传动比,进行传动系与发动机的匹配优化,在最大限度地发挥汽车使用性能的同时,使发动机常用转速和负荷落在万有特性图中的最低油耗区内,从而改善整车燃油经济性。

发动机功率应与整车质量匹配,过大或过小均会使油耗增加。

根据不同使用环境条件进行发动机与传动系的匹配,长期在高速公路行驶的车辆,应提高其经济车速。

主减速比:主减速比大,车速会低,但加速性能和爬坡性能会好,燃料经济性会差。

变速器:最大传动比保证最大爬坡度,最小传动比保证最高车速;最低挡速比与最高挡速比之比大,可改善汽车的燃油经济性和动力性;速比间隔越小越节油,且汽车多在高挡位置工作,换挡频率也大大多于低挡,高挡的速比间隔应比低挡小;挡位数多可增加发动机在经济区工作的概率。

轮胎大小:轮胎大车速会高,但转矩变小,爬坡性能差;轮胎小车速会慢,但转矩变大，爬坡性能好。轮胎直径大，胎宽与质量也相应增加，轮胎滚动阻力也增大。

3.3.2 超越离合器

汽车传动系在动力传输过程中，由于系统的机械摩擦和阻尼消耗了发动机输出的部分功率，即使在滑行时，整个传动系仍随车轮一起旋转，消耗系统的惯性力。

超越离合器具有防止逆转的作用，能够在一个转动方向传递转矩，而在相反方向转矩作用下则空转，即单向传递转矩。若将超越离合器安装于传动系末端，可使汽车在松开加速踏板滑行时使车轮与传动系暂时分离，减少传动系的摩擦损失和润滑油扰动阻力，使滑行距离明显增加，收到明显的节能效果。

超越离合器可以装在发动机曲轴与飞轮之间或飞轮与变速器之间，也可以装在变速器、传动轴或驱动桥中。

3.3.3 无级变速器

无级变速器即连续可变传输器，即有“无数级的变速器”。它是自动变速器的一种，但不同于一般的自动变速器，一般的自动变速器是有挡位的，而无级变速器是没有挡位的。它只有一个滑轮组合，只不过这个滑轮组的主动轮和被动轮的直径是可以随时随地根据路况需求来变化的，从而形成无数个“变速比”来满足汽车的变速需求，实现连续可变的变速比，获得传动系与发动机工况的最佳匹配，使发动机处以最佳工况，从而改善燃烧过程，降低废气排放，提高整车的燃油经济性。

3.4 制动系能耗

汽车制动系的功用是根据需要使汽车减速或制动，从而保证行车安全和车辆运行的经济性。制动与行驶是汽车的属性，汽车制动浪费能量是不可避免的。该方向的节能思路是制动能量收回和减少制动对零件的损耗。

3.4.1 制动能量回收

制动能量回收是指汽车减速或制动时，将其中一部分机械能（动能）转化为其他形式的能量进行回收，并加以再利用的技术。制动能量回收有助于提高汽车能源利用率，减少燃料消耗，减轻制动器的热负荷，减少磨损，提高汽车行驶安全性和使用经济性。

1)原理

先将汽车制动或减速时的一部分机械能(动能)经再生系统转换(或转移)为其他形式的能量(旋转动能、液压能、化学能等),并储存在储能器中,同时产生一定的负荷阻力使汽车减速制动;当汽车再次起动或加速时,再生系统又将储存在储能器中的能量再次转换为汽车行驶所需的动能(驱动力)。

2)方法

飞轮储能:当车辆减速或制动时,先将车辆在减速或制动过程中的动能转换为高速旋转的动能;当车辆再次起动或加速时,高速旋转的飞轮又将存储的动能通过传动装置转化为车辆行驶的驱动力。

液压储能:先将车辆在减速或制动过程中的动能转换为液压能,并将液压能储藏在液压蓄能器中;当车辆再次起动或加速时,储能系统又将蓄能器中的液压能以机械能的形式反作用于车辆,以增加车辆的驱动力。

电化学储能:首先将车辆在制动或减速过程中的动能,通过发电机转化为电能并以化学能的形式存储在储能器中;当车辆需要起动或加速时,再将存储器中的化学能通过电动机转化为车辆行驶的动能。储能器可采用蓄电池或超级电容,由发电机、电动机实现机械能和电能之间的转换。

3)举例

以客车液压储能装置为例。

起动阶段:驾驶员进行起动操作时,开关阀打开。压力油从蓄能器中输出,驱动液压马达。即使发动机节气门开度很小,也可使车辆平稳起动。

加速阶段:液压马达工作,对发动机的输出转矩起助力作用。即车辆加速时的能源不仅来自发动机,而且来自于液压马达。

3.4.2 缓速器

汽车在减速或下长坡时,启用缓速器,可以平稳减速,免去使用制动器造成的磨损和发热。装有缓速器的车辆,其制动蹄片、制动鼓(盘)的使用寿命可成倍延长。目前缓速器有电涡流和液力两种,在重型货车与大型客车上得到广泛应用。

电涡流缓速器:相当于在传动轴上装了个“发电机”,不通电时,无接触无磨损;需要制动时接通电路,传动轴便受到电磁场的阻力作用,达到制动目的。

液力缓速器:在变速器壳后端增加一个涡轮室,当制动电路开启后,使变速器油在涡轮中产生阻尼作用,达到制动效果,不工作时,无磨损但要增加散热。

3.5 滚动阻力

当轮胎在硬而平的路面(水泥或沥青)滚动时,轮胎与路面的接触区域产生法向与切向的相互作用力使轮胎变形。由于轮胎变形时材料的内摩擦产生弹性迟滞损失，使轮胎变形时所作的功不能全部收回，部分转化为热能而消失在大气中，同时胎面在接触区域有摩擦损失，以及滚动轮胎对外部空气的搅动损失，这些能量就是产生滚动阻力的原因。其中迟滞损失是最主要的，试验数据表时，车速在128～152km/h范围内，迟滞损失占轮胎滚动阻力的90%～95%，轮胎与路面的摩擦损失占2%～10%，空气阻力占1.5%～3.5%。

3.5.1 影响因素

1)轮胎结构

一般子午线轮胎的滚动阻力系数为0.01～0.015，斜交轮胎为0.015～0.02。

2)轮胎设计参数

轮胎设计参数主要有：行驶面宽度、胎面弧高、花纹深度、胎面厚度、肩部厚度、花纹。如减窄行驶面宽度和减小胎面弧高，减小花纹深度和胎面厚度，尤其是两肩部厚度，采用纵向曲折、条形花纹都可以减小轮胎滚动阻力。试验表明，胎面胶厚度每减小1mm，轿车轮胎滚动损失减少1%，载重汽车轮胎减少3%；胎肩部厚度从14mm减小到10mm时，轮胎滚动损失可减少7%左右。

3)轮胎气压

载荷一定时，气压低，轮胎的下沉量和接地面积增大，使得滚动阻力增加；气压增大，轮胎挠度变小，滚动阻力减小。当气压增加1倍时，横沟花纹斜交轮胎的滚动阻力系数约降低8%，纵沟型花纹斜交轮胎约降低22%，而子午线轮胎约降低15%。

4)轮胎垂直载荷

轮胎的滚动阻力一般与垂直载荷成比例增加。由于轮胎的变形大致与垂直载荷成比例，故滚动阻力也大致与轮胎变形成比例增加。但垂直载荷变化时轮胎的滚动阻力系数基本上为一常数。

5)行驶车速

在车速低于120km/h时，滚动阻力随车速的提高稍有增加。但在某一车速以上时，滚动阻力却增长较快。当车速达到临界车速时，滚动阻力迅速增长，轮胎产生驻波现象，轮胎周缘不再是圆形而呈明显的波浪状。出现驻波后，不但滚动阻力显著增加，轮胎的温度会很快达到100℃以上，胎面与轮胎帘布层脱落，轮胎很快爆裂。

6)驱动转矩

轮胎的滚动阻力系数随着驱动轮上的转矩增大而增大。这是因为在驱动转矩的作用下，胎面相对于地面有一定程度的滑动，增加了轮胎滚动时的能量损耗。驱动力系数为驱动力与垂直载荷之比，随着驱动力系数的变大，滚动阻力系数迅速增大。子午线轮胎的滚动阻力系数较小，驱动力系数变化对它的影响也小。

7)轮胎工作温度

若轮胎的温度升高，则滚动阻力降低。外界温度对轮胎滚动阻力亦有影响，外界温度每上升10℃，滚动阻力约降低4%。轮胎温度的变化量约为外界气温变化量的1/3。

8)路面类型

路面类型也影响滚动阻力的大小。通常在平硬且干燥的路面，其滚动阻力比坑洼路面低得多，而湿路面上的滚动阻力较大。

滚动阻力系数指车轮在一定条件下滚动时所需之推力与车轮负荷之比，即单位车重所需之推力。车轮滚动时的滚动阻力等于滚动阻力系数与车轮负荷之乘积。滚动阻力系数与路面的种类、行驶车速以及轮胎的构造、材料、气压有关(表3.4)。

滚动阻力系数的数值 表3.4

路面类型	滚动阻力系数	路面类型	滚动阻力系数
良好的沥青或水泥路面	0.010～0.018	压紧土路(雨后)	0.050～0.150
一般的沥青或水泥路面	0.018～0.020	泥泞土路(雨季或解冻期)	0.100～0.250
碎石路面	0.020～0.025	干砂	0.100～0.300
良好的卵石路面	0.025～0.030	湿砂	0.060～0.150
坑洼的卵石路面	0.035～0.050	结冰的路面	0.015～0.030
压紧的土路(干燥)	0.025～0.035	压紧的雪道	0.030～0.050

9)轮胎侧偏角

轮胎侧偏角对轮胎滚动损失有很大影响，在转弯行驶时轮胎发生侧偏现象，轮胎滚动阻力大幅度增加。转弯行驶增加的阻力，接近直线行驶时50%～100%。

3.5.2 轻量化

滚动阻力(爬坡阻力和加速阻力在下坡和滑行时可对冲，故忽略)与整车的总质量成正比。所以减轻自身质量，就减轻了整车总质量，从而就正比例地减少了加速阻力和滑行阻力。汽车轻量化，就是在保证汽车强度和安全性能的前提下，尽可能地降低汽车的整备质量，从而提高汽车的动力性，减少燃料消耗，降低排气污染。实践表明，若汽车总质量降低10%，燃油效率可提高6%～8%；汽车整备质量每减少 100kg，百千米油耗可降低 0.3～0.6L，二氧化碳排放可减少约 5g/km。此外，汽车轻量化后加速性提高，车辆控制稳定性、噪声、振动方面也均有改善，碰撞时惯性小，制动距离减少。

汽车轻量化技术包括汽车结构的合理设计和轻量化材料的使用两大方面。在结构设计方面可以采用前轮驱动，高刚性结构，超轻悬架结构，部件薄壁化、中空化、小型化及复合化等来达到轻量化的目的。在用材方面可以通过材料替代或采用新材料来达到汽车轻量化的目的。目前主要采用高强度钢材、铝镁合金、工程塑料和各种复合材料进行汽车轻量化设计。

1)轻量化设计

(1)选取轻量的汽车形式和总成部件结构形式。如轿车采取发动机前置前轮驱动或发动机后置后轮驱动的布置形式，取代发动机前置后轮驱动的布置形式，减少中间传动轴以减轻质量；货车离合器用膜片弹簧取代螺旋弹簧，可减重一半以上；采用超轻悬架结构；采用承载式车身结构形式取代半承载式或非承载式车身结构形式。承载式车身结构是整个车身都参与承载，这样可以发挥车身材料性能的最大潜力。

(2)车身结构、车架优化设计。据统计，轿车车身、底盘(含悬挂系统)、发动机 3 大件约占一辆轿车总质量的 65%，其中，车身内外覆盖件的质量又居首位。我国客车车身骨架大多由型钢焊接而成，客车车身和货车车架也占相当大的比例。客车车身骨架通常采用局部加强的方法来提高强度，导致车身质量过大，有的 12m 大客车车身质量比轻量化车身质量重 1t。对大量客车车身结构的有限元分析和试验表明，我国客车车身自重大多存在偏重现象，而且有很多结构件出现强度、刚度富余的现象。除小部分客车结构杆件受力比较大外(占 10%左右)，其余大部分杆件受力很小，因此，对客车车身结构进行轻量化设计，是减轻自身质量的主要途径。

(3)通过整车或零部件小型化，实现汽车轻量化。如采用单层车架大梁，能有效减轻车架质量。随着设计水平、制造工艺、材料性能的提高，单层车架在标准载荷的工况下是完全可以胜任的。

(4)整合零件功能、减少零件数量。整合零件功能，将多个零部件集成，实现零部件的多功能，减少零件数量，使结构更加紧凑，也可以在一定程度上减轻整车质量。如将油箱和工作台踏板结合等。

(5)变截面少片板簧。钢板弹簧由于都是金属件，质量非常大，减轻板簧的质量，也是减轻整备质量的重要措施。变截面少片板簧是由几片纵向方向呈变截面的板簧组成的。变截面少片板簧不但可以减轻质量，还可以通过减少板簧间的摩擦而提高乘坐舒适性、延长使用寿命。另外，采用橡胶悬挂或者空气悬挂也可以减轻悬挂系统的质量。

2)轻量化材料

目前,可用来减轻汽车自重的材料有轻质材料和高强度材料两大类。

(1)铝合金材料。铝的密度只有钢铁的1/3,具有良好的机械性能,耐腐蚀性、导热性好。其合金还具有高强度、易回收、吸能性好等特点。但铝合金加工难度比钢材高,焊接性能差。因此在一些复合材料无法替代的部位,可以使用铝合金材料,包括钣金件和铸造件。

铝合金钣金件最有代表性的就是油箱,油箱采用铝合金材料,不但自身质量减轻,而且油箱内不易生锈,免除定期清洗的麻烦。车身也可以采用铝合金代替冷轧钢板。

轮辋、发动机机体、变速器机体等,也可以大量采用铝合金铸造,可以在保证有足够强度、刚度的同时,最大限度地减轻质量。

(2)镁合金材料。镁的密度只有1.8g/cm^3,镁合金性能与铝合金相似,是当前最理想、质量最轻的金属结构材料。但其铸造性差,后处理工艺复杂,成本高。我国的镁资源非常丰富,储量占世界首位,因此前景非常广阔。目前已大批量应用镁合金材料的主要是车身和底盘零件,如仪表盘骨架与横梁、座椅骨架、转向盘、进气歧管,以及各种支架、罩盖等。

(3)塑料。采用塑料一般可使部件质量减轻35%左右。低密度与超低密度片状成型塑料是由非金属为主的有机物组成的,具有密度小、成型性好、耐腐蚀、防振、隔音、隔热等性能,同时又具有金属钢板不具备的外观色泽和触摸感觉。目前,塑料大都使用在汽车的内外饰件上,如仪表板、车门内板、顶棚、副仪表板、杂物箱盖、座椅及各类护板、侧围内衬板、车门防撞条、扶手、车窗、散热器罩、座椅支架等。而后逐渐向结构件、功能件和车身覆盖件方向发展。

(4)复合材料。复合材料即纤维增强塑料,是一种增强纤维和塑料复合而成的材料。常用的是玻璃纤维和热固性树脂的复合材料。复合材料密度小,设计灵活美观,易设计成整体结构,耐腐蚀,隔热隔电,耐冲击,抗振等。在质量减轻与强度方面达到甚至超过了铝材,整体成本更低。目前玻璃钢复合材料的应用非常广泛。

驾驶室是采用复合材料最多的总成,尤其是外覆盖件,如前面板、包角板、翼子板、保险杠,甚至顶盖,都使用了大量的复合材料。这样一方面有效地减轻了整车质量,另外一方面由于复合材料成型性好,造型结构上较金属冲压件可以更复杂、更美观,尺寸更加精确。

(5)精细陶瓷。精细陶瓷是继金属、塑料之后发展起来的第3大类材料。它具有优良的力学性能(包括高温强度、高硬度、耐腐蚀、耐磨损等)和化学性能(包括耐热冲击、耐氧化、蠕变等)。它用于汽车发动机燃烧室及热交换器等零件,不仅减轻质量,而且使功率提高,油耗下降。

(6)不锈钢。采用高强度不锈钢板试制的轿车前侧防撞弓形梁和保险杠、后挡板、发动机支架、LPG 瓶等零部件,减轻质量的幅度一般可达 30%左右。但不锈钢成本较高。

(7)高强度钢材。高强度钢与铝合金、塑料相比,具有价格低、弹性模量高、刚性好、耐冲击性好、抗疲劳强度高等特点;缺点是耐腐蚀性差。

在其他材料无法替代、只能采用钢材的部位,使用高强度钢板,可以减薄钢板厚度,从而减轻质量。用来制造车身的冷轧钢板和制造车架的热轧钢板,均可以采用高强度钢材。

(8)拼焊板。驾驶室或客车车身由钢板冲压焊接而成,由于各部位的结构和受力情况不同,因此不同部位的钣金件也会采用不同牌号的钢板,可能采用几十种不同牌号、不同厚度的钢板。然而随着 CAE(Computer Aided Engineering,计算机辅助工程)技术的发展,经过模拟试验和分析,可以计算出同一个钣金件的不同部位的受力情况,为了减轻一些零件局部的不必要厚度,激光拼焊技术应运而生。激光拼焊技术是将经不同表面处理、不同钢种、不同厚度的两块或多块钢板通过激光焊接方法,自由组合称为一块钢板。这种钢板称为拼焊板。

3.6 空 气 阻 力

3.6.1 空气阻力分析

在汽车行驶范围内,空气阻力的数值通常都总结成与气流相对速度的动压力 $0.5\rho v^2$ 成正比例的形式,见式(3.1)。

$$F_{\mathrm{W}} = \frac{1}{2} C_{\mathrm{D}} A \rho v^2 \tag{3.1}$$

式中:F_{W}——空气阻力(N);

v——相对速度(m/s),无风时即为汽车的行驶速度;

A——汽车行驶方向的投影面积(m^2);

C_{D}——风阻系数;

ρ——空气密度($\mathrm{N \cdot s^2/m^4}$),一般,$\rho = 1.2258$。

1)汽车速度

由式(3.1)可知:空气阻力与速度成平方正比关系,因此高速行车对空气阻力的影响非常明显,车速高时发动机就要将相当一部分的动力用于克服空气阻力。一般而言,在速度为 60km/h 时,空气阻力与滚动阻力相等;速度超过 100km/h 后,空气阻力起主导作用。

2)迎风面积

空气阻力跟汽车行驶方向的迎风面积成正比关系，估算汽车行驶方向的迎风面积的简单计算见式(3.2)。

$$A = B \cdot H \tag{3.2}$$

式中:A——汽车行驶方向的迎风面积(m^2)；

B——汽车轮距(m)；

H——汽车高(m)。

由式(3.2)可知:汽车迎风面积越小，空气阻力越小。汽车的迎风面积即车宽乘车高，车宽、车高、车长三者要相适宜、成比例，造型要优美，同时受汽车其他方面性能要求的限制，如装载量、乘坐空间、抗倾翻能力等，所以通过减小迎风面积来减小空气阻力没有多少空间。GB 1589—2004《道路车辆外廓尺寸、轴荷及质量限值》对车长、车宽、车高作了相应限值规定(表3.5)。

汽车、挂车及汽车列车外廓尺寸的最大限值(单位:mm)　　表3.5

<table>
<tr><th colspan="4">车辆类型</th><th>车长①</th><th>车宽</th><th>车高</th></tr>
<tr><td rowspan="12">汽车</td><td colspan="3">三轮汽车②</td><td>4 600</td><td>1 600</td><td>2 000</td></tr>
<tr><td colspan="3">最高设计车速小于70km/h的四轮货车③</td><td>6 000</td><td>2 000</td><td>2 500</td></tr>
<tr><td rowspan="7">货车④、⑤及半挂牵引车</td><td rowspan="4">二轴</td><td>最大设计总质量≤3 500kg</td><td>6 000</td><td rowspan="6">2 500⑧</td><td rowspan="6">4 000⑨</td></tr>
<tr><td>最大设计总质量>3 500kg，且≤8 000kg</td><td>7 000⑥</td></tr>
<tr><td>最大设计总质量>8 000kg，且≤12 000kg</td><td>8 000⑥</td></tr>
<tr><td>最大设计总质量>12 000kg</td><td>9 000⑦</td></tr>
<tr><td rowspan="2">三轴</td><td>最大设计总质量≤20 000kg</td><td>11 000</td></tr>
<tr><td>最大设计总质量>20 000kg</td><td>12 000</td></tr>
<tr><td colspan="2">四轴</td><td>12 000</td><td>2 500⑧</td><td>4 000</td></tr>
<tr><td rowspan="3">乘用车及客车</td><td colspan="2">乘用车及二轴客车</td><td>12 000</td><td rowspan="3"></td><td rowspan="3"></td></tr>
<tr><td colspan="2">三轴客车</td><td>13 700</td></tr>
<tr><td colspan="2">单铰接客车</td><td>18 000</td></tr>
<tr><td rowspan="6">挂车</td><td rowspan="3">半挂车⑩</td><td colspan="2">一轴</td><td>8 600</td><td rowspan="6">2 500⑧</td><td rowspan="6">4 000</td></tr>
<tr><td colspan="2">二轴</td><td>10 000⑪</td></tr>
<tr><td colspan="2">三轴</td><td>13 000⑫</td></tr>
<tr><td colspan="3">中置轴(旅居)挂车</td><td>8 000</td></tr>
<tr><td rowspan="2">其他挂车</td><td colspan="2">7 000</td><td>7 000</td></tr>
<tr><td colspan="2">8 000</td><td>8 000</td></tr>
</table>

续上表

车辆类型		车长①	车宽	车高
汽车列车	铰接列车	16 500⑬	2 500⑧⑭	4 000⑮
	货车列车	20 000		

注:①挂车车长为挂车最前端至最后端的距离。

②即原三轮农用运输车,下同。

③当采用转向盘转向、由传动轴传递动力、具有驾驶室且驾驶员座椅后设计有物品放置空间时,车长、车宽、车高的限值分别为 5 200mm、1 800mm、2 200mm。

④指低速载货汽车,即原四轮农用运输车,下同。

⑤车长限值不适用于不以运输为目的的专用作业车。

⑥最大设计总质量不超过 26 000kg 的汽车起重机的车长限值为 13 000mm。

⑦当货厢与驾驶室分离且货厢为整体封闭式时,车长限值增加 1 000mm。

⑧对于货厢为整体封闭式的厢式货车(且货厢与驾驶室分离)、整体封闭式厢式半挂车及整体封闭式厢式汽车列车,以及车长大于 11 000mm 的客车,车宽最大限值为 2 550mm。

⑨定线行驶的双层客车车高最大限值为 4 200mm。

⑩运送不可拆解物体的低平板专用半挂车车宽限值 3 000mm;车长限值不适用于运送不可拆解物体的低平板专用半挂车、运送车辆的专用半挂车(但与牵引车组成的列车长度需符合本标准规定)和运送单箱长度大于 12.2m(40 英尺)集装箱的框架式集装箱半挂车。

⑪对于整体封闭式厢式半挂车、集装箱半挂车,以及组成五轴汽车列车的罐式半挂车,车长最大限值为 13 000mm。

⑫自 2008 年 1 月 1 日起,在高等级公路上使用的整体封闭式厢式半挂车,车长最大限值为 14 600mm。

⑬运送不可拆解物体的低平板列车和运送单箱长度大于 12.2m(40 英尺)集装箱的框架式集装箱列车除外;自 2008 年 1 月 1 日起,与整体封闭式厢式半挂车组成的铰接列车在高等级公路上使用时,车长最大限值为 18 100mm。

⑭运送不可拆解物体的低平板挂车列车车宽限值 3 000mm。

⑮对于集装箱挂车列车指装备空集装箱时的高度,2007 年 1 月 1 日以前,集装箱挂车列车的车高最大限值为 4 200mm。

3)空气阻力系数

风阻系数与空气阻力成正比关系,这是由风洞测试得出来的,是一个无单位的数值。当车辆在风洞中测试时,由风速来模拟汽车行驶时的车速,再以测试仪器来测知这辆车需花多大力来抵挡这风速,使车不至于被风吹得后退。在测得所需力后,再扣除车轮与地面的摩擦力,剩下的就是风阻了,然后由空气动力学的公式就可算出所谓的风阻系数。

空气阻力与空气阻力系数、车速、迎风面积成正比关系,但车速需满足人们用车要求、迎风面积受性能制约,降低空气阻力系数就成为降低汽车空气阻力的开发方向。从 20 世纪 50 年代到 70 年代初,轿车的空气阻力系数维持在 0.4~0.6 之间。70 年代能源危机后,各国都致力于降低空气阻力系数。现在轿车的空气阻力系数一般在 0.28~0.4 之间。试验表明,空气阻力系数每降低 10%,燃油节省 7%左右。曾有人对两种相同质量、相同尺寸,但具有不同空气阻力系数(分别是 0.44 和 0.25)的轿车进行比较,以 88km/h 的时速行驶了 100km,燃油消耗后者比前者节约了 1.7L。

汽车空气阻力系数可视为形状阻力,干扰阻力,内循环阻力、诱导阻力和摩擦阻力系数三个子项之和。但主要由形状阻力、诱导阻力、摩擦阻力系数构成。如空气阻力系数为 0.3,则形状阻力系数为 0.22～0.26,诱导阻力系数为 0.02～0.05,摩擦阻力系数为 0.02～0.03。

3.6.2 形状阻力系数

1)积木模型

根据航空理论,具有最小空气阻力系数的物体的理想外形是纺锤状(水滴状)的流线体。但这种理想形状难以在汽车上运用,因为车轮的安装会改变外部形状,汽车底部对地面须保持一定距离,须有适宜的空间安排乘员,机械部分的布置和安装有一定要求,过分的车长会被禁止在公路上运行。汽车为减少形状阻力,其实际外形是从理想外形演变而至。

美国密执安大学的雷依(Lay)教授于 1933 年做了个至今仍很有意义的试验。他在风洞中测量了可更换各种车头和尾部组成的积木模型的 C_D 值。第一组为大客车和货车常用形体,经过简单处理后,C_D 值可从 0.86 降到 0.46。以后各组的试验安排是先使模型后部不变,再改变前部形状,然后以相反的方式进行试验。结果显示,只有使前后轮廓线都圆滑过渡才能获得较低的 C_D 值。适当的后部轮廓线比前部的优化更为重要。细长尾巴的汽车,有很低的 C_D 值。

作用在汽车上的空气,有 35%～40%在车身上部通过,10%～15%在车身底部通过,25%在车身侧部通过。

2)汽车上部的气流

包围运动汽车的空气流在前保险杠处分支,从上、下面形成对车身的绕流。因此在保险杠周围的区域内,压力都高于未受扰动气流的压力。

空气流经过汽车前部与发动机罩交角处,需加速拐过车头的“鼻部”,会出现一个低气压(有时可以观察到,在低温潮湿大气中运行的汽车,由于该处附近足够大的压降而产生的水蒸气冻结成一层薄冰的现象)。过该处之后,通常气流无法紧贴发动机罩的廓线流动,而在驾驶室和车头“鼻部”之间的发动机罩某点出现脱体流动。此后气流在通常位于前风窗上部又重新附着,在这之间形成一个相对较稳定且具有明显涡旋的区域,称为“分离气泡”。这个区域内的压力相对是较高的,所以那种在前风窗底部开设车内通风格栅的做法一般是合理的。

在汽车顶棚段,由于流速较高,重新出现了较低的压力。压力的分布取决于顶棚的总体形状和曲率。不论怎样,在车顶后部流速总会慢下来,使压力趋于升高,形成了产生气流分离和尾涡流的条件。在这种条件下,任何表面不平滑的干扰因素都可能导致分离。后风窗拐点便是分离点。对于“三厢式”船型轿车，在许多情况下气流可能会在后行李舱上附着，产生了另一个分离气泡，此后形成一个尺寸较小的尾涡流区。现代船型汽车趋于采用平滑小倾角的后风窗并适度抬高行李舱，就是为了降低形状阻力。对于快背式(斜背式)的两厢轿车，若其背部不是过分倾斜，往往能使气流保持附着直至截尾处，从而形成了尺寸更小的尾涡流。

3)发动机罩和前风窗之间的局部气流分离

虽然绕过发动机罩前端的气流速度很快，但由于前风窗的存在使气流速度重新降低(前风窗与发动机罩交角处应是个驻点)；形成了局部的逆压梯度，使该发动机罩表面对称线上某点成为分离点。而气流在越过前风窗之前速度已重新升高，转为顺压，促成了在前风窗对称线处某点再附着的实现。

用两块相交成一定角度的平板模拟汽车这一区域的试验研究表明，减小角度可以有效地使发动机罩上的分离点和再前风窗上的附着点向交角处靠近，减小了分离泡的尺寸，从而减小了形状阻力。在48°左右时，会出现局部的压力下降，可能是因分离泡向两侧溢流形成较大局部涡流所致。此时在前风窗下设置通风口显然变得不实际了。由于视野和乘坐舒适性的要求，该角度的减小是有限制的，还可采取其他办法使分离泡尺寸进一步减小。如改善发动机罩的三维曲率和结构，使更多气流顺利地流向两侧，减小其向上流动的趋势，使分离点后移；改善前风窗三维曲率和结构也能起到相似的作用，从而使再附着点下移。

4)汽车底部与地面之间的气流

底面和地面之间的流场较为复杂，依赖于多种影响因素，诸如离地间隙、底面的不平度、底板的纵向和横向曲率及车辆长宽高之比以及车身造型等。

汽车下部气体流动的一般走向为从汽车前部与底部的交角处出发，沿底板有一个随汽车一起移动且逐渐变厚的边界层。边界层外的气流速度也已不同于扰动前的速度，即相对于地面不再是静止的，于是在底部前段某点开始形成一个沿地面向下游动的边界层。根据底板的离地间隙不同，这两个边界层可以最后在底部中间某点交汇或始终保持分离。在前一种情况下，在该点将会因边界层速度反向(回流)产生一种分离气泡或分离涡，直到车下的所有空气被黏滞力拖带着随车一起运动至底部后段某点为止，但这又导致了一个次生地面边界层的出现。可以看出，这时车下的流动是相当复杂的，总的来说，是涡旋强烈的湍流，耗散了能量，形成了一定的阻力。而后一种情况显然较为有利，气流能以近似于理想流线的形式更快速顺畅地通过汽车底部，不仅减少了升力，还因能获得较小的尾涡流和能量耗散从而使阻力下降。

大多数汽车都有一个很粗糙的底面，通过各种措施改善底面不平度与提高离地间隙具有相同的效果。

试验表明，改善底面不平度，阻力系数的下降可达10%～15%。提高离地间隙和改善底面不平度，往往给空气动力学外形较好的汽车带来较为显著的好处，而对于空气动力学外形不良的汽车则增益不大。

试验表明，将发动机废气引到汽车背部适当位置排出(空气喷射效应)，有可能加大尾涡局部压力，使尾涡阻力有所下降。

适当的底板横向和纵向曲率也能起到改善车下气流的作用。汽车底部气流比侧面气流受到更多的限制(气流阻塞)，因此侧面的平均气压低于底部。若把底板的两个侧缘制成圆角并使底板的横断面形成曲线，一般来说有利于底部气流向侧面溢出和侧向压力贯向底部中心线部位，减小阻力和升力。同理，车身前、后部下端的提高可减小分离气泡和次生边界层，有助于底部气流的顺利通过。

5)车身形状的演进

(1)马车型车身。1885年，德国两位工程师戴姆勒和本茨分别试制出1.5马力和0.85马力的单缸汽油发动机并成功地试制出第一台汽车。其车身是沿用马车车身，与我国古时的兵车车身并无本质上的区别，是一种箱形加上座椅，车身上部或为敞篷或为活动布篷。

(2)箱式车身。1915年，美国福特汽车公司设计、生产了一种新型车身。它很像一个大箱子，箱子上部装有门窗，实际上只是在原来的马车车身上做了轻微的改进，称为箱形汽车。现在的客车车身不论是豪华型还是普通型，也不论车身内饰和外形如何变化，供乘客使用的空间不过是一个长方体的箱形空间。也就是说，箱形车身延续至今仍然有着不可替代的生命力。

(3)甲壳虫车身。1933年，保时捷博士经过长期观察，他发现一种名叫甲壳虫的小动物，不但能在地上爬也能在空中飞，其形状空气阻力很小。波尔舍博士把甲壳虫的自然美如实地、天才地运用到车身造型上。甲壳虫形车身迎风阻力最小，空气动力学的原理在这种车身上得到了很好的应用，也为以后在车身外形设计上运用“仿生学”开创了先河。

(4)船形车身。1949年，美国福特公司研制出了船形车身。它一改传统的设计方法，把前翼子板和发动机罩、后翼子板和行李舱罩、前照灯和散热器罩各形成一个整体，车身两侧形成一个平滑的面，车室位于车的中部，整个车身造型仿如几个长方体的几何形体拼成一个船形。由于船形车身使发动机前置，从而使汽车重心相对前移，而且加大了行李舱，使风压中心位于汽车重心之后，从而避免了甲壳虫形车身对横风不稳定的问题。福特公司的那种具有行李舱的4门4窗的轿车，已被全世界确认为轿车的标准形式。

(5)鱼形车身。由于船形车身尾部过分向后伸出，从而形成阶梯状，这样，当汽车高速行驶时会产生较强的空气涡流。为了克服这个问题，设计者把船形车身的后窗玻璃逐渐倾斜，使车身从侧面看上去后窗部位成为斜背式，形状上很像鱼的脊背，人们把这种形状的车身叫做鱼形车身。鱼形车身比起船形车身有很大优点：它使围绕车身的气流比较平顺，空气涡流较小，而且车室宽大，视野开阔，侧面形状阻力较小，同时增大了行李舱容积。缺点是由于鱼形车身后窗玻璃倾斜太大，从而增加了透光面积，尤其夏季使车内温度很高，同时也存在横风不稳定等问题。鉴于鱼形汽车的缺点，设计师在鱼形汽车的尾部安上了一个上翘的“鸭尾巴”，以此来克服一部分空气的升力，这便是“鱼形鸭尾式”车型。

(6)楔形车身。设计者们经过多种方案的筛选找到了一种楔形车身。这种车身整体向前下方倾斜，车身后部陡然平直。这种车身外形不但能有效地克服汽车升力等问题，而且适用于高速行驶的汽车。现在，世界各大汽车生产国都已经生产带有楔形效果的小客车。从外表看，这种车身造型清爽利落，简洁大方，非常具有时代气息，让人看了确实有一种美的享受。

3.6.3 内循环阻力系数

一般气流引入车内的有两种用途：驾驶室和乘客舱内的通风换气；机械零部件的冷却散热，如发动机和制动器的冷却散热。

用于第一种用途的气流，只需要很有限的流量就够了，因而对车外气流没有显著的影响，可以忽略。主要应考虑的是进风口要布置在局部气压较高处，排风口要设在气压较低处等问题。

用于机械部分，特别是发动机冷却散热的空气流量相当大。汽车发动机冷却系在入口处安装的格栅有助于使冷却气流成为湍流，从而改善它与散热器的热交换。气流通过散热器后，紊乱曲折地流过发动机和其他机件，最后从位于汽车底盘的一系列开口扩散到外面。由内部气流引起的阻力增加有可能达到20%。对于近代轿车所作的估计平均值为13%。发动机冷机与热机时内部气流不同。内部流动的出现虽然使阻力增加，但升力也减少了约30%。当汽车仰头后，内部流动变得很重要，但阻力和升力却明显增大。

由此可以得出结论，内部冷却气流的安排应当遵从下列准则：进气道宜安排在压力较高处，排气道则应设在压力较低的区域，如尾涡区；内部气流导腔宜完全封闭以避免内外气流的混合。

3.6.4 干扰阻力系数

1)表面突起物

汽车外表面总有若干突起物，如后视镜、刮水片、门把手、转向灯、收音机天线及各种装饰件等。这些突起(或下凹)的零件或局部表面对汽车周围的气流起阻碍干扰作用。

这些空气动力学干扰的真实影响实际上难以测量，因为它们是互相叠加的。通常的做法是对每个零件分别进行风洞试验，然后用经验的办法估计各个突起物的影响的总和。

对于一般的轿车，所有这些叠加的复合影响占总阻力的1.5%～3%。这些突起物除了直接干涉外，还可能过早地诱发气流的脱体分离，从而使形状阻力大增。同时，突起物又是汽车气流噪声的声源。因而应该注意使它们的数量尽量减少或形状得以优化。

2)车轮滚动

汽车有4个车轮，滚动时将产生阻力。车轮滚动时车身主流与车轮绕流之间存在着相互干涉，车轮旋转时在后部产生尾涡；4个车轮侧面积与整车相比占有很大比例，容易受到横向风的影响；车轮辐条切割气流并扰乱气体流动；胎冠冲击纵向气体等均会产生阻力。

3)人为干扰

开启车窗会人为增加干扰阻力。当汽车行驶速度超过80km/h，如开启车窗，产生的干扰阻力会非常大，能耗比使用空调换气还要高。

3.6.5 汽车升力

由于轿车顶部的气流移动的距离要长于轿车底部的气流，所以前者的速度会比后者快。根据柏努利(瑞士物理学家)原理，速度差会在上层表面产生称为“升力”的净负压。像阻力一样，升力也是与表面积、车速的平方和升力系数成正比例的，而升力系数是由形状决定的。升力的出现对汽车是不利的，它会降低汽车对路面的附着性能，还会引起诱导阻力。

升力的产生总会伴随着一个附加的阻力，升力在水平方向的分力称为诱导阻力。一般诱导阻力系数正比于升力系数的平方，见式(3.3)。

$$C_{DI} = kC_{I}^{2} \tag{3.3}$$

式中：C_{DI}——诱导阻力系数；

k——估计常数，0.36(欧洲中型轿车)；

C_I——升力系数。

一辆具有升力系数0.4的欧洲中型轿车，它的诱导阻力系数为0.058。

好的路面附着性能对行车安全是极为重要的保证，汽车行驶稳定性和操纵性都与之密切相关；对于具有大比功率的汽车它还是使汽车即便在高速行驶时也能将全部功率通过路面与车轮接触区发挥出来的保证。高速行驶的汽车若升力足够大，附着性能降低，会出现“发飘”的感觉，保持预定路线行驶的能力和可操纵性明显下降，严重影响行车安全。

在高速行驶情况下，要求使汽车升力为零，甚至要使其变为负压力，以提高汽车的高速附着性能。这种做法会显著增加诱导阻力，因为升力的指向不改变其消耗能量的性质。

减少升力的措施主要有：

(1)整车方面。尽量改变下大上小的压力分布。将车身整体向前方倾斜(楔形)，从而在前轮上产生向下的压力；将车尾改为短平状以减少从车顶向后部作用的负气压从而防止后轮飘浮。

(2)局部措施。适当提高离地间隙，改善底板不平度，使车身有关表面和横剖面圆滑过渡。发动机罩与前风窗间设置适当的夹角，使分离气泡区域产生向下的正压力。使车底由前向后逐渐升高，将底部和尾流贯通。在轿车前端的保险杠下方装上向下倾斜的连接板。

(3)附加装置。加装扰流器，通过对流场的干扰影响，调整汽车表面压力分布。

汽车前风窗本身就有扰流器的作用，作用的大小取决于它与发动机罩的夹角。当夹角大于临界角时，拐角处的气流分离区(气泡)使该部位的压力增大许多，起到了减小汽车升力的作用，但由此带来的阻力也增加不小。

1)导流板

在轿车前端的保险杠下方装上向下倾斜的连接板。连接板与车身前裙板连成一体，中间开有合适的进风口加大气流度，减低车底气压，这种连接板称为导流板也称“气坝”，是扰流器的一种。导流板的形状、位置和高度也需根据具体车型的风洞试验确定。有时它完全是为了平衡后脊带来的上仰而采用。

2)扰流板(尾翼)

在轿车的尾部增加一个“尾翼”，略微牺牲些阻力，但可以大幅度减小升力甚至产生一个完全向下的压力。

与整车一体的鸭尾式后脊亦有扰流的作用。沿斜背平缓向下的气流在后脊前方产生分离泡，然后在后脊上重新附着，使局部压力增大，因此减小了该区域的升力。后脊的效果取决于它的高度及气流到达后脊之前的“经历”，未经研究前方气流的经历而随意安置的后脊，仅是个造型摆设。后脊有个最佳高度，普通船型小轿车的气流分离有可能在后风窗上缘触发并且不在行李舱上表面再附着。

还有一种扰流板是人们受到飞机机翼的启发而产生的，就是在轿车的尾端上安装一个与水平方向呈一定角度的平行板，这个平行板的横截面与机翼的横截面相同，只是反过来安装，平滑面在上，抛物面在下，这样汽车在行驶中会产生与升力同样性质的作用力，只是方向相反，利用这个向下的力来抵消车身的升力，从而保障了行车的安全。这种扰流板一般安装在时速比较高的轿跑车上。

表 3.6 为新款保时捷 996 尾翼对前、后面的升力影响。

新款保时捷 996 尾翼对前、后面的升力影响 表 3.6

项目	前面的升力(252km/h)(kN)	后面的升力(252km/h)(kN)
放下尾翼	640kg	1360kg
打开尾翼	50kg	140kg

3.6.6 摩擦阻力

流体在运动中其相邻各层或各部分之间出现有一定速度的相对滑动时会产生摩擦阻力来抵抗或阻止这种相对运动。该性质称为流体的黏性或黏滞性，由此产生的阻力称为黏(滞)力。

汽车空气摩擦阻力是由于空气黏性作用在车身表面产生的切向力的合力在行驶方向的分力。空气与其他流体一样都具有黏性，当气流流过平板时，由于黏性的作用，空气微团与平板表面之间发生摩擦，这种摩擦阻碍了气体的流动。

由于空气的黏性作用，使与车身表面接触的那层空气黏附在车身表面上，于是这层气流的速度降为零。紧靠这层气流上面部分的气流，由于空气与微团之间的摩擦作用，部分地降低了它的运动速度；在它更上面的那部分，气流由于受到的影响更小，因而其运动速度减小也更小。这样最下面的那层气流速度为零，随着距车身距离的增加，气流的速度逐渐增大，直至增至与气流速度相等，这样就形成了薄薄的附面层。由于附面层内有速度梯度，所以产生黏性。

真实流体都是有黏性的，但当黏性系数较小(如空气，在 1 个大气压，15℃的标准状态下，空气黏度系数为 $1.7894\times10^{-5}\mathrm{N\cdot s/m^2}$)且相对速度较小时，将其视为理想气体。但尽管空气动力黏度系数很小，由于附面层的厚度很小，附面层内的速度梯度很大，所以附面层内产生的切应力和摩擦力不能忽略。

当汽车表面不洁、损坏和粗糙时，会加大车身与空气间的摩擦阻力，增加油耗。

最新研究表明，非常光滑的表面在气流和水流中并不是最佳选择。像鲨鱼那样有细微颗粒的皮肤实际上更有利于在水中滑行。同样，这样的皮肤应该比光滑的皮肤更符合空气动力学原理。研究人员希望将来在汽车、轮船和飞机上涂上这样“粗糙”的表层，减少阻力，节省燃料。

3.6.7 客货车空气阻力

客货车分为单体车(客车和封闭式货车)和组合车(半挂车、挂车)两类。

1)单体车

该类车身的基本形状是长方体，如为直棱边其 C_D 将高达 0.86，原因是直棱边会引起显著的气体分离。如对这些长方体棱边处理为圆滑过渡，能减小或完全消除气体分离区，使 C_D 值大为下降，可达 0.40～0.43。若加上底面整流等措施，C_D 值还将下降。对于尾涡阻力，采用后空腔等措施，能使阻力有所下降。

2)组合车

以鞍式集装箱半挂车为例。牵引车驾驶室顶部会有个气流驻点；半挂车车厢通常要高出驾驶室顶 1m，会有个气流驻点；牵引车驾驶室与半挂车车厢之间有 1～2m 的间隙，通常会形成向下的气流；牵引车前保险杠下部会有个气流驻点，其与路面有 0.5～0.8m 的距离，会形成底部气流通道。集装箱半挂车的这些特点导致空气流经时，形成涡流区和部分空气稠密区，使空气阻力增加。

正面气流：由于迎面空气流与车厢壁、驾驶室上面及侧面边缘相互作用而产生涡流区和稠密区，造成正常气流断裂。此分布特征又随汽车一起移动，并保持相对稳定。集装箱半挂车以 100km/h 的速度行驶时，正面和迎面气流相互作用，放大的空气阻力等于其几何迎风面积高度增加 0.9m，宽度增加 1.8m。

侧面气流：当气流从斜前方吹过汽车时，使在驾驶室和车厢之间缝隙的涡流正常分布被破坏，小涡流从背风面一侧跑出并沿着车厢侧壁迁移，形成很宽的涡流区和空气稠密区，导致正前方阻力增大。

下面气流：正面气流碰到下棱边没修圆的、成直角状的前保险杠时，发生空气边界层的分离，并生成涡流，空气流与保险杠下面流动的空气流相碰撞形成涡流和湍流。气流与牵引车下部机件相碰撞，速度下降、压力上升，产生诱导阻力，增大了整车空气阻力。

使用导流罩和封闭驾驶室与车厢间隙可以减少集装箱半挂车的空气阻力。实践中一般采用空气动力学套件减少车辆的空气阻力系数，表 3.7 为集装箱半挂车的空气动力学套件及效果。

集装箱半挂车的空气动力学套件及效果 表 3.7

安装区域	装置名称	阻力降低(%)	装置的作用
驾驶室顶(正面)	盘式导流罩	10～20	通过将流过驾驶室顶的空气流导向车厢顶部和侧面，消除车厢高出驾驶室顶和它们之间的空隙的影响
	半立体式导流罩	15～20	
	立体式导流罩	20～25	
前保险杠	前阻流板	2～3	改变下面区域的气流边界层结构，调整边界层以下的气流，消除它和行驶机械及传动系突出元件的相互作用，降低索引车下面的空气流量，减少牵引车前轴区域的升力
	下导流罩	5～10	
	下挡板	4～8	
驾驶室前隔板	侧翼	2～3	减少驾驶室前侧和上部边缘的涡流形成和低压区
驾驶室后壁	后侧向挡板	3～6	局部或全部覆盖驾驶室和车厢之间的空隙，用于改善车身流线型和消除侧向风的影响
	驾驶室与车厢间壁	10～15	

续上表

安装区域	装置名称	阻力降低(%)	装置的作用
车厢前壁	正面导流罩	15～20	改善高出驾驶室的车厢前部的流线型
	楔形分流器	10～15	局部覆盖驾驶室和车厢之间的间隙
车辆侧面	侧裙板	5～10	减少侧向风对行驶机构和传动系突出元件的影响
车轮	车轮护罩	3～4	减少旋转车轮的空气阻力

车头导流罩能减少空气阻力系数，但安装不合适效果也达不到预想值。其安装要点是应使气流在车厢棱边上再附着。侧导流罩也是如此。

4 汽车燃耗

汽车燃耗量(因传统燃料为汽油、柴油,俗称“油耗”)有三种表述,即技术油耗、产量油耗、综合能耗(产值能耗)三种。

4.1 技术油耗

技术油耗出现在汽车技术参数表中,是表明汽车燃油经济性的参数,常用一定工况下汽车行驶每百公里的燃油消耗量或一定燃油量能使汽车行驶的里程来衡量。在我国及欧洲,汽车燃油经济性指标的单位为升/百车公里(L/100km),而在美国,则用 MPG 或 mi/gall 表示,即每加仑燃油能行驶的公里数。

市场上销售的汽车都会提供该车型的技术参数,其中耗油量是必备的参数,但在实际运行中,使用者会发现技术参数中标定的耗油量与实际耗油量有差异。分析厂商提供数据的来源与实际使用的差距即可明白这种差异产生的原因。

国内汽车制造厂提供的市售汽车标定耗油量测试的主要依据是 GB/T 12545.1—2001《乘用车燃料消耗量试验方法》和 GB/T 12545.2—2001《商用车辆燃料消耗量试验方法》等。

4.1.1 乘用车燃料消耗量试验方法

该标准适用于最大设计总质量不超过 3.5t 的 M_1 和 N_1 类车辆,有 GB 18352.3—2001《轻型汽车污染物排放限值及测量方法》规定的工况循环燃料消耗量试验(包括市区循环和市郊循环两部分),90km/h、120km/h 等速(对最高车速达不到 120km/h 的车辆,应参照相关条款以最高车速等速行驶进行试验)行驶燃料消耗量试验三种工况。其中,模拟城市工况循环燃料消耗量试验要求在底盘测功机(以下简称测功机)上进行,等速行驶燃料消耗量试验既可在测功机上进行,也可在道路上进行。

等速行驶燃料消耗量的道路试验条件如下。

1)车辆条件

(1)试验车辆在试验前应进行磨合,至少应行驶 3 000km。

(2)应根据制造厂规定调整发动机和车辆操纵件。特别应调整怠速装置(调整转速和排气中 CO 含量)、起动装置和排气净化系统。

(3)为避免因偶然进气而影响混合气的形成,应检查试验车辆进气系统的密封性。

(4)试验车辆的性能应符合制造厂规定,应能正常行驶,并顺利地冷、热起动。

(5)试验前,试验车辆应放在环境温度为20～30℃的环境下,至少保持6h,直至发动机机油温度和冷却液温度达到该环境温度的±2℃为止。车辆应在常温下运行之后的30h之内进行试验。

(6)试验车辆必须清洁,车窗和通风口应关闭;只能使用车辆行驶必需的设备。如果有手控进气预热装置,其应处于制造厂进行试验时环境温度规定的位置。

(7)如果试验车辆的冷却风扇为温控型,应使其保证正常的工作状态。乘客舱应关闭空调系统,但其压缩机应处于正常工作状态。

(8)试验车辆如果装有增压器,试验时增压器应处于正常工作状态。

(9)如果四轮驱动的试验车辆,只使用同轴两轮驱动进行试验。

2)燃润料及轮胎

(1)试验车辆应使用制造厂规定的润滑油。

(2)轮胎应选用制造厂作为原配件所要求的类型,并按制造厂推荐的轮胎最大试验负荷和最高试验速度对应的轮胎充气压力进行充气。轮胎可以与车辆同时磨合或者花纹深度应在初始花纹深度的50%～90%之间。

(3)试验燃料应符合车辆制造厂规定。

3)燃料消耗量的测量条件

(1)距离的测量准确度应为0.3%,时间的测量准确度应为0.2s。燃料消耗量、行驶距离和时间的测量装置应同步启动。

(2)燃料通过一个精度为±2%的能测量质量的装置供给发动机,该装置使车辆上的燃料记录装置进口处的燃料压力和温度的改变分别不得超过10%和±5℃。选用容积法测量时,应记录测量点的燃油温度。

(3)也可以设置一套阀门系统,以保证燃油从正常的供油管路迅速流入测量管路。改变燃油方向的操作时间不得超过0.2s。

4)标准条件

大气压力:H_0=100kPa;温度:T_0=293K(20℃);按规定计算的试验时的空气密度与标准条件下的空气密度之差不得大于7.5%。

环境温度应在5℃(278K)和35℃(308K)之间,大气压力应在91kPa和104kPa之间。相对湿度应小于95%。

5)燃料消耗量的计算

采用重量法或容积法确定燃料消耗量。

6)车辆试验质量

车辆试验质量为整车整备质量加上 180kg，当车辆的 50％载质量大于180kg 时，则车辆试验质量为车辆整车整备质量加上 50％的载质量(包括测量人员和仪器的质量)。载荷分布满足标准要求。

7)变速器

(1)如果车辆在最高挡(n)时的最大速度超过 130km/h，则只能使用该挡位进行燃料消耗量的测定。

(2)如果在($n-1$)挡的最大速度超过 130km/h，而 n 挡的最大速度仅为120km/h，则 120km/h 的试验应在($n-1$)挡进行，但制造厂可要求 120km/h 的燃料消耗量在($n-1$)挡和 n 挡同时测定，条件是用 n 挡时应满足“道路与气象条件”中相关规定。

8)道路与气象条件

(1)道路应干燥，路面可以有湿的痕迹，但不得有任何积水。

(2)平均风速小于 3m/s，阵风不应超过 5m/s。

(3)在第一次测量之前，车辆应进行充分的预热，并达到正常工作条件。在每次测量之前，车辆应在试验道路上以尽可能接近试验速度(该速度在任何情况下与试验速度相差不得大于±5％)行驶至少 5km，以保持温度稳定。在测量燃料消耗量时，若速度变化超过±5％，冷却液、机油和燃油温度变化不应超过±3℃。

(4)测量路段的长度应至少 2km，可以是封闭的环形路(必须为完整的环形路)，也可以是平直路(试验在两个方向上进行)。试验道路应保证车辆按规定等速稳定行驶，路面应保持良好状态，在试验道路上任意两点之间的纵向坡度不应超过＋2％。

(5)为了确定在规定速度时的燃料消耗量，应至少在低于或等于规定速度时进行两次试验，并在至少等于或高于规定速度时进行另两次试验，应满足每次试验行驶期间，速度误差为±2km/h。每次试验的平均速度与试验规定速度之差不得超过 2km/h 的条件。

4.1.2 商用车辆燃料消耗量试验方法

该标准适用于 M_2、M_3 类和最大总质量不小于 3.5t 的 N 类车辆。主要有等速行驶和多工况循环燃料消耗量试验。

1)试验条件

(1)车辆载荷。M_2、M_3 类城市客车为装载质量的 65％；其他车辆为满载。乘员质量及其装载要求按 GB/T 12534—1990《汽车道路试验方法通则》的规定，见表 4.1。

试验车辆载荷中乘员质量及代替重物分布要求(单位:km)　　表 4.1

<table>
<tr><th colspan="3" rowspan="2">车　型</th><th rowspan="2">每人平均质量</th><th rowspan="2">行李质量</th><th colspan="4">代替重物分布</th></tr>
<tr><th>座椅上</th><th>座椅前的地板上</th><th>吊在车顶的拉手上</th><th>行李舱(架)</th></tr>
<tr><td colspan="3">载货汽车、越野汽车、专用汽车、自卸汽车、牵引汽车</td><td>65</td><td>—</td><td>55</td><td>10</td><td>—</td><td>—</td></tr>
<tr><td rowspan="4">客车</td><td colspan="2">长途</td><td>60</td><td>30</td><td>50</td><td>10</td><td>—</td><td>13</td></tr>
<tr><td rowspan="2">公共</td><td>座客</td><td>60</td><td>—</td><td>50</td><td>10</td><td>—</td><td>—</td></tr>
<tr><td>站客</td><td>60</td><td>—</td><td>—</td><td>55(地板上)</td><td>5</td><td>—</td></tr>
<tr><td colspan="2">旅游</td><td>60</td><td>22</td><td>50</td><td>10</td><td>—</td><td>22</td></tr>
<tr><td colspan="3">轿车</td><td>60</td><td>5</td><td>50</td><td>10</td><td>—</td><td>5</td></tr>
</table>

(2)试验仪器。车速测定仪器:精度为 0.5%;燃料流量计:精度为 0.5%;计时器:最小读数为 0.1s。

2)一般规定

(1)试验车辆必须清洁,关闭车窗和驾驶室通风口,只允许为驱动车辆所必需的设备工作。

(2)由恒温器控制的空气流必须处于正常调整状态。

(3)试验车辆必须按规定进行磨合,道路试验的其他试验条件、试验车辆准备按 GB/T 12534—1990《汽车道路试验方法通则》的规定。

(4)试验用燃料应符合车辆制造厂的规定。

(5)轮胎应选用车辆制造厂作为原配件所要求的类型,并按制造厂推荐的轮胎最大试验负荷和最高试验速度对应的轮胎充气压力进行充气。轮胎可以与车辆同时磨合或者花纹深度应在初始花纹深度的 50%~90%之间。

3)等速行驶燃料消耗量试验

(1)测试路段长度。测试路段长度为 500m。

(2)试验方法。挡位采用直接挡或直接挡和超速挡。对带自动变速器的车辆,乘用高挡。等速行驶,通过 500m 的测试路段,测量通过该路段的时间及燃料消耗量。

试验车速从 20km/h(最小稳定车速高于 20km/h,则从 30km/h)开始,以车速 10km/h 的整数倍均匀选取车速,直至最高车速的 90%,至少测定 5 个试验车速。

(3)同一车速往返各进行两次。

(4)绘制等速行驶燃料消耗量特性曲线。

以试验车速为横坐标,燃料消耗量为纵坐标,绘制等速行驶燃料消耗量散点图,根据散点图绘制等速行驶燃料消耗量的特性曲线。

4)多工况循环燃料消耗量试验

(1)六工况循环。适用于城市客车及双层客车除外的车辆。六工况循环见图 4.1,工况分布见表 4.2。

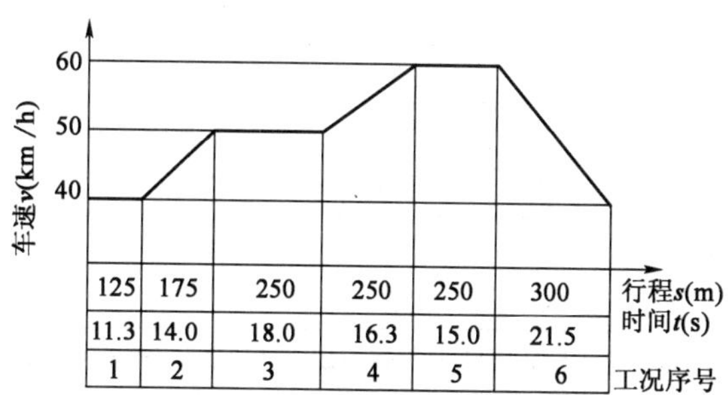

图 4.1 六工况测试循环图

六工况循环工况分布 表 4.2

工况序号	运转状态(km/h)	行程(m)	累计行程(m)	时间(s)	加速度(m/s^2)
1	40	125	125	11.3	—
2	40～50	175	300	14.0	0.20
3	50	250	550	18.0	—
4	50～60	250	800	16.3	0.17
5	60	250	1050	15.0	—
6	60～40	300	1350	21.6	0.26

(2)四工况循环。适用于城市客车和双层客车(包括城市铰接式客车)。四工况循环见图 4.2,工况分布见表 4.3。

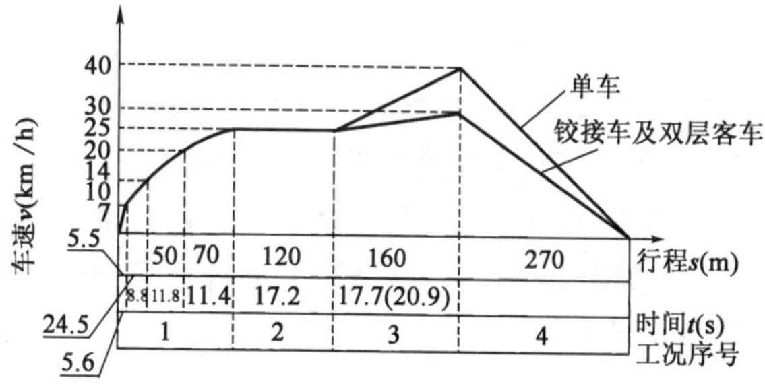

图 4.2 四工况循环

四工况循环工况分布 表 4.3

工况序号	运转状态(km/h)	行程(m)	累计行程(m)	时间(s)	变速器挡位及换挡车速(km/h)	
					挡位	换挡车速
1	0～25 换挡加速	5.5	5.5	5.6	Ⅱ～Ⅲ	6～8
		24.5	30	8.8	Ⅲ～Ⅳ	13～15
		50	80	11.8	Ⅳ～Ⅴ	19～21
		70	150	14.4	Ⅴ	
2	25	120	270	17.2	Ⅴ	
3	(30)25～40	160	430	(20.9)17.7	Ⅴ	
4	减速行驶	270	700		空挡	

注:1.对于5挡以上变速器采用Ⅱ挡起步,按表中规定循环试验;对于4挡变速器采用Ⅰ挡起步,将Ⅳ挡代替表中Ⅴ挡,其他依次代替,按表中规定试验循环进行。

2.括号内数字适用于铰接式客车及双层客车。

(3)试验方法:

a.汽车尽量用高挡进行试验,当高挡位达不到工况要求,超出规定偏差时,应降低一挡进行,当车辆进入可使用高挡行驶的等速行驶段和减速行驶段时,再换入高挡进行试验。换挡应迅速、平稳。

b.减速行驶中,应完全放松加速踏板,离合器仍接合。当试验车速降至10km/h时,分离离合器,必要时,减速工况中允许使用车辆制动器。

(4)试验值偏差。试验车辆在多工况的终速度偏差为±3km/h,其他各工况速度偏差为±1.5km/h。

在各种行驶工况改变过程中允许车速的偏差大于规定值,但在任何条件下超过车速偏差的时间不大于1s,即时间偏差为±1s。

(5)燃料消耗量的确定。每循环试验后,应记录通过循环试验的燃料消耗量和通过的时间。当按试验循环完成一次试验后,车辆应迅速掉头,重复试验。试验往返各进行2次。取4次试验结果的算术平均值作为多工况燃料消耗量试验的测定值。

对比 GB/T 12545.1—2001《乘用车燃料消耗量试验方法》和 GB/T 12545.2—2001《商用车辆燃料消耗量试验方法》规定的要求和实际使用条件,差别主要表现在:环境条件、行驶工况、乘员数量或货物质量、轮胎及轮胎气压、驾驶员驾驶习惯、车辆技术状况、燃润料差异、车辆自身及磨合情况等。故厂商标定油耗与在用车实际油耗有差距。

4.1.3 轻型汽车燃料消耗量试验方法

GB/T 19233—2008《轻型汽车燃料消耗量试验方法》规定了通过测定汽车

在模拟市区和市郊工况循环下的CO_2（二氧化碳）、CO（一氧化碳）和HC（碳氢化合物）排放量，并用碳平衡法计算燃料消耗量的试验和计算方法，以及生产一致性的检查和判定方法，为轻型汽车燃料消耗量形式试验的标准依据。适用范围为燃用汽油的点燃式发动机和燃用柴油的压燃式发动机为动力，最大设计车速大于或等于50km/h的M_1类、N_1类和最大设计总质量不超过3 500kg的M_2类车辆。

1）试验车辆

（1）车辆的技术状态应良好。试验前车辆至少应行驶3 000km，且少于15 000km。

（2）应按制造厂的规定调整发动机和车辆操纵件。应特别注意怠速设定（转速和排气中的CO和HC含量）、冷起动装置和排气污染物排放控制系统的调整。

（3）检查进气系统的密封性，以避免额外进气影响雾化。试验室可检查车辆的性能是否符合制造厂的规定，能否在正常行驶条件下运行，特别是能否实现正常的冷、热起动。

（4）试验前，车辆应置于温度为20～30℃的室内进行处理，直至发动机的润滑油和冷却液温度达到室温的±2℃范围内。此处理期至少为6h。在制造厂的要求下，车辆可在正常温度下行驶后30h内进行试验。

（5）试验期间，只允许使用车辆的功能性设备。若化油器具有手动进气预热装置，应置于“夏季”位置。通常情况下，车辆正常行驶所需的辅助设备应处于工作状态。

（6）若为温控水箱风扇，应按其在车辆上的正常状况工作。乘客舱的暖气系统和空调系统都应关闭，而其压缩机的功能应正常。

（7）若装有增压装置，则应在试验状态下正常工作。

（8）应使用车辆制造厂规定的润滑剂，并在试验结果报告中注明。

（9）轮胎应是车辆制造厂作为车辆原始装备所规定的形式之一，按车辆制造厂根据试验负荷和车速所推荐的压力进行充气（如有必要，按试验台架的试验条件进行调整）。所用充气压力应在试验结果报告中注明。

2）CO_2、CO和HC排放量测量

根据GB 18352.2—2001《轻型汽车污染物排放限值及测量方法（Ⅱ）》或GB 18352.3—2005《轻型汽车污染物排放限值及测量方法（中国Ⅲ、Ⅳ阶段）》的要求进行CO_2、CO、HC排放量测量。

3）气态污染物排放量的计算

（1）计算公式：

①气态污染物排放量用式（4.1）进行计算。

$$M_i = \frac{V_{\min} \times Q_i \times C_i \times 10^{-6}}{d} \quad (4.1)$$

式中：M_i——污染物 i 的排放量(g/km)；

$V_{\min}$——校正至标准状态(273.2K、101.33kPa)的稀释排气体积(L/试验)；

Q_i——标准状态(273.2K、101.33kPa)下污染物 i 的密度(g/L)；

C_i——稀释排气中污染物 i 的浓度，并按稀释空气中污染物 i 的含量进行校正(10^{-6})或体积分数，如 C_i 用体积百分数表示，则系数 10^{-6} 由 10^{-2} 替代；

d——试验循环期间的行驶距离(km)。

②按式(4.2)计算取样袋中污染物的校正浓度。

$$C_i = C_e - C_j\left(1 - \frac{1}{DF}\right) \quad (4.2)$$

式中：C_i——经稀释空气中污染物 i 含量校正后稀释排气中污染物 i 的浓度(10^{-6}或体积分数%)；

C_e——稀释排气中污染物 i 测定浓度(10^{-6}或体积分数%)；

C_j——稀释空气中污染物 i 测定浓度(10^{-6}或体积分数%)；

DF——稀释系数。

③稀释系数的计算见式(4.3)。

$$DF = \frac{13.4}{C_{CO_2} + (C_{HC} + C_{CO}) \times 10^{-4}} \quad (4.3)$$

式中：C_{CO_2}——取样袋内稀释排气中 CO_2 的浓度(%)；

C_{HC}——取样袋内稀释排气中 HC 的浓度(10^{-6})；

C_{CO}——取样袋内稀释排气中 CO 的浓度(10^{-6})。

(2)计算示例：

①数据

环境温度：23℃=296.2K。

大气压力：P_B=101.33kPa。

测得的容积，并换算至标准状态：V=51 961(L/试验)。

分析仪读数见表 4.4。

示例分析仪读数 表 4.4

气体名称	稀释排气样气	稀释空气样气
HC	92	3.0
CO	470	0
CO_2	体积分数 1.6%	体积分数 0.03%

②计算

稀释系数(DF)见式(4.3)。

$$DF=\frac{13.4}{1.6+(92+470)\times 10^{-4}}=8.091(10^{-6})$$

计算经校正的取样袋中污染物的浓度：

HC 排放量见式(4.2)和式(4.1)。

$$C_{HC}=92-3\left(1-\frac{1}{8.091}\right)=89.371(10^{-6})$$

$$Q_{HC}=0.619(g/L)$$

$$M_{HC}=\frac{51\,961\times 0.619\times 89.371\times 10^{-6}}{d}=\frac{2.88}{d}(g/km)$$

CO 排放量见式(4.1)。

$$Q_{CO}=1.25(g/L)$$

$$M_{CO}=\frac{51\,961\times 1.25\times 470\times 10^{-6}}{d}=\frac{30.5}{d}(g/km)$$

4)燃料消耗量的计算

采用下列公式计算燃料消耗量，单位为升每 100 千米(L/100km)。

(1)对于装备汽油机的车辆：

$$FC=\frac{0.115\,4}{D}[(0.866\times HC)+(0.429\times CO)+(0.273\times CO_2)] \quad (4.4)$$

(2)对于装备柴油机的车辆：

$$FC=\frac{0.115\,5}{D}[(0.866\times HC)+(0.429\times CO)+(0.273\times CO_2)] \quad (4.5)$$

式中：FC——燃料消耗量(L/100km)；

HC——测得的碳氢排放量(g/km)；

CO——测得的一氧化碳排放量(g/km)；

CO_2——测得的二氧化碳排放量(g/km)；

D——288K(15℃)下试验燃料的密度(kg/L)。

4.1.4 重型商用车燃料消耗量测量方法

由于 GB/T 12545.2—2001《商用车辆燃料消耗量试验方法》在工况试验方法方面存在着诸如“采用最高挡试验不能反映实际情况、平均车速与实际情况相差太大、发动机的工作区域与实际情况相差太大”的因素，国家制订了 GB/T 27840—2011《重型商用车燃料消耗量测量方法》。

1)适用范围

适用于最大设计总质量大于 3 500kg 的 M_2、M_3 和 N 类汽油和柴油车辆；最大设计总质量在 3 500kg 以上的 M_1 类车辆可参照执行。

2)重型商用车辆瞬态循环

该循环由市区、公路和高速工况三部分组成,如图 4.3 所示。

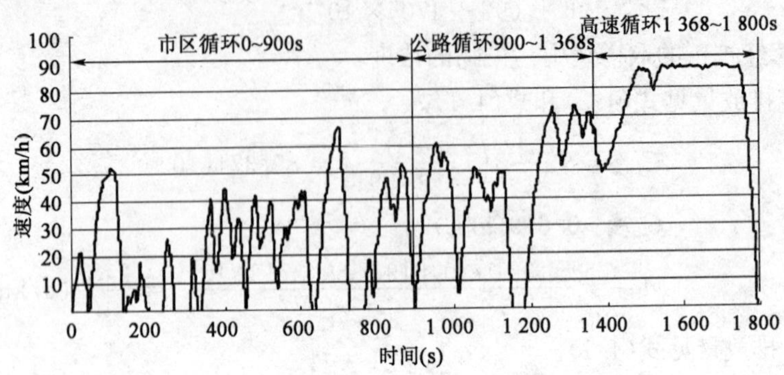

图 4.3　重型商用车辆瞬态车辆循环曲线

标准规定了重型商用车辆瞬态车辆循环中市区、公路和高速部分的特征里程分配比例,如表 4.5 所示。

重型商用车辆瞬态车辆循环特征里程分配比例　　表 4.5

车辆类型	最大设计总质量 GCW/GVW(kg)	市区比例 $D_{市区}$	公路比例 $D_{公路}$	高速比例 $D_{高速}$
半挂汽车列车	9 000<GCW≤25 000	0	40%	60%
	GCW>25 000	0	10%	90%
自卸汽车	GVW>3 500	0	100%	0
载货汽车	3 500<GVW≤5 500	40%	40%	20%
	5 500<GVW≤12 500	10%	60%	30%
	12 500<GVW≤24 500	10%	40%	50%
	GVW>24 500	10%	30%	60%
客车	3 500<GVW≤5 500	50%	25%	25%
	5 500<GVW≤12 500	20%	30%	50%
	GVW>12 500	10%	20%	70%
城市客车	GVW>3 500	100%	0	0

3)底盘测功机法

底盘测功机应能准确模拟车辆的道路行驶阻力和加减速工况;惯性质量模拟器应能模拟试验车辆最大设计总质量状态下的当量惯量。测量系统应能分别测量重型商用车辆瞬态车辆循环中市区、公路和高速部分的燃料消耗量,并满足相应的精度要求。

4)模拟计算法

以汽车发动机万有特性试验数据为基础，将整车、变速器、轮胎等关键参数输入计算机程序，通过计算机程序模拟试验车辆在 C-WTVC 循环下的运行状态，计算试验车辆的燃料消耗量。

模拟程序需要输入的整车参数包括车辆类型、整车整备质量、最大设计总质量、最大设计载质量、最大设计牵引质量（仅适用于半挂牵引车）、额定载客人数（含驾驶员）、驱动形式、轴数、轮胎型号等。需要输入的发动机参数包括：发动机万有特性、发动机反拖转矩、发动机外特性转矩、发动机怠速转速及怠速燃料消耗量、发动机额定转速、发动机最高转速等，应按 GB/T 18297—2001《汽车发动机性能试验方法》中相关规定进行测定。万有特性试验时，应在发动机正常转速范围内，10%负荷至最大转矩之间尽可能均匀地选取至少 81 个数据点测定燃料消耗量。

5)行驶阻力测定

无论底盘测功机法还是利用滑行数据进行模拟计算，均需要车辆的行驶阻力试验数据。行驶阻力的测定方法包括滑行能量变化法和等速下转矩测量法两种。

无特殊规定时，应使试验车辆处于最大设计总质量状态，将车辆加速至表 4.6 规定车速（v）以上 10km/h，将变速器置于“空挡”位置滑行，直至车速小于 15km/h。

行驶阻力测定车速 表 4.6

车辆类别	规定车速 v(km/h)	车辆类别	规定车速 v(km/h)
载货汽车	90	客车	100
半挂牵引车	90		

6)综合燃料消耗量计算

根据底盘测功机法或模拟计算法得到的市区、公路和高速工况的燃料消耗量，对照表 4.5 确定该车型市区、公路和高速工况的特征里程分配比例，按式(4.6)可以加权计算该车型的综合燃料消耗量。

$$FC_{综合} = FC_{市区} \times D_{市区} + FC_{公路} \times D_{公路} + FC_{高速} + D_{高速} \tag{4.6}$$

式中：$FC_{综合}$——1 个完整的重型商用车辆瞬态车辆循环的综合燃料消耗量（L/100km）；

$FC_{市区}$——市区燃料消耗量（L/100km）；

$FC_{公路}$——公路燃料消耗量（L/100km）；

$FC_{高速}$——高速公路燃料消耗量（L/100km）；

$D_{市区}$——市区里程分配比例系数（%）；

$D_{公路}$——公路里程分配比例系数(%);

$D_{高速}$——高速公路里程分配比例系数(%)。

4.1.5 压缩天然气汽车燃料消耗量

国家标准《压缩天然气汽车燃料消耗量试验方法(征求意见稿)》对压缩天然气汽车燃料消耗量试验方法进行了规范。

1)试验项目与方法

各车型试验项目及试验方法见表4.7。各项目试验方法应符合GB/T 12534—2001《汽车道路试验方法通则》的有关规定。

试验项目及试验方法　　表4.7

车　型	试验项目	试验方法
M_1类、最大总质量不超过3 500kg的M_2类和N_1类	模拟城市、市郊和综合循环燃料消耗量试验	GB/T 19233—2008
	90km/h等速行驶燃料消耗量试验	GB/T 12545.1—2008
	120km/h等速行驶燃料消耗量试验	GB/T 12545.1—2008
最大设计总质量超过3 500kg的M_2类、M_3类和N_2类、N_3类	等速行驶燃料消耗量试验	GB/T 12545.2—2001
	商用汽车模拟工况燃料消耗量试验	
城市客车和双层客车(包括城市铰接客车)	四工况循环燃料消耗试验	GB/T 12545.2—2001
城市客车及双层客车除外的车辆	六工况循环燃料消耗	GB/T 12545.2—2001

2)试验方法

天然气消耗测量方法采用流量计测量法和碳平衡计算法。当采用流量计测量法时,应在测量天然气体积或质量流量的同时,测量和记录行驶时间和行驶距离;当采用碳平衡法时,应根据相关要求测量CO_2、CO和THC(总碳氢化合物)或CH_4和NMHC(非甲烷碳氢化合物)等参数。

3)燃料消耗量计算方法

该标准的天然气基准状态定义为288.15K、101.325kPa;基准天然气的平均密度为G_{20}和G_{23}的平均密度(0.654kg/m^3)。

(1)质量流量计测量法。用质量流量计测量法,汽车燃料消耗量按式(4.7)计算。

$$FC_r = \frac{m_1}{10^5 \times d_r \times D} \tag{4.7}$$

式中:FC_r——试验天然气消耗量(288.15K、101.325kPa)(m^3/100km);

m_1——实测试验天然气消耗质量(g);

d_r——试验用天然气密度(288.15K、101.325kPa)(kg/m^3)；

D——实测汽车行驶距离(km)。

(2)体积流量计测量法。用体积流量计测量汽车燃料消耗量按式(4.8)计算。

$$FC_r = \frac{V_1}{10^5 \times D} \times \frac{P_1 \times T_r}{P_r \times T_1} \times \frac{Z_{mix}(t_r, p_r)}{Z_{mix}(t_1, p_1)} \tag{4.8}$$

式中： FC_r——试验天然气消耗量(288.15K、101.325kPa)(m^3/100km)；

V_1——试验状态下(T_1,P_1)实测天然气消耗量(L)；

T_r——基准温度，288.15K(15℃)；

P_r——基准压力，101.325kPa；

T_1——试验状态下天然气实测温度(K)；

P_1——试验状态下天然气实测压力(kPa)；

D——实测汽车行驶距离(km)；

$Z_{mix}(t_1, p_1)$——混合气的压缩因子(温度 t_1，压力 p_1)；

$Z_{mix}(t_r, p_r)$——混合气的压缩因子(温度 t_r，压力 p_r)。

(3)道路试验环境校正。采用道路试验循环测量天然气消耗量时，如果道路试验环境偏离了标准状态，应对道路试验环境进行修正。

①道路试验环境标准状态：

大气压力：P_{air0}=100kPa；

大气温度：T_{air0}=293.3K；

空气密度：d_{air0}=1.189kg/m^3。

②天然气消耗按式(4.9)校正到标准状态。

$$FC'_r = \frac{FC_r}{k_1 \times k_2} \tag{4.9}$$

$$k_1 = 1 + 0.0025(293.2 - T_{air}) \tag{4.10}$$

$$k_2 = 1 + 0.0021(P_{air} - 100) \tag{4.11}$$

式中：FC_r——试验天然气消耗量(m^3/100km)；

FC'_r——校正到标准道路试验环境状态下的试验天然气消耗量(m^3/100km)；

k_1——环境温度校正系数；

k_2——大气压力校正系数；

P_{air}——道路试验环境大气压力(Pa)；

T_{air}——道路试验环境大气温度(K)。

(4)修正为基准天然气消耗量(道路试验时)：

$$FC_0 = FC'_r \times \frac{Q_1}{\frac{Q_{20} + Q_{23}}{2}} \tag{4.12}$$

式中：FC_0——基准天然气消耗量(288.15K、101.325kPa)($m^3/100km$)；

FC_r'——校正到标准道路试验环境状态下的试验天然气消耗量($m^3/100km$)；

Q_{20}——基准燃料 G_{20} 的低位发热量(288.15K、101.325kPa)(MJ/m^3)；

Q_{23}——基准燃料 G_{23} 的低位发热量(288.15K、101.325kPa)(MJ/m^3)；

Q_1——试验天然气的低位发热量(288.15K、101.325kPa)(MJ/m^3)。

4.2 产量油耗

产量油耗是指公路营运车辆完成运输生产任务(周转量)而消耗的燃油数量。相关标准有GB/T 21393—2008《公路运输能源消耗及分析方法》、GB/T 4353—2007《载客汽车运行燃料消耗量》和GB/T 4352—2007《载货汽车运行燃料消耗量》。

4.2.1 公路运输能源消耗及统计分析

GB/T 21393—2008《公路运输能源消耗及分析方法》对营运客货车产量油耗的相关要素作了相关规定。

(1)运次：车辆完成一个完整运输生产过程，即上一次货物卸空(旅客走空)开始到本次货物卸空(旅客走空)为止的整个过程。

(2)总行程周转量：车辆单车行驶里程与核定载质量(载客人数乘积)，计算公式见式(4.13)。

$$F = \sum(S_i \times M_i) \tag{4.13}$$

式中：F——总行驶周转量，载货时为百吨千米(100t·km)，载人时为千人千米(kp·km)，换算时百吨千米等于千人千米；

S_i——单车行驶里程(km)；

M_i——货车为核定载质量(t)，客车为核定载客人数(p)。

(3)百车千米燃料(汽油、柴油等)：车辆行驶每百千米的平均燃料消耗量，计算公式见式(4.14)。

$$E_h = \frac{E_c}{S_i} \times 100 \tag{4.14}$$

式中：E_h——车辆行驶每百千米的平均燃料消耗量(L)；

E_c——燃料消耗量(L)；

S_i——车辆行驶里程(km)。

(4)百吨千米燃料(汽油、柴油等)消耗量：货车每完成百吨千米货物周转量的平均燃料消耗量，计算公式见式(4.15)。

$$E_{ht} = \frac{E_c}{F_g} \times 100 \tag{4.15}$$

式中：E_{ht}——百吨千米燃料(汽油、柴油等)消耗量(L/100t·km)；

E_c——燃料消耗量(L)；

F_g——货物周转量(100t·km)。

(5)千人千米燃料(汽油、柴油等)消耗量：客车每完成千人千米旅客周转量的平均燃料消耗量，计算公式见式(4.16)。

$$E_{kp}=\frac{E_c}{F_p}\times 1\,000 \tag{4.16}$$

式中：E_{kp}——千人千米燃料(汽油、柴油等)消耗量(L/kp·km)；

E_c——燃料消耗量(L)；

F_g——旅客周转量(100t·km)。

(6)实载率：车辆实际完成的货物(旅客)周转量与总行程周转量相比，计算公式见式(4.17)。

$$Y=\frac{N}{F}\times 100\% \tag{4.17}$$

式中：Y——车辆实载率(%)；

N——车辆实际完成的货物(旅客)周转量，货车载运货物时单位为百吨千米(100t·km)，载运旅客时单位为千人千米(kp·km)；

F——总行驶周转量，载货时为百吨千米(100t·km)，载人时为千人千米(kp·km)。

(7)里程利用率：车辆的载运行程与总行程里程之比。

4.2.2 载客汽车运行燃料消耗量

该标准适用于行驶在公路和城市道路上使用汽、柴油作为燃料的载客汽车运行燃料消耗量的计算。

1)基本概念

基本运行条件：月平均气温在5～28℃，海拔高度不高于500m，行驶在平原、微丘地形的高速、一、二级公路。

载客汽车运行燃料消耗量：载客汽车运行过程中消耗的燃料数量，单位为升每百千米(L/100km)。

载客汽车基本燃料消耗量：在基本运行条件下，载客汽车以整备质量(空载)行驶时，每百千米消耗的燃料数量，单位为升每百千米(L/100km)。

载客汽车满载燃料消耗量：在载客汽车以总质量(满载)行驶时，每百千米消耗的燃料数量，单位为升每百千米(L/100km)。

载客汽车质量变化附加燃料消耗量：在基本运行条件下，载客汽车实际总质量(包括载客量、行李和整备质量)比载客汽车生产企业给出的载客汽车整备质量每增加(或减少)1 人,行驶 100 千米所增加(或减少)的燃料数量,单位为升每百千米(L/100km)。

2)运行条件分类及修正系数

按道路类别、气温区间、海拔高度、汽车运行模式区分运行条件。

道路类别分为公路与城市道路两大类,其中公路分为六类,城市道路分为三类。按分类规定了相应的修正系数。

气温从低于−25℃(含)至高于 28℃(含)之间划分为四个区间,共六个区间。按区间规定了相应的修正系数。

海拔从低于 500m 至高于 3 500m 之间划分为 3 个区间,共 5 个区间。按区间规定了相应的修正系数。

载客汽车运行模式分为市区道路、城间公路、高速公路 3 类,对应 20km/h、40km/h、60km/h、80km/h、100km/h 六种车速,规定了对应的加权系数。

其他因素:如载客汽车走合期,驾驶实习期,地方性雨季期,短途客运,翻浆、冰雪道路,空调等影响汽车运行消耗量因素和修正系数由用车单位自行规定。

3)耗油量计算

(1)计算思路。先由非等速行驶及车辆技术状况修正系数、某运行模式的车速加权系数、载客汽车空(满)载时规定速度的等速燃料消耗量等参数,按规定公式计算出某种运行模式的汽车基本(满载)燃料消耗量。

然后由载客汽车在同一运行条件下的行驶里程,实际载客人数,道路修正系数,海拔高度修正系数,气温修正系数,及由用车单位自行规定的其他影响因素修正系数,按规定公式计算出某种运行模式的载客汽车运行燃料消耗量。

再将不同模式运行消耗的燃料相加求和,即得出从甲地到乙地运载一定数量旅客所需的燃料数量。

(2)基本燃料消耗量与满载燃料消耗量。基本燃料消耗量按式(4.18),满载燃料消耗量按式(4.19)计算。

$$Q_k = k\sum(R_i \times Q_{ki}) \tag{4.18}$$

$$Q_m = k\sum(R_i \times Q_{mi}) \tag{4.19}$$

式中:Q_k——某种运行模式的载客汽车基本燃料消耗量(L/100km);

Q_m——某种运行模式的载客汽车满载燃料消耗量(L/100km);

Q_{ki}——载客汽车空载规定速度的等速燃料消耗量(L/100km);

Q_{mi}——载客汽车满载规定速度的等速燃料消耗量(L/100km);

k——非等速行驶车辆状况修正系数,取值范围 1.0~1.1,由使用者根据情况自行确定;

R_i——某种运行模式的车速加权系数,见表 4.8。

载客汽车运行模式及车速加权系数 表 4.8

运行模式	车速(km/h)				
	20	40	60	80	100
市区道路	0.33	0.51	0.16	—	—
城间公路	0.08	0.20	0.30	0.38	0.04
高速公路	—	—	0.05	0/20	0.75

(3)载客汽车质量变化附加燃料消耗量。载客汽车质量变化附加燃料消耗量按式(4.20)计算。

$$Q_b = \frac{Q_m - Q_k}{M_p} \tag{4.20}$$

式中:Q_b——载客汽车质量变化附加燃料消耗量(L/人·100km);

Q_k——某种运行模式的载客汽车基本燃料消耗量(L/100km);

Q_m——某种运行模式的载客汽车满载燃料消耗量(L/100 人·km);

M_p——载客汽车额定载客人数(人)。

(4)某种运行模式载客汽车燃料消耗量。某种运行模式载客汽车燃料消耗量计算按式(4.21)计算。

$$Q_i = \left(Q_k \times \frac{S}{100} + Q_b \times \frac{P \times S}{100}\right) \times K_e \times K_t \times K_h \times K_p \tag{4.21}$$

式中:Q_i——某种运行模式的载客汽车燃料消耗量(L);

Q_k——某种运行模式的载客汽车基本燃料消耗量(L/100km);

Q_b——载客汽车质量变化附加燃料消耗量(L/100 人·km);

S——载客汽车在同一运行条件下的行驶里程(km);

P——实际载客人数(人);

K_e——道路修正系数,见表 4.9;

K_t——气温修正系数,见表 4.10;

K_h——海拔高度修正系数,见表 4.11;

K_p——其他影响因素修正系数,由用车单位自行规定。

道 路 修 正 系 数 表 4.9

道路类别	1 类道路	2 类道路	3 类道路	4 类道路	5 类道路	6 类道路
K_e	1.00	1.19	1.25	1.35	1.45	1.70

气 温 修 正 系 数 表 4.10

月平均气温 t(℃)	$t \leqslant -25$	$-25 < t \leqslant -15$	$-15 < t \leqslant -5$	$-5 < t \leqslant 5$	$5 < t \leqslant 28$	$t > 28$
K_t	1.13	1.09	1.06	1.03	1.00	1.02

海拔高度修正系数　　表 4.11

海拔高度 H(m)	$H \leqslant 500$	$500 < H \leqslant 1\,500$	$1\,500 < H \leqslant 2\,500$	$2\,500 < H \leqslant 3\,500$	$H > 3\,500$
K_h	1.00	1.03	1.07	1.13	1.20

(5)不同运行模式载客汽车运行燃料消耗总量。不同运行模式载客汽车运行燃料消耗总量按式(4.22)计算。

$$Q = Q_1 + Q_2 + \cdots + Q_n = \sum_{n=1}^{n} Q_i \qquad (4.22)$$

式中:Q——不同运行模式的载客汽车运行燃料消耗总量(L)。

4)示例

某柴油载客汽车整备质量 5.28 t,额定载客 25 人,在月平均气温 16℃,海拔高度小于 500m 的城市道路之间微丘地形的三级路上,载客 20 人行驶 90km,然后载客 25 人返回原地,单趟票价为 27 元/人,求载客汽车运行燃料消耗量、技术油耗、产值油耗。

(1)由客车生产企业提供的载客汽车空驶燃料消耗量 Q_{ki} 和满载规定速度的等速燃料消耗量 Q_{mi} 见表 4.12。

客车生产企业提供的 Q_{ki} 和 Q_{mi} 值　　表 4.12

试验车速(km/h)	20	40	60	80	100
空载等速燃料消耗量 Q_{ki}(L/100km)	7.3	9.6	12.7	18.6	20.5
满载等速燃料消耗量 Q_{mi}(L/100km)	11.4	14.2	17.6	23.4	26.3

(2)确定运行模式为城间公路运行模式,根据车辆已行驶里程确定非等速行驶及车辆技术状况修正系数为 1.1,并根据车速加权系数分别计算该运行模式下的载客汽车基本燃料消耗量 Q_k 和满载燃料消耗量 Q_m。

按式(4.18)、式(4.19)有:

$$Q_k = 1.1 \times (7.3 \times 0.08 \times 9.6 \times 0.2 + 12.7 \times 0.3 + 18.6 \times 0.38 + 20.5 \times 0.04) = 15.6(\text{L}/100\text{km})$$

$$Q_m = 1.1 \times (11.4 \times 0.08 + 14.2 \times 0.2 + 17.6 \times 0.3 + 23.4 \times 0.38 + 26.3 \times 0.04) = 20.9(\text{L}/100\text{km})$$

(3)按照式(4.20)计算载客汽车质量变化附加燃料消耗量。

$$Q_b = \frac{20.9 - 15.6}{25} = 0.212(\text{L}/100\ \text{人} \cdot \text{km})$$

(4)按照式(4.21)计算载客汽车运行燃料消耗量。根据已知条件确定道路类别修正系数为 1.1,月平均气温修正系数和海拔高度修正系数均为 1.0,因此载客 20 人行程的汽车燃料消耗量为:

$$Q_i = \left(15.6 \times \frac{90}{100} + 0.212 \times \frac{20 \times 90}{100}\right) \times 1.1 \times 1.0 \times 1.0 = 19.6(\text{L})$$

载客25人行程的汽车燃料消耗量为：

$$Q_i = \left(15.6 \times \frac{90}{100} + 0.212 \times \frac{25 \times 90}{100}\right) \times 1.1 \times 1.0 \times 1.0 = 20.7(\text{L})$$

(5)按照式(4.22)计算不同条件下的载客汽车运行燃料消耗总量。

$$Q = 19.6 + 20.7 = 40.3(\text{L})$$

(6)技术油耗。

已知：燃油消耗量 Q=40.3L；行驶里程 S=180km，由式(4.14)有：

$$E_h = \frac{40.3}{1.8} \times 100 = 22.39(\text{L/100km})$$

(7)产量油耗。

已知：该车载客20人行驶90km，然后载客25人返回原地，柴油消耗量40.3L，由式(4.13)、式(4.16)有：

$$F_{实} = 20 \times 90 + 25 \times 90 = 4\,050(人 \cdot \text{km}) = 0.405(1\,000\ 人 \cdot \text{km})$$

$$E_{kp} = \frac{40.3}{4\,050} \times 1\,000 = 9.95(\text{L}/1\,000\ 人 \cdot \text{km})$$

(8)实载率。

已知：额定载客25人，总行驶行驶里程180km，由式(4.13)、式(4.17)有：

$$F = 25 \times 180 = 4\,500(人 \cdot \text{km})$$

$$Y = \frac{4\,050}{4\,500} \times 100\% = 90\%$$

4.2.3 载货汽车运行燃料消耗量

该标准适用于行驶在公路和城市道路上使用汽油、柴油作为燃料的载货汽车运行燃料消耗量的计算。

与《载客汽车运行燃料消耗量》的主要区别在于装载的是货物不是人，产量单位是升/百吨千米(L/100t·km)。

4.3 综合能耗(产值能耗)

GB/T 2589—2008《综合能耗计算通则》和 GB/T 21393—2008《公路运输能源消耗及统计分析方法》对综合能耗作了相关规定。

4.3.1 相关定义

(1)综合能耗：用能单位(具有确定边界的耗能单位)在统计报告期内实际消耗的各种能源实物量，按规定的计算方法和单位分别折算后的总和。

(2)单位产值综合能耗：统计报告期内，综合能耗与期内用能单位总产值或工业增加值的比值。

(3)产品单位产量综合能耗:统计报告期内,用能单位生产某种产品或提供某种服务的综合能耗与同期该合格产品产量(工作量、服务量)的比值。

(4)标准煤:用能单位实际消耗的燃料能源应以其低(位)发热量为计算基础折算为标准煤量。低(位)发热量等于 29 307kJ 的燃料,称为 1 千克标准煤(1kgce)。

(5)燃烧热值:也叫燃料发热量,是指单位质量(指固体或液体)或单位体积(指气体)的燃料完全燃烧,燃烧产物冷却到燃烧前的温度(一般为环境温度)时所释放出来的热量。

固体或液体的发热量是千卡/千克(kcal/kg)、千焦耳/千克(kJ/kg);气体燃料的发热量是千卡/标准立方米(kcal/Nm^3)、千焦耳/标准立方米(kJ/Nm^3)。

燃烧热值有高位热值与低位热值两种。

高位热值是指燃料在完全燃烧时释放出来的全部热量,即在燃烧生成物中的水蒸气凝结成水时的发热量,也称毛热。低位热值是指燃料完全燃烧,其燃烧产物中的水蒸气以气态存在时的发热量,也称净热。

高位热值与低位热值的区别,在于燃料燃烧产物中的水呈液态还是气态,水呈液态是高位热值,水呈气态是低位热值。低位热值等于从高位热值中扣除水蒸气的凝结热。

燃料大都用于燃烧,各种炉窑的排烟温度均超过水蒸气的凝结温度,不可能使水蒸气的凝结热释放出来,所以在能源利用中一般都以燃料应用的低位发热量作为计算基础。

4.3.2 汽车运用相关能源折标准煤系数(表 4.13)

汽车运用相关能源折标准煤系数　　表 4.13

能源名称	平均低位发热量	折标准煤系数
汽油	43 070kJ/kg (10 300kcal/kg)	1.471 4kgce/kg
柴油	42 652kJ/kg (10 200kcal/kg)	1.457 1kgce/kg
液化石油气	50 179kJ/kg (12 000kcal/kg)	1.714 3kgce/kg
油田天然气	38 931kJ/m^3 (9 310kcal/m^3)	1.330 0kgce/m^3
气田天然气	35 544kJ/m^3 (8 500kal/m^3)	1.214 3kgce/m^3
煤矿瓦斯气	14 636～16 726kJ/m^3 (3 500～4 000kcal/m^3)	0.500 0～0.571 4kgce/m^3
焦炉煤气	16 726～17 981kJ/m^3 (4 000～4 300kcal/m^3)	0.571 4～0.614 3kgce/m^3
电力(当量值)	3 600kJ/(kW・h)[860kcal/(kW・h)]	0.122 9kgce/(kW・h)

4.3.3 计算公式

1)载客(货)汽车综合千人千米(百吨千米)燃料消耗量

载客(货)汽车综合千人千米(百吨千米)燃料消耗量计算公式见式(4.23)。

$$q_p = \frac{Q_m}{P_p} \tag{4.23}$$

式中:q_p——载客(货)汽车综合千人千米(百吨千米)燃料消耗量(kgce/1 000 人·km 或 kgce/100t·km);

Q_m——汽车燃料消耗量折标准煤(kgce);

P_p——客(货)运周转量(1 000 人·km,或 100t·km)。

2)单位产值综合能耗

单位产值综合能耗计算公式见式(4.24)。

$$q_c = \frac{Q_m}{P_c} \tag{4.24}$$

式中:q_c——载客(货)汽车营业收入综合燃料消耗量(千克标准煤每百元营收,kgce/100 元);

Q_m——汽车燃料消耗量折标准煤(kgce);

P_c——客(货)运生产营业收入(百元人民币,100 元)。

4.3.4 示例

上例中趟次客运营业收入:1 215 元,(载客)周转量 4 050 人·km,消耗燃油 40.3L;柴油升与千克换算取 0.84L/kg;柴油折标煤系数取:1.457 1kgce/kg。其汽车综合千人千米燃料消耗量和单位产值综合能耗各为多少?

由式(4.23)有:

$$q_p = \frac{40.3 \times 0.84 \times 1.4571}{4.05} = 12.18(\text{kgce}/1\,000\text{ 人}\cdot\text{km})$$

由式(4.24)有:

$$q_c = \frac{40.3 \times 0.84 \times 1.4571}{12.15} = 4.06(\text{kgce}/100\text{ 元})$$

4.4 限值油耗

燃料消耗量限值就是要求每一辆被检测车辆按照这种要求行驶的每百千米油耗不得高于对应该车整备质量规定的限值。

我国已实施的汽车燃料消耗量限值标准有 GB 19578—2004《乘用车燃料消耗量限值》、GB 20997—2007《轻型商用车燃料消耗量限值》;道路交通行业营运车辆实施的燃料消耗量限值标准有 JT 711—2008《营运客车燃料消耗量限值及测量方法》、JT 719—2008《营运货车燃料消耗量限值及测量方法》。

4.4.1 乘用车燃料消耗量限值

2004 年颁布的 GB 19578《乘用车燃料消耗量限值》是我国第一项旨在控制汽车燃料消耗量的强制性国家标准。标准适用于以点燃式发动机或压燃式发动机为动力，最大设计车速大于或等于 50km/h、最大设计总质量不超过 3 500kg 的 M_1 类车辆。不适用于仅燃用气体燃料或醇类燃料的车辆。

标准按照整车整备质量将乘用车划分为 16 类，乘用车燃料消耗量的限值见表 4.14。

乘用车燃料消耗量限值（单位：L/100km）　　表 4.14

整车整备质量 CM(kg)	普通乘用车		具备特殊结构	
	第一阶段	第二阶段	第一阶段	第二阶段
CM≤750	7.2	6.2	7.6	6.6
750<CM≤865	7.2	6.5	7.6	6.9
865<CM≤80	7.7	7.0	8.2	7.4
980<CM≤1 090	8.3	7.5	8.8	8.0
1 090<CM≤1 205	8.9	8.1	9.4	8.6
1 205<CM≤1 320	9.5	8.6	10.1	9.1
1 320<CM≤1 430	10.1	9.2	10.7	9.8
1 430<CM≤1 540	10.7	9.7	11.3	10.3
1 540<CM≤1 660	11.3	10.2	12.0	10.8
1 660<CM≤1 770	11.9	10.7	12.6	11.3
1 770<CM≤1 880	12.4	11.1	13.1	11.8
1 880<CM≤2 000	12.8	11.5	13.6	12.2
2 000<CM≤2 110	13.2	11.9	14.0	12.6
2 110<CM≤2 280	13.7	12.3	14.5	13.0
2 280<CM≤2 510	14.6	13.1	15.5	13.9
2 510<CM	15.5	13.9	16.4	14.7

注：对新认证车，第一阶段的执行日期为 2005 年 7 月 1 日，第二阶段的执行日期为 2008 年 1 月 1 日。对于在生产车，第一阶段的执行日期为 2006 年 7 月 1 日，第二阶段的执行日期为 2009 年 1 月 1 日。

4.4.2 轻型商用车辆燃料消耗量限值

标准适用于以点燃式发动机或压燃式发动机为动力，最大设计车速大于或等于 50km/h 的 N_1类和最大设计总质量不超过 3 500kg 的 M_2 类车辆。轻型商用车辆燃料消耗量限值见表 4.15～表 4.18。

N_1 类汽油车辆燃料消耗量限值 表 4.15

最大设计总质量 M(kg)	发动机排量 V(L)	普通车辆限值(L/100km)		特殊结构车辆限值(L/100km)	
		第一阶段	第二阶段	第一阶段	第二阶段
$M \leqslant 2\ 000$	全部	8.0	7.8	8.4	8.2
$2\ 000 < M \leqslant 2\ 500$	$V \leqslant 1.5$	9.0	8.1	9.5	8.5
	$1.5 < V \leqslant 2.0$	10.0	9.0	10.5	9.5
	$2.0 < V \leqslant 2.5$	11.5	10.4	12.1	10.9
	$V > 2.5$	13.5	12.5	14.2	13.1
$2\ 500 < M \leqslant 3\ 000$	$V \leqslant 2.0$	10.0	9.0	10.5	9.5
	$2.0 < V \leqslant 2.5$	12.0	10.8	12.6	11.3
	$V > 2.5$	14.0	12.6	14.7	13.2
$M > 3\ 000$	$V \leqslant 2.5$	12.5	11.3	13.1	11.9
	$2.5 < V \leqslant 3.0$	14.0	12.6	14.7	13.2
	$V > 3.0$	15.5	14.0	16.3	14.7

N_1 类柴油车辆燃料消耗量限值 表 4.16

最大设计总质量 M(kg)	发动机排量 V(L)	普通车辆限值(L/100km)		特殊结构车辆限值(L/100km)	
		第一阶段	第二阶段	第一阶段	第二阶段
$M \leqslant 2\ 000$	全部	7.6	7	8	7.4
$2\ 000 < M \leqslant 2\ 500$	$V \leqslant 2.5$	8.4	8	8.8	8.4
	$2.5 < V \leqslant 3.0$	9	8.5	9.5	8.9
	$V > 3.0$	10	9.5	10.5	10
$2\ 500 < M \leqslant 3\ 000$	$V \leqslant 2.5$	9.5	9	10	9.5
	$2.5 < V \leqslant 3.0$	10	9.5	10.5	10
	$V > 3.0$	11	10.5	11.6	11
$M > 3\ 000$	$V \leqslant 2.5$	10.5	10	11	10.5
	$2.5 < V \leqslant 3.0$	11	10.5	11.6	11
	$3.0 < V \leqslant 4.0$	11.6	11	12.2	11.6
	$V > 4.0$	12	11.5	12.6	12.1

最大设计总质量不大于 3.5t 的 M_2 类汽油车辆燃料消耗量限值 表 4.17

最大设计总质量 M(kg)	发动机排量 V(L)	普通车辆限值(L/100km)		特殊结构车辆限值(L/100km)	
		第一阶段	第二阶段	第一阶段	第二阶段
$M \leqslant 3\,000$	$V \leqslant 2.0$	10.7	9.7	11.2	10.2
	$2.0 < V \leqslant 2.5$	12.2	11.0	12.8	11.6
	$2.5 < V \leqslant 3.0$	13.5	12.2	14.2	12.8
	$V > 3.0$	14.5	13.1	15.2	13.8
$M > 3\,000$	$V \leqslant 2.5$	12.5	11.3	13.1	11.9
	$2.5 < V \leqslant 3.0$	14.0	12.6	14.7	13.2
	$V > 3.0$	15.5	14.0	16.3	14.7

最大设计总质量不大于 3.5t 的 M_2 类柴油车辆燃料消耗量限值 表 4.18

最大设计总质量 M(kg)	发动机排量 V(L)	普通车辆限值(L/100km)		特殊结构车辆限值(L/100km)	
		第一阶段	第二阶段	第一阶段	第二阶段
$M \leqslant 3\,000$	$V \leqslant 2.5$	9.4	8.5	9.9	8.9
	$V > 2.5$	10.5	9.5	11.0	10.0
$M > 3\,000$	$V \leqslant 3.0$	11.5	10.5	12.1	11.0
	$V > 3.0$	12.6	11.5	13.2	12.1

注:自 2011 年 1 月 1 日起,适用于本标准的所有车辆应符合第二阶段限值要求。

4.4.3 营运货车燃料消耗量限值及测量方法

该标准适用于燃用柴油或汽油,最大总质量为 3 500～49 000kg 的营运货车。

1)测量方法

车辆满载,手动变速器车辆应置于最高挡或次高挡(当最高挡不能满足等速需要时采用次高挡),自动变速器车辆应置于前进挡。在各试验车速下,保持车辆平稳行驶至少 100m 后,等速通过 500m 的试验路,测量车辆通过该路段的时间和燃料消耗量。

试验车速分 40km/h、50km/h、60km/h、70km/h、80km/h,自卸汽车(单车)试验车速分别为 30km/h、40km/h、50km/h、60km/h、70km/h。

车辆空载，手动变速器车辆应置于最高挡或次高挡，自动变速器车辆应置于前进挡，半挂汽车列车需将牵引车与半挂车脱挂；在 50km/h 车速下，保持车辆平稳行驶至少 100m 后，等速通过 500m 的试验路，测量通过刻路段的时间和燃料消耗量。

每个试验车速应在测试路段上往返测量各 2 次。

每次试验的平均速度与规定试验速度之差不得超过 2km/h。

2)燃料消耗量限值

营运货车燃料消耗量限值见表 4.19～表 4.21。

营运柴油货车(单车)燃料消耗量限值 表 4.19

车辆总质量(kg)	第一阶段限值(L/100km)	第二阶段限值(L/100km)
3 500<T≤5 000	12.6	11.3
5 000<T≤7 000	16.3	14.7
7 000<T≤9 000	18.8	16.9
9 000<T≤11 000	21.5	19.4
11 000<T≤13 000	23.8	21.4
13 000<T≤15 000	25.7	23.1
15 000<T≤17 000	27.4	24.7
17 000<T≤19 000	28.9	26.0
19 000<T≤21 000	30.2	27.2
21 000<T≤23 000	31.4	28.3
23 000<T≤25 000	32.5	29.3
25 000<T≤27 000	33.5	30.2
27 000<T≤29 000	34.5	31.1
29 000<T≤31 000	35.5	32.0

营运柴油自卸汽车(单车)燃料消耗量限值 表 4.20

车辆总质量(kg)	第一阶段限值(L/100km)	第二阶段限值(L/100km)
3 500<T≤5 000	12.4	11.2
5 000<T≤7 000	15.4	13.9
7 000<T≤9 000	18.3	16.5
9 000<T≤11 000	20.7	18.6
11 000<T≤13 000	22.7	20.4

续上表

车辆总质量(kg)	第一阶段限值(L/100km)	第二阶段限值(L/100km)
13 000<T≤15 000	24.2	21.8
15 000<T≤17 000	25.4	22.9
17 000<T≤19 000	26.1	23.5
19 000<T≤21 000	26.6	23.9
21 000<T≤23 000	26.9	24.2
23 000<T≤25 000	27.2	24.5
25 000<T≤27 000	27.9	25.1
27 000<T≤29 000	29.0	26.1
29 000<T≤31 000	31.1	28.0

营运柴油半挂汽车列车燃料消耗量限值 表 4.21

列车总质量(kg)	第一阶段限值(L/100km)	第二阶段限值(L/100km)
T≤27 000	39.0	35.1
29 000<T≤35 000	39.9	35.9
35 000<T≤43 000	42.0	38.0
43 000<T≤49 000	43.0	39.0

注:自 2008 年 9 月 1 日起实施,第 19 个月开始执行第二阶段限值。

4.4.4 营运客车燃料消耗量限值及测量方法

该标准适用于燃用柴油或汽油且最大总质量超过 3 500kg 的营运客车。试验条件与营运货车相近。

营运柴油客车燃料消耗量限值见表 4.22。

营运柴油客车燃料消耗量限值(单位:L/100km) 表 4.22

车型	车长 L(m)	第一阶段		第二阶段	
		高级车	中级及普通级车	高级车	中级及普通级车
特大型	L>12	28.5	28.0	28.0	27.0
大型	11<L≤12	27.1	22.8	24.4	20.5
	10<L≤11	26.5	21.7	23.9	19.5
	9<L≤10	25.0	19.4	22.5	17.5
中型	8<L≤9	21.5	17.3	19.4	15.6
	7<L≤8	20.0	16.7	18.0	15.0
	6<L≤7	17.1	14.3	15.4	12.9
小型	L≤6	14.4	12.0	13.0	10.8

4.5 燃耗标识

汽车生产企业或进口汽车经销商按照GB 22757—2008《轻型汽车燃料消耗量标识》要求印制《汽车燃料消耗量标识》,并确保从2010年1月1日起,所有在中国境内销售的、能够燃用汽油或柴油燃料的、最大设计总质量不超过3 500kg的M_1、M_2类和N_1类车辆在销售时粘贴有《汽车燃料消耗量标识》。标识应粘贴在车辆内部,粘贴位置为侧车窗或风窗玻璃上、不对驾驶员视野构成影响的显著部位。为便于从车外阅读,标识的图案和内容应朝外。标识至少应包含下列信息。

(1)生产企业:国产汽车的企业标志采用汉字标注,且须与在车身尾部显著位置上标注的汽车生产企业名称一致;进口汽车的企业标志采用注册图形商标或注册文字标注。

(2)车辆型号。

(3)发动机型号、排量、额定功率,其中排量单位为毫升(mL),额定功率单位为千瓦(kW)。

(4)燃料类型,如汽油、柴油等。

(5)变速器类型,如手动、自动,或MT、AT、AMT、CVT等。

(6)驱动形式,如前驱、后驱、全轮驱动等。

(7)整车整备质量、最大设计总质量,单位为千克(kg)。

(8)市区、市郊和综合燃料消耗量,单位为升每百千米(L/100km)。

(9)适用的燃料消耗量限值标准、标准规定的各阶段限值的实施日期和对应的燃料消耗量限值,单位为升/百千米(L/100km)。

(10)标识的燃料消耗量与实际燃料消耗量差别的说明。

(11)标识启用日期以及政府主管部门规定的附加信息等其他信息。

5 汽车排放

5.1 汽车排放物

汽车排放物是指从废气中排出的有害物质，含150～200种有害化合物，主要有一氧化碳(CO)、碳氢化合物和氮氧化物($HC+NO_x$)、微粒或炭烟(PM)等有害气体。它们都是发动机在燃烧作功过程中产生的有害气体。监测结果显示，主城区主干道两侧空气中一氧化碳(CO)的85.5%、碳氢化合物(HC)的36.6%、氮氧化物(NO_x)的86.3%来自汽车排放。

5.1.1 一氧化碳(CO)

一氧化碳(CO)是一种不完全燃烧产物，其生成主要受混合气浓度的影响。在过量空气系数＜1的浓混合气工况时，由于缺氧使燃料中的碳不能完全氧化成二氧化碳(CO_2)，一氧化碳(CO)作为其中间产物产生。在空气系数＞1的稀混合气工况时，理论上不应有一氧化碳(CO)产生，但实际燃烧过程中，由于混合不均匀造成局部区域产生一氧化碳(CO)；或者已成为产物的二氧化碳(CO_2)和水(H_2O)在高温时吸热，产生热离解反应生成一氧化碳(CO)。

一氧化碳(CO)是一种无色、无味的气体，吸入人体后，非常容易和血液中的血红蛋白结合，它的亲和力是氧的300倍。因此，肺里的血红蛋白不与氧结合而与一氧化碳(CO)结合，致使人体缺氧，引起头痛、头晕、呕吐等中毒症状，严重时造成死亡。一氧化碳(CO)的容许限度规定为8h内100×10^{-6}。如1h内吸入500×10^{-6}的一氧化碳(CO)，就会出现中毒症状，并危害中枢神经系统，造成感觉、反应、理解、记忆等机能障碍，严重时引起神经麻痹。如1h内吸入$1\,000\times10^{-6}$的一氧化碳(CO)，就会发生死亡。

5.1.2 碳氢化合物和氮氧化物($HC+NO_x$)

碳氢化合物(HC)与一氧化碳(CO)一样，也是一种不完全燃烧的产物，与过量空气系数有密切关系。但即使在空气系数≥1的条件下，也会产生很高的碳氢化合物(HC)排放，这是因为碳氢化合物(HC)还有淬熄和吸附等效应，造成部分燃油未来得及燃烧就被排放出去。

汽油机燃烧过程中主要生成一氧化氮(NO)，另有少量的二氧化氮(NO_2)，统称为氮氧化物(NO_x)，其中一氧化氮(NO)占绝大部分，约占氮氧化物(NO_x)

总排放量的95％。在经排气管排入大气后，缓慢地与氧(O_2)反应，最终生成二氧化氮(NO_2)。一氧化氮(NO)的产生途径包括高温一氧化氮(NO)、激发一氧化氮(NO)和燃料一氧化氮(NO)。燃料一氧化氮(NO)的生成量极小，激发一氧化氮(NO)的生成量也较少，高温一氧化氮(NO)是主要来源。根据高温一氧化氮(NO)反应机理，产生一氧化氮(NO)的三要素是温度、氧浓度和反应时间，即在足够的氧浓度的条件下，温度越高和反应时间越长，则一氧化氮(NO)的生成量越大。

碳氢化合物(HC)中的一些物质除有致癌危险外，碳氢化合物(HC)、氮氧化物(NO_x)在太阳光作用下，经过一系列的化学反应，产生浅蓝色的刺激性烟雾，即所谓光化学烟雾，它含有臭氧(O_3)、过氧酰基硝酸盐 (PAN)以及各种自由基(含有一个不成对电子的原子团)、醛(R-CHO)、酮(R-CO-R)等物质。科学试验表明，碳氢化合物(HC)、氮氧化物(NO_x)、太阳光是形成光化学烟雾的必要条件，光化学反应是复杂的过程，遵循J、卡博兰提出的光化学烟雾反应生成机理。臭氧是强的氧化剂。臭氧(O_3)、过氧化酰基酸盐和醛类对人的眼睛、咽喉、鼻子有刺激作用，能使哮喘病发作，使慢性呼吸系统疾病恶化。二氧化碳(CO_2)及臭氧(O_3)均难溶于水，也不易被呼吸道黏膜所阻挡，会渗入肺部，浓度大时可引起中毒性肺气肿。

5.1.3 微粒(PM)

汽车发动机排出的炭烟微粒主要由碳粒子、未燃的碳氢化合物、硫化物、氧化物及含金属成分的灰分等组成。通常将颗粒直径大于0.002μm的任何固体或液体粒子称为微粒 (Particle，简写为Part或PM)。汽车排放出的炭烟微粒是由燃油、润滑油以及其中的添加剂未完全燃烧的产物，再加上运动零件磨损下来的金属屑、未过滤掉的空气中杂质以及它们的燃烧产物所构成，如不加区分可将它们概括称之为炭烟微粒。

为了区别对待，采取适合的净化措施以及深入研究的需要，大体上可将总炭烟微粒分为炭烟粒子、硫化物、可溶有机成分3类。它们在总炭烟微粒中都占有相当的比例。能够达到欧洲排放法规EURO I的有代表性的柴油机排放物的质量比的组成如下：碳粒子71.1％，可溶有机物24.0％(由于润滑油产生的占19.1％，燃油产生的占4.9％)，硫化物及水4.9％；而达到EURO II法规的具有代表性的柴油机，上述3部分排放物相应所占比例分别为57.5％、35.8％及6.7％。在占35.8％的可溶有机物中由润滑油产生的占24.6％，由燃油产生的占11.2％。

炭烟粒子是指燃料燃烧不完全所产生的固态粒子、金属磨屑及灰分等。硫化物等是燃油中所含硫燃烧形成的硫化物、氧化物、硫酸盐等，如SO_4、PO_4、

NO_3 及 H_2O 等。可溶有机成分是指未燃的碳氢化合物可用有机溶剂如二氯甲烷溶液萃取出来的物质，因此称之为可溶有机成分(SOF)。

由于燃烧不完善，产生的碳粒子及气相物统称为炭烟。柴油组成中含碳原子多，燃烧不好，排气呈灰色甚至是黑色。排气烟度大小也是衡量燃烧是否完善及排放物多少的指标之一。排气中的碳烟粒子在从缸内流出时将会继续氧化燃烧。

汽车在冷起动或低温环境下工作时，排气管内会凝聚未燃燃油、润滑油及水蒸气的液相颗粒，排气因而呈白色或蓝色。汽车使用甲醇作燃料时，因为燃料产物中含水的比例大，在低温环境下，汽车后面常拖着一条白色的“尾巴”。柴油机排气的臭味大时，则表示排气中多环芳香烃及醛类成分多。

柴油机采用压燃方式，在高温高压下裂解更容易产生大量肉眼看得见的炭烟。柴油机排放物含的一些多环芳香烃，如苯(a)并芘、苯(a)蒽、丁二烯及醛类等是有毒物质。国际癌症研究机构等单位1988年发表的研究报告指出，柴油机微粒排放中的一些物质如苯(a)并芘、苯(a)蒽等具有形成肿瘤及致癌的潜在危险。将老鼠暴露在柴油机排气中，形成肺癌的比例增加。国际上及我国一些大城市呼吸系统疾病及肺癌死亡率上升与汽车有毒排放物有密切的关系。

5.2 汽车碳排放

汽车使用的汽、柴油主要由C－H化合物组成，其燃烧方程式如下：

$$C_8H_{18} + 12.5[O_2 + 3.76N_2] \longrightarrow 8CO_2 + 9H_2O + 47N_2$$

汽、柴油燃烧时，其中的碳和氢分离。氢和氧结合生成水。碳和氧结合生成二氧化碳。在二氧化碳中，每个碳原子和两个氧原子结合。碳的原子量是12，氧的原子量是16，所以每个二氧化碳分子的原子量是2×16＋12＝44。将1L汽柴油中的碳含量乘以3.7(44/12)即可得燃烧1L汽柴油生成的二氧化碳量。1L汽油约0.756kg，汽油由87％的碳和13％的氢组成，1L汽油中含碳约657.72g，用这个数乘以3.7，就得到燃烧1kg汽油可产生2.3kg的二氧化碳。同理，燃烧1kg柴油可产生2.63kg二氧化碳。

全球汽车运用产生的二氧化碳排放量占据人类二氧化碳整体排放量的17％以上。在节能减排的全球化命题中，世界各国都把二氧化碳的排放作为燃油经济性的重要度量。二氧化碳的排量不仅可以衡量车辆燃油经济性，而且还是衡量一个国家是否为控制温室效应作出贡献的主要指标。

欧盟通过减少汽车二氧化碳排放的指令来限制新车的排放，到2012年，欧洲新车平均排放将逐步降至130g/km二氧化碳，到2020年为95g/km。美国的目标是到2016年平均二氧化碳排放155g/km，到2020年要与世界先进持平。

日本的目标是2015年155g/km,2020年115g/km。

欧盟还提出,到2012年,对碳超标的新出产轿车,将按超标比例递增的原则实行课税措施。超过目标3g以内每1g课税5欧元,超2g课税20欧元,超3g课税45欧元,要是超标4g将课税140欧元;而从2015年开始,每超标1g,都将被课税95欧元。法国政府规定2012年开始实施bonus-malas计划,规定排放小于60g/km的奖励5 000欧元,101～120g/km的奖励700欧元,131～160g/km的不奖不罚,161～165g/km的课税200欧元,166～200g/km的课税750欧元,超过200g/km的课税2 600欧元。

由于我国汽车产业的技术水平与发达国家还有一定距离,我国的排放标准中目前尚未将二氧化碳列为有害气体。按照我国目前的油耗法规折算,轿车二氧化碳排放量为161.2g/km。

国家发改委和财政部于2010年联合发布的《中国碳税税制框架设计专题报告》表明,中国的碳税制正走向明朗化。报告所拟的国家碳税开征办法可能分为三种类型:一是以化石燃料的含碳量作为计税依据;一是在消费税和环境税外单独开征碳税;一是将碳税作为环境税的一个税种,或是将能源税改为碳税来开征。税额可能是前低后高,从低标准起步,开始收10～20元/t。

5.3 汽车排放标准

排放标准是国家对人为污染源排入环境的污染物的浓度或总量所作的限量规定。其目的是通过控制污染源排污量的途径来实现环境质量标准或环境目标,污染物排放标准按污染物形态分为气态、液态、固态以及物理性污染物(如噪声)排放标准。

目前,世界汽车排放标准并立,分为欧洲、美国、日本标准体系。欧洲标准测试要求相对而言比较宽泛,是发展中国家大都沿用的汽车尾气排放体系。由于我国的轿车车型大多从欧洲引进生产技术,中国大体上采用欧洲标准体系。

5.3.1 欧洲标准

欧洲标准是由欧洲经济委员会(ECE)的排放法规和欧共体(EEC)的排放指令共同加以实现的,欧共体(EEC)即是现在的欧盟(EU)。排放法规由ECE参与国自愿认可,排放指令是EEC或EU参与国强制实施的。汽车排放的欧洲法规(指令)标准1992年前已实施若干阶段,欧洲从1992年起开始实施欧Ⅰ(欧Ⅰ形式认证排放限值)、1996年起开始实施欧Ⅱ(欧Ⅱ形式认证和生产一致性排放限值)、2000年起开始实施欧Ⅲ(欧Ⅲ形式认证和生产一致性排放限值)、2005年起开始实施欧Ⅳ(欧Ⅳ形式认证和生产一致性排放限值)(表5.1)。

欧Ⅳ标准 表5.1

欧Ⅳ形式认证和生产一致性排放限值									
车辆类别		基准质量RM(kg)	限值(g/km)						
			CO		HC	NO_x		$HC+NO_x$	PM
			汽油机	柴油机	汽油机	汽油机	柴油机	柴油机	柴油机
第一类车	—	全部	1.00	0.50	0.10	0.08	0.25	0.30	0.025
第二类车	1级	RM≤1 305	1.00	0.50	0.10	0.08	0.25	0.30	0.025
	2级	1 305<RM≤1 760	1.81	0.63	0.13	0.10	0.33	0.39	0.04
	3级	1 760<RM	2.27	0.74	0.16	0.11	0.39	0.46	0.06

欧洲标准的计量以汽车发动机单位行驶距离的排污量(g/km)计算,因为这对研究汽车对环境的污染程度比较合理。同时,欧洲排放标准将汽车分为总质量不超过3 500kg(轻型车)和总质量超过3 500kg(重型车)两类。轻型车不管是汽油机或柴油机车,整车均在底盘测功机上进行试验。重型车由于车重,则将所装发动机在发动机台架上进行试验。

5.3.2 中国标准

我国从20世纪80年代中期开始实施汽车尾气排放法规,可分为下列阶段。

1983年我国颁布了第一批机动车尾气污染控制排放标准,在这批标准中,包括了GB 3842—1983《汽油车怠速污染排放标准》、GB 3843—1983《柴油车自由加速烟度排放标准》、GB 3894—1983《汽车柴油机全负荷烟度排放标准》三个限值标准和GB 3845—1983《汽油车怠速污染物测量方法》、GB 3846—1983《柴油车自由加速烟度测量方法》、GB 3847—1983《汽车柴油机全负荷烟度测量方法》三个测量方法标准。

1989～1993年,我国又相继颁布了GB 14761—1993《轻型汽车排气污染物排放标准》(代替GB 11641—1989《轻型汽车排气污染物排放标准》)、GB 14761.2—1993《车用汽油机排气污染物排放标准》两个限值标准和GB/T 11642—1989《轻型汽车排气污染物测量方法》、GB/T 14762—1993《车用汽油机排气污染物试验方法》两个工况法测量方法标准。至此,我国已形成了一套较为完整的汽车尾气排放标准体系;值得一提的是,我国1993年颁布的《轻型汽车排气污染物测量方法》采用了ECER15-04的测量方法,而测量限值《轻型汽车排气污染物排放标准》则采用了ECER15-03限值标准,该限值标准只相当于欧洲20世纪70年代末的水平(欧洲在1979年实施ECE R15-03标准)。

1999年起,北京实施地方标准DB 11/105—1998《轻型汽车排气污染物排放标准》,2000 年起全国实施 GB 14961—1999《汽车排放污染物限值及测试方法》(等效于 91/441/1EEC 标准),同时 GB 17691—1999《压燃式发动机和装用压燃式发动机的车辆排气污染物限值及测试方法》也制订出台。与此同时,北京、上海、福建等省市还参照 ISO 3929 中双怠速排放测量方法分别制订了 DB 11044—1999《汽油车双怠速污染物排放标准》地方法规,系列条例标准的制订和出台,使我国汽车尾气排放标准达到国外 20 世纪 90 年代初的水平。

2001 年 4 月 16 日实施的 GB 18352.1—2001《轻型汽车污染物排放限值及测量方法(Ⅰ)》等效于"欧Ⅰ"标准。

2004 年 7 月 1 日实施的 GB 18352.2—2001《轻型汽车污染物排放限值及测量方法(Ⅱ)》等效于"欧Ⅱ"标准。

2005 年相继发布了如下关于汽车排放的国家标准:

2005 年 4 月 16 日发布、2007 年 7 月 1 日起实施的 GB 18352.3—2005《轻型汽车污染物排放限值及测量方法(中国Ⅲ、Ⅳ阶段)》,自实施之日起替代 GB 18352—2001《轻型汽车污染物排放限值及测量方法(Ⅱ)》。

2005 年 5 月 30 日发布、2005 年 7 月 1 日实施的 GB 17691—2005《车用压燃式、气体燃料点燃式发动机与汽车排气污染物排放限值及测量方法(中国Ⅲ、Ⅳ、Ⅴ阶段)》(自实施之日起,代替(GB 17691—2001)《车用压燃式发动机排气污染物排放限值及测量方法》和(GB 14762—2002)《车用点燃式发动机及装用点燃式发动汽车排气污染物排放限值及测量方法》中的气体燃料点燃式发动机部分)。

2005 年 5 月 30 日发布、2005 年 7 月 1 日实施的 GB 18285—2005《点燃式发动机汽车排气污染物排放限值及测量方法(双怠速法及简易工况法)》(自实施之日起,代替(GB 14761.5—1993)《汽油车怠速污染物排放标准》、(GB 3845—1993)《汽油车排气污染物的测量 怠速法》和(GB 18252—2000)《在用汽车排气污染物排放限值及测量方法》中的点燃式发动机汽车部分)。

2005 年 5 月 30 日发布、2005 年 7 月 1 日实施的 GB 3847—2005《车用压燃式发动机和压燃式发动机汽车排气烟度排放限值及测量方法》(自实施之日起,代替(GB 3847—1999)《压燃式发动机和装用压燃式发动机的车辆排气可见污染物限值及测试方法》、(GB 14761.7—1993)《汽车柴油机全负荷烟度排放标准》、(GB 3847—1983)《汽车柴油机全负荷烟度测量方法》、(GB 14761.6—1993)《柴油车自由加速烟度排放标准》、(GB 3846—1993)《柴油车自由加速烟度的测量滤纸烟度法》和(GB 18285—2000)《在用汽车排气污染物限值及测试方法》中的压燃式发动机汽车部分)。

2005 年颁布的中国标准相当于欧Ⅲ和欧Ⅳ标准的汽车尾气排放标准。

2006 年 5 月 8 日国家批准、2007 年 10 月 1 日起实施了 GB 20890—2007

《重型汽车排气污染物排放控制系统耐久性要求及试验方法》。标准适用于采用排气后处理装置、设计车速大于 25km/h 的 M_2、M_3、N_2 和 N_3 类及总质量大于 3 500kg的 M_1 类机动车的形式核准和生产一致性检查对排气污染物排放控制系统耐久性的考核。

2008 年 4 月 2 日国家发布并于 2008 年 4 月 2 日实施了 GB 14762—2008《重型车用汽油发动机与汽车排气污染物排放限值及测量方法(中国Ⅲ、Ⅳ阶段)》。标准适用于设计车速大于 25km/h 的 M_2、M_3、N_2 和 N_3 类及总质量大于 3 500kg的 M_1 类机动车装用汽油发动机及其车辆的型式核准和生产一致性检查和装用车/发动机符合性检查。若装配汽油发动机的 M_2 类车辆已按 GB 18352.3—2005 进行了形式核准，则该车型发动机可不按该标准进行了形式认证。

5.4 轻型汽车污染物排放限值及测量方法(中国Ⅲ、Ⅳ阶段)

5.4.1 适用范围

GB 18352.3—2005《轻型汽车污染物排放限值及测量方法(中国Ⅲ、Ⅳ阶段)》适用于以点燃式或压燃式发动机为动力、最大设计车速大于或等于 50km/h 的轻型汽车(含驾驶员座位在内，总座位数不超过 9 人的载客汽车，即 M_1 类汽车；总座位数超过 9 人，但最大设计总质量不超过 5 000kg 的载客汽车，即 M_2 类车；最大设计总质量不超过 3 500kg 的载货汽车，即 N_1 类汽车)。但不适于已根据 GB 17691(Ⅲ、Ⅳ阶段)规定的形式核准的 N_1 类汽车。

适用于轻型汽车形式核准的要求，生产一致性和在用车符合性的检查与判定方法；作为独立技术总成、拟安装在轻型汽车上的替代用催化转换器，在污染物排放方面的形式核准规程；液化石油气(LPG)和天然气(NG)轻型汽车的特殊要求。

5.4.2 测试项目

点燃式发动机：低温下排气污染物(Ⅵ型试验)、常温下排气污染物(Ⅰ型试验)、曲轴箱污染物(Ⅲ型试验)、蒸发污染物(Ⅳ型试验)的排放限值及测量方法，污染控制装置的耐久性要求(Ⅴ型试验)，车载诊断(OBD)系统的技术要求和测量方法(表 5.2)。

压燃式发动机：常温下排气污染物的排放限值及测量方法(Ⅰ型试验)，污染控制装置的耐久性要求(Ⅴ型试验)，车载诊断(OBD)系统的技术要求和测量方法(表 5.2)。

GB 18352.3—2005 规定的测试项目 表 5.2

形式核准试验类型	装点燃式发动机的轻型汽车			装压燃式发动机的轻型汽车
	汽油车	两用燃料车	单一气体燃料车	
Ⅰ型	进行	进行(试验两种燃料)	进行	进行
Ⅲ型	进行	进行(只试验汽油)	进行	不进行
Ⅳ型	进行	进行(只试验汽油)	不进行	不进行
Ⅴ型	进行	进行(只试验汽油)	进行	进行
Ⅵ型	进行	进行(只试验汽油)	不进行	不进行
双怠速	进行	进行(试验两种燃料)	进行	不进行
车载诊断(OBD)系统	进行	进行	进行	进行

5.4.3 Ⅰ型试验(常温下冷起动后排气污染物排放试验)

1)试验描述

汽车放置在带有负荷和惯量模拟的底盘测功机上,按 GB 18352.3—2005 标准附录C规定的运转循环、排气取样和分析方法、颗粒物取样和称量方法进行试验。运转循环试验共持续 19min40s,由 1 部(市区运转循环)和 2 部(市郊运转循环)两部分组成。

试验 1 部由 4 个城区循环组成,每个城区循环包含 15 个工况(怠速、加速、匀速、减速等),见表 5.3、表 5.4。试验 2 部由 1 个城郊循环组成,该城郊循环包含 13 个工况(怠速、加速、匀速、减速等),见表 5.5、表 5.6。试验应重复三次。

在底盘测功机上Ⅰ型试验运转循环 1 部循环单元按工况分解 表 5.3

工　况	时间(s)	排放污染物(%)	
怠速	60	30.8	35.4
怠速、车辆减速、离合器脱开	9	4.6	
换挡	8	4.1	
加速	36	18.5	
等速	57	29.5	
减速	25	12.8	
合计	195	100	

2)排放限值

每次试验求得的排气污染物排放量,必须小于表 5.7 规定限值。

3)气体燃料的特殊要求

GB 18352.3—2005 对于两用燃料车,应该使用两种燃料分别进行Ⅰ型试验;在用 LPG 或 NG 作燃料时,应该使用标准附录J所述的不同组分的 LPG 或 NG 进行试验。

在底盘测功机上Ⅰ型试验运转循环1部循环单元按使用挡位分解　表5.4

<table>
<tr><th>挡　位</th><th>时间(s)</th><th colspan="2">排放污染物(%)</th></tr>
<tr><td>怠速</td><td>60</td><td>30.8</td><td rowspan="2">35.4</td></tr>
<tr><td>怠速、车辆减速、离合器脱开</td><td>9</td><td>4.6</td></tr>
<tr><td>换挡</td><td>8</td><td colspan="2">4.1</td></tr>
<tr><td>一挡</td><td>24</td><td colspan="2">12.3</td></tr>
<tr><td>二挡</td><td>53</td><td colspan="2">27.2</td></tr>
<tr><td>三挡</td><td>41</td><td colspan="2">21</td></tr>
<tr><td>合计</td><td>195</td><td colspan="2">100</td></tr>
</table>

在底盘测功机上Ⅰ型试验运转循环2部循环单元按工况分解　表5.5

工　况	时间(s)	排放污染物(%)
怠速	40	10.0
车辆减速、离合器脱开	10	2.5
换挡	6	1.5
加速	103	25.8
等速	209	52.2
减速	32	8.0
合计	400	100

在底盘测功机上Ⅰ型试验运转循环2部循环单元按使用挡位分解　表5.6

挡　位	时间(s)	排放污染物(%)
怠速	40	10.0
车辆减速、离合器脱开	10	2.5
换挡	6	1.5
一挡	5	1.3
二挡	9	2.2
三挡	8	2.0
四挡	99	24.8
五挡	223	55.7
合计	400	100

Ⅰ型试验排放限值 表 5.7

车辆类型			基准质量 RM(kg)	限值(g/km)								
				一氧化碳(CO)		碳氢化物(HC)		氮氧化物(NO_x)		碳氢化合物和碳氧化物($HC+NO_x$)		颗粒物(PM)
阶段	类别	级别		汽油	柴油	汽油	柴油	汽油	柴油	汽油	柴油	柴油
Ⅲ	第一类车	—	全部	2.30	0.64	0.2	—	0.15	0.50	—	0.56	0.05
	第二类车	Ⅰ	PM≤1 305	2.30	0.64	0.2	—	0.15	0.50	—	0.56	0.05
		Ⅱ	1 305<PM≤1 760	4.17	0.8	0.25	—	0.18	0.65	—	0.72	0.07
		Ⅲ	1 760<PM	5.52	0.95	0.29	—	0.21	0.78	—	0.86	0.10
Ⅳ	第一类车	—	全部	1.00	0.50	0.1	—	0.08	0.25	—	0.3	0.025
	第二类车	Ⅰ	PM≤1 305	1.00	0.50	0.1	—	0.08	0.25	—	0.3	0.025
		Ⅱ	1 305<PM≤1 760	1.81	0.63	0.13	—	0.10	0.33	—	0.39	0.06
		Ⅲ	1 760<PM	2.27	0.74	0.16	—	0.11	0.39	—	0.46	0.06

注：第一类车指包括驾驶员座位在内，座位数不超过六座，且最大总质量不超过 2 500kg 的 M_1 类汽车；第二类车指本标准适用范围内除第一类车以外的其他所有轻型汽车。

5.4.4 Ⅲ型试验(曲轴箱污染物排放试验)

1)试验车型范围

除装压燃式发动机的汽车外，所有汽车都必须进行此项试验。对于两用燃料车，仅对燃用汽油进行此项试验。

2)试验描述

在机油标尺孔处连接一个容积大约为 5 L，不泄漏曲轴箱气体的柔性袋。每次测量前应将气袋排空。

3)排放限值

在表 5.8 规定的工况下，气袋与曲轴箱连通 5 min，如气袋均未出现可观察到的涨大，则认为该曲轴箱污染物排放满足要求。

Ⅲ型试验运转工况 表 5.8

工 况 号	车速(km/h)	测功机吸收的功率
1	怠速	无
2	50±2(3 挡或前进挡)	相当于Ⅰ型试验 50km/h 下的设定状况
3	50±2(3 挡或前进挡)	第 2 号工况的设定值乘以 1.7

5.4.5 Ⅳ型试验(蒸发污染物排放试验)

1)试验车型范围和试验目的

所有汽油车都必须进行此项试验。两用燃料车仅对燃用汽油进行此项试验。

用于确定昼间温度波动、停车期间热浸和城内运转所产生的碳氢化合物。

2)试验描述

试验包由一个运转循环1部和一个运转循环2部组成。测定热浸损失;测定昼间换气损失。

3)排放限值

将热浸损失和昼间换气损失阶段测得的碳氢化合物排放量相加,作为试验的总结果。按GB 18352.3—2005标准附录F进行试验时,蒸发污染物排放量应小于2 g/km。

5.4.6 Ⅴ型试验(污染控制装置耐久性试验)

1)试验车型范围

所有轻型汽车应进行此项试验。两用燃料车仅用汽油进行此项试验,燃用气体燃料时的劣化系数可采用燃用汽油时的劣化系数。

2)试验描述

按GB 18352.3—2005标准附录G所述的程序,在试验跑道上、或道路上、或底盘测功机上,进行80 000km老化试验。通过试验确定实测劣化系数,劣化系数为某污染物64 000km排放量与80 000km排放量之比。

耐久性试验由11个运行循环组成,每个循环的行驶里程为6km;在前9个循环中,汽车在每一循环中途停车4次,每一次发动机怠速15s,正常加速和减速,每个循环中途有5次减速,车速从循环速度减速到32km/h,然后汽车再加速到循环车速;第10个循环,汽车在89 km/h等速下运行;第11个循环,汽车从停止点以最大加速度加速到113km/h。到该循环里程一半时,正常使用制动器,直至汽车停止。然后怠速15 s和开始第二次最大加速。然后重新开始此规范。每个循环的最高车速见表5.9。

每循环的最高车速 表5.9

循　环	最高车速(km/h)	循　环	最高车速(km/h)
1	64	7	56
2	48	8	72
3	64	9	56
4	64	10	89
5	56	11	113
6	48		

3)排放限值

排放限值符合表5.10规定数值。

劣化系数　　表 5.10

发动机类型	劣化系数				
	CO	HC	NO_x	HC+ NO_x	PM
点燃式发动机	1.2	1.2	1.1	—	—
压燃式发动机	1.1	—	1.0	1.0	1.2

5.4.7　Ⅵ型试验(低温下冷起动后排气中 CO 和 HC 排放试验)

1)试验车型范围

所有汽油车都必须进行此项试验。两用燃料车仅对汽油进行此项试验。

2)试验描述

试验在带有负荷和惯量模拟的底盘测功机上进行。按 GB 18352.3—2005 附录 C 规定的运转循环 1 部、排气取样和分析方法进行试验。

试验由Ⅰ型试验 1 部的 4 个城区运转循环组成。试验共持续 780s,试验期间不得中止,并在发动机起动时开始取样。试验应在环境温度 266 K (−7℃)下进行。试验应进行 3 次。

3)排放限值

CO 和 HC 测得的排放量必须小于表 5.11 所示限值。

Ⅵ型试验的排放限值　　表 5.11

试验温度 266K(−7℃)				
类　别	级　别	基准质量 RM(kg)	CO(g/km)	HC(g/km)
第一类车	—	全部	15	1.8
第二类车	Ⅰ	PM≤1 305	15	1.8
	Ⅱ	1 305<PM≤1 760	24	2.7
	Ⅲ	1 760<PM	30	3.2

5.4.8　车载诊断(OBD)系统试验

试验车型范围:所有汽车都必须进行此项试验。

试验车载诊断(OBD)系统指排放控制用车载诊断(OBD)。它必须具有识别可能存在故障区域的功能,并以故障代码的方式将该信息存储在电控单元存储器内。

车载诊断(OBD)系统试验限值见表 5.12。

车载诊断(OBD)系统试验限值 表 5.12

车辆类型		基准质量 RM(kg)	一氧化碳 CO(g/km)		总碳氢化合物 HC(g/km)		氮氧化物 NO_x(g/km)		颗粒物 PM(g/km)
类别	级别		汽油	柴油	汽油	柴油	汽油	柴油	柴油
第一类车	—	全部	3.20	3.20	0.40	0.40	0.60	1.2	0.18
第二类车	Ⅰ	PM≤1 305	3.20	3.20	0.40	0.40	0.60	1.2	0.18
	Ⅱ	1 305<PM≤1 760	5.80	4.00	0.50	0.50	0.70	1.60	0.23
	Ⅲ	1 760<PM	7.30	4.80	0.60	0.60	0.80	1.90	0.28

试验在Ⅴ型耐久性试验结束时进行。如果没有进行耐久性试验,可使用经适当老化(经检测机构确认相当于行驶了 80 000km)并具有代表性的汽车。

车载诊断(OBD)系统试验合格的标准是:当失效导致排放超过表 5.12 规定的限值时,试验车载诊断(OBD)系统必须指出与排放相关的失效部件或系统。

5.5 车用压燃式、气体燃料点燃式发动机与汽车排气污染物排放限值及测量方法(中国Ⅲ、Ⅳ、Ⅴ阶段)

5.5.1 适用范围

GB 17691—2005《车用压燃式、气体燃料点燃式发动机与汽车排气污染物排放限值及测量方法(中国Ⅲ、Ⅳ、Ⅴ阶段)》标准规定了第Ⅲ、Ⅳ、Ⅴ阶段装用压燃式发动机汽车及其压燃式发动机所排放的气态和颗粒物的排放限值及测试方法;以及装用以天然气(NG)或液化石油气(LPG)作为燃料的点燃式发动机汽车及其点燃式发动机所排放的气态污染物的排放限值及测量方法。

适用范围为设计车速大于 25km/h 的 M_2、M_3、N_1、N_2 和 N_3 类及总质量大于 3 500kg 的 M_1 类机动车的形式核准、生产一致性检查和在用车符合性检查。若装备压燃式(含气体燃料点燃式)发动机的 N_1 和 M_2 类车辆已按照 GB 18352.3—2005《轻型汽车污染物排放限值及测量方法(中国Ⅲ、Ⅳ阶段)》的规定进行了型式核准,则其发动机可不按该标准进行型式核准。

5.5.2 主要变化

与 GB 17691—2001 相比,主要变化如下:

(1)严格了排气污染物排放限值。

(2)增加了装用以天然气或液化石油气作为燃料的点燃式发动机。

(3)EEV(Enhanced Enviro,指环境友好汽车)所装用的发动机应符合表

5.13规定的 EEV 排放限值。

ESC、ELR 和 ETC 试验的 EEV 限值 表 5.13

试验类型	一氧化碳(CO)(g/kW·h)	碳氢化合物(HC)(g/kW·h)	氮氧化物(NO_x)(g/kW·h)	颗粒物 (PM)(g/kW·h)	烟度(m^{-1})
ESC、ELR 试验	1.5	0.25	2.0	0.02	0.15
试验类型	一氧化碳(CO)(g/kW·h)	非甲烷碳氢化合物(NMHC)(g/kW·h)	氮氧化物(NO_x)(g/kW·h)	甲烷(CH_4)①(g/kW·h)	颗粒物(PM)②(g/kW·h)
ETC 试验	3.0	0.40	20	0.65	0.02

注:①仅对 NG 发动机;

②不适用于第Ⅲ、Ⅳ、Ⅴ阶段的燃气发动机。

5.5.3 ESC 试验循环

ESC(European steady state cycle,电子稳定控制系统)为稳态循环,包括 13 个稳态工况,见表 5.14。

13 个稳态工况循环 表 5.14

工况号	发动机转速	负荷百分数	加权系数	工况时间(min)
1	怠速	—	0.15	4
2	A	100	0.08	2
3	B	50	0.10	2
4	B	75	0.10	2
5	A	50	0.05	2
6	A	75	0.05	2
7	A	25	0.05	2
8	B	100	0.09	2
9	B	25	0.10	2
10	C	100	0.08	2
11	C	25	0.05	2
12	C	75	0.05	2
13	C	50	0.05	2

高转速是最大净功率 70%下的转速,低转速是最大净功率 50%下的转速。转速 A 为低转速加 25%的高、低转速差;转速 B 为低转速加 50%的高、低转速差;转速 C 为低转速加 75%的高、低转速差。

在规定试验循环的每个工况中,从经过预热的发动机排气中直接取样,并连续测量。在每个工况运行中,测量每种气态污染物的浓度、发动机排气流量和输出功率，并将测量值进行加权。

在整个试验过程中，将颗粒物的样气用经过处理的环境空气进行稀释。用适当的滤纸收集颗粒物。

按照规定方法，计算每种污染物的克每千瓦小时的比排放量。附加控制点的 NO_x 排气污染物测量。在控制区内由检验机构随机选 3 个点，测量该 3 点的 NO_x。将测量值与包含所选随机点的相邻试验工况的 NO_x 计算值相比较。

5.5.4 ELR 试验循环

ELR(European load response test，负荷烟度试验)试验循环包含不同转速下依次变化的负荷，构成一个整体试验循环并连续运行。在规定的负荷烟度试验中，采用不透光烟度计测量经过预热的发动机排气烟度。试验包括 3 个在不同的恒定转速下，将发动机的负荷由 10%突加到 100%的试验循环。此外，还需运行由检验机构任选的第 4 个加负荷过程，并将第 4 个加负荷过程的烟度测量值与上述 3 个加负荷过程的烟度测量值进行比较。烟度峰值应根据规定的平均算法确定。

具体试验程序为：发动机在 A、B、C 三个转速(按 GB 17691—2005 标准 BA. 1. 1 确定)和 D 转速(由检验机构选择)下按顺序进行加负荷循环。

(1)发动机应在转速 A 和 10%的负荷下运行 20s±2s，规定的转速应保持在±20r/min 以内，规定的转矩应保持在该试验转速下最大转矩的±2%以内。

(2)前一部分试验结束后，加速控制装置应快速移动并停止在节气门开度最大位置处 10s±1s。测功机也应将负荷加至 100%，使发动机转速在最初 3s 保持在规定转速的±150r/min 以内，余下时间保持在规定转速的±20%以内。

(3)以上两步应重复 2 次。

(4)完成第 3 次加负荷后，应在±2s 内将发动机调至转速 B(规定转速的±20r/min以内)和 10%负荷(该试验转速下最大转矩的±2%以内)。

(5)发动机应在转速 B 下运行(1)～(3)程序。

(6)完成第 3 次加负荷后，应在 20s±3s，内将发动机调至检验机构选择的转速和 10%及以上的任意负荷。

(7)发动机应在检验机构选择的转速下运行(1)～(3)程序。

图 5.1 为 ELR 试验顺序。

5.5.5 ETC 试验循环

ETC(European transient cycle，瞬态循环)试验循环包含逐秒变化的瞬态工况。

在规定的瞬态循环期间，发动机的全部排气用经过调节的环境空气稀释，并从经过稀释的排气中取样测量排气污染物。使用测功机的发动机转矩和转速的反馈信号，积分计算循环时间内发动机的输出功率。通过分析仪的积分方法测量整个循环中的 NO_x 和 HC 浓度；CO、CO_2 和 NMHC 浓度，可以通过分析仪的积分方法或袋取样的方法测量；颗粒物通过用适当滤纸按比例收集样品。应测量整个循环过程稀释排气的流量，用于计算污染物的质量排放值。用质量排放值及发动机的积分功率值计算出相应污染物的比排量。

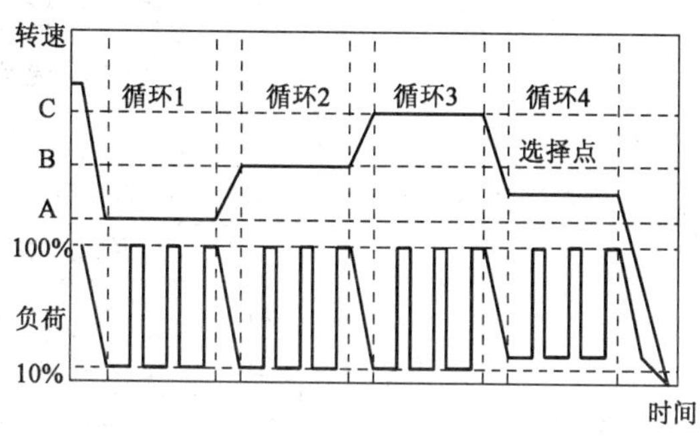

图 5.1　ELR 试验顺序

5.6　点燃式发动机汽车排气污染物排放限值及测量方法（双怠速法及简易工况法）

5.6.1　适用范围

GB 18285—2005《点燃式发动机汽车排气污染物排放限值及测量方法（双怠速法及简易工况法）》规定了点燃式发动机汽车怠速和高怠速工况排气污染物排放限值及测量方法，同时规定了稳态工况法、瞬态工况法和简易瞬态工况法 3 种简易工况测量方法。此方法适用于装用点燃式发动机的新生产车和在用汽车。

4 种测量方法中，双怠速法为标准实施后全国统一强制执行的在用车排气污染物检测方法。对于机动车空气污染确实严重的城市，经过国家环保总局同意，地方人民政府批准后，可以选择使用标准中推荐的工况法。对于 3 种工况测量方法，地方环保部门可以根据自身情况进行选择，对于已经实施工况法的车型，将不再执行双怠速法。

5.6.2　排放限值

装用点燃式发动机的新生产车、形式核准和生产一致性检查的排气污染物排放限值见表 5.15，在用车排气污染物排放限值见表 5.16。

5.6.3 点燃式发动机汽车怠速与高怠速工况法

怠速工况指发动机处于无负荷运转状态，即离合器处于接合位置，变速器处于空挡位置(对于自动变速器应处于“停车”或“P”挡位置)；采用化油器供油系统的汽车，气门应处于全开位置；加速踏板处于完全松开位置。高怠速工况指满足上述(除最后一项)条件，用加速踏板将发动机转速稳定控制在50%额定转速或制造厂技术文件规定的高怠速转速时的工况。该标准将轻型汽车的高怠速转速规定为2 500r/min±100r/min。重型汽车的高怠速转速规定动作为1 800 r/min±100r/min。

新生产汽车排气污染物排放限值(体积分数)　　表5.15

车　型	类　别			
	怠　速		高怠速	
	CO(%)	HC(10^{-6})	CO(%)	HC(10^{-6})
2005年7月1日新生产的第一类车	0.5	100	0.3	100
2005年7月1日新生产的第一类车	0.8	150	0.5	150
2005年7月1日新生产的重型汽车	1.0	200	0.7	200

在用车排气污染物排放限值(体积分数)　　表5.16

车　型	类　别			
	怠　速		高怠速	
	CO(%)	HC(10^{-6})	CO(%)	HC(10^{-6})
1995年7月1日前生产的轻型汽车	4.5	1 200	3.0	900
1995年7月1日起生产的轻型汽车	4.5	900	3.0	900
2000年7月1日起生产的第一类轻型汽车①	0.8	150	0.5	100
2001年10月1日起生产的第二类轻型汽车	1.0	200	0.5	150
1995年7月1日前生产的第二类重型汽车	5.0	2 000	3.5	1 200
1995年7月1日起生产的第二类重型汽车	4.5	1 200	3.0	900
2004年9月1日起生产的第二类重型汽车	1.5	250	0.7	200

注：①对于2001年5月31日以后生产的5座以下(含5座)微型面包车执行此类在用车排放限值。

发动机从怠速状态加速至70%额定转速，运转30s后降至高怠速状态。将取样探头插入排气管内，深度不少于400mm，并固定在排气管上。维持15s后，由具有平均值功能的仪器读取30s内的平均值，或者人工读取30s内的最高值和最低值，其平均值即为高怠速污染物测量结果。对于使用闭环电子喷射系统和三元催化转化器技术的汽车，还应读取过量空气系数(λ)的数值。过量空气系数(λ)为燃烧1kg燃料的实际空气量与理论上所需空气量质量比。

发动机从高怠速降至怠速状态15s后由具有平均值功能的仪器读取30s内的平均值，或者人工读取30s内的最高值和最低值，其平均值即为怠速污染物测量结果。

若为多排气管时，取各排气管测量结果的算术平均值作为测量结果。对两用燃料汽车，要求对两种燃料分别进行排放检测；对单一气体燃料汽车，仅按燃用气体燃料进行排放检测。

表5.17为双怠速法检测结果及裁决表，图5.2为双怠速法仪器测量程序。

双怠速法检测结果及裁决表 表5.17

内容	过量空气系数λ	低怠速		高怠速	
		CO(%)	HC($\times10^{-6}$)	CO(%)	HC($\times10^{-6}$)
测试结果					
限值					
判定结果	合格/不合格	合格/不合格		合格/不合格	
裁决	通过/未通过				

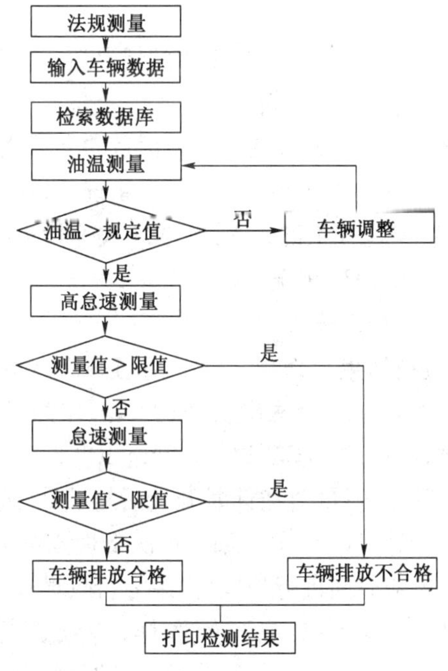

图5.2 双怠速法仪器测量程序

5.6.4 点燃式发动机轻型汽车稳态工况法

稳态工况法参照了美国环保署标准 EPA-AA-RSPD-IM-96-2《加速模拟工况试验规程、排放标准、质量控制要求及设备技术要求 技术导则》(1996 年 7 月)制定，同时参考了北京市地方标准 DB 11/122—2000《汽油车稳态加载污染物排放标准》的部分技术内容。

稳态工况法在底盘测功机上进行，测试运转循环由 ASM5025 和 ASM2540 两个工况组成。

1)ASM5025 工况

经预热后的车辆加速至 25km/h，测功机以车辆速度为 25km/h、加速度为 1.475m/s^2 时输出功率的 50%作为设定功率对车辆进行加载，工况计时器开始计时(t=0s)。车辆以 25.0km/h±1.5km/h 的速度持续运转 5s，如果底盘测功机模拟的惯量值在计时开始后持续 3s 超出所规定误差范围，工况计时器将重新开始计时(t=0s)。如果再次出现该情况，检测将被停止。系统将根据分析仪最长响应时间进行预置(如果分析仪最长响应时间为 10s，则预置时间为 10s，t=15s)，然后系统开始取样，持续运行 10s(t=25s)即为 ASM5025 快速检查工况。ASM5025 快速检查工况结束后继续运行至 90s(t = 90s)即为 ASM5025 工况。

速度持续运转 5s，如果底盘测功机模拟的惯量值在计时开始后持续 3s 超出所规定误差范围，工况计时器将重新开始计时(t=0s)。如果再次出现该情况，检测将被停止。系统将根据分析仪最长响应时间进行预置(如果分析仪最长响应时间为 10s，则预置时间为 10s，t=15s)，然后系统开始取样，持续运行 10s(t=25s)即为 ASM5025 快速检查工况。ASM5025 快速检查工况结束后继续运行至 90s(t=90s)即为 ASM5025 工况。

2)ASM2540 工况试验运转循环

ASM5025 工况检测结束后车辆立即加速至 40km/h，测功机以车辆速度 40km/h、加速度为 1.475m/s^2 时输出功率的 25%作为设定功率对车辆加载。工况计时器开始计时(t=0s)。车辆以 40.0km/h±1.5km/h 的速度持续运转 5s，如果底盘测功机模拟的惯量值在计时开始后持续 3s 超出所规定误差范围，工况计时器将重新开始计时(t=0s)。如果再次出现该情况，检测将被停止。系统将根据分析仪最长响应时间进行预置(如果分析仪最长响应时间为 10s，则预置时间为 10s，t = 15s)，然后系统开始取样，持续运行 10s(t = 25s)即为 ASM2540 快速检查工况。ASM2540 快速检查工况结束后继续运行至 90s(t=90s)即为 ASM2540 工况，见图 5.3 和表 5.18。

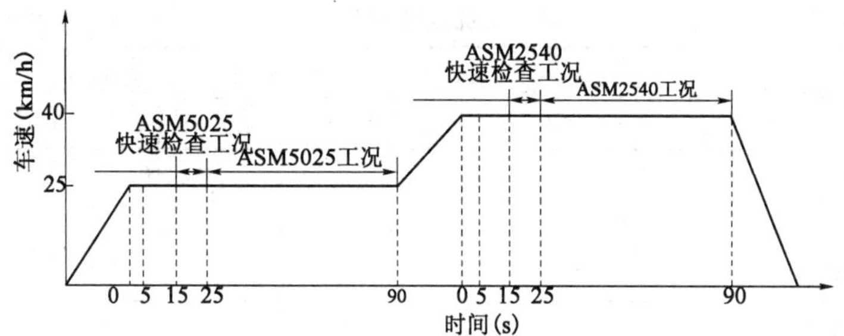

图 5.3　ASM5025、ASM2540 工况试验运转循环图

稳态工况法(ASM)试验运转循环表　　表 5.18

工　　况	运 转 次 序	速度(km/h)	操作时间(s)	测试时间(s)
5025	1	25	5	—
	2	25	15	
	3	25	25	10
	4	25	90	65
2540	5	40	5	—
	6	40	15	
	7	40	25	10
	8	40	90	65

5.6.5　点燃式发动机汽车瞬态工况法

瞬态工况法测试规程采用了 GB 14761.1—1993《轻型汽车排气污染物排放标准》中试验工况的一个循环，部分技术内容参照美国环保署标准 EPA420-R-00-007《IM240 & 燃油蒸发 技术导则》(2000 年 5 月)制定。

瞬态工况测量在底盘测功机上进行。瞬态工况运转循环按工况分解见表 5.19，瞬态工况运转循环见表 5.20，运转循环按使用挡位分解见表 5.21。

瞬态工况运转循环按工况分解表　　表 5.19

工　　况	时间(s)	百分比(%)	
怠速	60	30.8	35.4
怠速、车辆减速、离合器脱开	9	4.6	
换挡	8	4.1	
加速	36	18.5	
等速	57	29.2	
减速	25	12.8	
合计	195	100	

瞬态工况运转循环　　表 5.20

操作序号	操作	工序	加速度 (m/s^2)	速度 (km/h)	每次时间		累计时间 (s)	手动换挡时使用的挡位
					操作(s)	工况(s)		
1	怠速	1	—	—	11	11	11	6sPM①+5sK$_1$②
2	加速	2	1.04	0→15	4	4	15	1
3	等速	3	—	15	8	8	23	1
4	减速	4	−0.69	15→10	2	5	25	1
5	减速，离合器松开		−0.92	10→0	3		28	K$_1$
6	怠速	5	—	—	21	21	49	16sPM+5sK$_1$
7	加速	6	0.83	0→15	5	12	54	1
8	换速				2		56	—
9	加速		0.94	15→32	5		61	2
10	等速	7	—	32	24	24	85	2
11	减速	8	−0.75	32→10	8	11	93	2
12	减速，离合器松开		−0.92	10→0	3		96	K$_2$
13	怠速	9	—	—	21	24	117	16sPM+5sK$_1$
14	加速	10	0.83	0→15	5	26	122	1
15	换速				2		124	—
16	加速		0.62	15→35	9		133	2
17	换速				2		135	—
18	加速		0.52	35→50	8		143	3
19	等速	11	—	50	12	12	155	3
20	减速	12	−0.52	50→35	8	8	163	3
21	等速	13	—	35	13	3	176	3
22	换速	14			2	12	178	—
23	减速		−0.86	35→10	7		185	2
24	减速，离合器松开		−0.92	10→0	3		188	K$_2$
25	怠速	15	—	—	7	7	195	7sPM

注：①PM—变速器接合，离合器置空挡。

②K$_1$、K$_2$—变速器置一挡或二挡，离合器脱开。

瞬态工况运转循环按使用挡位分解表 表5.21

<table>
<tr><th>变速器挡位</th><th>时间(s)</th><th colspan="2">百分比(%)</th></tr>
<tr><td>怠速</td><td>60</td><td>30.8</td><td rowspan="2">35.4</td></tr>
<tr><td>怠速、车辆减速、离合器脱开</td><td>9</td><td>4.6</td></tr>
<tr><td>换挡</td><td>8</td><td colspan="2">4.1</td></tr>
<tr><td>一挡</td><td>24</td><td colspan="2">12.3</td></tr>
<tr><td>二挡</td><td>53</td><td colspan="2">27.2</td></tr>
<tr><td>三挡</td><td>41</td><td colspan="2">21.0</td></tr>
<tr><td>合计</td><td>195</td><td colspan="2">100</td></tr>
</table>

其测试程序如下。

1)起动发动机

按照制造厂使用说明书的规定,使用起动装置起动发动机;发动机保持怠速运转40s,在40s终了时开始循环,并同时开始取样。

2)怠速

手动或半自动变速器:怠速时期,离合器接合,变速器处于空挡位置;为了按正常循环进行加速,车辆应在循环的每个怠速后期,即加速开始前5s,使离合器脱开,变速器置于一挡。

自动变速器:在试验开始时,放好选择器后,除在规定时间内不能完成加速工况或选择器可以使超速挡工作外,在试验时间,任何时候不得再操作选择器。

3)加速

进行加速时,在整个工况过程中,应尽可能地使加速度恒定;如果在规定时间内未完成加速工况,如果可能,所需的额外时间应从工况改变的复合公差允许的时间中扣除,否则,应该从下一等速工况的时间内扣除;自动变速器如果在规定的时间内不能完成加速工况,则应按手动变速器的要求,操作挡位选择器。

4)减速

在所有减速工况时间内,应使加速踏板完全松开,离合器接合,当车速降至10km/h时,使离合器脱开,但不操作变速杆;如果减速时间比相应工况规定的时间长,则允许使用车辆制动器,以使循环按照规定时间进行;如果减速时间比相应工况规定的时间短,则应由下一个等速或怠速工况中的时间补偿,使循环按规定的时间进行。

5)等速

从加速工况过渡到下一等速工况时,应避免猛踏加速踏板或关闭节气门;等速工况应采用保持加速踏板位置不变的方法实现;当车速降到0km/h(车辆停止在转鼓上)时,变速器置于空挡离合器接合。

5.6.6 点燃式发动机简易瞬态工况法

测试规程仍然采用了 GB 14761.1—93《轻型汽车排气污染物排放标准》中试验工况的一个循环，部分技术内容参照美国环保署标准 EPA420-R-00-007《IM240 & 燃油蒸发 技术导则》(2000 年 5 月）和纽约州瞬态短工况循环测试(NYTEST)的部分技术内容，同时也参考了北京市地方标准（DB 11/123—2000)《轻型汽油车简易瞬态工况污染物排放标准》的部分技术内容。

国标 GB 18285—2005 附录 D 第 D.2.3.3.3 条“气体流量分析仪”中明文规定，必须应用“气体流量分析仪将测量稀释后的氧含量与原排放气体中的氧含量比较，求得质量稀释比，通过稀释比和流量计算出每一秒的排放体积……”，该方法简称 VMAS，是简易瞬态工况法的显著特点之一。检测结果是以克/千米(g/km)表示。

简易瞬态工况法的测试程序及结果处理为：在怠速状态下运行 40s；40s 结束开始 15 工况循环，试验员驾驶车辆按照 15 工况曲线运行；系统稀释排气，并进行流量计算，同时抽取一定比例的样气，送入分析仪检测；分析仪连续读取稀释排气样气中各污染物的浓度，并进行累计积分，直至试验工况循环结束。工况循环结束后，底盘测功机测取的车辆实际行驶距离(km)，系统连续计量的稀释排气总量(m^3或 L)，以及分析仪累计积分的各污染物浓度，都汇总到主控计算机，经修正、计算，最终得出在 195s 的 15 工况循环运行中，该试验车辆平均排放的 CO、HC、NO_x 质量各为多少(g/km)；三种污染物任意一项超限值，则判定为不合格。

5.7 车用压燃式发动机和压燃式发动机汽车排气烟度排放限值及测量方法

GB 3847—2005《车用压燃式发动机和压燃式发动机汽车排气烟度排放限值及测量方法》规定了车用压燃式发动机及装用压燃式发动机汽车的排气烟度的排放限值及测量方法，适用于新车形式核准和生产一致性检查，新生产汽车和在用车的检测；不适用低速货车和三轮汽车。

在此仅介绍该标准第Ⅳ部分 “在用汽车的排气烟度排放控制要求”及相关内容。

5.7.1 在用汽车的排气烟度排放控制要求

(1)自该标准实施之日（2005 年 7 月 1 日）起，按该标准规定经形式核准批准车辆生产的在用汽车，应按要求进行自由加速度试验（不透光烟度法），所测得的排气激光系数应不大于车型核准批准的自由加速排气烟度排放限值，再加0.5m^{-1}。

(2)自2001年10月1日起至2005年7月1日止生产的汽车,应按要求进行自由加速度试验(不透光烟度法),自然吸气式和涡轮增压式所测得的排气激光系数分别应不大于2.5m^{-1}和3.0m^{-1}。

(3)对于2001年10月1日以前生产的在用汽车应按要求进行自由加速度试验(滤纸烟度法),所测得的烟度值不应大于4.5Rb(波许烟度单位)。

(4)对于1995年6月30日以前生产的在用汽车应按要求进行自由加速度试验(滤纸烟度法),所测得的烟度值不应大于5.0Rb。

5.7.2 在用汽车的排放监控

在机动车保有量大、污染严重的地区,可采用加载减速工况法(不透光烟度法),也可采用目测法。

各省可选择自由加速度和加载减速工况中的一种。同一车型不得采用两种或两种以上的方法检测。

5.7.3 在用汽车自由加速试验(不透光烟度法)

自由加速工况即柴油机处于怠速状态(发动机运转,离合器处于接合位置,加速踏板处于松开位置,变速器处于空挡位置,具有排气制动的发动机蝶形阀处于全开位置),将加速踏板迅速踏到底,维持4s后松开,定义为自由加速工况。

在自由加速工况下,采用不透光烟度计,从排气管中抽取一定量的排气(或者全部排气),通过不透光烟度计的平行光源,检测黑烟对平行光照射的阻挡程度,来判定该试验车辆的烟度排放是否满足标准。这种试验方法称为采用不透光式烟度计测试的自由加速烟度法。

1)工作原理

不透光烟度计测试的是黑烟阻挡光通过的程度,计量单位是光吸收系数,以m^{-1}表示。以德国博许公司Bosch RTM430烟度计为例。采用消光式烟度测量法,在测量室两端放上光源和光电池,当光线透过导入排气的测量室,部分光线被烟灰、白烟和蓝烟所吸收,最后由光电池测定光线的衰减量。

2)车辆准备

车辆在不进行预处理的情况下也可以进行试验。出于安全考虑,必须确保发动机处于热状态,并且机械状态良好。

发动机应充分预热。如在发动机机油标尺孔位置测得的机油温度应至少为80℃。

采用至少三次自由加速过程或其他等效方法对排气系统进行吹拂。

3)试验方法

目测检查车辆排气系统的相关部件是否泄漏。

发动机包括所有装有废气涡轮增压的发动机,在每个自由加速循环的起点均处于怠速状态,对重型发动机,将加速踏板放开后至少等待 10s。

在进行自由加速测量时,必须在 1s 内,将加速踏板快速、连续地完全踩到底,使喷油泵在最短时间内供给最大油量。

对第一个自由加速测量,在松开加速踏板前,发动机必须达到断油点转速。对带自动变速器的车辆,则应达到制造厂声明的转速(如果没有该数据,则应达到断油转速的 2/3)。

计算结果取最后三次自由加速测量结果的算术平均值。在计算均值时可以忽略与测量均值相差很大的测量值。

5.7.4 在用汽车加载减速试验(不透光烟度法)

自由加速不透光烟度法较滤纸式烟度法有较大改进,但仍是无载荷状态下的检测方法,难以真实反映车辆有负载时的排放情况,特别是对于为减少颗粒物排放而较多采用涡轮增压技术的柴油车,由于其比自然吸气式柴油车需要更长的起动时间,因而在自由加速法烟度检测时较自然吸气式在用柴油车的排放更高。加载减载工况法是模拟车辆负载运行时检测压燃式发动机汽车排气可见颗粒物的方法,其排气烟度与全负荷排气烟度检测规程和实车满载行驶的工况较一致,有较好的相关性,可克服自由加速不透光烟度法的缺点。

加载减载工况法是将待测车辆放在底盘测功机上,按照规定的方法检测车辆的 VelMaxHP、90%VelMaxHP 点及 80%VelMaxHP 的排气光吸收系数 K 和发动机转速和实际最大轮边功率,排气可见颗粒物检测采用分流式不透光烟度计。

1)组成

排放检测由三部分组成:第一部分是对车辆进行预先检查,以保证受检车辆与证件的一致性和进行检测的安全性;第二部分是检测系统和车辆的状况是否适合进行检测;第三部分则是排放检测。检测工作由系统控制自动进行,以保证检测过程的一致性和检测结果的可靠性。

2)准备

如果发动机温度低于正常温度,应进行发动机预热。这时需将测功机切换到手动控制模式,检测驾驶员应在小负荷下预热发动机,直到冷却液的温度达到制造厂规定的正常温度范围为止。

发动机熄火,变速器空置,检查不透光烟度计的零刻度和满刻度。检查完毕后,将合适尺寸的采样探头插入受检车的排气管中,注意连接好不透光烟度计,采样探头的插入深度不得低于 400mm。不应使用大尺寸的采样探头,以免受检车辆的排气背压过大,影响输出功率。在检测过程中,必须将采样气体的温度和压力控制在规定范围内，必要时可对采样管进行适当冷却，且要注意不能使测量室内出现冷凝现象。

3)程序

起动发动机，变速器空挡，逐渐踩下加速踏板直到开度达到最大，并保持在最大开度状态，记录这时发动机的最大转速，然后松开加速踏板，使发动机回到怠速状态。

使用前进挡驱动被检车辆，选择合适的挡位，使加速踏板处于全开位置，测功机指示的车速最接近 70km/h，但不能超过 100km/h，对装有自动变速器的车辆，应注意不要在超速挡下进行测量。

计算机对上述步骤获得的数据自动进行分析，判断是否可能继续进行检测，所有被判定为不适合检测的车辆都不允许进行加载减速烟度检测。

在确认汽车可以进行排放检测后，将底盘测功机切换到自动检测状态。在整个检测循环中，都由计算机控制系统自动完成对测功机加载减速的管理。

自动控制系统采集 3 组检测状态下的检测数据，以判定受检车辆的排气吸收系数 K 是否达标。3 组测量数据包括轮边功率、发动机转速和排气光吸收系数 K。必须将不同工况点的测量结果都与排放限值进行比较。若修正后的最大轮边功率低于所要求的最小功率，或者测得的排气吸光系数 K 超过了标准规定的限值，均判断该车的排放不合格。

检测开始后，检测员始终将节气门保持在最大开放度状态，直到检测系统通知松开节气门为止。应实时监控发动机冷却液温度和机油压力，一旦冷却液温度超出了规定的温度范围，或者机油压力偏低时，都必须立即暂时停止检测。冷却液温度过高时，应松开加速踏板，将变速器空挡，使车辆停止运转，直到冷却液温度重新恢复到正常范围。

5.7.5 在用汽车自由加速试验(滤纸烟度法)

在自由加速工况下，采用滤纸式烟度计，从排气管中抽取一定量的排气，让这一定量的排气将清洁的滤纸染黑，再用规定的光学检测器测量滤纸染黑的程度，确定该试验车辆的烟度排放是否满足标准。这种试验方法称为采用滤纸测试的自由加速烟度法。

滤纸式烟度计测试的是污染物的染黑程度，计量单位以波许(BOSCH)烟度单位表示。

1)工作原理

滤纸式烟度计的工作原理由取样系统和测量系统组成。抽气泵将一定容量的柴油车排气吸入，排出的污染颗粒被阻隔在滤纸上，形成污斑。将一束光照射在滤纸上，上方放置硒光电池。污斑越黑，照射光的反射越少，光电池光电压较小，仪表有示值显示。滤纸越黑，烟度计示值越大。

2)测量程序

将取样探头固定于排气管内,插深300mm,并使其中心线与排气管轴线平行;按自由加速工况进行3次,以清除排气系统中的积存物;将抽气泵开关置于加速踏板上,按自由加速工况及规定循环测量4次,取后3次读数的算术平均值即为所测烟度值。

当汽车发动机出现黑烟冒出排气管的时间和抽气泵开始抽气的时间不同步的现象时,应取最大烟度值。

5.8 重型汽车排气污染物排放控制系统耐久性要求及试验方法

GB 20890—2007《重型汽车排气污染物排放控制系统耐久性要求及试验方法》该标准适用于采用排气后处理装置、设计车速大于25km/h的M_2、M_3、N_2和N_3类及总质量大于3 500kg的M_1类机动车的形式核准和生产一致性检查对排气污染物排放控制系统耐久性的考核。标准自2007年10月1日起实施。

排气后处理装置指安装在发动机排气系统中,能降低排气中一种或数种排气污染物的系统,包括催化转化器和(或)颗粒捕集器、电子控制单元执行器及其管路等。

5.8.1 耐久性要求和试验规定

其要求及规定见表5.22。

耐久性要求和试验规定 表5.22

汽车分类		耐久性要求①		允许最短试验里程②(km)
		行驶里程(km)	实际使用时间(年)	
汽油车		80 000	5年	50 000
柴油车、NG和LPG车	$M_1$③	80 000	5年	50 000
	M_2	80 000	5年	50 000
	M_3[Ⅰ、Ⅱ、A、B(GVM≤7.5t)]	100 000	5年	60 000
	M_3[Ⅲ、B(GVM≤7.5t)]	250 000	6年	80 000
	N_2	100 000	5年	60 000
	N_3(GVM≤16t)	100 000	5年	60 000
	N_3(GVM≤16t)	250 000	6年	80 000

注:①耐久性在要求中的行驶里程和实际使用时间两者以先到为准。

②允许最短试验里程采用道路试验方法时最短耐久性运行试验里程。

③仅包括GVM大于3 500的M_1类汽车。

排气后处理装置在整个耐久性运行试验过程中，不能出现影响进行耐久性运行试验的机械故障，如管路和壳体的开裂、断裂、烧蚀、变形、漏气，载体松动、破碎等。

5.8.2 试验方法

耐久性运行试验方法包括整车道路耐久性行驶试验和发动机台架耐久性运行试验。其中，发动机台架耐久性运行试验方法作为整车道路耐久性行驶试验的等效方法，供制造企业选用。

耐久性运行试验过程中有关的维护项目，包括与排放相关和与排放无关的维护项目。

5.8.3 耐久性运行试验循环

1)整车道路耐久性行驶试验循环

汽车在跑道、道路或底盘测功机上进行的耐久性行驶试验，由 10 个正常行驶循环和 1 个高速行驶循环组成。试验循环应满足图 5.4 和表 5.23、表 5.24 规定。

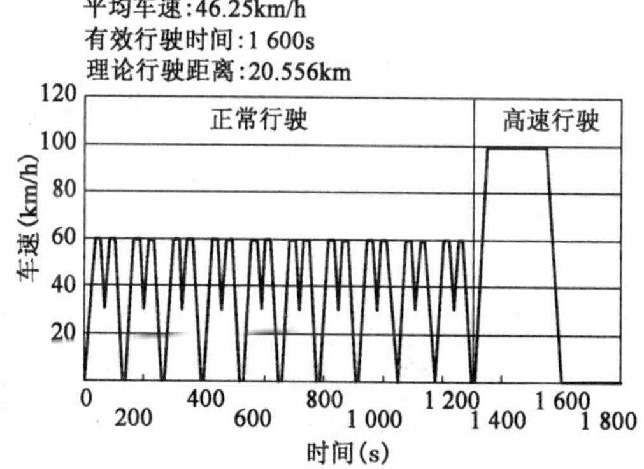

图 5.4 整车道路耐久性行驶试验循环

正常行驶试验循环单元　　表 5.23

工况序号	行驶状态	车速(km/h)	运转时间(s)	累计时间(s)
1	怠速	怠速	10	10
2	加速	0→60	30	40
3	等速	60	15	55
4	减速	60→30	15	70
5	加速	30→60	15	85
6	等速	60	15	100
7	减速	60→0	30	130

高速行驶试验循环 表 5.24

工况序号	行驶状态	车速(km/h)	运转时间(s)	累计时间(s)
1	怠速	怠速	10	10
2	加速	0→100①	40	50
3	等速	100	200	250
4	减速	100→0	50	300
5	怠速	0	200	500

注:①如果汽车在高速循环中最高车速达不到 100km/h,则汽车从停止点开始以最大加速度加速到该车 95%最高车速。

2)发动机台架耐久性运行试验循环

发动机台架耐久性运行试验应按照表 5.25 规定的试验循环。循环工况之间的转换时间为 60s±5s,该转换时间计入下一工况的运转时间内。

发动机台架耐久性运行试验① 表 5.25

工况序号	转速(r/min)	负荷(%)	运转时间(s)
1	怠速	0	120
2	最大转矩转速	10	600
3	最大转矩转速	100(90)②	1 200
4	怠速	0	120
5	额定转速③	25	600
6	额定转速③	50	600
7	额定转速③	75	600
8	额定转速③	100(90)②	1 200
9	1/2(最大转矩转速+额定转速)④	25	600
10	1/2(最大转矩转速+额定转速)④	50	600
11	1/2(最大转矩转速+额定转速)④	75	600
12	1/2(最大转矩转速+额定转速)④	100(90)②	1 200
13	最大转矩转速	25	600
14	最大转矩转速	50	600
15	最大转矩转速	75	600
16	最大转矩转速	100(90)②	1 200
17	怠速	0	120
18	1/2(最大转矩转速+额定转速)④	25	600
19	1/2(最大转矩转速+额定转速)④	50	600
20	1/2(最大转矩转速+额定转速)④	75	600

续上表

工况序号	转速(r/min)	负荷(%)	运转时间(s)
21	1/2(最大转矩转速+额定转速)④	100(90)②	1 200
22	额定转速③	0	120
23	额定转速③	25	600
24	额定转速③	50	600
25	额定转速③	75	600
26	怠速	0	120
27	停车	0	720

注:①本台架耐久性运行试验一个循环(5h),换算为整车道路耐久性行驶里程数 800km(推荐)。
②括弧内的负荷只用于重型汽油机。
③汽油发动机该转速为最大转矩转速。
④汽油发动机该转速为最大转矩转速。

5.9 重型车用汽油发动机与汽车排气污染物排放限值及测量方法(中国Ⅲ、Ⅳ阶段)

GB 14762—2008《重型车用汽油发动机与汽车排气污染物排放限值及测量方法(中国Ⅲ、Ⅳ阶段)》标准是 GB 14762—2002 的修订版,与 GB 14762—2002 相比主要变化有:

(1)提高了排气污染物的排放控制要求;

(2)调整了标准体系,将装用以天然气或液化石油化作为燃料的点燃式发动机汽车及其点燃式发动机的气态污染物的排放限值及测量方法纳入其他相关排放标准;

(3)改变了测量方法,试验工况由重型汽油机瞬态循环所构成;

(4)从第Ⅲ阶段开始,增加了车载诊断(OBD)系统的要求;

(5)从第Ⅲ阶段开始,增加了排放控制装置的耐久性要求;

(6)从第Ⅳ阶段开始,增加了在用车/发动机的符合性要求;

(7)增加了新型发动机和新型汽车的形式核准规程;

(8)改进了生产一致性检查及其判定方法。

5.9.1 试验限值

试验测得的一氧化碳、总碳氢化合物和氮氧化物的比质量,按照标准的要求进行劣化值(或劣化系数)校正后,都不应超过表 5.26 给定的限值。

试验限值　表5.26

阶　段	一氧化碳质量(CO)[g/(kW·h)]	总碳氢质量(THC)[g/(kW·h)]	氮氧化物(NO_2)[g/(kW·h)]
Ⅲ	9.7	0.41	0.98
Ⅳ	9.7	0.29	0.70

5.9.2　瞬态循环试验

进行本标准中包含1 830个逐秒变换工况的试验循环。该试验循环是采用GB 14762—2008附件BB中发动机归一化转速时间的转矩—时间数据,按照该标准BA中规定的方法转换而成的试验发动机实际转速—时间和转矩—时间序列(表5.27)。

重型汽油机瞬态循环发动机试验规范(简表)　表5.27

时间(s)	归一化转速(%)	归一化转矩(%)	时间(s)	归一化转速(%)	归一化转矩(%)
0	0	0	500	0	0
1	0	0	～	～	～
～	～	～	1 000	350	257
25	62	448	～	～	～
～	～	～	1 200	0	0
50	597	81	～	～	～
～	～	～	1 400	0	0
100	0	0	～	～	～
～	～	～	1 600	632	636
200	44.5	52.7	～	～	～
～	～	～	1 829	0	0

5.9.3　车载诊断(OBD)系统

所有汽车应装备OBD系统,该系统应在设计、制造和汽车安装上,能确保汽车在整个寿命期内识别劣化或故障的类型。

排放控制用OBD系统应具有识别可能存在故障区域的功能,并以故障代码的方式将信息储存在电控单元存储器内。

5.9.4　排入控制装置的耐久性要求

新型车(发动机)自表5.26中的第Ⅲ阶段开始,应保证汽车(发动机)正常寿命期内排放控制装置的正常运转。

在实施表5.26中的第Ⅳ阶段标准时,制造企业应保证发动机催化转化器等排放后处理系统具有良好的耐久性,在汽车(发动机)的正常寿命期内有效工作。

6 新能源汽车

6.1 概 述

新能源汽车是指采用非常规的车用燃料作为动力来源(或使用常规的车用燃料、采用新型车载动力装置),综合车辆的动力控制和驱动方面的先进技术,形成的技术原理先进、具有新技术、新结构的汽车。新能源汽车技术可分为以下五类。

(1)基于传统石油燃料的节能环保汽车,如先进柴油车和混合动力汽车;

(2)基于天然气和石油伴生品的燃气汽车;

(3)基于石化燃料化工的替代燃料汽车,如煤制油等;

(4)生物燃料汽车,包括燃料乙醇和生物柴油汽车;

(5)燃料电池汽车和纯电动汽车。

有关专家指出:汽车能源逐渐由石化燃料向可再生、低二氧化碳排放的能源形式过渡是基本的趋势,生物燃料和氢能将是汽车能源的最终解决方案。

6.2 先进柴油车

先进的柴油机主要表现在热效率比汽油机高、污染物排放比汽油机少,大量新技术的应用使柴油机在控制烟度和噪声方面取得重大突破,达到了汽油机的水平。

6.2.1 高压共轨电喷

在汽车柴油机中,高速运转使柴油喷射过程的时间只有千分之几秒,在喷射过程中高压油管各处的压力是随时间和位置的不同而变化的。由于柴油的可压缩性和高压油管中柴油的压力波动,使实际的喷油状态与喷油泵所规定的柱塞供油规律有较大的差异。油管内的压力波动有时还会在主喷射之后,使高压油管内的压力再次上升,达到令喷油器针阀开启的压力,将已经关闭的针阀又重新打开产生二次喷油现象,由于二次喷油不可能完全燃烧,于是增加了烟度和碳氢化合物的排放量,油耗增加。此外,每次喷射循环后高压油管内的残压都会发生变化,随之引起不稳定的喷射,尤其在低转速区域容易产生上述现象,严重时不仅喷油不均匀,而且会发生间歇性不喷射现象。为了解决柴油机这个燃油压力变化的缺陷，现代柴油机采用了一种称为“共轨”的技术。

共轨技术是指高压油泵、压力传感器和ECU（汽车专用微机控制器，亦称汽车专用单片机，俗称车载电脑、行车电脑）组成的闭环系统中，将喷射压力的产生和喷射过程彼此完全分开的一种供油方式。由高压油泵把高压燃油输送到公共供油管，通过对公共供油管内的油压实现精确控制，使高压油管压力大小与发动机的转速无关，可以大幅度减小柴油机供油压力随发动机转速的变化，因此也就减少了传统柴油机的缺陷。ECU控制喷油器的喷油量，喷油量大小取决于燃油轨（公共供油管）压力和电磁阀开启时间的长短。

电控柴油喷射系统由传感器、ECU和执行机构三部分组成。其任务是对喷油系统进行电子控制，实现对喷油量以及喷油定时随运行工况的实时控制。采用转速、温度、压力等传感器，将实时检测的参数同步输入计算机，与已储存的参数值进行比较，经过处理计算后按照最佳值对喷油泵、废气再循环阀、预热塞等执行机构进行控制，驱动喷油系统，使柴油机运作状态达到最佳。

6.2.2 四气门技术

气门的作用是专门负责向发动机内输入燃料并排出废气，传统发动机每个汽缸只有一个进气门和一个排气门，其进气门比排气门略大，以达到增加进气量的目的。这种设计结构相对简单，成本较低，维修方便，低速性能较好，缺点是功率很难提高，尤其是高转速时充气效率低、性能较弱。

为了提高进排气效率，现在多采用多气门技术，常见的是每个汽缸布置有4个气门（2个进气门，2个排气门）。当采用4气门时，当气门升程一定时，其进气截面积大于2气门。其气门体积和质量都小于两气门设计，有利于减小运动惯性，使气门开启或闭合的速度更快。

四气门结构不仅可以提高充气效率，更由于喷油嘴可以居中布置，使多孔油束均匀分布，可为燃油和空气的良好混合创造条件；同时，可以在四气门缸盖上将进气道设计成两个独立的、具有相同形状的结构，以实现可变涡流。这些因素的协调配合，可大大提高混合气的形成质量（品质），有效降低碳烟颗粒、碳氢化合物和氮氧化物排放并提高热效率。

在相同的驱动力作用下，多气门设计可以实现更高的运动速度，进而实现发动机的高转速。

6.2.3 增压中冷

增压中冷技术就是用涡轮增压器将新鲜空气压缩经中段冷却器冷却，然后经进气歧管、进气门流至汽缸燃烧室。采用涡轮增压增加柴油机的空气量，提高燃烧的过量空气系数是降低大负荷工况排气烟度、碳烟颗粒排放量以及燃油消耗的有效措施。有效的空—空中冷系统，可使增压空气温度下降到50℃以下。工作循环温度的下降有助于氮氧化物的低排放和碳烟颗粒的下降，故目前重型车用柴油机普遍使用增压中冷型，有助于低排放而且燃油经济性良好。此外，涡轮前排气旁通阀的应用，不仅能降低碳烟颗粒和一氧化碳排放，还可以改善涡轮增压柴油机的瞬态性能和低速转矩。与普通增压相比，增压中冷是在增压器与发动机进气歧管之间安装中冷器。其作用是：

(1)发动机排出的废气温度非常高，通过增压器的热传导会提高进气的温度。而且，空气在被压缩的过程中密度会升高，这必然也会导致空气温度的升高，从而影响发动机的充气效率。如果想要进一步提高充气效率，就要降低进气温度。有数据表明，在相同的空燃比条件下，增压空气的温度每下降10℃，发动机功率将提高3%～5%。

(2)如果未经冷却的增压空气进入燃烧室，除了会影响发动机的充气效率外，还很容易导致发动机燃烧温度过高，造成爆震等故障，而且会增加发动机废气中 NO_x 的含量，造成空气污染。

中冷系统有风冷和水冷，水冷又有自然水冷和冷却水水冷两种。

6.2.4 排气再循环

发动机采用排气再循环技术的主要目的是降低氮氧化物的排放，是目前先进内燃机中普遍采用的技术。

发动机燃烧时产生 NO_x 的条件主要有3个，高温、富氧、高温保持时间，即缸内温度越高，氧气越充分，高温持续时间越长，其氮氧化物排放就越高。因此，只要降低这三个条件中的任何一个，都可以降低氮氧化物排放。

排气再循环技术的原理是将少量发动机废气(为不可再燃烧的二氧化碳及水蒸气)引入汽缸内。汽缸引入废气后，整个空气与废气混合气体的比热容量增大，因此，吸收同样热量时，工质温度上升得少，能降低缸内最高燃烧温度；引入废气后，氧气的浓度被冲淡，使得空气与燃油的混合速率降低，因此其放热率也会降低，这也会降低缸内的最高燃烧温度；降低了氧气浓度，改变了富氧环境，这样就破坏了 NO_x 的生成条件，从而降低其排放。

采用排气再循环技术后，会恶化燃烧。排气再循环率越大，其烟度越大，一氧化碳排放也越大，微粒也会越大，其油耗率会增加。为此，需要处理系统除掉由排气再循环而产生的微粒排放。

6.2.5 后处理技术

排放后处理技术，是指为减少发动机排放的废气造成环境污染而对其进行适当处理的技术。从国Ⅱ到国Ⅲ，关键在于燃油喷射系统，而从国Ⅲ到国Ⅳ，就必须使用排放后处理技术。

目前，国际内燃机行业从欧Ⅲ发展到欧Ⅳ，主要有两种基本体系。大体上，欧洲倾向于选择性催化还原(SCR)体系，利用尿素溶液对尾气中的氮氧化物进行处理；美国和日本倾向于废气再循环(EGR)体系，即通过微粒捕集器或微粒催化转换器(DPF)，针对燃烧产生的微粒进行处理的废气再循环技术。

我国柴油机排气后处理技术根据后处理方式不同，发动机燃烧控制水平不同，大致可归为以下几种：

(1)废气再循环+颗粒物捕集器，通过废气再循环降低 NO_x，用颗粒物捕集器捕集 PM 并通过再生技术除去颗粒。它具有转高的碳烟微粒转化率，但是需要使用硫含量在 300×10^{-6} 以下的燃油并定期清洁颗粒物捕集器。

(2)废气再循环+颗粒物氧化催化器，原理与“废气再循环+颗粒物捕集器”相似。与“颗粒物捕集器”相比，碳烟微粒转化器效率较低。

(3)选择性还原催化器。利用尿素水解产生的氨气来降低废气中 NO_x 的含量。由于发动机控制技术侧重改善燃烧，故可提高 6%的燃油经济性，而且对硫的敏感度不像“颗粒物捕集器”那样大，燃油中硫含量可以在 200ppm 左右，但是需要供应 4%的尿素。

6.2.6 乳化柴油的应用

乳化柴油(微乳化柴油)是水(或甲醇)和柴油通过乳化剂、助乳化剂在乳化设备中经乳化而形成的油包水(W/O)型(透明)乳液。

乳化柴油是油包水型乳液，当温度急剧升高时，沸点低的水先沸腾汽化，当水膨胀压力超过油表面张力及环境压力之和时，水蒸气冲破油膜束缚，形成二次雾化，使油滴分成细小的颗粒。细小的油颗粒与空气接触的总比表面大大增加。同时，微爆产生无数爆炸波，冲破包围火焰面的二氧化碳、氮气抑制层，从而使空气形成强烈的紊流，燃烧室内空气与油气分布更均匀，温度场更均匀，燃烧速度加快，后燃现象减少，避免了燃烧区局部温度过高，减少了油的热分解，使油燃烧更充分，达到节能减排的效果。

水在燃烧过程中汽化成水蒸气，产生许多 OH 活性基团，促使一氧化碳尽可能完全燃烧。水煤气反应加速燃油裂解所形成焦炭的燃烧，抑制了烟尘的生成。水滴汽化需吸收热量，防止燃烧火焰局部高温，而且油掺水燃烧改善了燃油与空气的混合比例，减少了过剩空气系数，从而抑制了氮氧化物的生成，降低了环境污染。

然而，尽管这项技术对低排放有好处，但其潜在的问题如水结冰、水对发动机的腐蚀等问题尚待解决。

6.3 混合动力电动汽车

6.3.1 简介

混合动力是指那些采用传统燃料，同时配以电动机来改善低速动力输出和燃油消耗的车型。按照燃料种类的不同，主要又可以分为汽油混合动力和柴油混合动力两种。理论分析和现有混合动力汽车的运行结果证明，混合动力汽车与传统内燃机汽车相比，燃油消耗可降低30%～40%，尾气排放量可降低50%～60%。

6.3.2 分类

按照推进系统能量流和功率流的配置结构关系，混合动力汽车分为串联、并联、串并联三种结构形式。

“串联结构”是指发动机只作为动力源，汽车只靠电动马达驱动行驶，驱动系统只是电动马达。

“并联结构”主要以发动机驱动行驶，利用电动马达所具有的再起动时产生强大动力的特征，在汽车起步、加速等发动机燃油消耗较大时，用电动马达辅助驱动的方式来降低发动机的油耗。这种方式的结构比较简单，只需要在汽车上增加电动马达和蓄电池即可。

“串并联结构”是起动和低速时只靠电动马达驱动行驶，当速度提高时，由发动机和电动马达共同高效地分担动力。这种方式需要动力分担装置和发电机等，因此结构复杂。

按照两种不同能量的搭配比例不同，混合动力汽车又可分为轻度混合动力、中度混合动力、重度混合动力和插电式混合动力四种类型。

6.3.3 优缺点

1)优点

(1)采用混合动力后可按平均需用的功率来确定内燃机的最大功率，此时处于油耗低、污染少的最优工况下。需要大功率而内燃机功率不足时，由电池来补充；负荷少时，富余的功率可发电给电池充电。由于内燃机可持续工作，电池又可以不断得到充电，故其行程和普通汽车一样。

(2)因为有了电池，可以十分方便地回收制动时、下坡时、怠速时的能量。

(3)在繁华市区，可关停内燃机，由电池单独驱动，实现“零”排放。

(4)有了内燃机可以十分方便地解决耗能大的空调、取暖、除霜等纯电动汽车遇到的难题。

(5)可以利用现有的加油站加油,不必再投资。

2)缺点

长距离高速行驶基本不能省油。

6.4 纯电动汽车

6.4.1 简介

电动汽车就是主要采用电力驱动的汽车,大部分车辆直接采用电动机驱动(图 6.1),有一部分车辆把电动机装在发动机舱内,也有一部分直接以车轮作为4台电动机的转子,其难点在于电力储存技术。电动汽车本身不排放污染大气的有害气体,即使按所耗电量换算为发电厂的排放,除硫和微粒外,其他污染物也显著减少,由于电厂大多建于远离人口密集的城市,对人类伤害较少,而且电厂是固定不动的,排放集中,各种有害排放物较容易清除,且已有了相关技术。由于电力可以从多种一次能源获得,如煤、核能、水力、风力、光、热等,解除人们对石油资源日见枯竭的担心。电动汽车还可以充分利用晚间用电低谷时富余的电力充电,使发电设备日夜都能充分利用,大大提高其经济效益。有关研究表明,同样的原油经过粗炼,送至电厂发电,经充入电池,再由电池驱动汽车,其能量利用效率比经过精炼变为汽油,再经汽油机驱动汽车高,因此有利于节约能源和减少二氧化碳的排量。

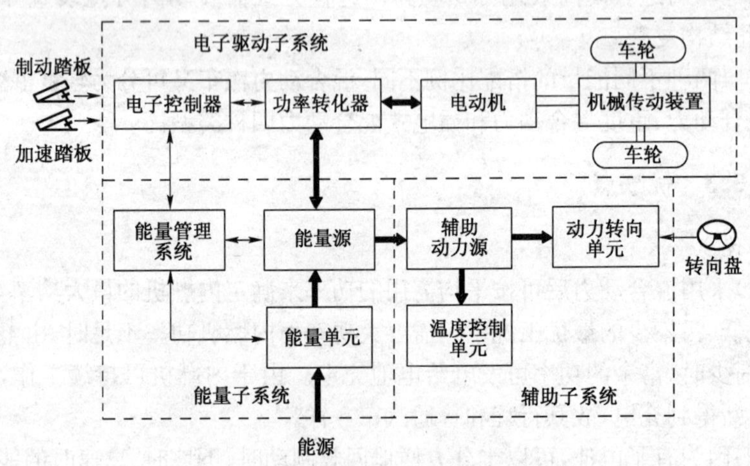

图 6.1 电动汽车的基本结构

6.4.2 优缺点

纯电动汽车的优点是:技术相对简单成熟,只要有电力供应的地方都能够充电。缺点是:目前蓄电池单位重量储存的能量太少,还因电动车的电池较贵,又没形成经济规模,故购买价格较贵;至于使用成本,试用结果有些比汽车贵,有些仅为汽车的1/3,这主要取决于电池的寿命及当地的油、电价格。

6.4.3 组成

电动汽车由电力驱动系统、电源系统和辅助系统三部分组成。

电力驱动系统包括电子控制器、功率转换器、电动机、机械传动装置和车轮,其功用是将存储在蓄电池中的电能高效地转化为车轮的动能,并能在汽车减速制动时,将车轮的动能转化为电能充入蓄电池。后一种功能称作再生制动。

电源系统包括电源、能量管理系统和充电机,其功用主要是向电动机提供驱动电能、监测电源使用情况以及控制充电机向蓄电池充电。

辅助系统包括辅助动力源、动力转向系统、导航系统、空调器、照明及除霜装置、刮水器和收音机等,借助这些辅助设备来提高汽车的操纵性和乘员的舒适性。

1)电力驱动系统

电动汽车的电力驱动方式基本上可分为电动机中央驱动和电动轮驱动两种。由电动机、固定速比减速器和差速器等构成的电动机中央驱动系统。在这种驱动系统中,由于没有离合器和变速器,因此可以减少机械传动装置的体积和质量。另一种电动机中央驱动系统的布置形式,它与前轮驱动、横向前置发动机的燃油汽车的布置形式相似,将电动机、固定速比减速器和差速器集成一体,两根半轴连接两个驱动车轮,这种布置形式在小型电动汽车上应用最普遍。

电动汽车的电动机有异步电动机、永磁式无刷电动机、开关式磁阻电动机。

异步电动机的特点是总体价格比直流电动机高、效率高、调速范围宽、基本免维护以及体积小质量轻。

永磁式无刷电动机为最适于电动汽车驱动的电机品种之一。其优点是永磁式无刷直流电动机由高能永磁材料励磁,对于给定的输出功率,其体积和质量可以大为减小,功率密度高;由于转子上无绕组,无铜耗,因此效率高于其他电动机;电动机发热主要集中在定子上,易于采取措施散热;可靠性较高;转子电磁时间常数小,动态性能好。缺点是所需稀土永磁材料的制造工艺复杂,另外,永磁电动机在大的过载电流下会导致磁性材料的磁性衰退或者退磁,使用时要严格控制过载电流,因此成本较高,相应它的价格更贵些。

开关式磁阻电动机优点是结构简单,工作可靠,效率高,且容易实现电动汽车制动时的能量回收,工作特性好,响应速度快,制造成本低;缺点是双凸极工作造成转矩脉动和噪声较大。

电动机选择的原则应该是转矩/转速特性与电动汽车的负载特性匹配良好,即低速发出大转矩,高速发出小转矩;动态特性好,能迅速和平滑地控制电动机的转矩,适应电动汽车起动、停车、加速和减速的要求;高的效率、较低的成本、坚固以及维修简单等。

2)电源系统

电源是制约电动汽车发展的因素。作为电动汽车的电源应该具有高比能和高比功率等性能,以满足汽车的动力性和续驶里程的要求。另外,还应具有与汽车使用寿命相当的循环寿命、效率高、成本低和免维护等特点。

目前用于电动汽车上的电源主要是蓄电池,蓄电池的主要性能指标如下。

(1)比能量:单位电池质量所能存储的电量,单位为瓦小时/千克(W·h/kg),是评价电动汽车整车质量和续驶里程的指标。

(2)能量密度:单位电池体积所存储的电量,单位为瓦小时/升(W·h/L),它影响蓄电池的尺寸。

(3)比功率:单位电池质量所能输出的功率,单位为瓦/千克(W/kg),是评价电动汽车加速性、爬坡能力及最高车速的指标。

(4)功率密度:单位电池体积所能输出的功率,单位为瓦/升(W/L)。

(5)循环寿命:蓄电池充、放电一次称为一个循环,循环寿命表示更换电池前所能完成的循环数。循环寿命短,将增加电动汽车的维护费用。

铅酸蓄电池广泛地应用于电动汽车上,其主要原因是技术成熟,价格便宜,可靠性好,单体额定电压高(2.0V)。另外,输出电流大以及良好的高、低温性能等均适合电动汽车使用。但是铅酸蓄电池存在比能量低、充电时间长、使用寿命较短等缺点。

镍镉(Ni-Cd)电池比功率大,比能量高,可快速充电,使用寿命长,抗电流冲击能力强,工作温度范围宽(−40~85℃),在较大的放电电流范围内电压变化较小等,成为电动汽车很具吸引力的电源。但是生产成本高(约为铅酸电池的2~4倍),单体额定电压只有1.2伏,重金属镉具有致癌性等,限制了它在电动汽车上的广泛应用。

镍氢(Ni-MH)电池与镍镉电池有许多相同的特性,但由于无镉,因此不存在重金属污染问题,被称为“绿色电池”。批量生产的成本约为铅酸电池的4倍。镍氢电池单体额定电压为1.2V,其负电极为经吸氢处理后的储氢合金,正电极为氢氧化镍,电解液为氢氧化钾溶液。

钠硫(Na-S)电池有很高的比功率和比能量,但其工作温度高,再加上钠的活化性和腐蚀性,因此在结构设计上必须保证坚固和安全。钠硫电池以熔融态钠为负电极，熔融态硫为正电极，陶瓷 β-Al_2O_3 作电解质，并作为离子传导媒介和熔融态电极的隔离物，以避免电池自放电。

锂离子(Li-Ion)电池自 20 世纪 90 年代初问世以来发展很快。虽然目前锂离子电池仍处于开发阶段，但在 Nissan FEV、Nissan Prairic Joy 和 Altra 等概念电动汽车上都采用锂离子电池。它具有单体额定电压高、比能量和能量密度高、使用寿命长等优点，缺点是自放电率高。

电动汽车用各种蓄电池的性能参数见表 6.1，美国先进电池联合会(USABC)制定的电动汽车用蓄电池远期性能指标也列于表中。

电动汽车用的各种蓄电池的性能参数及远期性能指 表 6.1

蓄电池类型	比能量(W·h/kg)	能量密度(W·h/L)	比功率(W/kg)	循环寿命(循环数)	预计成本(US$/W·h)
铅酸	30～45	60～90	200～300	400～600	150
Ni-Cd	40～60	80～110	150～350	600～1 200	300
Ni-MH	60～70	130～170	150～300	600～1 200	200～350
Na-S	100	150	200	800	250～450
Li-Ion	90～130	140～200	250～450	800～1 200	>200
USABC	200	300	400	1 000	<100

3)能量管理系统

能量管理系统由电压、电流和温度等传感器以及控制单元及其输入/输出接口等组成，其功用为：

(1)检测电动汽车电池组中各单体电池的端电压和温度以及各单体电池充、放电电流。

(2)预报电池组剩余的电量和电动汽车还能续驶的里程。

(3)电池需要充电时，及时报警，以防电池过放电而影响其使用寿命。

(4)当电池组充电时，能量管理系统根据检测到的各单体电池的相关数据，确定各单体电池的充电状态，并控制充电机的充电过程，保证各单体电池均衡充电，不使其过充电或欠充电。

(5)合理分配电池能量，以达到节能目的，例如，当铅酸电池作为电动汽车的主电源时，在汽车起动和爬坡时，暂时关闭空调器等耗电大的电器，以使电池放电流不致过大。

4)辅助系统

电动汽车的辅助动力源主要由辅助电源和功率转换器组成，其功用主要是向动力转向系统、空调器及其他辅助设备提供动力。

电动汽车辅助系统与燃油汽车辅助系统的区别是燃油汽车的辅助电源由发

动机驱动的交流发电机充电，而电动汽车的辅助电源则由主电源通过功率转换器来充电。

6.5 燃料电池汽车

6.5.1 简介

燃料电池汽车是以燃料电池提供的电力为驱动力的汽车。燃料电池是一种把燃料氧化的化学能直接转换为电能的“发电装置”(普通电池是储能装置)，它能够使用多种燃料，可以是石油燃料，也可以是有机燃料，还可以使用包括再生燃料在内的几乎所有的含氢元素的燃料。燃料电池汽车中，电池能量的获得是通过氢气和氧气的化学作用，而不是经过燃烧，燃料电池的化学反应过程不会产生有害产物。燃料经过转化成为氢后，以氢作为燃料的燃料电池，它的能量转换不受卡诺循环规律的限制，能量转换效率比内燃机要高 2～3 倍。燃料电池汽车在运行过程中，不需要复杂的机械传动装置，不需要润滑剂且没有振动与噪声。

燃料电池不需要充电，只要外部不断地供给燃料和氧化剂，就能连续稳定地发电。燃料电池汽车用燃料电池的燃料为氢和甲醇，氧化剂为空气。燃料电池具有比能量高、使用寿命长、维护工作量少以及能连续大功率供电等优点。

燃料电池汽车的氢燃料能通过几种途径得到。可直接携带纯氢燃料，也能装有燃料重整器，将烃类燃料转化为富氢气。甲醇、天然气和汽油也可以替代氢(从这些物质里间接地提取氢)，不过将会产生极少的二氧化碳和氮氧化物。

6.5.2 优缺点

1)优点

(1)零排放或近似零排放。

(2)减少了机油泄漏带来的水污染。

(3)降低了温室气体的排放。

(4)提高了燃油经济性。

(5)提高了发动机燃烧效率。

(6)运行平稳、无噪声。

(7)比能量高、使用寿命长、维护工作量少以及能连续大功率供电，可达到与燃油汽车相同的续驶里程。

2)缺点

(1)氢燃料电池成本过高。

(2)存储和运输按照目前的技术条件来说非常困难，因为氢分子非常小，极易透过储藏装置的外壳逃逸。

(3)氢气的提取需要通过电解水或者利用天然气,如此一来同样需要消耗大量能源,除非使用核电来提取,否则无法从根本上降低二氧化碳排放。

电动汽车用各种燃料电池的性能参数见表6.2。

电动汽车用各种燃料电池的性能参数及远期性能指标 表6.2

燃料电池类型	比功率(W/kg)	能量密度(W·h/L)	工作温度(℃)	循环寿命(10^3h)	预计成本(US$/W·h)
碱性燃料电池(AFC)	30~105	0.2~0.3	60~100	10	200
质子交换膜燃料电池(PEMFC)	340~1500	0.35~0.6	50~100	40	200
直接甲醇燃料电池(DMPC)	—	0.04~0.23	50~100	10	200

6.5.3 分类

燃料电池汽车可根据其使用的燃料电池分为碱性燃料电池、磷酸燃料电池、质子交换膜燃料电池、溶融碳酸盐燃料电池和固体氧化物燃料电池5类。适于电动汽车用的有碱性燃料电池和质子交换膜燃料电池。直接用甲醇、氢作燃料的燃料电池称为甲醇燃料电池、氢燃料电池。

6.5.4 组成

燃料电池是燃料电池汽车的主要电源,一般由多个单体燃料电池组成,单体电池的电压一般在1V以下,即使采用串联的方法来提高输出电压,也需要串联大量的单体燃料电池才能达到,一般用燃料电池管理系统模块进行电源的管理,对燃料电池状态进行监控和检查。燃料电池的电流需要经过专用的大功率动力转换器,将燃料电池产生的直流电转换为稳压的直流电流,然后经过逆变器转换为交流电输送给驱动电动机。除此之外,在装有空调系统和电动油泵转向系统的燃料电池汽车上,燃料电池组还要向它们提供电能。通常在FCEV上还要装配一个普通蓄电池组作为辅助电源。

6.5.5 原理

在燃料电池中,燃料作负电极的工作物质,在负电极发生氧化反应;氧气(空气)作正电极的工作物质,在正电极发生还原反应。在碱性燃料电池中,氢气和氧气(空气)分别吸附在用活性炭制成的电极上,并将两个电极置于氢氧化钾电解液中,若接通外电路,便有电流流过负载。

使用镍作为正电极的催化剂,锂镍氧化物作为负电极的催化剂,可以使电池的反应速度加快。质子交换膜燃料电池使用固体隔膜作电解质,隔膜夹在正、负电极之间，并以铂作电极反应的催化剂。

质子交换膜燃料电池用作电动汽车的电源有以下优点：

(1)在所有燃料电池当中，质子定换膜燃料电池的比功率和功率密度都最高，在相同输出功率的情况下，体积最小。

(2)工作温度低，起动时间短。

(3)电池中唯一的液体为水，从而避免了腐蚀作用。

(4)使用固体电解质，因而不会发生电解液蒸发、外溢等问题。质子交换膜燃料电池的缺点是内阻稍大，而且需使用贵金属铂作电极催化剂。

氢燃料电池车的工作原理是：将氢气送到燃料电池的阳极板（负极），经过催化剂（铂）的作用，氢原子中的一个电子被分离出来，失去电子的氢离子（质子）穿过质子交换膜，到达燃料电池阴极板（正极），而电子是不能通过质子交换膜的，这个电子，只能经外部电路到达燃料电池阴极板，从而在外电路中产生电流。电子到达阴极板后，与氧原子和氢离子重新结合为水。由于供应给阴极板的氧可以从空气中获得，因此只要不断地给阳极板供应氢，给阴极板供应空气，并及时把水（蒸气）带走，就可以不断地提供电能。燃料电池发出的电，经逆变器、控制器等装置给电动机供电，再经传动系统、驱动桥等带动车轮转动，就可使车辆在路上行驶。与传统汽车相比，燃料电池车能量转化效率高达 60%～80%，为内燃机的 2～3 倍。燃料电池的燃料是氢和氧，生成物是清洁的水，它本身工作不产生一氧化碳和二氧化碳，也没有硫和微粒排出。如果氢是通过可再生能源（光伏电池板、风能发电等）或太阳能产生，则整个循环就是一个彻底的不产生有害物质排放的过程。

6.6 燃 气 汽 车

6.6.1 简介

燃气汽车是指用燃气作为燃料使用的汽车。燃气汽车所用燃料主要有液化石油气(LPG)、压缩天然气(CNG)和液化天然气(LNG)。

燃气与汽、柴油相比具有很多优点：资源丰富，价格便宜，产生的一氧化碳、臭氧和能生成烟雾的可反应烃等有害物质少。因为点燃天然气需要更高的温度和浓度，所以天然气比汽油更安全。而且天然气是无毒、不致癌、无腐蚀性的气体。燃气汽车的一氧化碳排放量比汽油车减少 90%以上，碳氢化物排放减少 70%以上，氮氧化物排放减少 35%以上，是目前较为实用的低排放汽车。由于其排放性能好、可调整汽车燃料结构、运行成本低、技术成熟、安全可靠，所以被世界各国公认为当前最理想的替代燃料汽车。

按照燃料使用状况的不同,燃气汽车可分为:使用单一燃气作为专用燃料的燃气汽车;既可以使用燃气也可以使用汽、柴油作为燃料的两用燃料燃气汽车;可以同时使用汽、柴油和燃气的双燃料天然气汽车。

燃气汽车的缺点有:气体燃料体积能量密度低,行驶里程较短;必须有加气站和供应网络;标准规范欠缺等。

6.6.2 液化石油气汽车(LPGV)

液化石油气汽车(liquefide petroleum gas vehicle,LPGV)是指以储存在车载气瓶中的液化石油气为燃料的汽车。液化石油气是一种在大气温度条件下,只要稍加压力(1.6MPa 左右)便成为液态的烃类(丙烷和丁烷为主要成分)混合物。

LPGV 与汽、柴油汽车相比,主要区别体现在燃料供给系,其燃料供给系的组成见图 6.2,其主要装置——蒸发调压器集预热、蒸发、减压、调压于一体,LPG 被发动机冷却水加热后蒸发汽化,再经减压供发动机使用。其结构与工作原理见图 6.3。

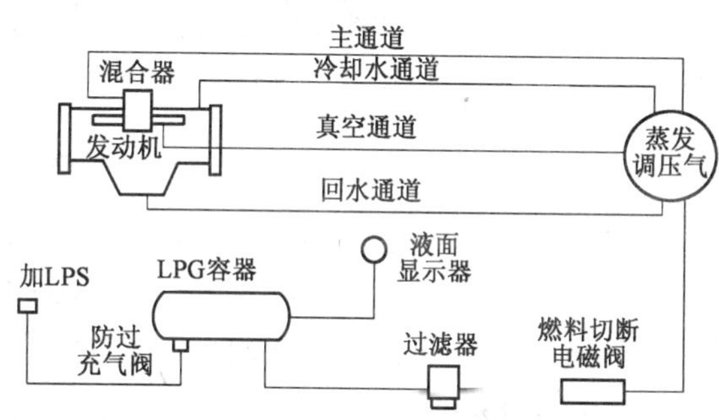

图 6.2 LPGV 燃料供给系的组成

1)一级减压

工作过程:来自储气瓶的 LPG 从进口 8 流入蒸发调压器高压腔,在自身压力的作用下,压开一级减压阀门 1,并进入一级减压室 6。在此被蒸发、汽化成气体并得到了第一次减压,压力被减小到 0.14～0.25MPa。随着一级减压室 6 中的气体数量增多,室内压力升高。推动一级减压膜片 3 向上运动,压迫一级膜片弹簧 4,固定在一级减压膜片 3 上的挂钩将一级减压杠杆 2 向上拉起,关闭一级减压阀门 1,阻断 LPG 的进入。随着一级减压室 6 中的 LPG 陆续进入二级减压室 17,一级减压室 6 中的气压降低。当压力降至某一值时,一级膜片弹簧 4 使一级减压室膜片 3 向下移动,带动一级减压杠杆 2 动作,打开一级减压阀门 1,LPG 又进入一级减压室 6。于是一级减压室中的 LPG 压力处于动态平衡状态。增加一级膜片弹簧 4 的预紧力、减小一级减压阀门 1 的阻尼等可使一级减压室压力和出气量增大；反之则使一级减压室压力和出气量减小。

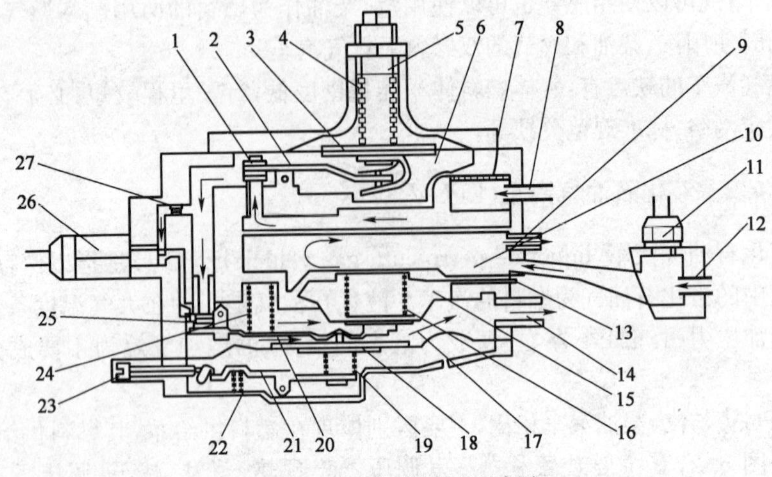

图 6.3　蒸发调节器结构示意图

1-一级减压阀门；2-一级减压杠杆；3-一级减压室膜片；4-一级膜片弹簧；5-一级减压室压力调整螺钉；6-一级减压室；7-滤网；8-LPG 进口；9-加热水腔；10-加热水出口；11-温控开关；12-加热水入口；13-真空管及接头（接进气管）；14-LPG 出口；15-真空气室；16-真空室膜片弹簧；17-二级减压室；18-二级减压室膜片；19-二级膜片弹簧；20-二级减压杠杆；21-怠速调整杠杆；23-怠速调整螺钉；22、24-稳定弹簧；25-二级减压阀门；26-起动加浓电磁阀；27-起动加浓量孔

2)二级减压

工作过程：二级减压室 17 的作用是使 LPG 的压力进一步降低至接近负压。来自一级减压室 6 的石油气经过二级减压阀门 25 进入二级减压室 17 时压力进一步降低（降至大气压附近），之后经由 LPG 燃料出口输往混合器。随着进入二级减压室 17 中气体数量的增多，室内压力升高。当室内压力大于平衡压力的时候，推动二级减压室膜片 18 向下运动，这时减压室内体积增大，使得室内压力减小。当室内压力小于平衡压力的时候，在压差的作用下，推动二级膜片向上运动，使得室内压力增加。于是二级减压室 17 中的 LPG 压力处于动态平衡状态。增加二级膜片弹簧 19 的预紧力、减小二级减压阀门 25 的阻尼等可使二级减压室 17 的压力和出气量增大，反之则使二级减压室压力和出气量减小。

3)不同工况下混合气浓度的实现

(1)怠速系统

怠速工况下，废气系数大（节气门开度几近为零，进入汽缸的空气量很少），燃烧恶化的情况仍然存在。为了保证怠速工况的正常运行，必须提供很浓的混合气。利用真空管 13 将节气门后的真空引入真空气室 15，使真空膜片压缩真空膜片弹簧 16 并带动二级减压阀门 25 开度增大，进入二级减压室 17 的 LPG 便增多，这样就满足了怠速工况对可燃气的需要。若发动机处于停机状态，混合器喉管处及节气门后的真空度均消失，二级减压阀门 25 在真空室膜片弹簧 16 的作用下关闭，停止向混合器供给 LPG，起到停机断气的安全作用。

(2)主供气系统

供气系统主要由混合器、二级减压室和真空室组件等组成。在发动机运转过程中，随着节气门开度的增大及转速的升高，混合器喉管处的真空度亦不断增大，这一真空度通过主通道传至二级减压室使二级减压阀门 25 的开度增大，引出较多的 LPG 以满足发动机的需要。

怠速系统的真空气室 15 还具有一定的校正功能。当节气门开大时，一方面进入的空气量增加，同时，混合器喉管处的真空度增加，蒸发调压器输出的 LPG 量增加，如果进入混合器空气量的增加速度赶不上蒸发调压器 LPG 燃料出气量的增加速度，混合气反而会变浓。而此时由于真空孔处真空度下降，真空气室 15 的真空度亦跟着下降，真空室膜片弹簧 16 在预紧力的作用下将真空膜片压向下方，通过二级减压杠杆 20 迫使二级减压阀门 25 的开度减小，以减少调压器的出气量，从而防止混合气随着负荷的增加变得过浓。

(3)起动系统

在起动工况时，因转速很低，混合器喉管处的气流速度及真空度均很低，因此，二级减压阀门 25 的开度很小，不能将燃气吸出或者吸出的数量很少，致使汽缸内的混合气过稀，难以保证其着火与燃烧。为此，LPG 发动机也需要在供气系统中专设起动系统。起动加浓电磁阀 26 控制连接一级减压室 6 和二级减压室 17 的旁通气道的启闭。起动时，起动加浓电磁阀 26 接通，旁通气道开启，于是一级减压室 6 中较高压力的 LPG 经起动加浓量孔 27 直接进入二级减压室 17，二级减压室内气体的压力和数量激增，从而保证向发动机提供额外的 LPG，使 LPG 发动机得以顺利着火起动。随着 LPG 发动机转速的升高，混合器喉管中的真空度增加，二级减压室 17 的阀门 25 开度相应增大，从二级减压室 17 引出的 LPG 数量增多至可保证发动机稳定运转，起动加浓电磁阀 26 关闭，旁通气道被截断。

6.6.3 压缩天然气汽车(CNGV)

压缩天然气汽车(compressed natural gas vehicle，CNGV)是指已储存在车载高压气瓶中的高压气态天然气燃料的汽车。压缩天然气一般指经多级加压到 20MPa 左右的气态天然气(甲烷为主要成分)。

1)组成

“车用压缩天然气装置”由以下三个系统组成。

(1)天然气储气系统：主要有充气装置、储气瓶、高压管线及接头、气压显示装置、手动截止阀。

(2)天然气供应系统：主要由天然气滤清器、高压电磁阀、减压调节器、动力调节阀、混合器、低压气软管及循环水软管等组成。

(3)对于双燃料汽车，有燃料转换开关、天然气截止阀及燃油截止阀。

2)原理

充气站将压缩天然气通过充气阀充入储气瓶至20MPa。高压CNG从气瓶出来到高压电磁阀，高压电磁阀的打开受发动机控制模块(ECM)的控制，高压CNG经高压电磁阀后到减压器，经减压器后CNG的压力由20MPa(满瓶时气压力)降到$6\times10^5\sim9\times10^5$Pa。

由于CNG减压后温度大幅度下降，因此在减压器后接有一个热交换器，利用发动机的冷却水进行加热，以防止管路结冰堵塞，并且在热交换器后有一个节温器，通过控制冷却水的流量来控制CNG的温度。

减压后的天然气通过低压管路、动力阀进入混合器，并与经空气滤清器进入的空气混合，经化油器通道进入发动机汽缸燃烧。

天然气发动机的基本原理与汽油发动机原理相同。燃料(天然气)在四冲程发动机的汽缸中与空气混合，通过火花塞点火，推动活塞上下移动。天然气与汽油相比，可燃性和点火温度存在一些差别(表6.3)，但基本理念相同。

天然气与汽、柴油点火温度的差异 表6.3

特　性	天 然 气	汽　油	柴　油
可燃极限 (在空气中的容积百分比)	5～15	1.4～7.6	0.6～5.5
自动点火温度(℃)	450	300	230
最高燃烧温度(℃)	1 884	1 977	2 054

3)减压调节阀

减压调节阀的作用是使气瓶输出的天然气降压并调节到适合汽车发动机使用。

(1)负压输出减压调节器

高压天然气经过天然气滤清器后，进入常闭式高压电磁阀，以控制供、断天然气。在电磁线圈未通电时，电磁铁芯在回位弹簧的作用下，将先导阀的小孔密封，继而推动先导阀将O形密封圈压在阀座上，通道全部关闭。当电磁阀通电时，由于电磁铁的磁力较小，不能直接把主通道打开，只能先打开先导阀的小孔，这时高压腔的高压气通过小孔流到低压腔，使高低压腔压差减小，然后电磁铁芯通过连接销，将先导阀一起提起，打开主通道。

(2)正压输出减压调节器

每级减压器由进气阀、减压室及阀门开闭调节装置、出气阀等组成。本级出气阀为下一级减压室的进气阀。高压气体由进气阀进入减压室，体积膨胀，当气体作用于膜片组的推力与进气阀门开启力相等时，进气阀又被关闭，使减压室压力不再增高，以达到减压的目的。等气体从出气阀流出时，减压室压力降低，气体对膜片组的作用力小于进气阀门开启力，进气阀又被打开，如此周而复始，使本级减压室压力稳定在额定压力，以达到减压的目的。

4)混合器

混合器的作用是在压力调节器后将天然气与空气预混合的部件，常用的有文丘里式混合器和比例调节混合器。

(1)文丘里式混合器

文丘里式混合器安装在空气滤清器与化油器之间。一方面要使喉管处产生真空度来调节减压调节阀的天然气流量，另一方面又要将天然气与空气均匀混合。混合器喉径过大，真空度小，不灵敏；过小，吸入空气量少，影响空燃比，发动机功率下降。通气小孔总截面积应与天然气进气道截面积相匹配。

(2)比例调节器

比例调节器有A、B两个混合气室，当发动机起动运行时，进气歧管产生真空，混合器气室B的空气通过管道进入发动机化油器进气管；气室B产生真空，而气室A与大气相通，混合器膜片在大气的压力作用下克服膜片组的重力和混合器弹簧的弹力上行，打开天然气进气管和混合器空气阀座，天然气和空气通过混合器进入发动机，发动机开始工作。混合器膜片根据发动机化油器进气管的真空度变化上下运动，天然气进气管开度的大小也随着变化，从而向发动机提供不同数量的天然气，与空气形成空燃比合理的混合气。

5)电控喷射

CNG经过节温器后到计量阀，计量阀上装有8个喷嘴，喷嘴的开启时间受ECM的控制，控制了发动机各工况点混合气的浓度。CNG经三级减压，从计量阀出来后到混合器，在混合器处与空气混合后经电子节气门进入汽缸。点火控制、增压压力控制、怠速及高速调速控制与LPG发动机相同。

(1)电控喷气形式

缸外供气方式主要包括进气道混合器预混合供气和缸外进气阀处喷射供气。缸外进气阀处喷射是一种较进气道混合器预混合供气方式更进一步的供气方式，该供气方法是将气体喷射器布置在各缸进气道进气阀处，可实现对每一缸的定时定量供气。

缸内喷射是指将气体燃料直接喷到汽缸内，喷气阀装在汽缸盖上。其主要包括缸内高压喷射供气和低压喷射供气。低压喷射主要用在压缩比较低的点燃式气体燃料发动机上；高压喷射主要用在压缩比较高和压缩终点喷射的气体燃料发动机上。

(2)电控喷气系统的组成

电控喷气系统包括空气供应系统(空气滤清器、进气管和进气歧管等)、天然气供应系统(储气瓶、燃气过滤器、调压器、喷气阀和输气管线等)、电子控制系统(传感器、电控单元和执行元件等)。

6.6.4 液化天然气汽车(LNGV)

液化天然气汽车(liquefide natural gas vehicle,ANGV)是指以储存在车载绝热气瓶中的低温液化天然气为燃料的汽车。液化天然气一般泛指经−160℃左右低温液化后可供车辆发动机作为燃料使用的液态天然气。

液化天然气汽车与压缩天然气汽车相比,不同之处在于燃料供给系统。压缩天然气是将高压储气瓶内20MPa的高压天然气转为自然状态后供给天然气发动机,液化天然气是将绝热储气瓶内−160℃的低温液态天然气转为自然状态后供给天然气发动机。

LNG储液罐为低温容器,要求具有较高的绝热性能和一定的耐压强度,以保证LNG的正常储存状态和LNG的安全使用。根据不同的绝热方式,车用LNG储液罐可分为真空绝热型、真空粉末(或纤维)绝热型和高真空多层绝热型等类型。真空绝热型储液罐的内胆是由不锈钢制成的液体容器。外壳为普通钢板焊接而成。绝热层的厚度一般为50～200mm,其真空度小于10^{-2}Pa,或填充一些绝热材料。在绝热层安置气体吸附装置,吸收漏入的微量气体,以保持绝热层真空度长期稳定。同时,为保证储液罐的绝热性能,绝热层内的充放液管和放气管部分环绕布置。内胆支撑装置采用绝热良好的材料,如橡胶等。

发动机运行时,LNG储液罐内的天然气液态与气态并存,正常工作压力不低于0.2MPa。当罐内压力低于0.2MPa时,压力控制阀开启,自增压器工作,将一部分气态天然气充入储液罐,而使罐内压力升高到工作压力。可以通过调节压力控制阀来改变自增压器的工作点。发动机处于停机状态时,随热量的不断吸入,LNG会不断汽化。当LNG储液罐中的压力高于0.6MPa时,安全阀打开,迅速放出部分气态天然气,保证LNG储液罐不被损坏。另外,在LNG储存系统,设有液位计和压力指示装置。

车用液化天然气的储存温度范围为−130～−160℃,其储存压力低于0.6MPa。使用时,从罐内流出的液化天然气经过汽化器吸收发动机冷却水或废气热量而汽化,并使其温度升高,然后通过两级减压器减压由管路送到混合器与空气混合进入发动机。LNG的汽化需要吸收较多热量,要求汽化器具有良好的换热性能,并能供给足够的热量。

6.6.5 吸附天然气汽车(ANGV)

吸附天然气汽车(adsorbed natural gas vehicle,ANGV)是指利用以吸附天然气为燃料的汽车。吸附天然气是指利用吸附材料对天然气的吸附效应,以吸附状态储存在其载体中的天然气。

吸附天然气汽车所携带的天然气燃料采用活性炭等吸附剂吸附。该活性炭颗粒结构中微孔多,适合大量吸附天然气,每克活性炭颗粒的表面积可达3 000m^2,相对密度为0.6~0.7。在常温、3.5MPa压力下,每克活性炭吸附甲烷可达17g,在标准状态下,1m^3 活性炭可吸附甲烷170m^3。吸附天然气汽车是一种日益受到重视的天然气携带方式,现在仍处于研究开发阶段,若天然气吸附技术实用化,则可大大降低压缩成本,提高天然气汽车的燃料携带能力,增加天然气汽车的续驶里程。

6.7 醇类燃料汽车

6.7.1 简介

醇类燃料主要是指甲醇和乙醇。醇类燃料可以和汽油或柴油按一定比例配制而成混合燃料,也可以直接采用醇类燃料作为发动机的燃料。

醇类燃料的来源广,制取方式多。甲醇可以从煤炭、天然气、煤层气,可再生生物资源、分类垃圾等物资中制取;乙醇的原料主要是含糖、含淀粉的农作物,如甜菜、甘蔗、玉米、草秆等。

甲醇和乙醇都属有机化合物,是无色透明、易挥发的可燃液体。与汽油相比,热值低、汽化潜热大、抗暴性好、含氧量高等;另外,醇类燃料吸水性强、化学活性高、容易发生早燃等。

6.7.2 醇类燃料的主要特点

醇类燃料的主要特点有:辛烷值比汽油高,汽化潜热大,热值低,腐蚀性大,醇混合燃料容易发生分层。

6.7.3 醇类燃料在发动机中的燃烧方式

1)掺烧

掺烧即指乙醇和汽油掺和应用,是醇类燃料在汽车上的主要应用方式。为使内燃机燃用醇燃料时能有良好的效果,可采用不同的掺烧方式,调整混合燃料的性质,改进内燃机结构及设计良好的掺烧及控制装置。

在混合燃料中,甲醇或乙醇的容积比例分别以MX或EX表示。如乙醇占10%、20%,即以E10、E20表示,纯乙醇燃料用E100表示。

汽油掺乙醇有两个作用:一是乙醇辛烷值高达115,可以取代污染环境的含铅添加剂来改善汽油的防爆性能;二是乙醇含氧量高,可以改善燃烧,减少发动机内的碳沉淀和一氧化碳等不完全燃烧污染物排放。同体积的乙醇汽油和汽油相比,燃烧热值低30%左右,但因为只掺入10%,热值减少不显著,而且不需要改造发动机就可以使用。

2)纯烧

纯烧即单烧乙醇,可用E100%表示,目前应用并不多,属于试行阶段。

3)甲醇改质

甲醇改质是利用发动机排气的余热将甲醇改质为氢气和一氧化碳,然后再输往发动机。

甲醇蒸发需要吸收汽化潜热,气体甲醇改质也需要吸收热量,故甲醇改质后名义热值为液态甲醇的1.2倍。改质气的理论成分为:含氢66.7%mol,含一氧化碳33.3%mol。实际上还会含有少量的甲烷和甲醛等。

甲醇改质后还会产生如下变化:

(1)甲醇改质气的低热值比甲醇高,但混合气热值比甲醇略低。

(2)火焰传播速度远远大于汽油,这个特性有利于热效率的提高。

(3)着火界限很宽,很容易实施稀混合气燃烧,提高热效率。

(4)辛烷值高,许用压缩比高。

(5)甲醇改质气有效地回收了一部分排气热量,有利于热效率的提高。

4)燃料乙醇

燃料乙醇指乙醇脱水后,再添加变性剂而生成的乙醇,还属于应用试验阶段。

5)灵活燃料

灵活燃料指燃料既可以使用汽油,又可以使用乙醇或甲醇与汽油比例混合的燃料,还可以用氢气,并随时可以切换,如福特、丰田汽车均在试验灵活燃料汽车。

6.8 氢气汽车

6.8.1 氢的特点

氢是宇宙中最丰富的物质,也是地球上储量最丰富的资源,在常温常压下为无色、无味、无毒的气体,自然界的氢绝大部分以化合态的形式存在,最常见的便是水和有机物。

(1)在所有元素中氢的质量最轻。

(2)沸点为－253℃,常温常压下为气体,携带性和安全性差。

(3)极易点燃,最小点火能量只有汽油的1/3,火焰传播特性也很好,容易实现稀薄燃烧;但自着火温度(在标准大气压力下)高达850K,高于柴油的620K和汽油的770K。

(4)氢燃烧热值高,1kg氢燃烧产生的热量相当于3kg汽油或4.5kg焦炭的发热量。但单位体积的发热量只有汽油的1/20。

(5)氢燃料中不含碳元素,因而不排放CO、HC及硫化物。燃烧后生成水,没有一氧化碳。

(6)储存不便。

(7)动力性较差。

6.8.2 分类

1)按储存方式分类

按储存方式可分为压缩氢气汽车、液化氢汽车、吸附氢汽车。

2)按混合气形成方式分类

按混合气形成方式可分为预混合和缸内直喷两种。

6.8.3 性能评价

1)动力性

氢气与空气在机外混合,由于容积效率低,发动机功率比原汽油机低20%～30%;如果将冷氢在进气门关闭以后,以较高压力喷入燃烧室,那么由于充量密度较高,燃烧完善,功率有可能比原汽油机提高15%左右。

2)排放性

完全燃烧的产物只有水(H_2O)这么一种无害的物质,实际上由于空气参与燃烧,空气中的氮在燃烧的高温下会生成一氧化氮,在废气中还会含有未参与燃烧的氮和剩余的氧,以及没有来得及燃烧的氢。此外,如果润滑油窜入燃烧室,则废气中还会含有石油燃料的排放物如一氧化碳、碳氢化合物、醛甚至微粒,不过很少。

6.8.4 氢的制取

电解水制氢是目前应用比较广泛且比较成熟的方法之一,近年来利用热化学循环分解水来获得氢的方法也得到了很好的发展。

6.8.5　氢的储存

传统储氢方法有两种，一种方法是利用高压钢瓶（氢气瓶）来储存氢气，但钢瓶储存氢气的容积小，而且还有爆炸的危险；另一种方法是储存液态氢，但液体储存箱非常庞大，需要极好的绝热装置来隔热。近年来，一种新型简便的储氢方法应运而生，即利用储氢合金（金属氢化物）来储存氢气。研究证明，在一定的温度和压力条件下，一些金属能够大量"吸收"氢气，反应生成金属氢化物，同时放出热量。其后，将这些金属氢化物加热，它们又会分解，将储存在其中的氢释放出来。这些会"吸收"氢气的金属，称为储氢合金。储氢合金的储氢能力很强，单位体积储氢的密度，是相同温度、压力条件下气态氢的 1 000 倍，也即相当于储存了1 000个大气压的高压氢气。储氢合金都是固体，需要用氢时通过加热或减压使储存于其中的氢释放出来，因此是一种极其简便易行的理想储氢方法。目前，研究发展中的储氢合金，主要有钛系储氢合金、锆系储氢合金、铁系储氢合金及稀土系储氢合金。

6.9　其　　他

6.9.1　空气动力汽车

利用空气作为能量载体，使用空气压缩机将空气压缩到 30MPa 以上，然后储存在储气罐中。需要开动汽车时将压缩空气释放出来驱动马达行驶。优点是无排放、维护少，缺点是需要电源、空气压力（能量输出）随着行驶里程加长而衰减、高压气体的安全性。

6.9.2　超级电容汽车

超级电容器是利用双电层原理的电容器。在超级电容器的两极板上电荷产生的电场作用下，在电解液与电极间的界面上形成相反的电荷，以平衡电解液的内电场，这种正电荷与负电荷在两个不同相之间的接触面上，以正负电荷之间极短间隙排列在相反的位置上，这个电荷分布层叫做双电层，因此电容量非常大。

6.9.3　物理燃料电池汽车

原名称叫做"热磁振荡发电技术"。其原理为通过对处于磁路中的一段软磁体迅速加热并冷却，使其温度在其居里点上下周期性地振荡，引起磁路线圈中的磁通量周期性地增减，从而感应出连续的交流电。能量是通过燃烧产生热能，再直接转化为电能的。它的技术原理是物理原理，而通常概念中的电池，均属化学原理，两者不是一回事。其优点是采用外燃方式，发电过程高效平稳，对燃料性质要求不高，甚至可以用固体燃料作能源。能使热能直接、高效地转化为电能，运动部件只有一个活塞，省去了机械传动系统，故寿命长，维护少，成本低。

6.9.4 太阳能汽车

使用太阳能电池把光能转化成电能，电能在电池中存起备用，用来推动汽车的电动机。由于太阳能汽车不用燃烧化石燃料，所以不会放出有害物。据估计，如果由太阳能汽车取代燃料汽车，每辆汽车的二氧化碳排放量可减少43%～54%。太阳能汽车的制约因素有：太阳能电池板的造价太高；太阳能电池板的能效较低。

7 节能驾驶

实践表明，在车辆技术状况良好的前提下，普通驾驶员驾驶习惯对汽车的燃料消耗量影响范围达30%；职业驾驶员不同驾驶习惯也会导致汽车燃料消耗量相差2%～12%。表7.1为不良驾驶操作对燃油消耗的影响。

不良驾驶操作对燃油消耗的影响 表7.1

不良驾驶操作	燃油消耗增加
发动机水温比最佳温度低10℃	2.5%
发动机水温比最佳温度高10℃	10%～20%
发动机水温达到100℃	20%以上
长期低于经济车速行驶	7%～8%
长期高于经济车速行驶	9%～13%
车辆起动100次	1 500mL
急加速1 000次	1 250mL
紧急制动50次	1 500mL
判断失误停车而重新起步1次	50mL
车速40km/h时点制动1次	35mL
车速40km/h时紧急刹车1次	100mL
掉头时每前进或后退3.5m	50mL
停车时轰加速踏板1次	30～50mL

交通运输行业标准JT/T 807—2011《汽车驾驶节能操作规范》对节能驾驶作了相应规范。

7.1 发动机起动

经试验，发动机在温度正常情况下常温起动一次所需油料，可供本车行驶200～500m，而严寒条件下的多次反复起动和有油电路故障时反复起动，所消耗的油料是正常起动的几倍甚至几十倍。应避免车辆不必要的起动。

车辆起动包括常温起动、冷起动和热起动3种。当发动机温度高于5℃时称为常温起动，发动机温度低于5℃时称为冷起动，当发动机温度高于40℃时称为热起动。

现代电喷发动机有冷起动加浓、自动冷车快怠速功能，能保证发动机不论在冷车或热车状态下顺利起动。无论是在常温及冷、热状态下，只需在起动时将变速器挡位置于空挡，踩下离合器踏板，旋动点火开关至起动位置后松开即能起动。使用电喷装置的轿车，仪表盘上有起动前的预热指示灯，应当在打开点火开关后等到指示灯熄灭后进行起动操作。

值得注意的是，电喷发动机在起动之前和起动过程中，像起动化油器式发动机那样反复快速踩加速踏板的方法来增加喷油量的做法是无效的。因为电喷发动机的加速踏板只操纵节气门的开闭，它的喷油量完全是由电脑根据进气量参数来决定的，预先已经设计好了。对于传统的发动机，在踩离合器踏板时不要踩加速踏板，这样会浪费燃油，同时会在发动机起动前用燃油洗刷汽缸壁和冲稀曲轴箱润滑油。

发动机预热，对节油的效果是明显的。经测试，在 0℃时，若靠发动机自身运转燃烧的热量把温度提升到 40℃，需耗 1L 汽油。气温在 15～20℃时，发动机不预热，靠发动机自身的运转产生的热量把温度提升到 40℃需耗油 0.871L。如果驾驶员用其他方法把发动机温度提升到 40℃，那么用于提升发动机温度的油料就节省下 30%。

起动次数的多少、起动时间的长短，对油耗有着明显的影响。要争取一次起动成功，尽量缩短起动次数、起动时间，减少发动机空转时间。发动机二次起动不着时，应及时查明原因，不可一次次地强行起动，以免大量消耗油料。

起动时间为 15～20s，最高不超过 30s；在再次起动前应等待 2min，让起动电机装置冷却。

7.2 汽车升温

汽车只有在正常的热状态下才能发挥最佳技术性能。车辆升温包括发动机升温与底盘升温。

现代电喷发动机由于采用了新工艺、新材料，不要求对发动机长时间怠速运转升温。过长的怠速升温浪费燃油，同时发动机中的 HC、CO 污染物的浓度要比正常行驶时高得多。

根据经验，怠速升温的控制时间为以 60s 为基数加减环境气温。气温在摄氏零度以上，用 60 减去气温，如：气温 30℃时，60 减 30 等于 30s(升温时间)；气温在摄氏零度以下，用 60 加上气温的绝对值，如：气温 30℃，60 加 30 等于 90s(升温时间)。对于增压发动机，起动后应先保持发动机怠速运转 60s 以上，使增压器轴承和旋转件得到充分润滑，在此期间不能使发动机空转。

发动机怠速升温不会使底盘升温，底盘升温必须通过行车实现。在气温不太低的情况下，起步后应低速行驶 1～2km；在冬天气温较低的情况下，低速行驶距离应适当延长至 3～4km。水温未达到正常值时，在行走升温阶段，发动机转速控制在 3 000r/min 以下。通过发动机升温和低速行走升温后，发动机水温应达到 80℃的正常温度，汽车升温即告结束。

7.3 汽车起步

汽车起步是汽车由不动到动的必经过程。在平坦的道路上起步时，发动机产生的转矩通过传动系，用以克服车轮与地面的滚动阻力、加速阻力和空气阻力，而此时的空气阻力是很小的。在坡道上起步时，除上述阻力外，还有坡道阻力(上坡为阻力，下坡为助力)。规范、柔和的起步动作能节省燃料。起步时，要正确选择挡位，轿车最好用一挡起步，踩加速踏板力度要适中，把发动机转速维持在 2 000～3 000r/min 之间。载货汽车起步：重车起步用一挡，空车起步用二挡，起步后快速换入高一级挡位，尽量量减少低挡行驶的时间。载货汽车分别用一挡和二挡起步，并将车速提高到 30km/h 时，一挡比二挡要节省燃料 15mL。

坡路起步的关键是手制动器、离合器踏板和加速踏板的动作相互配合得当，如配合不当汽车将倒退，发动机将熄火，从而增加油耗。

驾驶员必须根据地形和汽车的负荷情况，正确选择挡位，很好地运用驾驶操纵装置，注意离合器踏板和加速器踏板的密切配合，使汽车平稳起步，无冲动、振抖、硬拖、熄火等现象，这样就能取得良好的节油效果。

汽车行驶同样距离，采用缓慢起步虽比快速多用十几秒钟，但可节油几毫升到十几毫升。城市出租车、公共汽车每天起步上百次之多，采用缓慢起步，不仅使乘客感到平稳舒服，汽车节油效果也明显。

7.4 汽车加速

汽车由低速到高速必须通过加速来实现。汽车起步后是缓加速，还是冲击式快加速，燃料的消耗大不一样。实践证明，汽车起步后采用冲击式加速方式，即在 25s 内把车速提高到 40km/h，耗油为 40mL；而采用缓加速方式，即在 40～50s 内把车速提高到 40km/h，耗油为 30mL，每次缓步加速虽多用 15～25s 时间，但可节油 10mL。

控制好加速踏板，做到“轻踏、缓抬”，不要猛踏、猛抬加速踏板。猛踏驾驶踏板(急加速)，燃油消耗会成倍增长。对于自动挡的车辆，猛踏加速踏板，既不能迅速提高车速，又浪费燃油。急加速造成轮胎与地面的强烈摩擦而造成的噪声是匀速驾驶的 7～10 倍，轮胎磨损增加 70 倍，追尾风险增加 4.3 倍。

加速时要控制好加速踏板。一般来说，轻轻踩下加速踏板，虽然汽车提速慢，但省油；很猛地踏下加速踏板，虽然汽车提速快，但费油。

7.5 换挡变速

汽车发动机的输出特性是固定的，如果将发动机的转速不变地输出到车轮，那么车轮的转速和转矩也是一成不变的，很难适应不同的工况，如上坡时不需要高速却需要很大的转矩，这时要采用大的传动比；在高速行驶时转矩的要求低，就需要小传动比来行驶。这个传动比的切换就是换挡。

同样行驶条件下，高挡位比低挡位省油。所以在一般道路上行驶时，应尽可能使用高速挡行驶，避免低速挡高速行驶。瑞风7座汽油车道路试验表明，以60km/h车速行驶时，三挡的油耗为9.11L/100km，四挡的油耗为6.9L/100km，五挡的油耗为5.2L/100km。其四挡油耗较四挡油耗节省24.6%，较三挡油耗节省42.8%。

换挡时机把握原则就是使发动机工作在最佳转矩区间，该加速的时候，"一点"就能感觉到快，该减速的时候，"一收"就能感觉到慢，这时就是最合适的挡位。安全决定速度，速度决定挡位。

1)升挡

一般理想的变挡车速(手动货车五速变速器为例)如下：

第一挡：20km/h，起步挡，不能盲目地用高挡位起步(如二挡)。大型车辆的一挡是按满载起步设计的，因而在轻载时可以选择二挡起步，而多数小型轿车在设计时都是按一挡起步设计的。因此，小型轿车除非特殊情况(冰雪路面等)外，应该选择一挡起步。

第二挡：30km/h，通过挡，主要用于通过复杂路面和处置复杂情况。如通过无特殊障碍的锐角弯路、人流密集的繁华路段、坡度较大的路段、坑洼路段等。

第三挡：40km/h，过渡挡，主要用于城市道路中低速行驶。视情况，加速可以方便的过渡到Ⅳ挡，减速可以方便的减至二挡。

第四挡：60km/h，行车挡，主要用于较长时间的高速经济行驶。多数车辆的最佳经济车速都会出现在四挡，即四挡速度区间的低段。

第五挡：60km/h以上，超速挡，主要用于高速公路长途行驶。这里的"超速"指的是发动机的转速，即发动机在四挡速度区间的高端转速会很高，但动力尚有富余，如持续地保持过高转速，既废油，又增加磨损。这时及时升至五挡，一则可以保持较高车速，二则可以使发动机接近最佳转速。需要注意的是，尽管五挡时车速最快，但转矩却最小。

升挡时要采取主动换挡。主动换挡指在到达最大控制转速前就提前换挡。

若低挡位没有充分发挥应有的驱动力，急着换入高挡位必然要增加发动机的负担。如果在拥挤的市区行驶，时速在 40km/h 以下，就不必把挡位升到四挡，保持三挡以下行驶，不仅动力充足，快慢自如，而且便于应付各种突然情况。加挡时要先提速，当车速提高到合适的程度时，再换入高一级挡位。

2)减挡

一般来说，当汽车时速为 45km/h 时降为三挡，时速 35km/h 时降为二挡，时速 25km/h 时降为一挡比较合理。

减挡宜早不宜迟，不能等汽车速度很低了再减挡，此时汽车已经失去了惯性。速度很慢，几乎没惯性的汽车接通低挡位的离合器后，速度会进一步降低，发动机必须提供更大的驱动力才能确保汽车行驶。

减挡时应使用两脚离合器：首先将离合器踏板踩到底，将变速杆移入空挡位置，放松离合器踏板立即踩加速踏板，随即放松加速踏板，马上踩下离合器踏板，将变速杆移入所需挡位即可。

3)其他

变速换挡时，还应注意如下事项。

(1)不拖挡。指该升挡时及时升挡，该减挡时及时减挡。汽车起步后，只要不是低温冷车，就应尽快将挡位适当升高。一般来说，高速挡比低速挡节油。汽车在行驶中，当速度提高后，就应换入适应高速的挡位；当车速降低时，就应减入适应低速的挡位。

(2)危险路段不换挡。开车通过铁路道口、滑溜的坡道等险要路段时，必须提前换入所需挡位。通过时，为避免换挡时造成发动机熄火引起危险，不得换挡，而应该先换入低速挡，稳住加速踏板，一气通过。若中途换挡，汽车熄火，不仅不安全而且还浪费燃油。

(3)停稳车后换倒挡。如没有将汽车完全停稳后就挂倒挡，轻者造成挂不进挡或乱挡，重者打坏齿轮浪费燃油。在行驶中需要倒车挂倒挡时，必须将汽车完全停住后，才能挂倒挡。同样，汽车在倒车时，必须在彻底停住的情况下才能挂前进挡。

(4)逐级加挡，越级减挡。加挡时应逐级加挡，不得越级加挡，否则，会出现汽车动力不连续，车速提不起来，弄不好还得减挡，致使油耗增加。减挡时可以越级，因为汽车动力下降了，发动机的转矩下降。越级减挡不会影响车速，但越级减挡只能在超速挡到中速挡之间进行。经常进行越级减挡，可以节油。

(5)不空挡晃杆。在换挡时，当变速杆移至空挡位后生怕不是空挡位置，便用手将变速杆来回摇晃几下以作判断。变速杆摇晃，会碰坏齿轮，这样会影响换挡时机并造成机件不必要的磨损和多耗燃油。

(6)不强行换挡。汽车在行驶中换挡，当一次换不上挡时，便死推硬拉变速杆，这时变速杆极易打坏齿轮。

(7)换挡时防跑偏。有的驾驶员在换挡时，左手单独握转向盘，习惯地用力向下拉转向盘，致使方向偏移道路中心，这样危险极大。因为换挡时，只能左手握转向盘，右手要去操纵变速杆。

(8)换挡时不看杆。有的驾驶员在换挡的时候，出于对变速杆的挡位心里没底，常常要看一下变速杆，这样换挡很容易使行驶中的汽车跑偏方向，甚至引发交通事故。

(9)顺畅换挡。车辆在运动中换挡时，随着车速的增加，加速踏板、离合器踏板配合的操作时逐渐缩短，即离合器踏板的松开速度要加快。为了保证换挡过程顺畅，加速踏板也要合理配合，不要猛加油。比较理想的状态是在换挡过程中车辆运行平稳，速度平缓提高，感觉不出明显的瞬时加速。反之，在减速降挡时要先适当制动，当车速合适时踩下离合器踏板换挡，速度平缓降低，感觉不出明显的瞬时减速。在行车换挡时，如果离合器不踩到底，不仅使离合器片摩损加快，而且造成发动机和变速器第一轴不能彻底脱开，时离时合，车速提不起来，浪费燃油，同时还致使换挡时齿轮发响，打坏齿轮。在不使用离合器时，不要将脚放在离合器踏板上，以免形成半联动，加速离合器片磨损，浪费燃油。

7.6　温度对油耗的影响

(1)温度过低，发动机汽缸盖、汽缸壁的传热损失增大，燃烧速度降低，导致发动机平均有效压力下降。同时温度过低时，燃油不易挥发，油滴相对增多，使混合气变稀，不易燃烧或使火焰传播速度减慢，也导致油耗增加。同时，润滑油黏度过大，不能很好地填充到摩擦表面之间，从而加剧零件磨损。

(2)温度过高，会出现充气量下降、燃烧不正常(爆燃、早燃)、供油系统产生气阻等情况，使功降低率，油耗增加。

发动机的正常水温应保持在 80～85℃，冬季发动机罩下温度应保持在 20～30℃。正常的发动机水温和罩下气温，有利于汽油汽化和进气均匀分配，可以保持发动机具有良好的动力性和经济性，还可以使机油保持正常黏度和润滑性能，减少摩擦阻力，从而节省燃油。水温在 80～90℃时，发动机的燃油消耗率最低，发动机的转矩较高。

7.7　经济车(转)速

经济车速指的是汽车行驶中消耗燃料最少时的速度。经济转速是指发动机消耗燃料最少时的转速。其实质是保持发动机在最低燃料消耗率区域运转。汽车发动机在一定转速范围内，负荷率约在 80%左右存在着最低燃料消耗率区域，任何使发动机偏离最低燃料消耗率区域运转，均会使汽车的运行燃料消耗量上升。

汽车发动机与传动系选定后，发动机转速、负荷、比油耗的变化关系也就相应确定(图 7.1)。要发动机比油耗处于最低区域，其转速、负荷也存在着对应变化范围。在转速与负荷两个参数中，根据发动机负荷选定发动机转速，也就是确定汽车车速，使发动机比油耗保持在最低区域内，就是选择汽车经济车速。

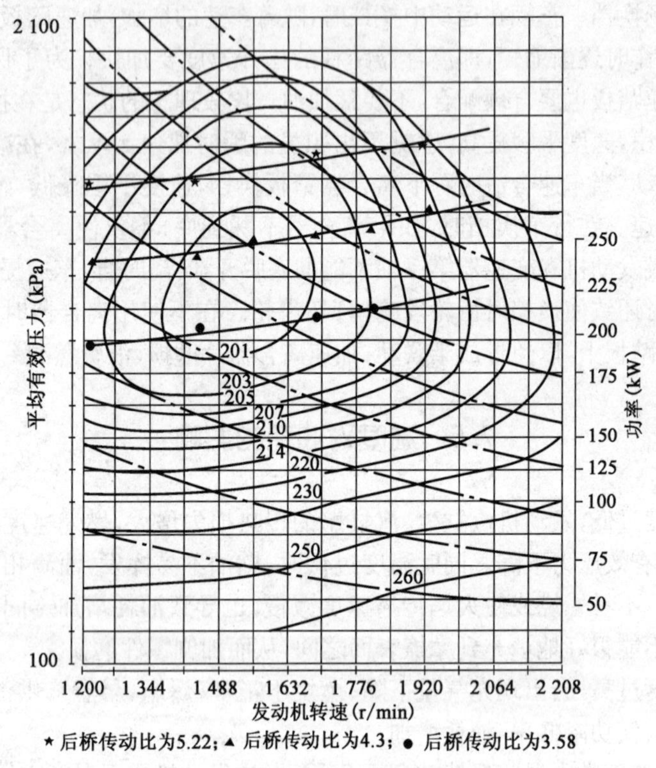

图 7.1　WD614.46 型柴油发动机万有特性图

影响发动机负荷的因素很多，诸如路况、车况、载重、风向、气候等。所以经济车速也会在一定范围内变化。一般而言，经济车速指在车速中等偏高的区域。底盘相同，柴油车比汽油车的经济车速要高 30%左右。

现代汽车一般都配有发动机转速表，经济转速用绿色区域表示。操作时，根据汽车负荷选择变速器挡位，保持发动机转速在绿色区域内即可保证处于经济车速行驶。

汽车为了适应各种复杂的运行环境而具有较大的后备功率，这也使得汽车在大部分行驶工况下，发动机的负荷率较低而偏离了最低燃料消耗率区域运转，使汽车的运行燃料消耗量上升。采用高挡位行驶能有效提高发动机的负荷率，使发动机在接近最低燃料消耗率区域运转，降低汽车运行燃料消耗量。

一般正常装载车辆在平直的沥青路面上行驶，城市公共汽车的经济车速在50km/h以下，普通公路行驶的车辆在50～70km/h范围，高速客车在90～100km/h范围，轿车的经济车速为60～90km/h范围。

车速过高，发动机亦将偏离最低油耗区。车速在90km/h以上时，速度每增加10km/h，油耗将增加10%。同理，挡位、车速过低，油耗亦将增加。

7.8 制动与滑行

汽车制动时，通过制动器制动蹄片与制动鼓(盘)或轮胎与路面的摩擦消耗动能而达到减速目的。这时消耗燃油提升的汽车动能将因制动而浪费。节能措施是预见性的滑行减速替代制动，以达到节省燃油的目的。停车前应预先计划，应尽量利用车的惯性滑行后停车。

缓速器是一种无摩擦减速装置，俗称"第二制动"，作为辅助制动系统，能有效降低因频繁制动带来的功率损耗，对于有预见性的制动，让缓速器发挥作用(设计上缓速器要先于常规制动系统)，减少常规制动器负荷，减少制动蹄片和轮胎的消耗，延长制动蹄片、制动鼓(盘)和轮胎的使用寿命，并能达到2%的节油效果。

有的汽车装有排气制动器，俗称"第三制动"。在采用排气制动时，由于停止了燃油的供给，发动机实质上变为一台空压机，来消耗能量控制车速，故能减少发动机油料的供给以至断油，能节省燃料。使用排气制动时，不能挂空挡，也不允许分离离合器，否则排气制动无效，还会出现行车事故。

禁止熄火滑行减速。熄火滑行时空压机不工作，同时如发生意外情况起动发动机已来不及，存在行车安全隐患。现代车辆转向系统大都有助力装置，如果没有动力则转向非常困难，所以滑行期间发动机不能熄火。

禁止空挡滑行减速。长坡空挡滑行，过分依赖制动器，使制动器性能下降；空挡滑行时，当发生意外时，往往在第一时间内挂不进所需挡位，易诱发交通事故。

采用不熄火挂挡滑行的操作方法。这时发动机处于强制怠速工况，强制怠速工况的燃料消耗较正常怠速油耗要低得多。经发动机反拖台架试验证明：发动机正常怠速时的燃料消耗量为1.1～1.3kg/h，而强制怠速工况下的燃料消耗为0.27kg/h，强制怠速工况下的燃料消耗量较正常怠速工况下的燃料消耗量减少75%。这样，车辆的安全节油方法是不熄火的挂挡滑行，该方法既能保证行车安全，又能节约燃料，其燃料消耗比不熄火空挡滑行节约75%。

分离离器合器滑行方式。由于在分离离合器滑行的过程中没有用发动机对车辆进行制动，车辆能以原有的速度或越来越小的速度滑行很远的距离，而在这个过程中，发动机怠速油耗小，节省了燃油。分离离合器滑行和空挡滑行是完全不同性质的两种滑行方式，分离离合器滑行并不摘挡，在滑行过程中只要抬起左脚就可以用发动机辅助制动，是比换挡还安全的一种操作。其方法是：在踩下离合器之后，放松加速踏板，车辆滑行，在车速降低到一定程度时，踩下加速踏板，在使发动机转速提高到一定程度（离合器压盘与从动盘的转速差较小）时，慢慢松开离合器踏板，使其结合，然后继续踩下加速踏板，用发动机驱动车辆，使车辆加速。其缺点是：每次滑行时需要始终踩着离合器踏板，分离轴承始终受力，分离轴承寿命短；与空挡滑行同样，在重新结合离合器时，如果加速踏板掌握不好，则会加速离合器摩擦片的磨损。其优点是：不需要摘档和挂挡，任何形式的变速器都没有挂不上挡的可能，因此，在需要用发动机辅助制动时，只要抬起左脚就可以实现发动机辅助制动；压紧弹簧只受一次力；摩擦片只经过两次滑磨（而空挡滑行时，每次滑行需要踩两次离合器，压紧弹簧受两次力；摘挡和挂挡要操纵两次变速器；在重新结合离合器时，如果加速踏板掌握不好会加速离合器摩擦片的磨损；由于摩擦片只有在将要分离或将要结合时才有相对滑磨，摩擦片要经过四次滑磨）。分离离合器没滑行相当于摘了四挡换四挡、摘了五挡换五挡，交通法规中并没有对换挡时间的长短作出具体的规定，而且也没有规定不允许摘了四挡换四挡、摘了五挡换五挡，所以可以说交通法规并不禁止分离离合器滑行。反过来说，如果禁止在车辆有一定速度后踩离合器踏板的话，就更应当禁止途中换挡。

7.9 直线匀速

汽车直线行驶较省油。因为转弯时阻力增加，将多消耗能量；通过弯道常要加减挡，而每次换挡都会多耗燃油。所以，若直行和转弯同样可以到达目的地，就应尽量选择直行。若必须转弯时，转弯之前就应放松加速踏板，将车速逐渐降低至合适位置，并保持稳定。不要在行驶时来回转动转向盘。

频繁变换车道将造成：频繁加速、减速，发动机处于不稳定工作状态；经常加速使发汽车克服加速阻力所消耗的功率很大；经常制动，使汽车已有的运能通过制动器而不是行驶里程大量消耗；曲线行驶使汽车滚动阻力增加，行驶距离变长，使油耗增加。

匀速行驶避免了制动与加速，相同的一段路，以100km/h的匀速度行驶，比用变速行驶能省油20%～25%。匀速行驶是驾驶节能的重要方法。

在交通流量较大的道路上，频繁变道、变速带来的时间效果并不明显。以上下班路程为10km计算，大中城市上下班时平均车速为25km/h，如果频繁变道、变速使平均车速达到30km/h，时间上仅缩短了4min，燃油消耗却增加不少。试验表明：野蛮驾驶(即在信号灯前猛停、猛闯等)最多只能节省4%的出行时间(相当于在一次60min的出行中节省2.5min)，而油耗却增加了37%，有毒气体的排放量却增加了5倍。

7.10 空调使用

空调功率约占发动机功率10%～15%。空调使用不当会增加汽车燃耗。

(1)应少用空调而利用开窗自然通风。然而打开车窗会使汽车的空气阻力系数增大，超过车用空调所需的动力，汽车增加的油耗会比使用车用空调的油耗还多。当车速超过80km/h时，应关闭车窗而使用空调。

(2)不将空调开得很低。空调温度很低不仅费油，对健康也有害。当车内温度调控得过低，如20℃以下，就会引发多种不适症，如下肢酸痛、全身乏力发冷、头痛、咽喉痛、腹痛、腰酸、四肢神经痛，严重者甚至还会发生嘴眼歪斜等症状。如果车上有老人或小孩，则应把温度定在27℃较好。正常情况下，车厢内温度以与外界温度相差5～6℃为宜。

(3)先换气后开空调。上车后发动车前将四门玻璃全部打开，启动空调的外循环系统，把热气都排出去，等车厢内温度下降之后，再关闭车窗，这个时候再开启空调，并调节到适合温度。

(4)到达目的地前两分钟关闭空调，这样既可享受空调制冷达到的剩余温度，也可节能，还可减少发动机和空调的负荷。

(5)当发动机因开空调增大负荷导致水温过高时，要暂停使用空调，直至水温正常为止。

(6)正确使用车内外循环。

外循环状态是利用风机将车外的空气抽吸到车内，也就是说，车外与车内的气道是流通的，风扇打出的风来自车外，即使不开风机，车辆行驶中仍然有气流吸入到车内，补充车内的新鲜空气。

内循环状态是关闭了车内外的气流通道，不开风机就没有气流循环，开风机时吸入的气流也仅来自车内，形成车辆内部的气流循环。内循环主要是及时有效地阻止外部的灰尘和有害气体进入车内，比如行驶中通过烟雾、扬尘、异味区域或车辆密集紧凑行驶时，阻挡前车排出的有害尾气。另外的一个作用就是保温。

以车内升(降温)为主时易用内循环，辅以适当的外循环；以换气为主则易用外循环。

(7)冬季车内升温应先起动发动机预热，等发动机温度指针到中间位置后，先打开暖风空调，同时把空气循环设置为外循环，把车内的冷空气排出车外，等待 2～3min 后，将空气循环设置为内循环即可。

(8)在寒冷的冬季，车内温度并非越高越好，一般内外温差不应超过 6℃。一旦温差超过了这个幅度，人体就会因温度失调而产生不适。另外，车内要定时注入新鲜空气，每隔 3～4h，应关闭空调机，打开车窗，让车外空气彻底流通，然后再关门开车。

7.11 坡道行驶

汽车在坡道上行驶，由于重力作用产生上坡阻力，下坡则产生助力，对驾驶操作影响很大。汽车爬坡一般有三种操作方法：减挡爬坡，如坡道角度较大，并且坡道很长，则上坡前一定要提前减挡（换挡时机比一般换挡稍微提前一点），同时加速踏板要迅速跟上，车辆加速行驶到坡底，然后以中等车速（30～40km/h）匀速爬到坡顶；高速“冲坡”，如果坡度不大，而且坡道较短，也可以不减挡而踩下加速踏板直接冲到坡顶，如城市中的立交桥引桥，设计爬坡度一般不大于 5%，轿车可以不减挡，直接以五挡爬坡，顺利通过立交桥；先冲坡、后减挡，如果坡道的坡度不大而坡道很长，则可以先采取冲坡的方法，然后在感觉发动机声音变得沉闷、车速下降时及时换入相邻的低挡。运用该方法时要注意，不能等到车速降得太低、行驶惯性要消失了再换挡，如在坡道上重新起步，将更加费油。坡道换挡的时机，通常为减挡宜早，加挡宜迟。将要到达坡顶时，应适当放松加速踏板，并加强对坡道对面视觉盲区安全状况的确认。

采取哪种爬坡方式，可以根据坡道的情况灵活运用。但无论采用哪种爬坡方法，都应该尽量多用高速挡，并应该在上坡前就开始加速，感觉动力不充沛时迅速换入低挡，才能节省燃油。其策略可以总结为“高挡不硬撑”，必要时早换入低速挡；“低挡不硬冲”，防止造成发动机超速或过热。

7.12 熄火停车

在行车过程中，应尽量减少停车的次数。有停车就有起步，有起步就会多耗燃油。在通过路口遇绿灯时，应提前 100～200m 轻轻加速，争取在绿灯期间顺利通过路口；遇到红灯时，应该提前 100～200m 松开加速踏板，运用汽车惯性低速滑行到路口或者本车道的队尾，争取不让汽车完全停驶就可重新加速通过路口。如果红灯时间较久，仍可滑行至队尾后可靠停车，但要注意与前车保持安全车距。

停车时要考虑汽车停放的位置，应做到一次停车到位，减少停车时的移车次数。停车地点要选择路面坚硬、平整或坡度小、顺风及视线良好的地方，不要停在松软、湿滑、结冰路面或上坡道上，目的是再起步时顺利、安全又省油。如果附近无理想停车地段，必须在软、滑路面上停车时，应在车轮下垫上硬物，以防车轮下陷，再起步时打滑空转，既费油还会引出更大麻烦。

发动机怠速运转时，因转速低而使混合气雾化不良，且浓度较大，燃油消耗量大。排量为 3 000mL 左右的轿车，发动机每小时的怠速油耗为 1 000～1 800mL，故小型汽车怠速 1min 以上的油耗将比重新起动一次发动机的油耗更大。当汽车停车后(特别是长时间停车)，要尽量减少发动机怠速空转时间，及时熄火。

增压与非增压发动机熄火前的怠速冷却操作有所不同。非增压发动机一般停车在 1min 以上就应将发动机熄火。如果汽车经过高速或爬上坡行驶后，发动机温度很高，则应先怠速运转 30～60s 后再熄火。带有涡轮增压器的柴油机需要将增压器充分冷却，并在其高速旋转时保证它的润滑，故在停车时要让发动机再怠速运转 2～3min。如果停车后直接熄火，将影响涡轮增压器的使用寿命；同时，发动机汽缸、轴承等都处于热膨胀状态，容易冷却后变形，甚至卡死。

7.13 其他事项

1)一次完成超车

在城市行车、道路狭窄、前车不让的情况下，往往会猛加油、猛制动交替发生，其耗油是正常行驶耗油的 2 倍以上，因而超车宜选择在道路宽阔的路段，一次完成。

2)长时间堵车应熄火

一般来说，超过 5min 的堵塞，或是前面被堵车辆看不见头的情况下，都应熄火等待。以怠速等候，每分钟将耗油 5g。特别是停停走走，不断地起动熄火最费油。

3)不携多余物品

超过额定载质量，每增加 1kg 的负荷，每千米将增加 0.01L 的油耗。因此，行车要尽量减轻自身质量，去除一些不必要的“累赘”。

4)不猛踩加速踏板

原地猛踩加速踏板一次，等于行驶 1km。有的驾驶员在起动时、熄火前喜欢猛踩加速踏板的不良习惯最好去除。

5)优选行车路线与时段

选线应遵循多环路(高架)、少城路，多右转、少左转，多大路、少小路，多绿灯、少红灯的原则。在时间和路线上尽量避开堵车，因为堵车时的油耗是相当高的。

7.14 规范驾驶

规范驾驶员驾驶行为能起到显著的节能驾驶效果。规范驾驶操作要点如下。

1）驾驶前的准备

（1）行车路线设计。以行驶时间和距离最优的原则，设计在熟悉城市的行车路线，尽量避开车流高峰、繁华街道、学校、医院、平交路口等交通拥堵路段；以行驶道路等级较高及距离较短的原则，设计最佳长途行车路线及备用行车路线。

（2）心态调整。忘记或暂不考虑对情绪有较大刺激的事件，保持理解他人、不争不抢的心理状态。

2）发动机起动

（1）电喷汽油发动机起动。无论是常温起动及热起动，还是冷起动，起动时应将变速器挡位置于空挡（自动变速器挡位置于 P 挡），踩下离合器踏板（自动变速器车辆踩下制动踏板），旋动点火开关至起动位置，发动机顺利起动后松开，每次起动位置的接通时间不得超过 5s。起动过程中不应踩加速踏板给发动机提供额外的燃油。

（2）柴油发动机起动。柴油发动机常温及热起动时，操作方法同电喷汽油发动机起动。

柴油发动机冷起动时，应首先开启发动机预热系统，在充分预热后再按电喷汽油发动机步骤进行起动操作。如果一次起动未能成功，应重新进行预热。

3）车辆预热

车辆预热包括发动机预热及底盘预热。预热的最佳方案是使发动机和底盘部分同时得到充分预热。

（1）发动机预热。非增压电喷发动机起动后在原地保持怠速运转预热 20s 至 1min。增压发动机起动成功后，应先在原地保持发动机怠速运转预热 1min 以上，在此期间不应使发动机高速空转。在冬天气温较低时，发动机预热时间适当延长，使发动机水温预热到 40℃。

（2）底盘预热。发动机预热完成后（气压制动的车辆储气罐内的气压达到行车规定），应起步以 20～40km/h 的速度行驶 1～2km。在冬天气温较低时，低速行驶距离应适当延长至 3～4km。

4）起步

（1）平路起步。左脚完全踩下离合器踏板，将变速杆置于一挡位置（有的大型载货汽车空车时置于二挡位置），松开驻车制动器。随后分两个阶段进行左脚抬离合器踏板操作，前一阶段动作适当快一些，待传动机件稍有振抖，发动机声音略有变化，抬离合器踏板的动作（后一阶段）在这一位置稍作短暂停留，同时，右脚轻轻踩下加速踏板，左脚再缓慢抬起离合器踏板，车辆平稳起步。车辆起步后应在车辆移动一个车身距离内迅速加速将挡位挂到高一级挡位。

（2）上坡起步。左脚完全踩下离合器踏板，将变速杆置于一挡位置，右手拉紧驻车制动器操纵杆，右脚轻踩加速踏板，根据坡度情况提高发动机转速（坡度越大，需提高的转速越高），这时抬离合器踏板到半联动状态，当听到发动机声音发生变化时缓缓放松驻车制动器操纵杆，同时逐渐踩下加速踏板和慢抬离合器踏板，平稳起步。

5）换挡变速

（1）挡位选择。手动变速器。一般手动变速器有4～5个前进挡位。其中一挡、二挡为低速挡，减速增矩作用显著，用于起步、上陡坡等，油耗很高。三挡为中速挡，是汽车由低速到高速或由高速到低速的过渡挡位，车速稍快，油耗也较大，不宜长距离行驶。四挡、五挡为高速挡，由于传动比小或直接传动，车速快，油耗最低。车辆行驶时应尽量使用高挡位。

根据发动机运行的经济转速（转速表绿色区域）选择挡位，保持发动机转速在绿色区域的低转速下运转。不同型号车辆的发动机经济转速不同，一般汽油机的经济转速在1 800～2 200r/min，柴油发动机的经济转速要比汽油机低。当发动机的转速高于经济转速时应及时选择高一级挡，低于经济转速时应及时选择降挡。

自动变速器。一般自动变速器有4个前进挡位，即D挡、三挡、二挡、一挡。D挡为自动超速挡，为汽车正常行驶挡位，燃油经济性最佳；三挡适用于在丘陵地带、弯曲道路等行驶，动力比D挡大，燃油经济性比D挡差；二挡适用于在坡路行驶，动力比三挡大，燃油经济性比三挡差；一挡适用于在非常陡峭的山坡上，或在深雪、泥泞路上行驶，车速低，动力最大，燃油经济性最差。

（2）手动变速器换挡。汽车换挡变速踩下离合器踏板时，要及时抬起加速踏板；当抬起离合器踏板离合器片尚未完全接合时，不要急踩、猛踩加速踏板。

升挡时应自低挡依顺序换入高挡，并要做到及时、准确。

降挡时应自高挡换入预期将要行驶的能保持发动机转速在绿色区域较低转速下运转的低挡，并要做到及时、准确。

（3）自动变速器提前升入挡内高档。自动变速器汽车在加速时，车速提高后稍松加速踏板，自动变速器自动升入挡内高档。

6）加速

（1）加速踏板的限度。汽车在平路行驶过程中加速，踩下加速踏板的限度不应超过加速踏板行程的3/4。汽车在平路行驶过程中，如果已踩下加速踏板行程的 3/4 而发动机转速不能相应增加，应稍抬加速踏板或变换低一级挡位后重新加速行驶。

(2)踩下加速踏板的速度。踩下加速踏板的速度，以发动机的声音增高较柔和为宜。一般加速踏板由怠速位置踩至 3/4 行程位置的时间应控制在 3～4s，如果发动机出现发“闷”的吼声，应稍抬踏板。

7)制动减速

减速的方法有两种，一种是依靠制动器制动，另一种是依靠滑行减速(发动机制动减速)。尽量少用或不用制动器制动，采用汽车滑行减速。

(1)制动器制动减速。在遇障碍物有足够的距离时，应轻踩制动器踏板进行缓慢减速。遇到紧急情况应该采用先急后松法进行制动。第一脚制动先急速踩下，当汽车随着制动的惯性点头时，马上松开制动踏板，在汽车点头刚开始回位时补上第二脚，使其不能迅速回位。

(2)滑行减速。较早预见到前方有障碍、转弯、会车、红灯等需要减速的地段时，抬起加速踏板，离合器保持结合状态，变速器保持在原挡位，发动机保持在点火状态，依靠发动机对汽车的阻滞力减速通过，必要时用制动器制动增加减速强度。

汽车下陡而长的坡道时，抬起加速踏板，离合器保持结合状态，发动机不熄火，变速器挂上合适的挡位，并根据情况使用制动器间歇制动控制车速。挡位越低，发动机对汽车的阻滞力越大。

8)车速控制

(1)汽车在正常行驶时，变速器应置于最高挡位，保持发动机转速在绿色区域(经济转速)的低转速下等速行驶。

(2)当汽车行驶阻力增大，以及交通繁杂，不能用最高挡行驶时，应及时换入低挡并保持发动机转速在绿色区域的低转速下等速行驶。

(3)在预期速度下，应保持好该状态时的加速踏板位置，使汽车等速行驶，避免加速踏板位置来回变化。

(4)应保持适当的行车间距。在普通道路上，行车间距应大于汽车 2～3s 内驶过的距离；在高速公路上，行车间距应大于汽车 4s 内驶过的距离。

(5)汽车行驶的最高速度不应超过道路限速规定。

9)行车温度控制

发动机的温度在 80～95℃时油耗最低，转矩和功率最大。

(1)发动机温度低于 40℃时，不要让发动机大负荷高速运转或汽车高速行驶，达到 40℃以上时开始正常行驶。

(2)长时间上坡或高速行驶等行驶状态下，发动机水温过高可能报警时，应停车怠速或小负荷、低速行驶，让发动机温度慢慢降到正常区域。

10)转向机构控制

(1)操纵汽车转向机构要平顺,避免急转弯、突然变向等。

(2)在汽车行驶过程中,应保持汽车直线行驶,避免来回转动转向盘。

(3)变更车道时,应在确认前后左右的车辆处在安全距离的情况下,开启左转向灯,夜间还须变换使用远、近光灯,然后平稳地转动转向盘以较大的行车轨迹缓加速驶向另一车道。如果变换车道是为了超车,在超车后要返回原车道。应尽量减少频繁变更车道驾驶。

11)特殊路段驾驶

(1)上坡。遇见坡路时,应提前预测坡度、坡长,判断要用的挡位及速度,在坡前500m应轻微加速,在坡路上保持加速踏板位置,尽量靠车辆惯性冲到坡顶。车辆依靠惯性不能冲到坡顶时,应在车辆还有一定速度时及时换入低一级挡位,避免坡路停车重新起步。

(2)通过隧道。在距隧道入口50m左右,应开启前照灯、示宽灯、尾灯,仔细观察前方情况以及引起后方车辆的注意;驶到出口时,握稳转向盘,避免隧道口处的横向风引起车辆偏离行驶路线;驶出隧道后,在明适应过程中不加速。

(3)拥挤路段驾驶。在拥挤路段,车辆处于频繁的起步—停车循环行驶状态,应在车辆起步后立即摘挡或踩下离合器踏板,依靠车辆惯性行驶,避免起步后猛踩加速踏板再制动停车的驾驶方式。

12)空调使用

(1)气温适宜,车速低于60km/h时,宜打开车窗通风,或者只用空调的通风功能。

(2)当车速超过80km/h时,应关闭车窗开启空调调节车内空气,空调的温度不应设得过低。

13)熄火停车

(1)发动机熄火。当汽车停止行驶后,应尽量减少发动机怠速空转时间,及时使发动机熄火。

非增压发动机车辆一般停车在1min以上,应使发动机熄火。如果汽车经过高速或爬长坡行驶后,发动机温度很高,先怠速运转30s以上后熄火。

增压发动机车辆停车后不能立即熄火,应保持发动机怠速运转3min以上,待发动机充分冷却后再熄火。

在路口等停车等待通过的过程中,应根据交通信号灯计时器判断停车时间,停车时间如果超过1min,应将发动机熄火。如果信号灯没有计时显示,排在车队后面的(3辆车以后)车辆,应将发动机熄火。

(2)停车。准确判断位置,应做到一次停车到位,减少停车时的移车次数。避免停在上坡、积水、结冰或松软的路段上。冬季中途停车时间较长时,避免车头迎风停放。

7.15　练好驾驶基本功

驾驶基本功是驾驶节能的基础。全国交通运输行业节能示范项目——“节能驾驶操作”(安徽省合肥汽车客运总公司)总结出了六个节能驾驶操作要求，提炼出“八个不”(起步不耸、换挡不响、转弯不歪、制动不栽、车速不超、会车不抢、空转不轰和停站不偏)的汽车节能驾驶操作方法及“十二练”(起步练平稳、换挡练配合、平路练省燃料速度、上坡练换挡、下坡练制动、转弯练方向、倒车练正确选择、夜间行驶练灯光、会车练安全礼让、抛锚时练排除故障、转向练稳准、雨雪行车练防滑)。驾驶员必须掌握了起步、换挡、转向、减速、制动、停车等环节及上坡、下坡、会车、让车、跟车、超车、掉头、夜间、夏季、冬季、山区等过程的节能驾驶操作技巧。

7.16　推广节油驾驶经验

全国交通运输行业节能示范项目——“节能驾驶操作”、“推广王静工作法”总结提炼了普通公交驾驶员王静 20 年节能驾驶经验，形成了包括“‘十九字’节油操作”、“‘三不三好’安全驾驶法”、“‘三边三勤’工作创新法”的“王静工作法”。

“十九字”节油操作法即一查、二看、三配合、慢起步、柔进挡、中速行、缓进站。

一查:查车辆状况，始终保持良好的车辆性能。

二看:行驶中看清行人动态，要有预见性;看清来往车辆和道路，尽量避免紧急制动。

三配合:灵活运用离合器、加速踏板、变速器，合理操作。

慢起步:轻踩加速踏板、缓抬离合器、慢慢加油。

柔进挡:脚轻手快、加挡及时、减挡迅速。

中速行:控制加速踏板、确保经济车速行驶。

缓进站:进站提前减速，平稳避让。

“三不三好”安全驾驶法:不违规操作、不疲劳驾驶、不开带病车;好习惯、好心情、好性格。

“三边三勤”工作创新法:边工作、边学习、边实践;勤动手、勤总结、勤钻研。

8 汽 车 维 护

保持良好的车辆技术状况是汽车低碳运用的基础,做好汽车维护是保证汽车良好技术状况的关键之一。

8.1 汽、柴油燃料汽车维护技术规范

GB/T 18344—2001《汽车维护、检测、诊断技术规范》规定了汽、柴油燃料汽车日常维护、一级维护、二级维护的周期、作业内容和技术规范,适用于所有在用汽车。

汽车维护包括日常维护、一级维护、二级维护。

8.1.1 日常维护

日常维护指以清洁、补给和安全检视为作业中心内容,由驾驶员负责执行的车辆维护作业。

日常维护的周期为出车前、行车中、收车后。

日常维护的主要内容为:对汽车外观、发动机外表进行清洁,保持车容整洁。对汽车各部润滑油(脂)、燃油、冷却液、制动液、各种工作介质、轮胎气压进行检视补给。对汽车制动、转向、传动、悬架、灯光、信号等安全部位和位置以及发动机运转状态进行检视、校紧,确保行程安全。具体作业如下。

1)出车前

环绕车辆一周,检查车身外表情况和各部机件完好状况,无漏油、漏水、漏气、漏电现象。

擦拭门窗玻璃,清洁车身外表。

检查轮胎。轮胎及轮胎装用应符合规定要求。剔除胎间及嵌入胎纹间杂物、小石子,轮胎气压应符合规定。

检查发动机风扇皮带无老化、断裂、起毛线等现象,松紧度合适;检查发动机机油量,油面应在机油尺上下限刻度间中下部。

检查转向机构的自由行程,松旷量不能超过车辆设计标准(一般为不超过两指)。

检查离合器、制动踏板自由行程和驻车制动器的情况是否正常,离合器踏板与制动踏板自由行程应符合正常规定值。

检查各仪表，其工作应正常，无故障报警信号。

检查并清出车内不必要的物品。

载货汽车出车前检查点见图 8.1～图 8.3。

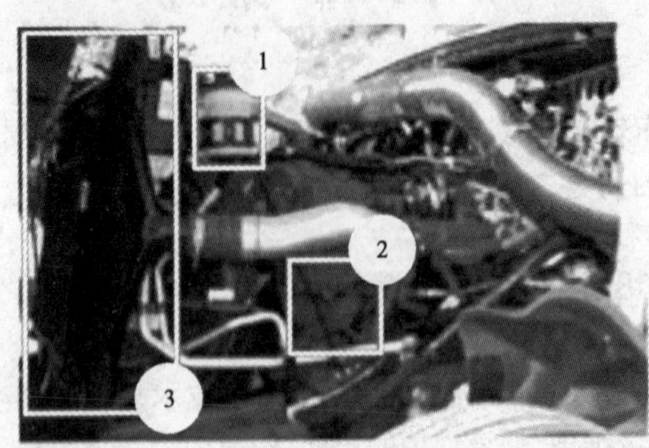

图 8.1　载货汽车出车前检查点（发动机舱）

1-检查所有液位；2-检查发动机到变速器是否漏液；3-检查风扇皮带、冷却系所有皮带，电力和燃油系统，驾驶部件、排放和制动系统

图 8.2　载货汽车出车前检查点（车辆周围）

1-检查车辆四周所有的灯光；2-检查车身外部（含车底）；3-检查轮胎与钢圈；4-是否有漏气声

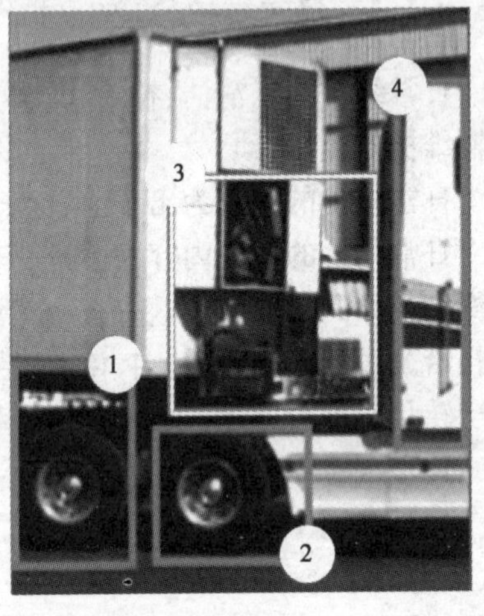

图 8.3　载货汽车出车前检查点（底盘部分）

1-检查悬架和减振系统是否有伤害和过度磨损；2-检查转向、车轴、制动与传动系统技术状况；3-检查空气管道状况；4-检查空气动力学装置状况

2）行车中

在行驶过程中，应经常注意察看车上各种仪表，察听发动机及底盘声音。如发觉操纵困难、车身跳动或振抖、机件有异响或异常气味、水温异常时，即应停车检查进行必要的调整和修理。

行驶中发动机动力突然下降，应立即检查是否冷却液或机油量不足引致发动机过热所致(注意水温高时不能打开水箱盖)。

行驶中转向盘的操纵忽然变得沉重并偏向一侧,应检查是否因其中一边轮胎泄气所致。

检查冷却液和机油量有无漏水、漏油,气压制动有无漏气现象。

检查车轮制动器有无拖滞、发咬或发热现象,驻车制动器作用是否可靠。

检查转向、制动装置和传动轴、轮胎、钢板弹簧各连接部位是否牢固可靠。

3)收车后

检查有无漏油、漏水、漏气现象,视需要补充燃油、润滑油和冷却水。

检查轮胎气压,清除胎间及表面的杂物。

检查风扇等皮带的松紧度以及完好情况,必要时应进行调整。

检查轮胎螺母和半轴螺母是否松动。

打扫车厢和驾驶室,清洗底盘,擦拭发动机、各部附件和清洁整车外表,同时察看各部有无破损。

每行驶 1 000km,驾驶员应自己清除空气滤清器的灰尘。

8.1.2 一级维护

一级维护指除日常维护作业外,以清洁、润滑、紧固为作业中心内容,并检查有关制动、操纵等安全部件,由维修企业负责执行的车辆维护作业。

汽车一级维护周期,以汽车行驶里程为基本依据。依据车辆使用说明书的有关规定,同时依据汽车使用条件的不同确定。

一级维护作业内容见表 8.1。载货汽车一级维护检查点见图 8.4～图 8.7。

一级维护作业内容　　表 8.1

序号	项　目	作业内容	技术要求
1	点火系	检查、调整	工作正常
2	发动机空气滤清器、空压机空气滤清器、曲轴箱通风系空气滤清器、机油滤清器和燃油滤清器	清洁或更换	各滤芯应清洁无破损,上下衬垫无残缺,密封良好;滤清器应清洁,安装牢固
3	曲轴箱油面、化油器油面、冷却液液面、制度液液面高度	检查	符合规定
4	曲轴箱通风装置、三效催化转化装置	外观检查	齐全、无损坏
5	散热器、油底壳、发动机前后支垫、水泵、空压机、进排气歧管、化油器、输油泵、喷油泵连接螺栓	检查校紧	各连接部位螺栓、螺母应紧固,锁销、垫圈及胶垫应完好有效

续上表

序号	项　目	作业内容	技术要求
6	空压机、发电机、空调机皮带	检查皮带磨损、老化程度，调整皮带松紧度	符合规定
7	转向器	检查转向器液面及密封状况，润滑万向节十字轴、横直拉杆、球头销、转向节等部位	符合规定
8	离合器	检查调整离合器	操纵机构应灵敏可靠；踏板自由行程应符合规定
9	变速器、差速器	检查变速器、差速器液面及密封状况，润滑传动轴万向节十字轴、中间承，校紧各部连接螺栓，清洁各通气塞	符合规定
10	制动系	检查紧固各制动管路、检查调整制动踏板自由行程	制动管路接头应不漏气，支架螺栓紧固可靠；制动联动机构应灵敏可靠，储气筒无积水，制动踏板自由行程符合规定
11	车架、车身及各附件	检查、紧固	各部螺栓及拖钩、挂钩应紧固可靠，无裂损，无窜动，齐全有效
12	轮胎	检查轮辋及压条挡圈；检查轮胎气压（包括备胎），并检情况补气；检查轮毂轴承间隙	轮辋及压条挡圈应无裂损，无变形；轮胎气压应符合规定，气门嘴帽齐全；轮轴承间隙无明显松旷
13	悬架机构	检查	无损坏、连接可靠
14	蓄电池	检查	电解液液面高度应符合规定，通气孔畅通，电桩夹头清洁、牢固
15	灯光、仪表、信号装置	检查	齐全有效，安装牢固
16	全车润滑点	润滑	各润滑安装正确，齐全有效
17	全车	检查	全车不漏油、不露水、不漏气、不漏电、不漏尘，各种防尘罩齐全有效

注：技术要求栏中的“符合规定”指符合实际使用中的有关规定。

图 8.4　载货汽车一级维护检查点(驾驶室)

1-发动机转速与转速表,记录怠速转速和最大转速;2-所有设备的运行;3-所有喇叭、空调与电器的运行;4-记录水温和机油压力;5-刮水器及片、喷水器的运行情况;6-门、窗、镜和座位情况;7-暖气、除霜器和空调控制的运行情况;8-服务和紧急制动情况;9-检查空气管理情况(调节与关闭);10-制动空气压力;11-里程表;12-电子控制单元;13-安全设备

图 8.5　载货汽车一级维护检查点(发动机)

1-水箱、百叶窗;2-进排气系统启动情况;3-冷却液和防冻液;4-压力试验冷却系统;5-所有软管;6-检查并调整所有皮带;7-空调和固定架;8-风扇轴;9-发动机是否漏油;10-排气系统是否泄漏;11-燃油管与过滤器;12-滤水器;13-发动机关闭的噪声;14-节气门控制和润滑油;15-取出并检查空气过滤器;16-发动机安装螺栓;17-转向器、前轮轴承、主销

8.1.3　二级维护

二级维护指除一级维护作业外,以检查、调整转向节、转向摇臂、制动蹄片、悬架等经过一定时间的使用容易磨损或变形的安全部件为主,并拆检轮胎,进行轮胎换位,检查调整发动机工作状况和排气污染控制装置等,由维修企业负责执行的车辆维护作业。其维护检测项目见表 8.2。

图 8.6　载货汽车一级维护检查点(车身外部)

1-灯光和信号；2-车身的损害和腐蚀；3-内外部枢纽和前后轮轴承；4-油箱托架；5-备胎托架；6-轮胎的磨损和调整，轮胎螺母；7-检查并记录胎压、花纹深度；8-轮胎里程；9-蓄电池架及液位、清洁蓄电池和电缆；10-起动运行；11-动力尾翼和装载坡道

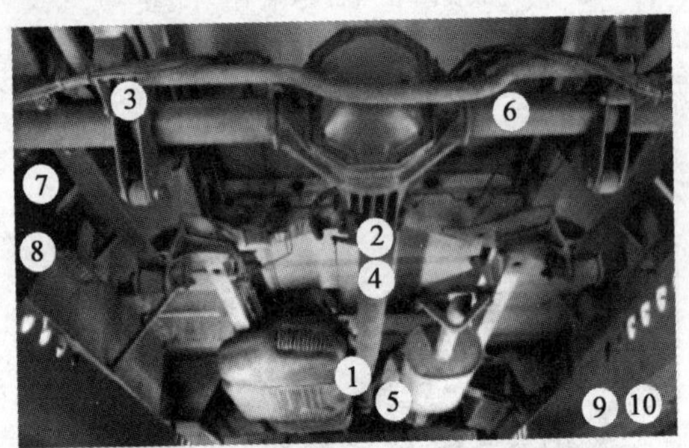

图 8.7　载货汽车一级维护检查点(底盘)

1-变速器；2-传动系统、U 形接头和轴承；3-前后悬架是否松动；4-相关部件和 U 形接头的润滑；5-泄漏；6-后桥；7-盘式制动片，低于或小于标准须报告；8-调整制动；9-离合器的动作和传动；10-发动机油、所有过滤器

汽车二级维护周期，以汽车行驶里程为基本依据。依据车辆使用说明书的有关规定，同时依据汽车使用条件的不同确定。

汽车二级维护首先要进行检测，汽车进厂后，根据汽车技术档案的记录资料(包括车辆运行记录、维修记录、检测记录、总成修理记录等)和驾驶员反映的车辆使用技术状况(包括汽车动力性，异响，转向，制动及燃、润料消耗等)确定所需检测项目，依据检测结果及车辆实际技术状况进行故障诊断，从而确定附加作业。附加作业项目确定后与基本作业项目一并进行二级维护作业。二级维护过程中要进行过程检验，过程检验项目的技术要求应满足有关的技术标准或规范；二级维护作业完成后，应经维护企业进行竣工检验，竣工检验合格的车辆，由维护企业填写《汽车维护竣工出厂合格证》后方可出厂。

二级维护作业须根据检测结果进行汽车故障诊断，确定以消除汽车故障为目的的二级维护附加作业项目和作业内容，恢复汽车的正常技术状况。附加作业项目确定后与基本作业项目一并进行二级维护作业。

汽车二级维护检测项目 表 8.2

序号	检 测 项 目
1	发动机功率，汽缸压力
2	汽车排气污染物，三效催化转化装置的作用
3	电控燃油喷射系统
4	柴油车检查供油提前角、供油间隔角和喷油泵供油压力
5	制动性能、检查制动力
6	转向轮定位，主要检查前轮定位角和转向盘自由转动量
7	车轮动平衡
8	前照灯
9	操纵稳定性，有无跑偏、振抖、摆头现象
10	变速器，有无泄漏、异响、松脱、裂纹等现象，换挡是否轻便灵活
11	离合器，有无打滑、振抖现象，分离是否彻底，接合是否平稳
12	传动轴，有无泄漏、异响、松脱、裂纹等现象
13	后桥，主减速器有无泄漏、异响、松动、过热等现象

二级维护过程中，要始终贯穿过程检验，并作检验记录。过程检验中各维护项目的技术要求，需满足相应的有关技术标准或出厂说明书的有关规定。

二级维护作业内容包含一级维护作业内容，二级维护基本作业项目见表 8.3。

二级维护基本作业项目 表 8.3

序号	维 护 项 目	作 业 内 容	技 术 要 求
1	发动机润滑油、机油滤清器	(1)更换润滑油； (2)视情更换机油滤清器	(1)润滑油规格性能指标符合规定； (2)液面高度符合规定； (3)机油滤清器密封良好，无堵塞，完好有效
2	检查润滑油油面高度	检查转向器、变速器、主减速器等润滑油规格和液面高度，不足时按要求补给	符合出厂规定
3	空气滤清器	清洁空气滤清器	空气滤清器清洁有效，安装可靠恒温进气装置真空软管安装可靠，进气转换阀工作灵敏、准确

续上表

序号	维护项目	作业内容	技术要求
4	(1)油箱及油管; (2)燃油滤清器; (3)燃油泵	(1)检查接头及密封情况; (2)清洁燃油滤器,并视情更换; (3)检查燃油泵,必要时更换	(1)接头无破损、渗漏,紧固可靠; (2)燃油滤清器工作正常; (3)燃油泵工作正常、油压符合规定
5	燃油蒸发控制装置	检查清洁,必要时更换	工作正常
6	曲箱箱通风装置	检查、清洁	清洁畅通,连接可靠,不漏气,各阀门无堵塞、卡滞现象,灵敏有效,符合规定
7	散热器、膨胀箱、百叶窗、水泵、节温器、传动皮带	(1)检查密封情况、箱盖压力阀、液面高度、水泵; (2)检视皮带外观,调整皮带松紧度	(1)散热器及软管无变形、破损及渗漏;箱盖接合表面良好;胶垫不老化、箱盖压力阀开启压力符合要求;水泵不漏水;无异响;节温器工作性能符合规定; (2)皮带应无裂痕和过量磨损,表面无油污、皮带松紧度符合规定
8	(1)进、排气歧管,消声器,排气管; (2)汽缸盖	(1)检查、紧固,视情补焊或更换; (2)按规定次序和拧紧力矩校紧汽缸盖	(1)无裂痕、无漏气,消声器性能良好; (2)拧紧力矩符合规定
9	增压器、中冷器	检查、清洁	符合规定
10	发动机支架	检查、紧固	连接牢固,无变形和裂缝
11	化油器及联动机构	清洁、检查、紧固	清洁,联动机构运动灵活,连接牢固,无漏油、气现象,工作系统和附加装置工作正常
12	油器、喷油器	检查喷油器和喷油泵的作用,必要时检测喷油压力和喷油状况,视情调整供油提前角	(1)喷油器雾化良好、无滴油、漏油现象,喷油压力符合规定; (2)供油提前角符合规定
13	分电器、高压线	清洁、检查	分电器无油污,调整触点间隙在规定范围内,无松旷、漏电现象,高压线性能符合规定
14	火花塞	清洁、检查或更换火花塞,调整电极间隙	电极表面清洁,间隙符合规定
15	气门间隙	检查调查	符合规定
16	电控燃油喷射系统供油管路	检查密封状况	密封良好,作用正常

续上表

序号	维护项目	作业内容	技术要求
17	三效催化装置	检查三效催化装置的作用，必要的更换	作用正常
18	离合器	检查调整离合器踏板自由行程	离合器踏板自由行程符合规定
19	前轮制动	(1)检查前轮制动器调整臂的作用	作用正常
		(2)拆卸前轮毂总成、制动蹄、支承销；清洗转向节、轴承、支承销、清洁制动底板等零件	清洁、无油污
		(3)检查制动盘、制动凸轮轴，校紧装置螺栓	(1)制动底板不变形，按规定力矩扭紧装置螺栓； (2)凸轮轴转动灵活、无卡滞，转向间隙符合规定
		(4)检查转向节及螺母、保险片及油封、转向节臂，校紧装置螺栓	(1)转向节无裂纹，螺纹完好，与螺母配合应无径向松旷，保险片作用良好，油封完好不漏油； (2)转向节轴径与轴承的配合间隙符合要求，转向节臂装置螺栓拧紧力矩符合规定
		(5)检查内外轴承	液柱保持架无断裂，滚柱无脱落，无裂损和烧蚀，轴承内圈无裂损和烧蚀
		(6)检查制动蹄及支承销	(1)制动蹄无裂损及明显变形，摩擦片不破裂，铆接可靠，摩擦片厚度符合规定； (2)支承销无过量磨损，支承销与制动蹄承孔衬套配合间隙符合规定
		(7)检查制动蹄复位弹簧	复位弹簧应无明显变形，自由长度、拉力符合规定
		(8)检查前轮毂、制动鼓及轴承外座圈，校紧轮胎螺栓内螺母	(1)轮毂无裂损； (2)轴承外座圈无裂纹，无麻点，无烧蚀； (3)制动鼓无裂纹，外边缘不得高出工作表面，检视孔完整，内径尺寸、圆度误差、左右内径差符合规定； (4)轮胎螺栓齐全完好，规格一致、按规定力矩拧紧

续上表

序号	维护项目	作业内容	技术要求
19	前轮制动	(9)装复前轮毂、调整前轮轴承松紧度及制动间隙	(1)装复支承销,制动蹄支承销孔均应涂润滑脂,开口销或卡簧齐全有效; (2)润滑轴承; (3)制动鼓、制动片表面清洁,无油污; (4)制动片与制动鼓的间隙应符合规定,转动无碰擦现象或声响,检视孔挡板齐全; (5)轮毂转动灵活,用拉力计测量时可转动,且无轴向间隙; (6)保险可靠,防尘罩、衬垫完好,螺栓垫圈齐全紧固(螺栓规格一致)
20	后轮制动	(1)拆半轴、轮毂总成、制动蹄、支承销,清洗各零件及制动底板、半轴套管	(1)轮毂通气孔畅通; (2)各零件及制动盘、后桥套管清洁无油污
		(2)检查制动底板、制动凸轮轴,校紧连接螺栓	(1)制动底板不变形,连接栓按规定力矩紧固; (2)凸轮轴转动灵活,无卡滞,轴向间隙和径向间隙符合规定
		(3)检查后桥半轴套管、螺母及油封	(1)套管无裂纹及明显松动,与螺母配合无径向松旷; (2)油封完好,无损坏,无漏油; (3)套管颈与轴承配合间隙符合规定
		(4)检查内外轴承	(1)轴承保持架无断裂,滚柱不脱落,无裂损和烧蚀; (2)轴承内座圈无裂纹、烧蚀
		(5)检查制动蹄及支承销	(1)制动蹄无裂纹及变形,摩擦片不破损,铆接可靠,摩擦片厚度符合规定; (2)支承销与制动蹄承孔衬套配合间隙符合规定; (3)支承销无过量磨损
		(6)检查制动蹄复位弹簧	复位弹簧无变形,自由长度符合规定,拉力良好

序号	维护项目	作业内容	技术要求
20	后轮制动	(7)检查后轮毂、制动鼓及轴承外座圈,检查拧紧半轴螺栓,检查轮胎螺栓,校紧内螺母	(1)轴毂无裂损; (2)轴承外座圈不松动,无损坏; (3)制动鼓裂纹,内径、圆度误差、左右内径差符合规定,外边缘不得高出工作表面,制动鼓检视孔完整; (4)半轴螺栓齐全有效
		(8)检查半轴	半轴无明显变曲,不磨套管,无裂纹,花键无过量磨损或扭曲变形
		(9)装复后轮毂,调整制动间隙	(1)装复支承销、制动蹄片时,承孔均应涂润滑脂,开口销或卡簧齐全可靠; (2)润滑轴承; (3)套管轴颈表面应涂机油后再装上轴承; (4)制动蹄片、制动鼓面应清洁,无油污; (5)制动蹄片与制动鼓的间隙应符合规定,转动无碰擦现象和声响,检视孔挡板齐全紧固; (6)轮毂转动灵活,拉力符合规定; (7)锁紧螺母按规定力矩拧紧
21	转向器、转向传动机构	(1)检查转向器传动机构的工作状况和密封性,校紧各部螺栓; (2)检查调整转向盘自由转动量	转向盘自由转动量符合规定,转向轻便、灵活,无卡滞和漏油现象;垂臂及转向节臂无弯曲及裂损,各部螺栓连接可靠
22	前束	调整	符合规定
23	变速器、差速器	检查密封状况和操纵机构,清洁通气孔	密封良好、通气孔畅通,操纵机构作用正常,无异响、跳动、乱挡现象
24	传动轴、传动轴承支架、中间轴承	(1)检查防尘罩; (2)检查传动轴万向节工作状况; (3)检查传动轴承支架; (4)检查中间轴承间隙	(1)防尘罩不得有裂纹、损坏,卡箍可靠,支架无松动; (2)万向节不松旷,无卡滞,无异响; (3)传动轴承支架无松动; (4)中间轴承间隙符合规定
25	空气压缩机、储气筒	清洁,校紧	清洁、连接可靠,无漏气,安全阀工作正常

续上表

序号	维护项目	作业内容	技术要求
26	制动阀、制动管路、制动踏板	(1)检查制动踏板自由行程； (2)检查紧固制动阀和管路接头； (3)液压制动检查制动管路内是否有气	(1)制动踏板自由行程符合规定； (2)制动制动阀和管路接头连接可靠,无漏气； (3)液压制动管路内无气
27	驻车制动	检查驻车制动性能,检查驻车制动器自由行程	符合规定、作用正常
28	悬架	检查,紧固,视情补焊、校正	不松动,无裂纹,无断片,按规定拧紧力矩紧固螺栓
29	轮胎(包括备胎)	检查,紧固,补气,进行轮胎换位,磨损严重时更换轮胎	气压符合规定,清洁,无裂损、老化、变形,气门嘴完好,轮胎螺栓紧固,轮胎的装用符合规定
30	发电机、发电机调节器、起动机	清洁、润滑	符合规定
	蓄电池	检查,清洁,补给	清洁、安装牢固,电解液液面符合规定
31	前照灯、仪表、喇叭、刮水器、全车电器线路	检查,调整,必要时修理或更换	(1)前照灯、喇叭、各仪表及信号装置功能齐全、有效,符合规定； (2)刮水器电机运转无异常,连动杆连接可靠； (3)全车线路整齐,连接可靠,绝缘良好
32	车身、车架、安全带	检查,紧固	性能可靠,工作良好,无变形、断裂、脱焊,连接螺栓、铆钉紧固
33	内装饰	检查,紧固	设备完好,无松动
34	空调装置	检查空调系统工作状况、密封状态	(1)制冷系统密封,制冷效果良好； (2)暖气装置工作正常
35	润滑	全车加注润滑脂的部位全部润滑	润滑脂嘴齐全有效,润滑良好

注:技术要求栏中的“符合规定”指符合实际应用中的有关技术规定或技术要求。

汽车在维修企业进行二级维护后,必须进行竣工检验;各项目参数符合国家或行业及地方标准;竣工检验合格的车辆填写维护竣工进厂合格证后方可出厂。检验不合格的车辆应进行进一步的检验、诊断和维护,直到达到维护竣工技术要求为止。二级维护竣工技术要求见表8.4。

二级维护竣工技术要求　　表 8.4

序号	检测部位	检测项目	技术要求	备注
1	整车	(1)清洁	汽车外部、各总成外部、三滤应清洁	检视
		(2)面漆	车身面漆、腻子无脱落现象,补漆颜色应与原色基本一致	检视
		(3)对称	车体应周正,左右对称	汽车平置检查
		(4)紧固	各总成外部螺栓、螺母按规定力矩拧紧,锁销齐全有效	检查
		(5)润滑	发动机、变速器、转向器、减速器润滑符合规定,各通气孔畅通,各部润滑点润滑脂加注符合要求,润滑脂嘴齐全有效,安装位置正确	检视
		(6)密封及电器	全车无油、水、气泄漏,密封良好,电器装置工作可靠,绝缘良好	检视
		(7)前照灯、信号、仪表、刮水器、后视镜等装置	稳固、齐全有效符合有关规定	检视
2	发动机	(1)发动机工作状况	发动机能正常起动,低、中、高速运转均匀及稳定,水温正常,加速性能良好,无断裂、回火、放炮等现象,发动机运转稳定后应无异响	路试
		(2)发动机功率	无负荷功率不小于额定值的 80%	检测
		(3)发动机装置	齐全有效	检视
3	离合器	(1)踏板自由行程	符合原厂规定	检测
		(2)离合情况	接合平稳,分离彻底,无打滑、抖动及异响	路试
4	转向系	(1)转向盘最大转动量	符合规定	检查
		(2)横直拉杆装置	球头销不松旷,各部螺栓螺母紧固,锁止可靠	检查
		(3)转向机构	操作轻便、转动灵活,无摆振、跑偏等现象;车轮转到极限位置时,不得与其他部件有碰擦现象	检测
		(4)前束及最大转向角	符合规定	检测
		(5)侧滑	符合 GB 7258 中的有关规定	检测

续上表

序号	检测部位	检测项目	技术要求	备注
5	传动系	变速器、传动轴、主减速器	变速器操纵灵活,不跳挡,不乱挡;变速器传动轴、主减速器各部无异响,传动轴装配正确	路试
6	行驶系	(1)轮胎	轮胎磨损应在规定范围内,同轴轮胎应为相同的规格和花纹,转向轮不得使用翻新轮胎,轮胎气压符合规定,后轮辋孔与制动鼓观察孔对齐	检查
		(2)钢板弹簧	钢板弹簧无断裂、位移、缺片,U形螺栓紧固,前后钢板支架无裂纹及变形	检查
		(3)减振器	稳固有效	路试
		(4)车架	车架无变形,纵横梁武裂纹,铆钉无松动,拖车钩、备胎架齐全,无裂损变形,连接牢固	检查
		(5)前后轴	无变形及裂纹	检查
7	制动系	(1)制动性能	应符合GB 7258中的有关规定	路试或检测
		(2)制踏板自由行程	符合规定	
		(3)驻车制动性能	应符合GB 7258中的有关规定	路试和检测
8	滑行	滑行性能	符合规定	路试或检测
9	车身、车箱	车身	驾驶室装置紧固,门锁链灵活无松旷,限动装置齐全有效,驾驶室门关闭牢靠,无松动,风窗玻璃完好,窗框严密,门把、门锁、玻璃升降器齐全有效;发动机罩锁扣有效,暖风装置工作正常	检查
10	排放	尾气排放测量	符合有关标准的规定	检测

8.1.4 二级维护作业举例车型

适用车型:桑塔纳LX、2000GLs、2000Gli、2000Gsi、2000Gsi-AT;维护周期:15 000km(表8.5)。

桑塔纳轿车二级维护基本作业规程表 表8.5

序号	维护项目	作业内容	技术要求
1	发动机机油,机油滤清器	(1)更换机油; (2)更换机油滤清器;	(1)机油规格:JV型发动机为API SF以上,AFE型发动机为AP ISG以上;AJR型发动机为AP ISJ以上;润滑油黏度等级(SAE标准)根据环境温度选择;

续上表

序号	维护项目	作业内容	技术要求
1	发动机机油,机油滤清器	(3)检查机油压力及报警装置	(2)机油总量为3L,液面高度(冷车时)应在油尺标记max与min之间; (3)机油滤清器在安装前应先注入机油,并在密封圈上抹一层机油;总成安装固定可靠、密封良好; (4)发动机预热后,在冲击载荷作用下,各部不应有渗、漏油现象; (5)机油压力:怠速时低压处不小于30kPa,高压处不小于180kPa;机油压力报警装置性能良好、可靠
2	空气滤清器、进气预热装置	(1)清洁空气滤清器壳,更换空气滤清器芯; (2)检查冷却液预热加热导管和热敏开关(JV型发动机); (3)检查进气歧管电加热器电器线路和热敏开关(JV型发动机)	(1)空气滤清器清洁,密封良好,安装可靠; (2)恒温进气装置温控开关真空软管无破损,连接可靠,冷热空气转换开关工作灵敏、准确; (3)加热导管无老化、破损,连接可靠,当冷却液温度<60℃时,进气歧管电加热器开始工作;当冷却液温度>70℃时停止工作
3	燃油系统	(1)检查燃油箱; (2)检查燃油管及接头; (3)更换燃油滤清器; (4)检查燃油泵; (5)检测燃油压力和系统保持压力(电喷发动机)	(1)油箱、盖及垫完好,安装可靠,密封良好; (2)燃油管无老化、裂损;接头无破损、渗漏,紧固可靠; (3)燃油滤清器连同卡箍一起更换(电喷发动机每3万km更换),安装可靠,密封良好; (4)燃油泵工作正常,无异响; (5)燃油压力标准值(电喷发动机):怠速时为230~250kPa,急加速时为260~280kPa;当油泵停止工作10min时,系统压力应>150kPa
4	化油器及联动机构	(1)拆洗化油器; (2)检查化油器联动装置、紧固螺栓; (3)检查手动阻风门开度,调整怠速及排放状况	(1)化油器各部清洁,油路畅通; (2)节气门、阻风门开闭自如,阀门关闭严密,联动机构运动灵活、不松旷,垫圈、锁销齐全有效; (3)各部连接牢固,密封良好; (4)各工作系统和附加装置工作正常; (5)怠速平稳,加速良好,怠速转速为800r/min±50r/min,排放符合国家标准
5	喷油器	(1)检查喷油器的作用; (2)每运行6万km清洗喷油器,检测喷油器开启压力; (3)检查怠速及排放	(1)喷油器清洁,动作灵敏,无滴油、漏油现象,开启压力标准值为280~320kPa; (2)在热机、点火正时准确、PCV阀取下并堵住时调整怠速;怠速平稳,加速良好,怠速值为900r/min±50r/min,排放符合国家标准
6	燃油蒸发控制装置	(1)检查软管及接头; (2)检查活性炭罐电磁阀动作情况	(1)软管无老化、裂损,连接可靠,无泄漏; (2)活性炭罐电磁阀动作灵敏

续上表

序号	维护项目	作业内容	技术要求
7	曲轴箱通风(PCV)装置	检查、清洁 PCV 阀、PCV 滤清器、通气软管	(1)各阀门无堵塞、卡滞现象,灵敏有效; (2)PCV 滤清器清洁、工作正常; (3)通风系统管路清洁、畅通,连接可靠,不漏气
8	三效催化转化器、氧传感器	(1)检视外观及连接状况; (2)检查三效催化转化器内部是否破损、堵塞; (3)检查三效催化转化器的作用	(1)氧传感器完好,工作有效; (2)三效催化转化器上的保护壳应完整,连接牢固;内部无破损,不堵塞,工作有效; (3)各连接导管连接完好,无泄漏; (4)每运行 8 万～10 万 km 更换氧传感器,6 万～8 万 km 更换三效催化转化器
9	发动机传动带及带轮	(1)检查传动带及带轮外观; (2)调整传动带挠度	(1)传动带应无龟裂和过量磨损,表面无油污; (2)带轮无明显端面跳动,轮槽无明显磨损,运转无异响; (3)以约 98N 的力下压传动带,各部挠度应为:交流发电机处 12mm;水泵处 10mm;转向助力泵处 5mm; (4)正时带松紧度要求:用拇指和食指应能将其翻转 90°;每 8 万 km 更换
10	配气机构	检查液压挺柱工作状况	发动机正常运转时,挺柱处不应有异响
11	冷却系统	(1)检查散热器、膨胀箱、箱盖压力阀及水管; (2)检查冷却液品质及液面高度; (3)检查水泵; (4)检查节温器工作状况; (5)检查冷却风扇工作状况	(1)冷却系统各部无变形、破损及渗漏; (2)散热器盖、膨胀箱盖结合表面良好、密封,箱盖压力阀清洁,不堵塞,能正常开启; (3)冷却液液面高度应在储液罐上下标线之间,冷却系容量为 6L; (4)水泵无异响,无渗漏; (5)节温器工作灵敏、准确,在 87℃±2℃开启,水温表指示正确(系统正常工作温度为 90～105℃); (6)冷却风扇运转平稳,高、低挡转速有明显变化,无异响;热敏开关工作灵敏、准确,低速挡在 95℃开启,高速挡在 105℃开启
12	分电器、高压线	(1)清洁分电器; (2)检查分电器各电极	(1)分电器无油污,分电器盖不破损,无裂纹; (2)各电极无烧蚀,中心电极若比标准长度短 2mm 则应更换; (3)高压线无破损、不漏电,接线端无缺陷,阻值符合规定; (4)分电器轴与壳配合无明显旷动,径向间隙<0.1mm; (5)转子叶轮无变形,气隙标准为 0.2～0.4mm; (6)点火提前角:JV 型发动机为 6°±1°;AFE 型发动机为 12°±1°;AJR 型发动机为 12°±4.5°

续上表

序号	维护项目	作 业 内 容	技 术 要 求
12	分电器、高压线	(3)检查分电器高压线及阻值； (4)检查分电器轴与壳配合状况，并润滑； (5)检查霍尔信号发生器转子，检查转子叶轮气隙； (6)检查、调整点火提前角	(1)分电器无油污；分电器盖不破损，无裂纹； (2)各电极无烧蚀，中心电极若比标准长度短 2mm，则应更换； (3)高压线无破损，不漏电，接线端无缺陷，阻值符合规定； (4)分电器轴与壳配合无明显旷动，径向间隙<0.1mm； (5)转子叶轮无变形，气隙标准为 0.2～0.4mm； (6)点火提前角：JV 型发动机为 6°±1°；AFE 型发动机为 12°±1°；AJR 型发动机为 12°±4.5°
13	火花塞	(1)清洁、检查或更换火花塞； (2)调整火花塞电极间隙	(1)电极表面清洁，间隙为：JV、AFE 型发动机 0.7～0.8mm，AJR 型发动机 0.9～1.1mm； (2)非长效型火花塞每 3 万 km 更换；长效型每 6 万 km 更换
14	进、排气歧管、消声器	检查、紧固进、排气歧管及消声器	(1)进、排气歧管和消声器各部完好，无裂纹，无漏气，消声器性能良好，胶垫齐全； (2)排气管固定可靠； (3)进、排气歧管螺母拧紧力矩为 24N·m
15	发动机支架	检查、紧固	发动机支架无变形和裂纹，支架胶垫无老化、开裂，支架螺栓连接牢固，拧紧力矩为 70N·m
16	离合器	(1)检查、调整离合器踏板自由行程； (2)检查离合器的工作状况	(1)离合器踏板自由行程为 15～25mm； (2)离合器结合平稳，不打滑，无异响，分离彻底，复位灵活
17	手动变速器、差速器	(1)检查齿轮箱密封状况，紧固各部螺栓； (2)检查变速器齿轮油油面高度及油质； (3)清洁通气孔塞； (4)检查、润滑变速器换挡操纵机构	(1)齿轮箱外部清洁、无裂纹，各部连接紧固，密封良好，无渗漏油； (2)齿轮油清洁，不变质，无焦味；齿轮油规格为 APl-GL-5；油面应在加油口下边缘； (3)通气孔塞清洁、畅通； (4)换挡机构操纵灵活、轻便，作用正常，无异响和跳挡、乱挡现象
18	自动变速器	(1)检查变速器液压油油面高度及油质； (2)检查变速器液压油冷却器密封性； (3)检查各传感器，测试主油路压力； (4)检查操纵机构	(1)自动变速器油面应在油尺 FULL 标记处；液压油规格为 DexronⅡ：液压油每运行 6 万 km 更换，同时更换滤芯； (2)变速器液压油冷却器无损坏、渗漏，液压系统主油路压力符合原厂标准； (3)换挡机构操纵灵活、轻便，作用正常，无异响、跳动、乱挡现象

续上表

序号	维护项目	作业内容	技术要求
19	驱动轴	(1)检查防尘罩情况； (2)检查驱动轴内外万向节	(1)防尘罩不得有裂纹、损坏，卡箍可靠； (2)安装新防尘罩时不得使防尘罩内产生真空； (3)万向节不松旷，无卡滞，无异响
20	转向器、液压助力泵、转向减振器	(1)检查转向器、液压助力泵、储液罐等部件的密封性； (2)检查液压助力泵油质及油面高度； (3)检查转向减振器； (4)检查液压助力泵工作状况	(1)转向器、液压助力泵、储液罐密封良好，无渗漏；油管不变形，无阻滞； (2)储液罐液面应在规定标线内； (3)转向器防尘罩无裂纹、损坏，卡箍可靠； (4)液压油品质良好，油面保持在刻度上线，液压油规格为 ATF 或 Dexron Ⅱ，每运行 6 万～10 万 km 更换； (5)转向助力装置工作良好，无异响
21	转向传动机构、车轮定位及转向角	(1)检查转向传动机构的工作状况，校紧各部螺栓； (2)检查转向盘自由转动量； (3)检查车轮定位，调整前束或校正、更换有关部件； (4)检查、调整前轮转向角	(1)转向拉杆衬套不松旷，各杆件无明显变形，球头不松旷，各部螺栓连接可靠； (2)转向盘位置正确，转向轻便、灵活，无自由转动量； (3)车轮定位值标准如下： 前轮：车轮外倾角为$-50'\pm15'$ 左右轮最大允差为$10'$ 主销后倾角　机械转向为$50'\pm30'$ 动力转向为$1°30'\pm30'$ 左右轮最大允差为$30'$ 主销内倾角为$13°47'$ 总前束角为$8'\pm8'$ 后轮：车轮外倾角为$-1°30'\pm20'$ 左右轮最大允差为$30'$ 总前束角为$-12'\pm20'$ 左右轮最大允差为$20'$ (在 2000 年 9 月 VIN 代号为 LSVACFD07YB103826 之前的车辆，后轮前束角为$25'\pm15'$，外倾角为$-1°40'\pm20'$) (4)转向角值：内轮为$40°18'$ 外轮为$35°36'$
22	前轮制动器	(1)拆卸、清洁各零部件； (2)检查各件磨损情况； (3)装复并润滑制动器总成，调整轮毂间隙	(1)各零部件完好、清洁； (2)制动盘表面不得有裂纹、沟槽；制动盘厚度不逾限：LX 系列 10mm，2000 系列 17.8mm；端面圆(外缘最大处)跳动量＜0.05mm； (3)制动摩擦块表面无油污，无裂损，厚度极限值 2.5mm(不含制动块)； (4)制动轮缸密封良好，复位自如； (5)制动钳固定螺栓拧紧力矩为 70N·m； (6)轮毂转动灵活，无异响，轴向间隙＜0.1mm

续上表

序号	维护项目	作业内容	技术要求
23	后轮制动器	(1)拆卸、清洁各零部件； (2)检查各件磨损情况； (3)装复、润滑制动器总成，调整轮毂间隙	(1)各零部件完好，清洁； (2)制动鼓表面无油污，不得有裂纹、沟槽，制动鼓直径方向的磨损量<1mm，圆度误差<0.10mm； (3)制动摩擦片表面无油污，无裂损；厚度标准值为5mm，磨损极限为2.5mm； (4)轮毂转动灵活，无异响；轴向间隙<0.1mm
24	制动操纵系统	(1)检查制动液品质、液面高度及制动液面指示灯开关； (2)检查制动管路及接头； (3)检查制动主缸和真空助力器工作状况； (4)排除系统内空气； (5)检查踏板自由行程	(1)制动液不变质，液面高度应与储液罐液面标记平齐，制动液规格为N 052766XO；每2年或运行超过5万km更换制动液； (2)制动管路无破损、老化，不扭曲，汽车行驶时不碰擦汽车任何部件，连接牢固，各部无渗漏； (3)制动主缸、轮缸及助力器密封良好，真空助力器工作有效； (4)系统内无空气，制动效能良好，指示灯开关灵敏、有效； (5)制动踏板自由行程应<1/3制动总行程
25	驻车制动器	(1)检查驻车制动器拉索及锁止状况； (2)检查驻车制动器自由行程； (3)检查驻车制动灯开关	(1)驻车制动器支架及各杆件、拉臂无明显变形，连接可靠；驻车制动器拉索不得有断裂或锈蚀，运动灵活； (2)驻车制动器生效齿数为2～3齿，20%正反坡驻车有效； (3)驻车制动灯开关灵敏、有效
26	悬架	(1)检查减振器密封及连接状况； (2)检查摆臂与球头； (3)检查减振弹簧； (4)紧固各部螺栓	(1)减振器不漏油，上部连接支套无凸起、开裂，紧固可靠，减振作用良好； (2)当上下晃动前悬架时，摆臂球头与制动器底板间的距离变化<0.8mm，下摆衬套完好，配合无松动； (3)减振弹簧无损伤，定位可靠； (4)各部件无变形、开裂，连接可靠，拧紧力矩为： 前悬架：下摆臂与车架连接自锁螺母60N·m； 减振器与车身连接自锁螺母60N·m； 后悬架：下摆臂与车架连接自锁螺母70N·m； 减振器与车身连接自锁螺母35N·m
27	车轮	(1)清洁检查轮辋及轮胎胎面； (2)进行轮胎换位； (3)检查、补充轮胎气压； (4)进行车轮动平衡	(1)轮辋无裂纹和变形； (2)车轮清洁，胎面无气鼓、裂伤、老化、变形或扎钉，胎面花纹深度>1.6mm(不露出花纹磨损指示凸台)，气门嘴完好； (3)轮胎气压标准(空载)： 前轮180kPa，后轮190kPa，备胎230kPa； (4)两前轮转动无明显偏摆，动不平衡质量<5g； (5)轮胎的装用符合要求，轮胎螺栓拧紧力矩为110N·m

续上表

序号	维护项目	作业内容	技术要求
28	车门、玻璃升降器、发动机盖、行李舱盖	(1)检查、润滑车门、发动机盖铰链、拉索; (2)检查玻璃升降器工作状况	(1)车门、发动机盖和行李舱盖启闭灵活,锁止可靠; (2)车门玻璃完好、清晰,无裂纹,安装牢固,密封良好; (3)玻璃升降器升降自如,定位可靠,无卡滞,不自行下滑或上下跳动
29	车身、车架、安全带	(1)检查、紧固各部螺栓; (2)检查安全带	(1)车身承载部位无裂纹,无变形,车身外壳、底板各部无严重锈蚀、损伤和变形; (2)安全带齐全有效
30	座椅、车身内装饰	检查、紧固	(1)座椅移位方便,锁止可靠; (2)后视镜等其他车身内装饰齐全、完好
31	蓄电池	(1)清洁外表及极桩、通气孔; (2)检查电解液液面高度; (3)测量端电压,补充电	(1)蓄电池清洁,支架完好,安装牢固,极桩无腐蚀,连接可靠,通气孔清洁、畅通; (2)电解液液面高度符合规定; (3)蓄电池放电电流>110A 时端电压不低于 9.6V
32	发电机及调节器	(1)检查发电机运转情况; (2)测试发电机输出电压	(1)发电机运转平稳,无异响,连接可靠; (2)发电机转速为 1 000r/min 时(用电器全负荷)输出电压应>12.5V; (3)每运行 6 万 km 应解体维护发电机
33	起动机	(1)检查外观,紧固连接螺栓; (2)检查起动机工作状况	(1)起动机外壳、整流子端盖和驱动端盖无裂损、变形,与发动机连接紧固; (2)起动电磁开关工作灵敏、可靠,无异响; (3)每运行 6 万 km 应解体维护起动机
34	照明设备、仪表、信号装置、喇叭、刮水器、洗涤装置、全车电器线路	检查各部件是否齐全,工作是否正常	(1)前照灯照射位置和发光强度符合 GB 7258—1997《机动车安全运行技术条件》中的有关规定; (2)其他灯光、喇叭、各仪表、信号装置齐全、功能有效; (3)刮水器电动机运转无异响,刮水片安装可靠,动作位置正确,挡位清楚、可靠; (4)洗涤装置完好、有效; (5)各电器线路完好,不漏电,连接正确,卡位可靠
35	空调装置	检查空调系统工作状况、密封状况	(1)制冷系统清洁、密封制冷效果良好; (2)暖气装置工作正常; (3)控制装置工作正常
36	电子控制系统	检视电子控制系统仪表显示(包括 ABS、安全气囊、防盗器等)	电子控制系统仪表显示正常,否则应使用 V.G.A 1551/1552 进行故障查询和数据阅读,并排除故障,然后清除故障代码

注:技术参数参照《上海大众汽车维修手册》。

8.2 液化石油气汽车(LPGV)维护技术规范

JT/T 511—2004《液化石油气汽车维护、检测技术规范》规定了 LPG 汽车维护、检测的周期,作业内容和技术要求。与 GB/T 18344—2001《汽车维护、检测、诊断技术规范》相比,其增加的作业内容如下。

8.2.1 日常维护

(1)检视 LPG 专用装置各部件工作状态及其连接和密封,要求状态正常且无松动、泄漏、损坏。气瓶及固定支架固定牢固、无损伤,必要时更换管线,不得与其他部件擦碰。

(2)检查 LPG 储气量,降至规定值以下时应立即加充 LPG。

(3)对于 LPG/汽油两用燃料汽车,油箱中存有的汽油应符合车辆使用规定及油品质量要求。当长期使用燃油时,应把储气瓶的燃气用完;当使用 LPG 时,应按规定定期转换燃料运行,确保两种燃料供给及其转换系统工作正常。

(4)行车中,应随时观察车辆各系统工作状况,当发现 LPG 专用装置有过热、过冷、异味等异常现象时,应立即关闭 LPG 储气瓶截止阀,并及时送 LPG 汽车维修企业进行维修。

8.2.2 一级维护

除 GB/T 18344 规定外,还需进行的基本作业项目、作业内容和技术要求见表 8.6。

LPG 汽车一级维护增加的基本作业项目、作业内容和技术要求　　表 8.6

序号	项目		作业内容	技术要求
1	储气装置	LPG 气瓶及固定支架	检查外观和紧固情况	(1)气瓶检定审验有效; (2)气瓶表面应无严重划伤、凹凸、裂纹等缺陷; (3)固定支架及扎带完好、无裂纹,固定牢固,垫层完好、无损坏,气瓶应固定可靠,无窜动和旋动现象; (4)安装位置、方式符合 QC/T 247—2002 的要求
2		LPG 管路及卡箍	(1)检查紧固管路及接头; (2)检查各连接部位有无泄漏	(1)高压管路及接头应无擦伤及其他损伤; (2)接头紧固良好,无漏气现象;涂检漏液至少观察 10s 后,无气泡出现;

续上表

序号	项　目		作业内容	技术要求
2	储气装置	LPG 管路及卡箍		(3)软管无老化、油垢、裂纹,连接可靠,与其他部件无摩擦; (4)安装位置、方式符合出厂技术规定和 QC/T 247 的要求
3	储气装置	截止阀、充气阀、组合阀等各类控制阀及相关仪表等	检查密封和工作性能	(1)各种阀密封良好,开闭性能灵活有效;相关仪表工作正常,安装牢固可靠; (2)安装位置、方式符合 QC/T 247 和出厂技术规定的要求
4	LPG 供给装置	加气口	(1)检查加气口的安装及紧固情况; (2)检查单向阀	(1)符合 GB/T 18364.1 相关要求; (2)加气口固定牢固、清洁; (3)加气口、单向阀工作可靠,无漏气现象,防尘盖可靠有效
5	LPG 供给装置	蒸发调压器	(1)视外观,按规定进行调整; (2)卸下排污塞,放掉残液; (3)检查滤网、滤芯,必要时清洗	外观清洁,安装牢固,无泄漏现象,各部件性能良好,符合 QC/T 672 要求
6	LPG 供给装置	混合器/喷气装置	检查	各气道通畅,无阻塞、无泄漏,混合器/喷气装置应清洁,固定牢固,装配正确
7	LPG 供给装置	高频电磁阀	检查各电磁阀及其控制装置技术状况	连接可靠、工作正常
8	LPG 供给装置	LPG 电喷控制装置	检查各功能的有效性	各参数均正常
9	燃料转换及控制要求	燃料转换开关及仪表	检查	(1)燃料转换器开关转换灵活、可靠; (2)气量显示正常,与储气瓶气压、储气量协调一致
10	燃料转换及控制要求	LPG 电磁阀	检查、紧固	(1)接线牢固、可靠; (2)开闭性能良好、无泄漏; (3)符合 QC/T 673 规定
11	燃料转换及控制要求	汽油电磁阀及管路	检查、紧固	(1)电磁阀及油管安装牢固,管路无碰擦现象; (2)汽油管路无老化及损伤,接头密封良好; (3)电磁阀开闭性能良好,无泄漏,符合 QC/T 675 规定
12	整车		检查、测试	燃油、燃气系统工作正常,LPG 汽车标志符合 GB/T 17676 规定

8.2.3 二级维护

除 GB/T 18344 规定外，还需进行的基本作业项目、作业内容和技术要求见表 8.7。

LPG 汽车二级维护增加的基本作业项目、作业内容和技术要求　　表 8.7

序号	维护项目		作业内容	技术要求
1	储气装置	LPG 气瓶及固定支架	(1)检查气瓶检定证明； (2)按规定清理气瓶残液； (3)紧固连接部位； (4)视情更换安全装置	(1)气瓶检定审验有效； (2)气瓶无残液； (3)气瓶有下列情况应更换：瓶体或附件出现裂纹、烧伤、鼓疱、渗漏或明显的凹陷、膨胀、弯曲；外表明显损伤、瓶口螺纹损伤或严重锈蚀； (4)气瓶及支架安装紧固，安装位置应符合 QC/T 247 规定； (5)安全装置完好、有效，符合 QC/T 247 的规定
2	储气装置	LPG 管路及卡箍	拆装、检查、紧固高压管路及接头，更换密封圈、环形卡箍	(1)高压管路及接头应无损伤及挤压变形，LPG 管路无老化、腐蚀，与相邻部件无碰擦现象； (2)接头紧固良好，无漏气、阻塞现象，涂检漏液至少观察 10s 后，无气泡出现； (3)管路通畅符合使用要求
3	储气装置	截止阀、充气阀、组合阀等各类控制阀及相关仪表等	(1)检查各阀门工作性能及接口有无泄漏； (2)视情拆检阀门，更换密封圈、垫	阀门开关灵活，紧固牢靠，阀门无泄漏，性能满足要求
4	储气装置	加气口	(1)清洁、紧固加气口； (2)视情更换单向阀阀芯及防尘盖	(1)加气口无油污、灰尘； (2)单向阀工作可靠，无渗漏； (3)防尘盖完好
5	储气装置	液位传感器	性能检查	(1)显示准确； (2)与进气座连接处无泄漏
6	储气装置	限量充装阀	性能检查	满足设计要求
7	LPG 供给装置	滤清器	清洁或更换滤网	清洁，工作良好
8	LPG 供给装置	蒸发调压器	(1)拆检总成，清洁各工作腔并视情更换膜片、密封圈； (2)按各型蒸发调压器技术要求，清洁并定期更换滤网或滤芯；	(1)膜片等关键部件无变形、变质； (2)装配好后的蒸发调压器外观清洁，工作正常； (3)各处无泄漏，气密性等指标符合 QC/T 672 规定；

续上表

序号	维护项目		作业内容	技术要求
8	LPG供给装置		(3)检漏； (4)检查安全阀； (5)检查外观； (6)检查有关热循环装置	(4)安全阀工作可靠； (5)无变形、变质； (6)热循环装置工作正常
9		混合器/喷气装置	(1)拆洗混合器各部件，检查、更换密封胶圈； (2)检查喷气装置	(1)各部件清洁，各处密封良好、无泄漏； (2)混合器/喷气装置工作正常
10		高频电磁阀	清除电磁阀滤芯中的杂物、沉淀物，必要时更换	工作正常
11		安全阀	检查	按要求在标定压力范围内能及时开启和关闭
12		低压管路及卡箍	检查并视情更换	管路固定可靠、完好，无泄漏
13	燃料转换及控制装置	燃料转换开关及仪表	(1)检查开关及控制电路； (2)检查仪表及插接件	(1)开关操作灵活、可靠。开关在“气”位、发动机不运转时，气路电磁阀能在规定时间范围内自动关闭； (2)气量显示正确
14		LPG电磁阀	检查工作性能	各参数均正常
15		汽油电磁阀	检查工作性能	各参数均正常

8.2.4 维护作业的安全要求

维护作业过程中所涉及的LPG专用装置，应符合GB/T 18364.1—2001《汽车用液化石油气加气口(螺旋式)》、GB 17259—2009《机动车用液化石油气钢瓶》、QC/T 247—2002《液化石油汽车专用装置技术条件》、QC/T 672—2000《汽车用液化石油气蒸发调压器》、QC/T 673—2007《汽车用液化石油气电磁阀》、QC/T 675—2000《汽车用汽油电磁阀》等有关标准规定，并由经批准具备LPG专用装置生产资质的企业提供；气瓶的运输、储存、经销和使用应符合有关部门的规定。

8.2.5 检验

LPG汽车二级维护的过程检验、竣工验收除执行GB/T 18344—2001规定内容外，必须对LPG专用装置及系统的安装及密封性进行检查验收，确认符合

GB/T 18437.2—2001《燃气汽车改装技术要求第 2 部分:液化石油气汽车》、QC/T 256—1998《液化石油气汽车定型试验规程》、QC/T 247—2002《液化石油汽车专用装置技术条件》、QC/T 689—2002《液化石油气客车技术条件》、QC/T 697—2002《液化石油气乘用车技术条件》等标准及企业技术要求的相关规定,确认无泄漏。

8.3 压缩天然气汽车(CNGV)维护技术规范

JT/T 512—2004《压缩天然气汽车维护、检测技术规范》规定了 CNG 汽车维护、检测的周期、作业内容和技术要求。

CNG 汽车维护的分级和周期应符合 GB/T 18344 规定。与 GB/T 18344 和相比,其作业内容与技术要求增加了如下内容。

8.3.1 日常维护

(1)驾驶员应在出车前、行车中和收车后重点观察 CNG 专用装置有无泄漏和异常情况。

(2)检视 CNG 专用装置各功能部件、系统的工作状态及其连接和密封,要求状态正常且无松动、泄漏、损坏。气瓶及固定支架固定牢固、无损伤,必要时更换;CNG 管线不得与其他部件擦碰。

(3)检查 CNG 储气量,降至规定值以下时应立即加充 CNG。

(4)对于 CNG/汽油两用燃料汽车,油箱中存有的汽油应符合车辆使用规定及油品质量要求。当长期使用燃油时,应把储气瓶的燃气用完;当使用 CNG 时,应按规定定期转换燃料运行,确保两种燃料供给及其转换系统工作正常。

(5)行车中应随时观察车辆各系统工作状况,当发现 CNG 专用装置有过热、过冷、异味等异常现象时,应立即关闭 CNG 储气瓶截止阀,并及时送 CNG 汽车维修企业进行维修。

8.3.2 一级维护

除日常维护作业外,检查 CNG 专用装置,由具有 CNG 汽车维修资格的企业负责执行。除 GB/T 18344 规定外,还需进行的基本作业项目、作业内容和技术要求见表 8.8。

8.3.3 二级维护

在一级维护作业的基础上,以检查 CNG 专用装置的紧固、密封及其性能保持为主,由 CNG 汽车维修企业负责执行的车辆维护作业。作业项目、作业内容和技术要求见表 8.9。

CNG 汽车一级维护增加的基本作业项目、作业内容和技术要求　　表 8.8

序号	维护项目		作业内容	技术要求
1	储气装置	CNG 气瓶及固定支架	检查外观和紧固情况	(1)气瓶检定审验有效； (2)气瓶表面应无严重划伤、凹凸、裂纹等缺陷； (3)固定支架及扎带完好、无裂纹，固定牢固，垫层完好、无损坏，气瓶应固定可靠，无窜动和旋动现象； (4)安装位置、方式符合 QC/T 245 的要求
2	储气装置	CNG 管路及卡箍	(1)检查紧固管线及接头； (2)检查各连接部位有无泄漏	(1)高压管线及接头应无擦伤及其他损伤； (2)接头紧固良好，无漏气现象；涂检漏液至少观察 10s 后，无气泡出现； (3)软管无老化、油垢、裂纹，连接可靠，与其他部件无摩擦； (4)安装位置、方式符合出厂技术规定和 QC/T 245 的要求
3	储气装置	截止阀、充气阀、组合阀等各类控制阀及相关仪表等	检查密封和工作性能	(1)各种阀密封良好、开闭性能灵活有效，相关仪表工作正常、安装牢固可靠； (2)安装位置、方式符合 QC/T 245 和出厂技术规定的要求
4	储气装置	加气口	(1)检查加气口的安装及紧固情况； (2)检查单向阀	(1)符合 GB/T 18363 相关要求； (2)加气口固定牢固、清洁； (3)加气口、单向阀工作可靠无漏气现象，防尘盖可靠有效
5	CNG 供给装置	减压调节器	(1)检视外观，按规定进行调整； (2)卸下排污塞，放掉残液； (3)检查滤网、滤芯，必要时清洗	外观清洁，安装牢固，无泄漏现象，各部件性能良好，符合 QC/T 671 要求
6	CNG 供给装置	混合器/喷气装置	检查	各气道通畅、无阻塞、无泄漏，混合器/喷气装置应清洁、固定牢固、装配正确
7	CNG 供给装置	高频电磁阀	检查各电磁阀及其控制装置技术状况	连接可靠、工作正常
8	CNG 供给装置	CNG 电喷控制装置	检查各功能的有效性	各参数均正常

续上表

序号	维护项目		作业内容	技术要求
9	燃料转换及控制要求	燃料转换开关及仪表	检查	(1)燃料转换器开关转换灵活、可靠； (2)气量显示正常，与储气瓶气压、储气量协调一致
10		CNG 电磁阀	检查、紧固	(1)接线牢固、可靠； (2)开闭性能良好、无泄漏； (3)符合 QC/T 674 规定
11		汽油电磁阀及管路	检查、紧固	(1)电磁阀及油管安装牢固，管路无碰擦现象； (2)汽油管路无老化及损伤，接头密封良好； (3)电磁阀开闭性能良好，无泄漏，符合 QC/T 675 规定
12	整车		检查、测试	燃油、燃气系统工作正常，CNG 汽车标志符合 GB/T 17676 规定

CNG 汽车二级维护增加的基本作业项目、作业内容和技术要求 表 8.9

序号	维护项目		作业内容	技术要求
1	储气装置	CNG 气瓶及固定支架	(1)检验气瓶检定证明； (2)按规定清理气瓶残液； (3)紧固连接部位； (4)视情更换安全装置	(1)气瓶检定审验有效； (2)气瓶无残液； (3)气瓶有下列情况应更换：瓶体或附件出现裂纹、灼伤、鼓疱、渗漏或明显的凹陷、膨胀、弯曲；外表明显损伤、瓶口螺纹损伤或严重锈蚀； (4)气瓶及支架安装紧固，安装位置应符合 QC/T 245 规定； (5)安全装置完好、有效，符合 QC/T 245 的规定
2		CNG 管路及卡箍	拆装、检查、紧固高压管路及接头，更换密封圈、环形卡箍	(1)高压管路及接头应无损伤及挤压变形和松动现象，CNG 管路无老化、腐蚀，与相邻部件无碰擦现象； (2)接头紧固良好，无漏气、阻塞现象，涂检漏液至少观察 10s 后，无气泡出现； (3)管路通畅符合使用要求
3		截止阀、充气阀、组合阀等各类控制阀及相关仪表等	(1)检查各阀门工作性能及接口有无泄漏； (2)视情拆检阀门，更换密封圈、垫	阀门开关灵活，紧固牢靠，阀门无泄漏，性能满足要求

续上表

序号	维护项目		作业内容	技术要求
4	储气装置	加气口	(1)清洁、紧固加气口； (2)视情更换单向阀阀芯及防尘盖	(1)加气口无油污、灰尘； (2)单向阀工作可靠,无渗漏； (3)防尘盖完好
5		压力传感器、压力表	性能检查	(1)显示准确； (2)与进气座连接处无泄漏
6		限量充装阀	性能检查	满足设计要求
7	CNG供给装置	滤清器	清洁或更换滤网	清洁,工作良好
8		减压调节器	(1)拆检总成,清洁各工作腔,定期更换滤网； (2)检查高压进气装置是否泄漏,视情更换密封圈； (3)检查各级压力,事情更换弹簧、膜片； (4)密封性检查； (5)检查安全阀	(1)膜片等关键部件无变形、变质； (2)装配好后的减压调节器外观清洁,工作正常； (3)各处无泄漏,气密性等指标符合QC/T 671规定
9		混合器/喷气装置	(1)拆洗混合器各部件,检查、更换密封胶圈； (2)检查喷气装置	(1)各部件清洁,各处密封良好、无泄漏； (2)混合器/喷气装置工作正常
10		高频电磁阀	清除电磁阀滤芯中的杂物、沉淀物,必要时更换	工作正常
11		安全阀	检查	按要求在标定压力范围内能及时开启和关闭
12		低压管路及卡箍	检查并视情更换	管路固定可靠、完好,无泄漏
13	燃料转换及控制装置	燃料转换开关及仪表	(1)检查开关及控制电路； (2)检查仪表及插接件	(1)开关操作灵活、可靠；开关在“气”位、发动机不运转时,气路电磁阀能在规定时间范围内自动关闭； (2)气量显示正确
14		CNG电磁阀	检查工作性能	开闭灵活可靠,关闭时密封良好,不漏气
15		汽油电磁阀	检查工作性能	开闭灵活可靠,关闭时密封良好,不漏油

8.3.4 维护作业的安全要求

(1)CNG汽车维护作业前应首先进行CNG专用装置的密封性检查,如有泄漏应先排除故障,在确认系统密封良好后再进行维护作业。

(2)维护作业中应先进行涉及CNG使用的检查、维护等作业，然后关闭储气瓶截止阀并使管路内的CNG耗尽，再进行其他项目的维护。

(3)CNG汽车维修作业车间通风良好，在有CNG泄漏可能的场所应明示防明火、防静电的标志。

(4)当需要进行焊割等有明火的作业时，应拆掉蓄电池及重要总成的电控元件。应安全拆卸气瓶并放入专用库房妥善保管；或在专用的符合安全防护要求的场地将供气系统(包括储气瓶)卸压，确保供气系统内无CNG。

(5)如需在气瓶附近打磨或切割时，应先将其拆掉或有效隔离。应由具备认可资质的单位、人员从事气瓶维护与检测，不得在气瓶上进行挖补、焊割等作业。

(6)CNG汽车如发生漏气，应立即关闭电源和储气瓶截止阀，然后在专用场地进行处理。如果高压管路破裂或脱落导致气体大量泄漏而无法关闭储气瓶截止阀时，应立即将现场进行隔离，不允许人、车入内，隔离火源，待天然气散尽后再作处理。

(7)如发生火情，除立即关闭电源和储气瓶截止阀外，应隔离现场，立即采取有效的灭火与救援措施。

(8)维修作业过程中所涉及的CNG专用装置，应符合标准GB 17258—2011《汽车用压缩天然气钢瓶》、GB/T 18363—2001《汽车用压缩天然气加气口》、QC/T 245—2002《压缩天然气汽车专用装置技术条件》、QC/T 671—2000《汽车用压缩天然气减压调节器》、QC/T 674—2007《汽车用压缩天然气电磁阀》、QC/T 675—2000《汽车用汽油电磁阀》等有关标准规定，并由经批准具备CNG专用装置生产资质的企业提供；气瓶的运输、储存、经销和使用应符合有关部门的规定。

8.3.5 检验要求

CNG汽车二级维护的过程检验、竣工验收除执行GB/T 18344规定内容外，应对CNG专用装置及系统得安装及密封性进行检查验收，确认符合GB/T 18437.1—2009《燃气汽车改装技术要求(压缩天然气汽车)》、QC/T 257—1998《压缩天然气汽车定型试验规程》、QC/T 245—2000《压缩天然气汽车专用装置技术条件》、QC/T 690—2002《压缩天然气客车技术条件》等标准及企业技术要求的相关规定，确认无泄漏。

8.4 液化天然气汽车(LNGV)维护技术规范

液化天然气汽车汽车目前还没有国家或行业颁布的维护作业标准，可参照发动机生产厂家提供的维护手册执行。某生产厂家提供的LNG发动机维护保养要点如下。

8.4.1 燃料使用要求

发动机所使用的燃料要求符合国家标准规定的车用LNG燃料，禁止使用家用天然气(杂质含量高，成分不符合车用要求)。为保证发动机性能、排放，用户需提供所使用的天然气气体成分，以便生产厂家根据其提供的气体成分进行燃料参数调整，使发动机处于最佳运行状态。

8.4.2 润滑油使用要求

由于天然气发动机燃烧产物与柴油机不同，因此要求天然气发动机使用CF及以上级别的天然气发动机专用机油(灰低分机油，且注明为气体机专用；热带地区推荐使用CF20W/50，寒冷地区推荐使用CF5W20，其他地区推荐使用CF15W/40)。

8.4.3 防冻液

天然气发动机的LNG汽化器需要发动机冷却液对其进行加热，使LNG加热汽化，若发动机冷却液水质不好而导致水腔结垢、生锈，将降低热交换量，甚至会导致冻裂。故气体发动机一定要使用防冻液。

8.4.4 操作要点

(1)每天使用汽车前必须检查气瓶与托架、供气装置与大梁之间固定是否牢固，天然气设备的状态，所有气管的连接处是否漏气。

(2)起动时，先将点火开关转到电源接通位置停留2～3s，不踩加速踏板起步，切忌起动时空踩加速踏板和狠踩加速踏板。在行驶过程中，尽量避免急速改变加速踏板位置。要求用一挡起步。

(3)汽车运行返回后应该重新检查管路、接头、充放气阀和气瓶气阀在关闭和完全打开位置时的密封性。必须清除气瓶和天然气设备部件的泥土和灰尘。

8.4.5 重要提示

由于气体发动机工作原理与柴油机有一定的差别，气体发动机对于进排气系统、燃料成分、点火系统和供气系统更加敏感，所以气体发动机必须按其特点进行维护，以保证发动机良好的动力性和经济性。

1)进排气系统

由于气体发动机负荷控制是以空气流量来表征负荷，转矩控制也是以空气量为基础，该部分为维护重点。气门间隙过小会导致发动机回火故障。气门间隙需按期调整及定期检查防喘振阀及空气调压器，避免发动机回火及动力不足。

2)点火系统

火花塞电极间隙过大，会导致所需要的击穿电压变高，可能引起点火模块过热或者点不着火，导致发动机动力下降、气耗升高、点火线圈击穿等故障；火花塞电极间隙过小，会导致电极产生的火花过小，混合气燃烧不良、动力下降、气耗升高。

火花塞间隙需按期调整，点火线圈及胶套需按期检查，避免混合气燃烧不良，气耗变高。

3)供气系统

减压器、电控调节压器、混合器按期检查及清理，避免零部件被杂质污染。

8.4.6 日常维护

驾驶员每日必须进行的维护如下。

(1)检查气瓶、电磁阀、压力调节器等部件安装支架是否完好与坚固情况，紧固已松动的紧固件。

(2)检查气量。接通全车电源，打开点火开关(不起动发动机)，检查液位显示器指示的燃料量。当液位计显示的燃料量少时，应及时到加气站加气。

(3)检查供气系管路、接头组件等是否泄漏(可通过周围环境是否有燃气泄漏异味进行判断或用肥皂水测试)。如发现系统有泄漏现象，驾驶员不得擅自解体，应及时关闭电源及气源开关并报修。

(4)检查膨胀水箱里冷却液液面是否满足要求；若不够，请及时添加。

(5)接通全车电源，打开点火开关(不起动发动机)检查故障指示灯，若显示故障请及时联系维修人员检查。

8.4.7 专有零部件维护

液化天然气汽车与压缩天然气汽车的主要区别是前者储气瓶内储存的是−162℃的液化气，后者储气瓶内储存的是20MPa的压缩天然气；液化天然气汽车在装置上减少了压缩天然气发动机专用的高压电磁阀及高压减压器两个部件，增加了液化天然气发动机专用的汽化器装置。

8.5 与节能减排相关的车辆技术状况主要指标

汽车二级维护前应进行检测，确定附加作业范围。经过二级维护和附加作业后，车辆技术状况应达到技术要求。

8.5.1 发动机动力性

发动机应动力性能良好,运转平稳,怠速稳定。

发动机应有良好的起动性能,应能由驾驶员在驾驶座位上起动。当汽油发动机在不低于-5℃,柴油发动机在不低于5℃条件下,用起动机起动时,应在三次起动中至少有一次可在5s内起动,在作重复起动试验时,每次间隔2min。

发动机各汽缸压缩压力应不小于原设计规定值的85%;每缸压力与各缸平均压力的差:汽油发动机应不大于8%,柴油发动机应不大于10%。

发动机点火、燃料供给、润滑、冷却和排气等系统的机件应齐全,性能良好。

柴油机的停机装置必须灵活有效。

8.5.2 整车动力性

驱动轮输出功率检测工况采用汽车发动机额定转矩和额定功率时的工况,即发动机全负荷与额定转矩转速和额定功率转速所对应的直接挡(无直接挡时,指传动比最接近于1的挡)车速构成的工况。国家车辆的校正驱动轮输出功率的限值列于表8.10,其他车辆可参照执行。

汽车驱动轮输出功率的限值 表8.10

<table>
<tr><th rowspan="2">汽车类别</th><th rowspan="2" colspan="2">汽车型号</th><th colspan="2">额定转矩工况</th><th colspan="2">额定功率工况</th></tr>
<tr><th>直接挡检测车速 v_M(km/h)</th><th>校正驱动轮输出功率/额定功率的限值 η_{Pa}(%)</th><th>直接挡检测车速 v_M(km/h)</th><th>校正驱动轮输出功率/额定功率的限值 η_{Pa}(%)</th></tr>
<tr><td rowspan="12">载货汽车</td><td>1010、1020系列</td><td>汽油车</td><td>60</td><td>50</td><td>90</td><td>40</td></tr>
<tr><td rowspan="2">1030、1040系列</td><td>汽油车</td><td>60</td><td>50</td><td>90</td><td>40</td></tr>
<tr><td>柴油车</td><td>55</td><td>50</td><td>90</td><td>45</td></tr>
<tr><td rowspan="2">1050、1060系列</td><td>汽油车</td><td>60</td><td>50</td><td>90</td><td>40</td></tr>
<tr><td>柴油车</td><td>50</td><td>50</td><td>80</td><td>45</td></tr>
<tr><td>1070、1080系列</td><td>柴油车</td><td>50</td><td>50</td><td>80</td><td>45</td></tr>
<tr><td rowspan="2">1090系列</td><td>汽油车</td><td>40</td><td>50</td><td>80</td><td>45</td></tr>
<tr><td>柴油车</td><td>55</td><td>50</td><td>80</td><td>45</td></tr>
<tr><td>1100、1110系列
1120、1130系列</td><td>柴油车</td><td>50</td><td>45</td><td>80</td><td>40</td></tr>
<tr><td>1140、1150、1160系列</td><td>柴油车</td><td>50</td><td>50</td><td>80</td><td>40</td></tr>
<tr><td>1170、1190系列</td><td>柴油车</td><td>55</td><td>50</td><td>80</td><td>45</td></tr>
</table>

续上表

汽车类别	汽车型号		额定转矩工况		额定功率工况	
			直接挡检测车速 v_M (km/h)	校正驱动轮输出功率/额定功率的限值 η_{Pa}(%)	直接挡检测车速 v_M (km/h)	校正驱动轮输出功率/额定功率的限值 η_{Pa}(%)
半挂列车[①]	10t 半挂车系列	汽油车	40	50	80	45
		柴油车	50	50	80	45
	15、20t 半挂车系列	柴油车	45	45	70	40
	25t 半挂车系列	柴油车	45	45	70	40
客车	6600 系列	汽油车	60	45	85	35
		柴油车	45	50	75	40
	6700 系列	汽油车	50	40	80	35
		柴油车	55	45	75	35
	6800 系列	汽油车	40	40	85	35
		柴油车	45	45	75	35
	6900 系列	汽油车	40	40	85	35
		柴油车	60	45	85	35
	6100 系列	汽油车	40	40	85	35
		柴油车	40	45	85	35
	6110 系列	汽油车	40	40	85	35
		柴油车	55	45	80	35
	6120 系列	柴油车	60	40	90	35
轿车	夏利、富康		95/65[②]	40/35[②]	—	—
	桑塔纳		95/60[②]	45/40[②]	—	—

注：5010 系列、5040 系列厢式货车和罐式货车驱动轮输出功率的允许值按同系列普通货车的允许值下调 2%；其他系列厢式货车和罐式货车驱动轮输出功率的允许值按同系列普通货车的允许值下调 40%。

①半挂列车按载质量分类。

②为汽车变速挡使用三挡时的参数值。

8.5.3 燃油经济性

按 GB 18565—2001《营运车辆综合性能要求和检验方法的检验方法》测得的汽车百公里燃料消耗量不得大于该车型原厂规定的相应车速等速百公里燃料消耗量的 110%。

8.5.4 制动性能

采用气压制动系统的车辆，发动机在75%的额定功率转速下，4min(汽车列车为6min，城市铰接公共汽车和无轨电车为8min)内气压表的指示气压应从零开始升至起步气压(未标起步气压的，按400kPa计)。

车辆运行过程中，不应有自行制动现象。

车轮阻滞力：进行制动力检测时，车辆各轮的阻滞力均不得大于该轴轴荷的5%。

制动完全释放时间(从松开制动踏板到制动消除所需要的时间)，单车不得大于0.8s。

8.5.5 转向操纵系统

转向轻便性。路试检测：汽车空载，在平坦、干燥和清洁的硬路面上以10km/h的速度在5s之内沿螺旋线从直线行驶过渡到直径为24m的圆周行驶，施加于转向盘外缘的最大切向力不得大于150N。原地检测：汽车转向轮置于转角盘上，转动转向盘使转向轮达到原厂规定的最大转角，在全过程中用转向力测试仪测得的转动转向盘的操纵力不得大于120N。

转向轮的横向侧滑量。前轴采用非独立悬架的汽车，转向轮的横向侧滑量，用侧滑仪(包括单、双板)按规定的方法检测时，侧滑量值应不大于5m/km。前轴采用独立悬架的汽车，可以前轮定位参数值符合原厂规定的与该车有关的技术条件为合格。

车轮定位值。车辆的前轮定位值应符合该车有关技术条件的规定。凡后轮有定位技术参数的汽车，后轮定位值应符合该车有关技术条件的规定。

车辆的最小转弯直径。以前外轮轨迹中心线为基线测量，其值不得大于24m。转向轮的最大转向角应符合原厂规定的与该车有关的技术条件。内、外轮转角应符合一定的几何比例关系。

转向轮转向后应能自动回正，在平坦、硬实、干燥和清洁的道路上行驶不得跑偏，其转向盘不得有摆振或其他异常现象。

转向盘应转动灵活、操纵方便、无阻滞现象。车轮转向过程中不得与其他部件有干涉现象。

转向节及臂，转向横、直拉杆及球销应无裂纹和损伤，并且球销不得松旷。

8.5.6 排放污染物控制

装配点燃式发动机的车辆按GB 18352—2005《轻型汽车污染物排放限值及测量方法》通过型式认证的轻型汽车，应进行双怠速试验或加速模拟工况

(ASM)试验，其排气污染物限值见表 8.11。加速模拟工况试验按 GB 18565—2001《营运车辆综合性能要求和检验方法规定》的方法进行，其排气污染物限值见表 8.12。

装配点燃式发动机的车辆双怠速试验排气污染物限值 表 8.11

车辆类型	怠速		高怠速	
	CO(%)	HC(10^{-6})①	CO(%)	HC(10^{-6})①
2001 年 1 月 1 日以后上牌照的 $M_1$② 类车辆	0.8	150	0.3	100
2002 年 1 月 1 日以后上牌照的 $N_1$③ 类车辆	1.0	200	0.5	150

注：①HC 容积浓度值按正己烷当量。

②M_1 指车辆设计乘员数(含驾驶员)不超过 6 人，且车辆最大总质量不超过 2 500kg。

③N_1 还包括设计上乘员数(含驾驶员)超过 6 人，或车辆最大总质量超过 2 500kg 但不超过 3 500kg的 M 类车辆。

装配点燃式发动机的车辆加速模拟工况试验排气污染物限值 表 8.12

车辆类型	基准质量 RM (kg)	ASM5025			ASM2540		
		HC (10^{-6})①	CO (%)	NO (10^{-6})	HC (10^{-6})①	CO (%)	NO (10^{-6})
2001 年 1 月 1 日以后上牌照的 $M_1$② 类车辆	<1 050	260	2.2	2 500	260	2.4	2 300
	<1 250	230	1.8	2 200	230	2.2	2 050
	<1 470	190	1.5	1 800	190	1.8	1 650
	<1 700	170	1.3	1 550	170	1.5	1 400
	<1 930	150	1.1	1 350	150	1.3	1 250
	<2 150	120	1.0	1 200	130	1.2	1 100
	<2 500	120	0.9	1 050	120	1.1	1 000
2002 年 1 月 1 日以后上牌照的 $N_1$③ 类车辆	<1 050	260	2.2	2 500	260	2.4	2 300
	<1 250	230	1.8	2 200	230	2.2	2 050
	<1 470	250	2.3	2 700	250	3.2	2 600
	<1 700	190	2.0	2 350	190	2.7	2 200
	<1 930	220	2.1	2 800	220	2.9	2 600
	<2 150	200	1.9	2 500	200	2.6	2 300
	<2 500	180	1.7	2 250	180	2.4	2 050
	<3 500	160	1.5	2 000	160	2.1	1 800

注：①HC 容积浓度值按正己烷当量。

②M_1 指车辆设计乘员数(含驾驶员)不超过 6 人，且车辆最大总质量不超过 2 500kg。

③N_1 还包括设计上乘员数(含驾驶员)超过 6 人，或车辆最大总质量超过 2 500kg 但不超过 3 500kg的 M 类车辆。

除表 8.11、表 8.12 规定的其他 M、N 类装配点燃式发动机的车辆外，应按 GB 18565—2001《营运车辆综合性能要求和检验方法规定》规定的方法进行怠速试验，怠速试验排气污染物限值见表 8.13。

装配点燃式发动机的车辆怠速试验排气污染物限值 表 8.13

车辆类型	轻型车		重型车	
	CO(%)	HC(10^{-6})①	CO(%)	HC(10^{-6})①
1995 年 7 月 1 日以前生产的在用汽车	4.5	1 200	5.0	2 000
1995 年 7 月 1 日以后生产的在用汽车	4.5	900	4.5	1 200

注：①HC 容积浓度值按正己烷当量。

按 GB 18352—2005 通过型式认证的装配压燃式发动机的车辆，应按 GB 18565—2001《营运车辆综合性能要求和检验方法规定》进行自由加速排气可见污染物试验，排气可见污染物限值见表 8.14。

装配压燃式发动机的车辆自由加速试验排气可见污染物限值 表 8.14

车辆类型	光吸收系数(m^{-1})
2001 年 1 月 1 日以后上牌照的在用车	2.5
2001 年 1 月 1 日以后上牌照的装配废气涡轮增压器的在用车	3.0

除表 8.14 规定的其他装配压燃式发动机的车辆外，应按 GB 18565—2001《营运车辆综合性能要求和检验方法规定》进行自由加速烟度试验，自由加速烟度试验排放限值见表 8.15。

装配压燃式发动机的车辆自由加速试验烟度排放限值 表 8.15

车辆类型	烟度值(Rb)
1995 年 7 月 1 日以前生产的在用汽车	4.7
1995 年 7 月 1 日以后生产的在用汽车	4.0

燃油蒸发污染物排放控制装置应在有效使用日期(或有效使用里程)内。连接管路应完好，胶管不得有断裂、老化、脱落等现象。

汽油车应装有曲轴箱强制通风系统，包括 PCV 阀或流量孔和通风管。曲轴箱强制通风系统连接管路应完好，胶管不得有断裂、老化、脱落现象。用 U 形水压计或微型压力计在机油标尺孔处检查怠速、50%额定转速的曲轴箱压力，不得出现正压力。

8.5.7 密封性

汽车上各连接件无漏油、渗水和漏气现象。

采用气压制动的汽车，当气压升至 600kPa 且不使用制动的情况下，停止空气压缩机 3min 后，其气压降低值应不大于 10kPa。在气压 600kPa 的情况下，将制动踏板踩到底，待气压稳定后观察 3min，单车气压降低值应不大于 20kPa；汽车列车气压降低值不得超过 30kPa。采用液压制动的汽车在保持踏板力为 70kg 达到 1min 时，踏板不得有缓慢向地板移动的现象。

8.5.8 整车

整车整备应齐全、完好、有效，各连接部件紧固完好。车体应周正，车体外缘左右对称部位(在离地高 1.5m 内测量)高度差不得大于 40mm；左右轴距不得大于轴距的 1.5/1 000。

路试检测滑行距离时，按 GB 18565—2001《营运车辆综合性能要求和检验方法》测得的初速为 30km/h 的滑行距离应符合表 8.16 的规定。

车辆滑行距离要求 表 8.16

汽车整备质量 M(kg)	双轴驱动车辆的滑行距离(m)	单轴驱动车辆的滑行距离(m)
M<1 000	≥104	≥130
1 000≤M≤4 000	≥120	≥160
4 000<M≤5 000	≥144	≥180
5 000<M≤8 000	≥184	≥230
8 000<M≤11 000	≥200	≥250
M>11 000	≥214	≥27

发动机运转应无异响，运转和加速时不得有回火放炮现象。车辆运行当中底盘应无异响。

各部润滑良好，发动机机油压力应符合该车有关技术条件的规定。

汽油机油换油指标应符合 GB/T 8028—2010《汽油机油换油指标》的规定；柴油机油换油指标应符合 GB/T 7607—2010《柴油机油换油指标》的规定。变速器、后桥等总成和部件的润滑油的规格和用量应符合规定。

轿车和挂车胎冠上花纹深度不得小于 1.6mm；其他车辆转向轮的胎冠花纹深度不得小于 3.2mm，其余轮胎胎冠花纹深度不得小于 1.6mm。轮胎胎面不得有因局部磨损而暴露出轮胎帘布层。轮胎的胎面和胎壁上不得有长度超过 25mm 或深度足以暴露出轮胎帘布层的破裂和割伤。同一轴上轮胎规格和花纹应相同，轮胎规格应符合车辆出厂时的规定，同一轴上轮胎外径的磨损程度应大体一致。轮胎负荷不应超过该轮胎的额定负荷，轮胎的充气压力应符合该轮胎承受负荷时规定的压力。最大设计车速超过 120km/h 的车辆，其车轮应作动平衡，并应符合有关技术要求。轮胎螺母和半轴螺母应完整齐全，并应按规定力矩紧固。

钢板弹簧不得有裂纹和断片现象,其弹簧形式和规格应符合产品使用说明书的规定。中心螺栓和U形螺栓应紧固。减振器应齐全有效。

前、后桥不得有变形和裂纹。车桥与悬架之间的各种拉杆和导杆不得变形,各接头和衬套不得松旷和移位。

离合器踏板自由行程应符合原厂规定的该车技术条件的有关规定。离合器踏板力应不大于30kg。离合器应接合平稳,分离彻底,工作时不得有异响、抖动和不正常打滑等现象。

变速器和分动器在换挡时,齿轮啮合灵便,互锁、自锁、倒挡锁装置有效,不得有乱挡和自动跳挡现象;变速杆不得与其他部件干涉,运行中无异响。传动轴在运转时不得发生振抖和异响,中间轴承和万向节不得有裂纹和松旷现象。驱动桥工作应正常且无异响。

燃油箱及燃油管路应坚固牢靠,不致因振动和冲击而发生损坏和漏油现象。燃油箱的加油口及通气口应保证在车辆晃动时不漏油。

空调系统应运转正常。

8.6 造成发动机故障的五种典型维护原因

8.6.1 机油变质及机油滤芯堵塞

不同等级的润滑油在使用过程中油质都会发生变化。车辆行驶一定里程之后,性能就会恶化,可能会给发动机带来种种问题。为了避免这些故障的发生,应该结合使用条件定期给汽车换油,并使油量适中,一般以机油标尺上下限之间为好。

机油从机油滤芯通过时,把油中的固体颗粒和黏稠物积存在滤清器中。如滤清器堵塞,机油不能顺畅通过滤芯时,会胀破滤芯,或打开安全阀从旁通阀通过,仍把脏物带回润滑部位,促使发动机磨损加快,内部的污染加剧。因此机油滤芯的定期更换同样重要。

8.6.2 空气滤芯堵塞

发动机的进气系统主要由空气滤芯和进气道两部分组成。根据不同的使用情况,要定期清洁空气滤芯。其方法为用高压空气由里向外吹,把滤芯中的灰尘吹出。由于空气滤芯为纸质,所以吹的时候要注意空气的压力不能过高,以免损坏滤芯。空气滤芯一般在清洗3次后就应更换新的,清洗周期可以由日常驾驶区域的空气质量而定。

8.6.3 进气管道过脏

如果车辆经常行驶于灰尘较多、空气质量较差的路况区域，就应该注意清洗进气管道，保证进气的畅通。进气管道对于发动机的正常工作非常重要，如果进气管道过脏，会导致充气效率下降，从而使发动机不能在正常的输出功率范围内运转，加剧发动机的磨损和老化。

8.6.4 曲轴箱油泥过多

发动机在运转过程中，燃烧室内的高压未燃烧气体、酸、水分、硫和氮的氧化物经过活塞环与缸壁之间的间隙进入曲轴箱中，使其与零件磨损产生的金属粉末混在一起，形成油泥。少量的油泥可在油中悬浮，当量大时从油中析出，堵塞滤清器和油孔，造成发动机润滑困难，从而加剧发动机的磨损。此外，机油在高温时氧化会生成漆膜和积炭黏结在活塞上，使发动机油耗增大、功率下降，严重时使活塞环卡死而拉缸。

8.6.5 燃油系统缺乏维护

燃油系统的保养包括更换汽油滤芯、清洗化油器或燃油喷嘴以及供油管路。燃油在通过油路供往燃烧室燃烧的过程中，不可避免地会形成胶质和积炭，在油道、化油器、喷油嘴和燃烧室中沉积下来，干扰燃油的流动，破坏正常空燃比，使燃油雾化不良，造成发动机喘抖、爆震、怠速不稳、加速不良等性能问题。

9 故障诊断

汽车随着使用时间的增长，其性能也在逐步发生衰退。车辆的技术状况差、故障多，对汽车的行驶油耗影响很大，表 9.1 为常见汽车技术故障对汽车油耗的影响。

常见汽车技术故障对汽车油耗的影响 表 9.1

汽车发动机技术故障名称	油耗增加(%)
汽缸漏气压缩压力低	4～6
空气滤清器、进排气管有堵塞	4～5
火花塞电极脏污	8
润滑油过量	2
离合器打滑	28～29
后桥左右制动发卡	8～9
手制动器发卡	21
全部轮胎气压低于规定 $1kg/cm^2$	10～12
两前轮胎气压低于规定 $1kg/cm^2$	6～7

汽车故障诊断是指在不解体(或仅拆部分、零件)条件下，检查汽车的技术状况，确定故障发生的部位(部件)和产生故障原因的一门技术。汽车在使用中会由于自然失效、使用维护不当以及制造和修理质量差等原因造成故障。迅速确定故障，及时送修，排除故障，恢复车辆良好技术状况是汽车低碳运用的重要环节。作为汽车运用者即使不能做到准确诊断和排除简单故障，但对故障原因有所了解，有针对性地送修，对保持良好车况也很有益处。

9.1 汽车起动时起动机不转动或转动缓慢

(1)检查蓄电池电压。

(2)检查蓄电池极柱、导线连接等是否松动。

(3)检查起动系，包括点火开关、起动开关、空挡起动开关及起动机情况，各部线路是否连接松动。

9.2 汽油车起动时起动机转动正常,但发动机不能起动

(1)调出故障码。

(2)检查燃油泵工作情况。

(3)检查点火系统,包括高压火花、点火正时情况、火花塞等。

(4)检查进气系统有无漏气。

(5)检查空气流量计或空气压力传感器是否工作不良。

(6)检查喷油器、低温起动喷油器是否工作正常。

(7)检查 EFI(电控汽油喷射系统)电路,包括 ECU(汽车专用微机控制器,亦称汽车专用单片机,俗称车载电脑、行车电脑)连接器有关端子。

(8)检查机械部分有无故障。

9.3 汽油车发动机怠速不良

(1)调出故障码,分析故障原因。

(2)检查进气系统有无漏气情况。

(3)检查曲轴箱通风管的 PCV[曲轴箱(或油底壳)及通风控制系统]阀的工作情况(怠速时,PCV 阀应该关闭)。

(4)检查节气门上的怠速调整螺钉是否调整正确;若调整螺钉调整不正确,会导致怠速时混合气过稀,导致发动机怠速不稳。

(5)检查点火正时情况。

(6)检查喷油器喷射情况。

(7)检查 EFI 系统电路及元件工作情况。

(8)检查机械系统的状况。

9.4 怠 速 过 高

(1)检查节气门是否发卡而不能关闭。

(2)检查冷起动喷油器是否在继续喷油。

(3)检查节气门位置传感器输出电压是否正确。

(4)检查燃油喷射压力是否过高。

(5)检查调压器真空传感器软管是否脱落或断裂。

(6)检查怠速控制系统和 VSV[真空转换阀(电动式真空通道控制阀)]是否工作正常。

(7)检查喷油器喷油情况及是否滴漏。

(8)调出故障码,判断故障原因。

(9)检查 EFI 系统电路及元件工作情况。

(10)检查点火正时是否不正确。

9.5 发动机转速不稳

(1)调出故障码,分析故障原因。

(2)检查进气系统有无漏气情况。

(3)检查燃油泵供油情况及燃油管路的压力是否正常。

(4)检查燃油压力调节器是否工作正常。

(5)检查喷油器喷射情况,是否个别喷油器不工作或喷油量不准确。

(6)检查点火系统,如点火正时情况、高压火花情况、火花塞积炭等。

(7)检查空气滤清器滤芯是否堵塞。

(8)检查汽油滤清器滤芯是否堵塞。

(9)检查 EFI 系统电路及元件工作情况。

(10)检查机械部分,如汽缸压力、气门间隙等。

9.6 发动机回火

发动机回火现象大多由于混合气过稀或点火时间过晚所致。

(1)调出故障码,分析故障原因。

(2)检查进气管有无漏气情况。

(3)检查节气门位置传感器输出信号是否正确。

(4)检查点火正时情况。

(5)检查燃油压力是否过低。

(6)检查喷油器喷油时间是否过短。

(7)检查喷油器是否发卡堵塞。

(8)检查 EFI 系统电路及元件工作情况,主要有各有关传感器,如氧传感器、水温传感器、进气温度传感器、进气管压力传感器等。

9.7 排气管放炮

排气管放炮主要是由于混合气过浓、个别缸不工作和燃烧时间不正确等燃烧不完全因素造成的。

(1)调出故障码,分析故障原因。

(2)检查点火正时,是否点火时间过晚。

(3)检查冷起动喷油器是否仍然喷油或者发生滴漏,并进一步找出原因。

(4)低温起动喷油器定时开关失效。

(5)个别缸火花塞不点火或火花过弱。

(6)检查喷油器,是否存在喷油过量,或者个别缸喷油过多的现象,是否有滴漏。

(7)检查燃油压力是否过高,压力调节器是否失效导致回油管路不能打开回油,压力调节器真空传感器软管是否脱落或者断裂。

(8)检查空气流量计传感器和节气门位置传感器输出信号是否正确。

(9)检查 EFI 电路及有关传感器的工作情况。

9.8 发动机加速不良

(1)检查进气管是否漏气。

(2)检查点火时间是否过晚。

(3)调出故障码,分析故障原因。

(4)检查燃油喷射系统,如燃油压力、喷油器工作情况。

(5)检查点火系统,尤其是爆震传感器和点火器的工作是否正常。

(6)检查节气门位置传感器是否正常。

(7)检查 EFI 电路及与燃油喷射有关的元件的工作情况。

(8)检查汽缸压力、气门间隙、火花塞工作情况及配气相位等是否正常。

9.9 发动机温度过高

温度过高会使发动机汽缸充气量减少,且容易产生早燃、爆燃,而使功率下降,排放增加,油耗增大。

加注冷却液的发动机适宜的工作温度为 80～90℃,加注防冻液的发动机适宜的工作温度为 95～105℃。

发动机工作温度过高故障原因可归纳为发动机冷却系统内部和外部两个方面。属于系统内部的原因有:冷却液不能正常循环或循环较慢、发动机和散热器与空气的热交换障碍、发动机冷却强度不能正常调节、水温表或水温报警装置失灵等;属于系统之外的原因有:发动机点火系统调整不当使点火时刻失准、发动机燃油系统调整不当使混合气浓度失调、汽车空调系统冷凝器散热不良等。其诊断要点如下。

(1)判断发动机工作温度是真正过高还是冷却液温度表或水温警报装置指示不准确。

用温度测量仪检测在发动机运转和节温器完全打开状态下的散热器冷却液温度,若冷却液温度正常,而冷却液温度表所指示的温度过高或水温警报装置报警,则是冷却液温度表或水温警报装置故障。

若冷却液温度表或水温警报装置正常,则检查发动机冷却液液面高度:观察冷却液液面高度是否在膨胀水箱“MAX”和“MIN”标记之间,若在两标记之间,则是冷却液充足发动机工作温度过高故障,若低于“MIN”标记则为冷却液不足发动机工作温度过高故障。

(2)冷却液充足发动机工作温度过高,则打开膨胀水箱盖或散热器盖,检查冷却液是否清洁、干净;新加注的冷却液,检查选用牌号是否正确;否则,更换清洁和规定牌号的冷却液。对于长期未清洗水垢的发动机,应检查水套内积垢是否过多。检查方法是:将冷却液全部放出,再加满冷却液并计量注入的体积。若比规定值明显减少,则减少的体积即为水垢所占据的容积。水垢过多,应清洗。

若冷却液品质和容量没问题,可按冷却强度调节装置、冷却液循环装置、发动机点火时刻失准、混合气浓度失调、汽车空调系统冷凝器散热不良等程序诊断。

检查百叶窗是否完全打开。若百叶窗打开不足,则是百叶窗或其控制机构故障,应检查百叶窗及其连杆机构是否灵活或调整是否得当。

若百叶窗完全打开,则接着检查散热器表面是否脏堵,散热器片是否倒伏。

若散热器表面清洁,散热器片无倒伏,则检查风扇转速是否正常。对机械式风扇则检查风扇皮带是否过松、油污、磨损过甚打滑,这时常伴有发电机电压低、蓄电池亏电故障;否则,进一步检查硅油风扇离合器是否工作良好。对电动风扇则根据故障特点,分别处理:转速过低,则是风扇电枢及其控制线路故障;投入工作过迟,则为双速温控开关性能不良故障;风扇不转,则在发动机怠速运转时打开空调,观察风扇是否运转,运转则是双速温控开关故障,不运转,则是风扇电枢或线路故障。

若风扇转速正常,则检查风扇出风量。在风扇转动状态下,将一张薄纸放在散热器前面,若纸被牢牢地吸住,说明风量足够;否则,应检查风扇叶片方向是否装反,风扇叶片角度是否正确,集风罩是否损坏等。

若风扇的出风量充足,至此冷却强度调节装置工作正常,则应进一步检查冷却液循环装置是否正常工作。若散热器的表面温度明显低于发动机的表面温度,说明冷却液循环不良。根据故障特点进一步检测散热器的表面温度,若明显上高下低则说明散热器内部堵塞,则应清洗散热器。或起动运转发动机,逐渐提高发动机转速,观察散热器出水胶管是否被吸瘪。若胶管被吸瘪,说明散热器堵塞严重或散热器出水胶管内部脱层堵塞，则应清洗散热器或更换出水胶管。若散热器及进出水胶管无故障，则进一步检查发动机前后的温度，若前低后高，则是分水管破损故障，应更换分水管。若分水管无故障，则可拆下散热器进水管，提高发动机转速，观察冷却液排出是否有力。若无力则水泵或节温器有故障。拆下节温器重复试验，若排水量明显增多，则是节温器故障，更换节温器；若排水量不变，则是水泵故障，进一步检查水泵工作性能。

若以上检查正常，则发动机冷却系统内部无故障，故障在发动机冷却系统之外。在发动机工作温度过高的同时，若伴随发动机动力明显下降，则应检查点火时间是否失准，混合气是否过稀、过浓，进、排气门间隙是否过大，燃烧室积炭是否过多等。

(3)冷却液不足发动机工作温度过高。首先检查冷却液的液面高度。若正常，则检查散热器和发动机水套内水垢是否过多。水垢过多，则是发动机冷却系容纳不了规定的冷却液量，清洗冷却系统即可排除故障；若过低，则是冷却液消耗异常，发动机工作温度过高故障，原因是冷却系统内部泄漏、外部泄漏或散热器盖开启压力过低引起。

检测散热器盖的密封性能和蒸汽阀、空气阀的开启压力：在冷却系中加足冷却液，发动机冷机起动，在升温过程中，水温表或水温报警器指示水温正常的情况下观察散热盖的密封状况，若散热器盖有蒸汽逸出或四周有冷却液溢出，则散热器盖蒸汽阀有故障，应检查散热器盖的工作状况。若不符合要求则更换散热器盖。

若散热器盖正常，则检测冷却系统的密封性：在冷却系中加足冷却液，用专用接头将手动压力测试仪和散热器水箱或膨胀水箱密封连接，用手推测试仪，使测试仪压力表指示 0.1MPa，保持不动，在 5min 内压力不应下降，同时观察冷却系散热器、各部软管、水泵等各密封处有无泄漏现象。泄漏处即为不密封的故障部位，应更换相关部件或紧固螺栓等。

若外部无漏水现象，而压力下降过快，则说明内部有泄漏，此时发动机还常伴有不良现象。检查排气管处的发动机尾气是否呈水汽状或排气管大量出水；检查发动机是否有工作不良的汽缸；拆下工作不良缸的火花塞，检查火花塞电极处是否有水珠；拆下风扇皮带，停止水泵转动，起动发动机并在中速以下运转，在散热器注液口处检查是否有气泡出现。若上述现象存在，则应检查发动机的汽缸垫是否损坏；水道与汽缸间是否相通或发动机机体、汽缸盖是否有裂纹。拔出机油标尺，检查油底内的机油是否有水，同时检查冷却液中是否有油珠出现。若机油中掺入了水分，冷却液中有油珠出现，则应检查汽缸垫是否损坏。

(4)汽车行驶中，发动机工作温度突然过高。这时应将发动机怠速运转散热 5min，待冷却液温度下降后，再补加冷却液。若发动机自行熄火，应立即用起动机带动发动机运转，以防高温时活塞粘缸。

此类故障多由冷却系统的某些零部件突然失效所致，诊断时应将上述诊断过程综合起来进行。

9.10 发动机温度过低

发动机温度过低可使可燃混合气点燃困难或燃烧迟缓，造成发动机功率下降以及燃料消耗增加；润滑油黏度增大，不能进入运动机件的间隙，加剧零件的磨损，同时增大了功率消耗。其原因主要有：

(1)由于环境温度过低，增大了发动机机体和散热器的热交换率，从而冷却强度增大而使冷却水温度过低。

(2)百叶窗设在散热器的前部，通过其开度的大小来变更流过散热器的空气量，以便调节发动机温度。如果在气温低时，百叶窗开度仍很大，那么，流过散热器的冷空气量也大，带走热量多而使冷却水温度过低。

(3)冷却水大循环路线和小循环路线的变更是由节温器来控制的。节温器实质上是一个随水温变化能自动开闭的阀门，当节温器损坏后阀门不能关闭，冷却水仍为大循环路线，当环境温度低时，将会使冷却水温过低。

9.11 发动机排气管烟色

发动机工作时，从排气管排出的烟气应该是无色透明的气体。但因工作条件、环境状况随车况频繁变化，烟色也会发生变化，发动机出现故障烟色也会随之改变。根据烟色，可以判断一些常见故障。

1)黑烟

黑烟是燃料燃烧不完善的表现，它直接受燃烧室压力、温度、局部区域缺氧程度、喷油时刻和喷油量的影响。因此，许多故障只要对上述因素有影响，使燃烧偏离了最佳状态，就会不同程度地冒黑烟。如果出现黑烟或灰烟，可以认为是工作不正常，需从下述方面查找原因：

(1)燃油品质。燃油的各项指标是否合格。

(2)进气温度。必须保证空气加热器有效，以保证适宜的进气温度。

(3)进气阻力。保持空气滤清器滤芯洁净。

(4)发动机技术状态。尤其是活塞环与汽缸之间以及气门的密封性。

(5)供油系统。喷油泵、喷油器故障，调速器是否良好。

2)白烟和微蓝烟

白烟和微蓝烟是一种过渡烟色，它是在柴油发动机起动，尤其是冷起动后短时间内的一种排烟烟色。开始为白色,进而变为微蓝色,然后转为正常的无色。如果持续很长时间仍有白烟,原因可能是:喷油器喷油压力过低,供油提前角过迟或某缸过迟,燃料中含水太多,柴油发动机温度过低,发动机汽缸进水。

3)蓝烟

排蓝烟是烧机油的征兆,应从机油进入燃烧室的途径查找故障原因。如活塞环与汽缸壁磨损过大、密封性差;气门导管口上的挡油罩脱落与损坏;机油液面过高,机油标号不对等。

9.12 发动机异响

发动机异响标志着发动机某一机构的技术状态已发生变化。主要是因有些零件磨损过甚或装配、调整不当引起的。发动机异响是发动机产生的不正常响声,主要有机械异响、燃烧异响和空气动力异响等。

机械异响主要是运动副配合间隙过大或配合面有损伤,运转中引起冲击和振动造成的。因磨损或调整不当造成运动副配合间隙过大时,运转中要产生冲击和振动声波,如曲轴主轴承响、连杆轴承响、凸轮轴轴承响、活塞敲缸响、活塞销响、气门脚响、正时齿轮响等。

燃烧异响主要是发动机不正常燃烧造成的。如柴油机工作粗暴时汽缸内均会产生极高的压力波,这些压力波相互撞击,发出了强烈的类似敲击金属的异响。

空气动力异响主要是由发动机进气、排气和运转中的风扇,因气流振动而造成的。

1)异响与转速相关

异响仅在怠速或低速运转时存在。发响的原因有:活塞与汽缸壁间隙过大;活塞销装配过紧或连杆轴承装配过紧;挺杆与其导孔间隙过大;配气凸轮轮廓磨损;有时,起动爪松动而使皮带轮发响(在转速改变时明显)。

异响维持在某转速时声响紊乱,急减速时相继发出短暂声响。发响的原因有:凸轮轴正时齿轮破裂或其固定螺母松动;曲轴折断;活塞销衬套松旷;凸轮轴轴向间隙过大或其衬套松旷。

异响在发动机急加速时出现,维持高速运转时声响仍存在。发响的原因有:连杆轴承松旷、轴瓦烧熔或尺寸不符而转动;曲轴轴承松旷或轴瓦烧熔;活塞销折断;曲轴折断。

2)异响与负荷相关

许多异响与发动机负荷有关,负荷变化时异响加重或减弱。如曲轴主轴承响、连杆轴承响、活塞敲缸响、点火敲击响等均随负荷增大(爬坡、加速、满载等)

而增强，随负荷减小而减弱。而有些异响与负荷无关，如气门响，负荷变化时异响不变。

诊断时亦可采取逐缸解除负荷的方法进行试验，通常采用单缸或双缸断火法解除一缸或两缸的负荷，以鉴别异响与负荷的关系。

某缸断火，异响顿无或减轻。发响的原因有：活塞敲缸，连杆轴承松旷，活塞环漏气，活塞销折断。

某缸断火，则声响加重，或原来无响，此时反而出现声响。发响的原因有：活塞销铜套松旷，活塞裙部锥度过大，活塞销窜出，连杆轴承盖固定螺栓松动过甚或连杆轴瓦合金烧熔脱净，飞轮固定螺栓松动过甚。

相邻两缸断火，异响减轻或消失。发响的原因有：曲轴轴承松旷。

气门脚响，且在单缸断火时响声不变或变化不明显。

3)异响与温度的关系

低温发响，温度升高后声响减轻，甚至消失。发响的原因有：活塞与缸壁间隙过大(活塞敲缸响)；机油压力低而润滑不良。

温度升高后有声响，温度降低后声响减轻或消失。发响的原因有：过热引起的早燃；活塞裙部椭圆的长、短轴方向相反；活塞椭圆度小、活塞与缸壁的间隙过小；活塞变形；活塞环各间隙过小。发动机过热引起的早燃突爆声。

主轴承响、连杆轴承响、气门脚响等受温度影响较小。

4)异响与发动机工作循环的关系

发动机的异响故障往往与发动机的工作循环有明显的关系，尤其是曲柄连杆机构和配气机构的异响都与工作循环有关。就四行程发动机而言，凡由曲柄连杆机构引起的声响均为发动机作功一次发响两次；凡由配气机构引起的声响均为发动机作功一次发响一次。

由曲柄连杆机构引起的异响其原因有：活塞敲击缸壁；活塞销发出的敲击声；活塞顶缸盖；连杆轴承松旷过甚；活塞环漏气。

由配气机构引起的异响其原因有：气门间隙过大；挺杆与其导孔间隙过大；凸轮轮廓磨损；气门杆与其导管间隙过大；气门弹簧折断；凸轮轴正时齿轮径向破裂；气门座圈松脱；气门卡滞不能关闭。

若异响与工作循环无关，则应注意其发响区域。通常，由与工作循环无关的间隙引起的发响多为发动机附件有故障；若是与工作循环无关的机件发出的连续金属摩擦声，则可考虑是某些旋转件有故障。

5)异响与发动机部位相关

发动机发生异响时，必然会产生一定程度的振动，根据振动的特点和部位可以辅助诊断发生异响的原因。发动机常见异响所引起的振动部件和区域如图 9.1 所示，可分为 4 个区域(A-A、B-B、C-C、D-D)和两个部位(正时齿轮盖、机油加注口)。

在A-A区域可听察燃烧室、主轴承和气门等部位，可以辅助诊断活塞顶碰缸盖、汽缸凸肩磨损过甚、气门座圈脱出、曲轴折断和主轴承松旷等故障。

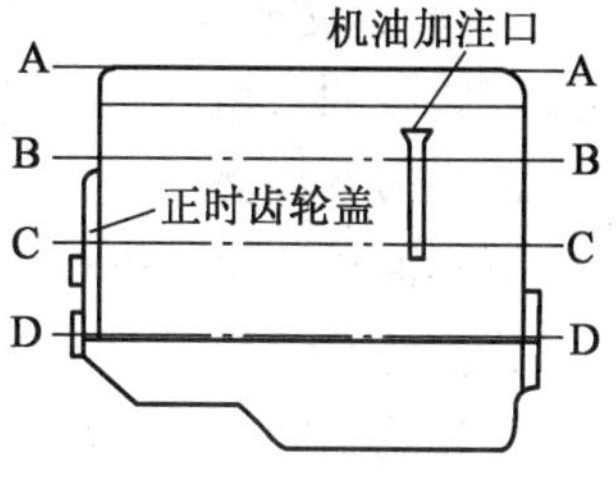

图9.1 发动机异响部位分布

在B-B区域的气门室一侧，可听察气门组合件及挺杆等部位，如在气门室对面，可辅助诊断活塞敲缸一类的故障；在机油加注口处听察可辅助判明活塞销、连杆轴承发响和活塞环漏气等故障。

在C-C区域可听察凸轮轴的衬套和正时齿轮，可辅助诊断凸轮轴正时齿轮破裂或其固定螺母松动，以及凸轮衬套松旷等故障。

D-D区域是在汽缸体及油底壳分开面的附近（凸轮轴的对面），在此区域听察可以辅助判明主轴承发响或曲轴断裂等故障。

C-D区域是发动机前部，可听察正时齿轮异响。

6）异响与声调相关

发动机异响的声调特征包括象声性、连续性、节奏性及频率、振幅、声级等。如主轴承响为沉闷的“当当”声，而气门脚响为较为清脆的“嗒嗒”声。

7）异响伴同现象

主轴承径向间隙过大或轴瓦合金烧熔脱落机油压力下降，机体振抖。

连杆轴承松旷，机油压力下降。

进、排气门卡滞不能关闭，个别缸不工作，机体振抖。若排气门卡滞将造成排气管有喘气声。

活塞与缸壁间隙过大，活塞环对口或抱死，加机油口出现脉动冒烟，排气管冒浓蓝烟，机油消耗多，燃油消耗多且功率下降。

排气门弹簧折断，个别缸不工作，发动机抖动，不易加速。

点火时间过迟，燃油消耗多，功率降低。

9.13 机油压力过低

机油压力过低又会使润滑不良、增加汽缸磨损，压缩比减小、动力性下降等。

1）机油油量不足

若机油油量不足，会使机油泵的泵油量减少或因进空气而泵不上油，致使机油压力下降，曲轴与轴承、缸套与活塞都会因润滑不良而加剧磨损。应在每班工作前检查油底壳中的油位，保证有足够的油量。

2）发动机温度过高

若发动机冷却系统水垢严重，工作不良，或发动机长时间超负荷工作，或喷油泵供油的时间过迟等原因，都会引起机体过热，这样不但会加速机油的老化、变质，也容易使机油稀释，从配合间隙中大量流失而导致油压下降。应清除冷却系统管路中的水垢，调整供油时间，让发动机在额定负荷下工作。

3)机油泵停转

若机油泵的驱动齿轮与驱动轴的固定销剪断或配合键脱落，以及机油泵吸入异物而将泵油齿轮卡死，都会使机油泵停止运转，机油压力也随之降为零。应更换损坏的销轴或键，机油泵吸油口处应设置滤清器等。

4)机油泵出油量不够

当机油泵泵轴与衬套之间的间隙、齿轮端面与泵盖的间隙、齿侧间隙或径向间隙因磨损而超过允许值时，都会导致泵油量减少，造成润滑压力下降的后果。应及时更换超差的机件；研磨泵盖平面，使与齿轮端面的间隙恢复至0.07～0.27mm。

5)曲轴与轴承配合间隙过大

当发动机长期使用后，曲轴与连杆轴承的配合间隙逐渐增大，因而形不成油楔，机油压力也随着下降。据测定，该间隙每增加0.01mm时，油压就下降0.01MPa。可磨修曲轴、选配相应尺寸的连杆轴承，使配合间隙恢复到技术标准。

6)机油滤清器堵塞

当机油因滤清器堵塞而不能流通时，设在滤清器底座上的安全阀就被顶开，机油便不经过滤而直接进入主油道。如果安全阀的开启压力调得过高，当滤清器被堵塞时就不能及时顶开，于是，机油泵压力升高，内漏增加，对主油道的供油量相应减少，引起油压的下降。应经常保持机油滤清器的清洁；正确地调整安全阀的开启压力(一般为0.35～0.45MPa)；及时更换安全阀的弹簧或研磨钢珠与阀座的配合面，恢复其正常的工作性能。

7)回油阀损坏或失灵

为保持主油道有正常油压，设有回油阀。若回油阀弹簧疲劳软化或调整不当，阀座与钢珠的配合面磨损或被脏物卡住而关闭不严时，回油量便明显增加，主油道的油压也随之下降。应检修回油阀，将其开启压力调整在0.28～0.32MPa之间。

8)机油散热器或管路漏油

漏油既脏污发动机，又会使油压下降。管路若被脏物堵塞，也会因阻力增大而使油的流量减少，导致油压下降。应取出散热器，焊补或更换散热器，并经压力试验后方可使用；清除管路脏物。

9.14 机油压力过高

机油压力过高会造成燃烧机油过多，燃烧机油过多会使燃烧室积炭过多、散热功能降低。

(1)新的或大修过的发动机,因配合间隙小、机油泵效率高等原因使机油压力过高,可能是暂时现象,用一段时间就会改善。

(2)机油规格选择不当,机油黏度大,如冬季使用夏季机油等。

(3)机油滤清器回油阀堵塞而安全阀开启压力过高,使主轴道压力上升;或安全阀与阀座间有脏物卡住,使阀关闭不严,因而增加流量和油压。

(4)机油压力指示器或压力表不准及损坏,误认为机油压力过高。

(5)机油泵限压阀调整不当。

9.15 离合器打滑

汽车在起步时,离合器踏板抬得很高才能勉强起步;行驶中加速时,车速却不能随之提高。这些都属离合器打滑现象。离合器打滑会使发动机输出效率降低,造成燃油浪费。离合器打滑的诊断点有:

(1)从动盘摩擦片磨损过度。其伴生症状是有异响、烧焦味,放松离合器异响消除。因离合器摩擦片磨损后,使离合器经常处于半接合状态,带动分离轴承转动引起响声。

(2)离合器压盘弹簧过软或折断。

(3)离合器踏板自由行程过小或没有行程,其伴生症状是有异响,因分离杠杆与分离轴承总是接触着,即使车停着也会有异响。

(4)从动盘摩擦片上有油污或老化变硬。

(5)离合器与飞轮接合螺栓松动,伴生症状是在接合、分离时有异响。

(6)离合器助力泵故障。

(7)离合器分离轴承烧损或卡死,使离合器失去分离能力,经常处于半接合状态。

(8)离合器踏板轴卡滞。

9.16 自动变速器故障

汽车传动系的功率消耗约占其传递功率的10%~15%,其中变速器和主传动器的功率损失占绝大部分。例如离合器打滑,引起离合器总成发热,变速器、万向传动装置和主减速器等任何一处发响都表明这些部件在运转中遇到不应有的阻力,结果使传动效率降低,间接造成燃油的损失。

自动变速器是现代汽车上装备的一个集“机、电、液”一体的复杂总成,结构较为复杂,故障原因涉及面广,常见的故障多集中在液压控制系统的堵、漏、卡和执行元件的磨损或失调等方面。

自动变速器出现故障，首先对其进行基础检验，即是否具有正常工作的能力，而不能轻易判定为自动变速器本身故障。其检查方法如下。

(1)发动机怠速检查。怠速过低，挡位转换时会引起车身振动甚至发动机熄火；怠速过高会引起在D挡或R挡位“爬行”，换挡时发生冲击和振动。怠速不符合要求应按规范调整。

(2)油量检验。变速器油量不足，液面过低，油泵会吸入空气。空气吸入自动变速器油中降低了液压系统的工作压力，导致离合器制动滞后吻合或打滑，加速性能不良，润滑不良。油量过多，则可能从加油口或通风口喷油，或造成控制阀体上的排油孔被堵塞，以至排油不畅，影响离合器和制动器平顺分离，换挡不稳。每次维护检查时，将车停在平坦地面上，使变速器预热，当变速器油温达70℃左右时，用油尺检查油面高度，应达到规定值。检查油管、接头有无弯折、泄漏。油液不足时应立即添加；油液过量，容易引起变速器过热。

(3)油液质量检查。对自动变速器油液进行质量检查，可以为故障判断提供线索，为变速器的维护修理提供依据。可根据油液的颜色、气味、黏度直接检查。油液清晰、颜色正常为自动变速器机械状况良好；油液呈棕褐色，但闻不出烧焦的煳味，为变速器长时间过热；有机件磨损损坏应予以检修和更换；对已变质油液应及时更换黏度相当于SAELOW的润滑油。

(4)节气门全开检查。加速踏板踩到底，节气门应全开；否则，高速大负荷会因功率输出不足而达不到最高车速，加速性能也变坏，还会影响强制低挡投入工作的时间。若加速踏板踩到底而节气门不能全开，应调整或更换节气门操纵机构。

(5)节气门阀拉索的检查。节气门阀拉索过紧，使节气门阀过早工作，往往是由于车身和自动变速器相对位置的改变引起的，应予及时检查和调整。

(6)空挡起动开关的检验。变速器选挡手柄与变速器之间的传动拉索或拉杆长度，直接影响选挡手柄与手动阀的对应位置，而这一对应位置关系到在N挡、P挡时发动机能否起动。当选挡手柄在N挡位置时，一般变速器上的控制拉臂应与地面垂直，其调整部位因车而异。

(7)超速挡控制开关的检查。自动变速器油温达到50～80℃的正常工作温度后，发动机熄火，接通超速挡开关，变速器中心电磁阀应有“咔咔…”操作声。再试时，车速有明显提高。

(8)电器检查。检查电器元件是否损坏，插接是否良好；有关的熔断丝、继电器是否正常。

(9)检查故障灯、故障码。如果存在故障码，应检查有关元件、电路。

(10)检查发动机性能。检查发动机的动力性、怠速及自诊断故障信息。一些车型的发动机电控系统性能异常会影响自动变速器电控系统工作。怠速过高会导致起步冲击。

(11)检测主油压。在故障状态下检测主油压是否正常。

(12)时滞试验。时滞试验的目的是检查操纵杆动作后，液压油路转换及推动离合器、制动器动作的时差。操纵杆从N到D位，时滞时间不大于1.2s；操纵杆从N到R位，时滞时间不大于1.5s；否则为油压低，离合器、制动器泄漏。若没有时滞反应，则液压油路没有作用，车辆不能起步或换挡。

(13)手动挡试验。手动挡试验是自动变速器故障诊断的重要方法之一。手动挡试验的目的是区分故障点是在电控系统还是在自动变速器内部的液压机械系统。手动挡试验有两部分内容：

①手动操纵试验。断开自动变速器的全部换挡控制电磁阀的插接器，操纵杆置于P、R、N、D、3、2、L各位置，进行行驶试验。将实际行驶的速比与该自动变速器的标准速比比较。

若结果异常，则故障点在自动变速器内部的液压机械系统；若结果正常，则应继续进行手动电磁阀试验。

②手动电磁阀试验。操纵杆在P、R、N、D、3、2、L各位置，按照电脑程序控制的各换挡电磁阀状态，人工对应控制各换挡电磁阀通电或断电，实现各速比油路的转换，行驶试车。若结果异常，则故障点在自动变速器内部的液压机械系统；若结果正常，则故障点在电控系统。须特别注意，若手动操纵试验结果正常，还不能确定自动变速器的液压机械系统正常；若手动电磁阀试验结果异常，则可断定故障点在自动变速器的液压机械系统。这是因为在手动操纵试验中，有部分液压系统的油路、机械系统工作，另一部分油路、机械系统不工作；只有在手动电磁阀试验中，液压系统的全部油路和机械系统均工作，故其试验结果是否正常，可全面反映自动变速器液压机械系统的性能。

(14)电控系统的检测。

①检测故障码。如果电控系统存在故障码，首先应检查有关元件、电路。运用故障码诊断，应注意以下几个方面：

若有故障码存在，则大多数情况下是电控系统确有故障，也会有不同程度的故障症状。在某些情况下，虽有故障码存在但电控系统不一定有故障，这主要是因为：外界各种干扰，检测人员的误操作，相关的机械、液压系统故障的影响，虚假的故障码等。

当有故障症状出现时，一定有故障，但不一定有故障码，因为故障码是由电脑的自诊断系统定义的，凡不受电脑监测的故障点，均无法定义故障码。例如：未被电脑监测的机械性故障如离合器、制动器打滑等，自诊断系统就无法识别，但自动变速器会表现出工作不良的故障症状。

总之，有故障码电控系统不一定有故障；没有故障码自动变速器不一定没有故障。

须特别注意，失速实验只能检测部分离合器、制动器是否打滑，再根据此前三次换油、清洗中曾发现油液脏污，判断自动变速器油温过高是自动变速器内部摩擦片打滑或液压油路循环不良所致。

②控制功能的检测。从车辆起步到最高速的加速、减速行驶过程中，在故障状态下监测电控系统传感器信号、执行器的动作是否正常。传感器信号的检查包括传感器和信号线路，对需要工作电压的传感器应检查其工作电压。

9.17 手动变速器故障

1)异响

变速器异响主要是轴承磨损松旷和齿轮啮合不正常产生。

(1)空挡发响。指变速器处于空挡位置时有异响，踩下离合器踏板后响声消除。主要原因有：

变速器与发动机在安装时，发动机曲轴和变速器第一轴中心线不同心。

第二轴前轴承磨损严重，有污垢，起毛；个别轴承损坏，异响加重并有呈跳动的撞击声。

在维修中常啮齿轮不配套，没有成对更换，造成啮合不良。

经常超载，造成第二轴弯曲。

第一轴轴承损坏，发出异响。

(2)挂挡后发响。指变速器挂入挡位后发响，即相互啮合的齿轮在运转时有撞击。主要原因有：

长期超载，变速器壳变形。

齿轮质量及安装原因使齿轮不能正常啮合，使齿轮接触过程中产生撞击。

同步器损坏，锥毂表面损伤。

传动系统技术状况不良，如离合器分离不彻底、传动轴不平衡引起共振，使变速器齿轮在啮合过程中产生冲击作用。

(3)其他。变速器缺油或油质差、齿轮磨损过大和齿面疲劳脱落或牙齿损坏(异响出现在变速时)、变速器内有异物亦会引起变速器发响。

2)跳挡

汽车在行驶中变速杆自动跳回空挡位置。这种现象多发生在中、高速，负荷突然变化或汽车受剧烈振动时，且大多数是在高速挡位跳挡。主要原因有：

(1)由于变速齿轮、齿套或同步器锥盘轮齿磨损过量，沿齿长方向形成雏形，啮合时便产生一个轴向推力，在工作中又受振抖、转速变化的惯性影响，迫使啮合的齿轮沿轴向脱开。

(2)变速叉弯曲变形、磨损过甚，固定螺钉松动或变速杆变形等，使齿轮不能正常啮合。

(3)自锁装置磨损松旷，弹簧弹力不足或折断，造成锁止力量不足，使变速叉轴不能可靠定位。

(4)齿轮或齿套磨损过甚，沿齿长方向磨成锥形。

(5)轴和轴承磨损严重，轴向间隙过大，或第一、二轴与中间轴不平行，使齿轮不能正常啮合而上下摆动所引起跳挡。

(6)轴的花键齿与滑动齿轮花键槽磨损过甚。

(7)第二轴花键扭曲变形或键齿磨损过度，锁紧螺母松脱引起轴或齿轮的前后窜传动。

(8)同步器锁销松动，同步器散架或接合齿长度方向已磨损严重。

(9)变速器固定不牢固。

3)挂挡困难

(1)离合器没有彻底分离。由于踏板自由行程或拉杆调整不当，弹簧折断等原因造成。

(2)拨叉松动或变形。

(3)锁定机构调整不当，动作失灵。应重新调整。

(4)滑动齿轮轴的花键磨损严重或有裂口，使齿轮移动困难或不能移动，齿轮齿面磨损或损伤。

4)乱挡

指变速杆挂不上所需要的挡位，或挂挡后不是进入需要的挡位，而是进入其他挡位，致使车辆无法操纵，甚至发生事故。主要原因有：

(1)变速杆定位销磨损松旷、断裂或丢失，使之失去控制作用而任意乱摆。

(2)变速器轴互锁装置磨蚀失效；变速杆球头磨损过大、松旷。

(3)换挡器轴滑槽、锁销等机件磨蚀过大，拨叉弯曲变形或工作面与齿轮环槽磨旷。

(4)第二轴后端固定螺母松动，导致第二轴轴向窜动。

(5)同步器锁销松动或散架，锥面工作失效。

5)变速器与离合器异响的区别

空挡发动车，踩下离合器，如异响消失，证明变速器有问题；反之，发动机离合器有问题。

9.18 传动轴故障

1)传动轴摆动或行驶时车辆振动

车辆行驶时，明显地感到传动系周期性的强烈振动传到车身上，而且加速与滑行有明显不同；当车辆停驶，发动机在各种转速下运转时此振动均消失。故障原因主要有：

(1)万向节叉的装配方向不一致。

(2)传动轴扭曲或弯曲。

(3)部件松动或动不平衡量大。

2)传动轴异响

当汽车行驶时，明显听到传动轴发出不正常响声，在换挡时尤其明显，而车速稳定时此声响减小或消失。主要原因有：

(1)伸缩花键过度磨损。

(2)万向节轴承磨损、咬住、损坏。

(3)中间支承轴承磨损或烧坏。

(4)紧固件松脱。

3)万向节或中间支承轴承发热

汽车行驶一段里程后，发现中间支承轴承处滑脂液化从油封滴出，由手触及零件发烫。主要原因有：

(1)万向节轴承或中间支承轴承缺油。

(2)中间支承支架安装不正。

(3)油封过紧。

(4)行驶中频繁使用驻车制动器。

9.19 后桥故障

汽车后桥故障一般会以异响反映出来。

1)后桥与变速器异响的区分

常用滑行方法区分后桥与变速器、离合器、发动机异响。发动机熄火、空挡滑行时异响仍存在，可确定汽车异响来自后桥。

2)轮胎噪声与后桥噪声的区分

轮胎噪声是随路面变化而发生变化的，后桥噪声则不然。当汽车的速度低于 48km/h 时，后桥噪声消失，而轮胎噪声则继续存在。汽车行驶或滑行时，轮胎的噪声是一样的，而后桥的噪声却不同。

3)轮毂轴承异响和后桥噪声的分辨

汽车在行驶时，前轮轴承的噪声不变，如保持车速不变而稍加制动，可使轮毂轴承减少部分负荷，从而可减弱噪声，以此即可发现噪声来自何处。当车速大于 48km/h 时，除非后轮轴承严重损坏，一般情况下后轮轴承噪声很少能听到，汽车滑行或空挡时，裂损的后轮轴承会产生“隆隆”声响，而剥蚀的后轮轴承则发出“沙沙”声响。

4)后桥齿轮噪声的分辨

正常直线行驶时，由于差速器半轴齿轮和行星齿轮几乎没有相对运动，所以听不到声音。

汽车行驶过程中，后桥齿轮发生异响的原因大多是由润滑不良所致，从而导致减速器齿轮磨出伤痕，如果在各种滑行速度下都能听到异响，则说明是由减速器齿轮的螺母松动造成的。

减速器轴承通常产生刺耳的“隆隆”声或“嘎嘎”声，声音节拍稳定，随着车速变化而变化。减速器的圆锥主动齿轮前轴承声在汽车滑行时较大，后轴承的噪声则在行驶时较大。差速器轴承的噪声通常是一种不变的刺耳声，但他的节拍比减速器圆锥主动齿轮轴承的噪声要缓和得多。

低速时，后桥部位发生敲击声，加速或减速时，发出特别沉闷的异响。主要原因有：

(1)差速器半轴齿轮轴颈与差速器壳的间隙不当。

(2)差速器十字轴轴颈与差速器壳体的配合不当。

(3)半轴花键齿轮与差速器半轴齿轮键槽的侧隙不当。

(4)差速器半轴齿轮与行星齿轮的啮合齿隙不当。

(5)差速器圆锥主动、被动齿轮啮合齿隙不当。

(6)止推垫圈磨损。车辆行驶中，后桥发生异响是因为齿轮啮合的间隙不当，差速器轴承调整不当或者两者兼有之。排除异响时，需要拆检差速器齿轮与减速器齿轮的啮合间隙、圆锥主动齿轮的预加负荷及减速器齿轮的接触痕迹。

9.20 液压式制动器故障

液压制动系统由真空助力器、液压传动装置和制动器三部分组成。行车中，如果发现制动失灵或有异响等汽车液压制动系统故障时，应立即停车检查，及时排除。

1)真空助力器

起动发动机，加速到中等转速(1 500r/min 左右)后，将发动机熄火，同时迅速抬起加速踏板，使发动机进气管中有较高的真空度。发动机熄火约 90s 后，踩下制动踏板，此时若能听到真空助力器附近有清晰的“呼”的进气声，抬起制动踏板再踩一下，又能听到一次进气声，说明真空助力器密封良好；否则，是真空单向阀不严密、真空管路堵塞或泄漏。

检查完真空助力器的密封性后，再检查其工作效能。在发动机熄火状态下，用力踩下制动踏板数次，解除助力泵中的真空。然后用适当的力再踩下制动踏板，并使制动踏板保持不动。此时起动发动机，若能明显地感觉到制动踏板下落一段距离，则说明真空助力器在起作用。若在发动机起动瞬间没有感觉到制动踏板下沉或感觉不明显，说明真空助力器已丧失助力作用。

2)液压传动装置

在停驶状态下，先检查制动总泵中制动液是否足量，然后踏下制动踏板，使制动系统产生压力。若踏板逐渐下降，则表明制动系统有泄漏。需查看制动管路各接头是否拧紧，有无渗漏和腐蚀。踏下制动踏板时，如果能踏到底(即与限位螺钉或底板接触)，表明总泵内油液不足、制动间隙过大或踏板自由行程过大。

连续反复踏制动踏板，其工作行程应逐渐减小，踏板高度逐渐增高；否则，可能有如下故障：制动总泵储液室盖上的通气孔、补油孔堵塞，总泵内油液不足，总泵出油阀损坏，使系统油压不能升高。

连续踩几脚制动踏板，如果有弹性，且踏板位置逐渐升高，那么稍停一会再踩，踏板位置又降得很低。这是制动液中混入了空气。应按照从后轮到前轮的顺序，逐一进行排气。

3)制动器的故障诊断

确认真空助力器和液压传动装置工作正常，再检查车轮制动器。在行驶状态下(30～50r/min)用力踏制动踏板，根据现象作如下判断。

(1)如果制动效能差，可能是以下原因：制动盘(鼓)或摩擦片磨损、制动鼓上有油污、制动鼓内有水渍(雨天)、制动鼓温度过高(山区公路多陡坡)、制动蹄偏心支撑销锈蚀或锈死(车辆放久后易出现)。

(2)如果制动时方向跑偏，应检查各轮制动器摩擦片磨损是否均匀、制动间隙是否合适、比例阀是否有效。

(3)行驶 20km 以后，用手摸制动鼓或制动盘，感到特别发烫，则是制动器复位装置失效。

9.21 气压式制动器故障

气压式制动系统常见故障有：制动不灵，制动跑偏、制动拖滞、制动不稳和制动失效等。

1)制动不灵

汽车在减速或停车踩制动时，减速程度明显不足。紧急制动时，不能很快停车，制动时间和距离太长。

(1)首先，检查制动踏板的自由行程是否合适(一般为 10～15mm)，若过大，应按规定值进行调整。

(2)若踏板自由行程合适，应起动发动机查看气压表压力是否合适。若发动机运转数分钟后，压力指示仍然很低，应熄火检查气压。若气压不断下降，说明有漏气处。听声音可以查出漏气部位。

若无漏气，再检查风扇皮带和压缩机传动带是否过松或破裂老化而打滑。若正常，应拆下空气压缩机出气管进行试验，如出气孔泵气有力，表明管路堵塞；若无泵气压力，则表明空气压缩机有故障。

(3)如气压表读数不低，将制动踏板踩到底，看气压表读数能否瞬时下降49kPa左右，若下降太少，说明制动阀调整不当或其工作不良。在将制动踏板踏住时，气压表读数下降并有漏气声，说明制动阀至制动气泵间的管路有漏气处。

(4)若踏下制动踏板气压表读数下降正常，说明车轮制动工作不正常，此时应重新调整车轮制动器。若故障排除，说明车轮制动器调整不当；若调整后故障仍未排除，则进一步检查是否制动气室的推杆伸张行程太小、制动凸轮缺油或锈死、制动蹄摩擦片工作不良、制动鼓不圆或起槽等。

2)制动跑偏

汽车行驶中使用制动时，其行驶方向发生偏斜，在紧急制动时，车辆出现掉头或甩尾现象，不能沿直线方向停车。

(1)首先对车辆进行路试，找出制动效能不良的车轮，一般汽车制动时，车头向左偏斜为右侧车轮制动不良，车头向右偏斜为左侧车轮制动不良，应进一步查出制动器工作不良的原因。

(2)若前后车轮制动效能良好，但仍有跑偏现象，应检查左右车轮的花纹及轮胎气压是否一致、两前钢板弹簧是否有断片或弹簧力不等以及车架在使用中是否变形。

(3)若上述检查均比较正常，而且在行驶中汽车也有跑偏现象，应测量前后桥两轮间的轴距，检查跑偏是否因前后桥不平行所致。

(4)若在制动时，汽车忽向左跑偏，忽又向右跑偏，应检查是否前轮前束调整不良，从而使汽车出现负前束；同时还要检查转向横直拉杆的球头是否磨损过多而松旷。

3)制动发咬

制动发咬的表现是车辆在制动减速后，松开制动踏板，车速不能很快地提高，严重的甚至难以起步。

(1)检查制动踏板的自由行程，或者是在储气筒气压达到规定之后，踩下制动踏板，然后在松开踏板的同时检查主制动阀的排气口有无气体排出，如无气体排出，踏板无自由行程，说明是主制动阀的排气阀打不开，应调整主制动阀拉杆，使主制动阀的活塞杆和排气阀之间有正常的间隙，使制动踏板保持正常的自由行程。

(2)如果踏板自由行程适当，主制动阀排气口有气体排出，挂挡起步，如果能起步，行驶一段距离应检查制动鼓是否发热，如发热一般是由于制动蹄和制动鼓间隙太小所致。

(3)如果不能起步，可踩下踏板，将变速杆置于空挡，然后在松开制动踏板的同时，检查各制动气室的推杆能否复位。如果是某个制动气室的推杆不能复位，即是继动阀卡死，或是制动蹄复位弹簧太软、断裂造成，或者是前制动蹄销锈死造成。

(4)顶开继动阀，气体可以排出，推杆仍不能复位，应检查制动凸轮轴是否锈死。

9.22 转向与行驶系故障

1)车轮振摆

汽车在中、高速或某一较高转速时，出现行驶不稳，严重时转向盘有振手的感觉。

(1)检查转向盘自由行程。

(2)转向减振器出现漏油痕迹，或在拆下进行推拉检查时，阻力过小及出现空行程，应更换。

(3)前悬架减振器是否漏油，推压车身检查前悬架的减振性能。

(4)检查传动轴是否松动、弯曲等。

(5)检查调整前轮定位，对车轮进行动平衡。

2)车辆跑偏

汽车行驶时，稍松转向盘，汽车就会自动偏向另一边，必须用力握住转向盘，才能保证车辆的直线行驶。

(1)检查两前轮的轮胎气压。

(2)触摸跑偏一侧的制动鼓和轮毂轴承，过热，说明制动拖滞或轴承过紧。

(3)观察汽车两侧的高度，若两侧高度不同，表明较低一侧悬架弹簧的弹力衰退，应予更换。

(4)压动车辆前端一侧，若车身上、下振动 2～3 次后马上静止，表明减振器工作正常。

(5)测量汽车两侧轴距，检查调整前轮定位。

3)轮胎异常磨损

轮胎胎面磨损异常，主要表现为胎冠中部磨损或两侧磨损，胎冠外侧或内侧磨损，胎冠呈锯齿状、羽片状磨损，胎冠呈波浪状、碟边状磨损等。

(1)胎冠中部磨损主要原因是充气量过大。

(2)两边磨损主要原因是充气量不足，或长期超负荷行驶。充气量小或负荷重时，轮胎与地面的接触面大，使轮胎的两边与地面接触参加工作而形成早期磨损。

(3)单边磨损主要原因是前轮定位失准。当前轮的外倾角过大时，轮胎的外边形成早期磨损，外倾角过小或没有时，轮胎的内边形成早期磨损。

(4)齿状磨损主要原因是前轮定位调整不当或前悬架系统位置失常、球头松旷等，使正常滚动的车轮发生滑动或行驶中车轮定位不断变动而形成轮胎锯齿状磨损。

(5)个别轮胎早期磨损是由于个别车轮的悬架系统失常、支承件弯曲或个别车轮不平衡造成的。出现这种情况后，应检查磨损严重车轮的定位情况、独立悬挂弹簧和减振器的工作情况，同时应缩短车轮换位周期。

(6)斑秃磨损是在轮胎的个别部位出现斑秃性严重磨损，其原因是轮胎平衡性差。当不平衡的车轮高速转动时，个别部位受力大，磨损加快，同时转向发抖，操纵性变差。若在行驶中发现某一特定速度方向有轻微抖动时，就应该对车轮进行平衡，以防出现斑秃形磨损。

4)转向沉重

汽车转向时，转动转向盘感到沉重费力，无回正感，甚至转不动。

(1)举起汽车，转动转向盘若无沉重感，表明故障由轮胎气压过低或前轮定位不正确引起。

(2)拆下横(直)拉杆，使横拉杆与转向器(齿条)脱开，再转动转向盘检查。若转向盘转动灵活，表明拉杆球头销运动卡滞或传动轴外万向节卡滞、润滑不良。

(3)拆下凸缘管与转向器主动齿轮间的夹紧箍，再转动转向盘检查，转向仍然沉重，应检查转向柱的弯曲程度，并检查其支承轴承是否损坏卡滞等；若转向盘转动灵活，应检查转向器润滑油是否充足、调整是否得当、齿条是否弯曲变形、与衬套配合是否过紧。

(4)对动力转向系，应先检查、调整驱动皮带的张紧度，观察有无漏油现象，并检查油泵、控制阀、助力缸的工作情况。

5)转向不灵

左、右转动转向盘时，有明显的间隙感觉；需用较大幅度转动转向盘才能控制汽车的行驶方向。

(1)转动转向盘，转向器齿条不能立即随之运动，表明齿条与主动齿条啮合间隙过大。

(2)若齿条运动而横拉杆不动，应更换缓冲衬套，并检查连接情况。

(3)横拉杆运动而转向臂不动，应对横拉杆外端球头销进行检修与调整。

(4)若转向臂能随之灵活摆动，可晃动前轮检查轮毂轴承是否松旷。

(5)对其他类型的转向系统，还应检查和调整转向器的轴承预紧度、啮合间隙，调整、紧固各连接杆件球头销等。

6)转向“重”或“飘”

装有液压助力式转向器的车辆，转向时转向盘沉重或存在忽轻忽重现象。

(1)检查储油罐液面高度，调整油泵皮带预紧度。

(2)检查液压管路及各连接部位有无漏油现象，并进行排气。

(3)检查液压泵的泵油压力及转向控制阀和助力缸的工作情况。

9.23 汽车空调

汽车空调常见故障为不制冷或制冷量不足。主要原因是空调系统机械故障、空调系统电器电路故障、制冷剂及冷冻油引起的故障、制冷剂泄漏等。

9.23.1 空调系统机械故障

1)压缩机

(1)传动皮带老化、有裂痕、松弛或太紧，影响动力传递。

(2)内部零件损坏或磨损，影响压缩性能，表现为压缩机内部有异常噪声。

(3)压缩机缸垫窜气、进排气阀损坏，影响压缩性能。

2)冷凝器及风扇故障

(1)散热片是否被油污、尘土覆盖，影响散热。

(2)风扇是否运转良好。

(3)鼓风机运转不正常，导致送风气流不足。

3)储液干燥器

检查滤网是否堵塞，若堵塞可能影响冷媒流动；干燥剂是否失效，若失效影响吸水能力，可能引起冰堵。正常干燥剂是蓝色的，吸饱水的干燥剂是红色的。

4)膨胀阀

通过膨胀阀阀口的张开和闭合来控制进入蒸发器的液态制冷剂流量，起调节制冷量的作用。如果阀口始终张开过大，制冷剂流入量大，蒸发器表面因过冷结霜，导致制冷长时间停止；如果阀口始终张开过小，制冷剂流入量小，导致制冷不足。

5)蒸发器

检查散热片是否被油污、尘土覆盖，是否变形等而影响热交换。

9.23.2 空调系统电器电路故障

汽车空调系统电器电路故障一般是在机械部分和制冷剂、冷冻油正常的前提下进行判断的。

1)主要故障

汽车空调系统的电器电路因车而异,但主要故障有如下三类:

(1)各个部件都不工作,多为熔断丝或电路继电器故障。

(2)只有电磁离合器工作,故障则在鼓风机电动机、风机速度控制器及之间的电线上。

(3)只有鼓风机工作,故障为电磁离合器和离合器电路。

2)故障排查

判断电器故障的一般顺序是先检查控制电路,确认电路无故障后才对电器进行检查。

(1)线路检查。检查线路是否有破损、断裂、短路、接头(插头)松动现现象。熔断丝是否有烧断现象,如排除已经发现的线路短路现象后,换上同规格的熔断丝后又被烧断,则是电器有短路现象。

(2)短路试验。若无熔断器烧坏现象,或查清熔断器的熔断原因并加以排除后,可采用短路试验法查找电器电路故障。

用导线将某段控制电路或电路中个别元器件短接,让电流从导线上经过。如果用电装置工作恢复正常,则说明被短接的这段电路或元器件有故障。例如:空调开关打开后,制冷压缩机的电磁离合器不能吸合,可以用一根导线直接通过电源为电磁离合器供电。如这时电磁离合器吸合,说明其控制电路存在断路故障;如离合器仍不工作,则说明电磁离合器内部存在故障,应该送修。在确认控制电路存在故障后也可用导线将电路中怀疑有故障的电器件短接,然后观察电磁离合器能否吸合,以判断其是否有故障。如将控制电路中的低压开关短路,电磁离合器吸合,则说明低压开关内部损坏或系统缺少制冷剂。

3)典型故障

(1)不供冷或供冷量不足。蒸发器风扇电路不良或导线漏电、调速器电阻烧断、电压太低使蒸发器风扇转速太慢;熔断器烧断、风扇电路断路、调速电阻器及开关失灵、导线松脱生锈使蒸发器风扇不工作。熔断丝烧毁、电路断路、电磁线圈短路、电源电压过低、恒温开关或放大器损坏使离合器和压缩机不工作。

(2)供冷间断。主要原因是:连接插头或风扇电动机接触不良、主继电器或风扇继电器、风扇变阻器、恒温器或放大器故障。

9.23.3 制冷剂及冷冻油引起的故障

1)制冷剂过多造成制冷不足

制冷剂过多,热量散发慢。若在维修时过多地加入冷冻机油,也会使制冷系统的散热量下降。

检修方法:从干燥罐上方视液镜中观察,如果汽车空调在运转时从视液镜中看不到一点气泡,压缩机停转后也无气泡,那肯定是制冷剂过多。如果加入的冷冻机油量过多,空调系统正常运转时,能从视液镜中看到较为浑浊的气泡。若确为制冷剂过多,可以在空调系统低压侧的维修口处慢慢地放出一些即可。

2)制冷剂过少造成制冷不足

造成制冷剂不足的原因大多是由于系统中的制冷剂微量泄漏。

检查方法:制冷剂不足也可以从干燥罐上方的视液镜中观察到,在空调正常运转时,若视液镜中有连续不断的、缓慢的气泡产生,则表明制冷剂不足。若出现明显的气泡翻转的情况,则表示制冷剂严重不足。

3)制冷剂与冷冻机油内含杂质过多、堵塞而引起制冷量不足。

通常检查干燥过滤器的滤网、膨胀阀、冷凝器、蒸发器、高低压管等。

4)空调制冷系统中有水分渗入造成制冷不足

当含水制冷剂通过膨胀阀节流孔时,由于温度下降,水分子在小孔中产生结冻现象,并导致制冷剂流通不顺畅,阻力增大,或完全不能流动。这个现象叫冰堵。

检修方法:停机一会,待冰溶化后,制冷系统又会出现正常的状态。这是确认系统中有无水分的重要方法。

5)系统中有空气导致制冷不足

空气很难压缩成液化的气体,因此制冷系统内进入空气后会使压缩机排气压力和排气温度增高,从而导致输出的制冷量下降。

原因:制冷系统密封性变差,或维修中抽真空不彻底。

6)劣质冷冻油引起制冷不足

劣质冷冻油随着制冷剂循环时会沉积在冷凝器和蒸发器表面,影响热交换。空调系统压力过大的原因及处理方法如下。

(1)系统中混有空气:放掉制冷剂、抽真空。

(2)制冷剂过多:放掉多余制冷剂。

(3)冷凝器冷却不良:原因是散热片堵塞或散热不好,需改善冷却条件。

(4)高压压力开关工作不良:更换。

9.23.4 制冷剂泄漏

汽车空调制冷剂泄漏容易造成环境污染,另外增加汽车运用者维护车辆的费用和时间。

1)目测检漏

发现系统某处有油迹时,此处可能为渗漏点。目测检漏简便易行,无成本,但有很大局限性,除非系统有突然断裂的大漏点,并且系统泄漏的是液态有色介质,否则目测检漏无法定位,因为通常渗漏的地方非常细微,而且汽车空调本身有很多部位几乎看不到。

2)肥皂水检漏

向系统充入10～20kg/cm^{2}压力的氮气，再在系统各部位涂上肥皂水，冒泡处即为渗漏点。这种办法是目前路边修理厂最常见的检漏方法，但是人的手臂长度是有限的，人的视力范围是有限的，所以很多时候根本看不到漏点。

3)氮气水检漏

向系统充入10～20kg/cm^{2}压力的氮气，把系统浸入水中，冒泡处即为渗漏点。这种方法和前面的肥皂水检漏方法实质一样，虽然成本低，但有明显的缺点：检漏用的水分容易进入系统，导致系统内的材料受到腐蚀，同时高压气体也有可能对系统造成更大的损害；进行检漏时劳动强度大，维护检修的成本上升。

4)卤素灯检漏

点燃检漏灯，手持卤素灯上的空气管，当管口靠近系统渗漏处时，火焰变为紫蓝色，即表明此处有大量泄漏。这种方式有明火产生，不但危险，而且明火和制冷剂结合会产生有害气体，此外也不易准确地定位漏点，所以这种方法目前已无人使用。

5)气体差压检漏

利用系统内外的气压差，将压差通过传感器放大，以数字、声音或电子信号的方式表达检漏结果。此方法只能"定性"地知道系统是否渗漏，而不能准确地找到漏点。

6)电子检漏

用探头对着有可能渗漏的地方移动，当检漏装置发出警报时，即表明此处有泄漏。电子检漏产品容易损坏，维护复杂，容易受到环境化学品如汽油、废气的影响，不能准确定位漏点。

7)荧光检漏

它是利用荧光检漏剂在紫外/蓝光检漏灯照射下会发出明亮的黄绿光的原理，对各类系统中的流体渗漏进行检测的。在使用时，只需将荧光剂按一定比例加入到系统中，系统运作20min后戴上专用眼镜，用检漏灯照射系统的外部，泄漏处将呈黄色荧光。

9.24 汽车故障诊断方法

9.24.1 汽车故障诊断应掌握的原则

(1)先简后繁、先易后难。

(2)先思后行、先熟后生。

(3)先上后下、先外后里。

(4)先备后用、代码优先。

9.24.2 汽车故障诊断主要应掌握的方法

(1)隔除法。就是部分地隔除或隔断某些系统、某些部件的工作,通过观察故障现象的变化来确定故障范围或部位的方法。

①发动机故障的诊断。当隔除或隔断某部位后,若故障现象立即消失,则说明故障发生在此部位或与此部位直接关联的系统;若故障现象依然存在,则说明故障在其他部位。如用断缸法诊断发动机冒黑烟,即使某缸断火(或切断供油),冒黑烟现象消失或明显减小,则该缸为故障缸,然后再对该缸作具体故障原因分析。

②底盘故障诊断。可用断续切断某部动力传递路线的方法确定故障区段。如诊断底盘异响时,可将变速杆放在空挡位置,断续地结合和分离离合器,根据声音的变化,判断响声是发生在离合器还是变速器。

③电器故障诊断。主要是用将某段线路暂时切断的方法来确定故障的范围。如某灯不亮,可用导线将灯与蓄电池直接相连,若灯亮,则说明开关至灯的线路发生了故障。

(2)试探法。就是对故障可能产生的部位,通过试探性的排除或调整措施,来判断其是否正常。应注意的是用试探法诊断故障时,应记住调整前的原始位置,如故障不在此处,应恢复其原始位置。

(3)比较法。就是对怀疑有故障的零部件与工作正常的相同件对换,根据换件前后故障现象的变化来判断被换件是否有故障。此方法适用于在不能准确判断部件技术状况的情况,诊断时,应尽量减少盲目换件。

(4)听诊法。就是根据车辆运转时的声音特点(如音调、音量和周期等)来判断配合件技术状态的好坏。明显的声音可用耳朵直接辨明;混杂难辨时,可借助听诊器予以分辨。

①发动机的听诊。发动机的有些响声随温度的升高而出现或增强,有些响声则与之相反,还有些响声出现时伴随有发热现象;响声与发动机转速和车速也有一定关系。听诊发动机时,可不断变换加速踏板位置,有些响声在发动机低速时明显,有些响声在发动机中速时比较突出,有些响声在发动机高速时严重。

②底盘响声的诊断。可不断改变行驶速度。传动系统的响声一般随车速升高而增大,但当车速升高到一定程度后,有些响声反而减弱甚至消失。有些响声随负荷增大而增强,有些响声与此相反。听诊时特别注意正常与异常的区别。

9.25 汽车自诊断系统

一般装有ECU的汽车，都具有故障自诊断系统。可以用它来对汽车内传动系统、控制系统各个部分工作状态进行自动检查和监测。当汽车出现故障时，装在仪表板上的故障指示灯就会闪亮以警告车主汽车可能出问题了，按一下按钮，故障代码(一般用二位或三位数字代表不同的故障)就在仪表板上显示出来。同时此故障信号将被存入存储器，即使点火开关断开、故障排除、故障指示灯熄灭，故障信号仍将保留在存储器中以供维修人员来判断汽车的故障所在。故障排除后，断开ECU的电源30s故障码将会被清除(由于各种汽车型号的不同，清除故障码的方法不尽相同)。

汽车故障自诊断系统时刻监控着汽车的运行，哪怕是一个小小的螺钉松动了，也会反映出来，以便及时发现隐患，保证汽车的安全运行。

汽车自诊断系统的功能主要如下。

1)发现故障

输入到微处理器的电平信号，在正常状态下有一定的范围，如果此范围以外的信号被输入时，ECU就会诊断出该信号系统处于异常状态。例如，发动机冷却水温信号系统规定在正常状态时，传感器的电压为0.08～4.8V，超出这一范围即被诊断为异常。

如果微机本身发生故障，则由设有紧急监控定时器(WDT)的时限电路加以监控；如果出现程序异常，则定期进行的时限电路的再设置将停止工作，以便采用微机再设置的故障检测方法。

2)故障分类

当微机工作正常时，通过诊断用程序检测输入信号的异常情况，再根据检测结果分为轻度故障、功能故障以及重大故障。

3)故障报警

一般通过设置在仪表板上报警灯的闪亮来向车主报警。在装有显示器的汽车上，也有直接用文字来显示报警内容的。

4)故障存储

当检测故障时，在存储器中存储故障部位的代码，一般情况下，即使点火开关处于断开位置，微机和存储部分的电源也保持接通状态而不致使存储的内容丢失。只有在断开蓄电池电源或拔掉熔断丝时，由于切断了微机的电源，存储器内的故障代码才会被自动消除。

5)故障处理

在汽车运行过程中如果发生故障，为了不妨碍正常行驶，由微机进行调控，利用预编程序中的代用值(标准值)进行计算以保持基本的行驶性能,待停车后再由车主或维修人员进行相应的检修。

6)沃尔沃系列的自诊断系统

现代汽车自诊断系统是自成体系,不具有通用性。

沃尔沃系列的自诊断系统其接口在车体的右前角,打开发动机盖,右前照灯的后面都有A、B两个诊断座,A座上有1条诊断跨接线、1个LED(Light Emitting Diode,发光二极管,是一种能够将电能转化为可见光的固态的半导体器件,可以直接把电转化为光)灯和一个按钮。A、B两个诊断座各有六个诊断插孔,各连接不同的诊断系统。

A座:

1号孔→变速器;

2号孔→燃料系统;

3号孔→ABS系统;

5号孔→涡轮增压系统;

6号孔→点火系统;

7号孔→仪表诊断系。

B座:

1号孔→中央空调;

2号孔→定速控制系统;

5号孔→安全气囊;

6号孔→电动座椅。

沃尔沃系列车型在自我诊断功能方面,能够进行10个系统的诊断,而在每个系统诊断中,又可分为六种模式:

(1)故障码读取;

(2)控制元件动作测试;

(3)各控制元件动作同时控制测试;

(4)制定元件动作指令控制测试;

(5)数值读取分析指示;

(6)重新设定微机记忆指令。

当对汽车进行诊断时,可利用诊断座上的跨接线直接插在不同的诊断孔中,并按诊断座上的按钮,分别按1~6选择各种特定的诊断模式。

清除故障码的方法是:先将诊断跨接线插到所要诊断的系统对应的诊断孔中,将点火开关置于ON,先读取故障码,直到所有故障码均显示完毕之后,LED灯持续亮起,再按住诊断键5s以上即可清除故障码。

10 车用燃油

10.1 车用汽油

汽油是从石油里分馏或裂化、裂解出来的具有挥发性、可燃性的烃类液体混合物，为无色液体（为方便辨识不同辛烷值的汽油，有时会加入不同颜色），具有特殊气味、易挥发、易燃。主要成分为 C_4～C_{12} 脂肪烃和环烃类，并含少量芳香烃和硫化物。

10.1.1 分类

根据制造过程可分为直馏汽油、热裂化汽油、催化裂化汽油、重整汽油、焦化汽油、叠合汽油、加氢裂化汽油、裂解汽油和烷基化汽油、合成汽油等。根据用途可分为航空汽油、车用汽油、溶剂汽油三大类。

车用汽油按研究法辛烷值分为 90 号、93 号和 97 号三个牌号。

10.1.2 质量指标

1)GB 17930—2006《车用汽油》

该标准对车用汽油的质量指标作了相应要求，并规定：向用户销售的符合本标准技术要求的车用汽油所使用的加油机和容器都应标明“90 号汽油（Ⅱ）”、“93 号汽油（Ⅱ）”、“97 号汽油（Ⅱ）”或“90 号汽油（Ⅲ）”、“93 号汽油（Ⅲ）”、“97 号汽油（Ⅲ）”，并应标识在汽车驾驶者可以看见的地方。

“90 号汽油（Ⅲ）”、“93 号汽油（Ⅲ）”、“97 号汽油（Ⅲ）”的技术要求和试验方法见表 10.1。

车用汽油（Ⅲ）的技术要求和试验方法　　表 10.1

项　目		质量指标			试验方法
		90	93	97	
抗爆性： 研究法辛烷值(RON) 抗爆指数(RON+MON)/2	 不小于 不小于	 90 85	 93 88	 97 	GB/T 5487—1995《汽油辛烷值测定法(研究法)》 GB/T503—1995《汽油辛烷值测定法(马达法)》
铅含量①(g/L)	不大于	0.005			GB/T 8020—1987《汽油铅含量测定法(原子吸收光谱法)》

续上表

项目		质量指标			试验方法
		90	93	97	
馏程 10%蒸发温度(℃) 50%蒸发温度(℃) 90%蒸发温度(℃) 终馏点(℃) 残留量(%)(体积分数)	 不高于 不高于 不高于 不高于 不大于		 70 120 190 205 2		GB/T 6536—2010《石油产品蒸馏测定法》
蒸气压(kPa) 11月1日至4月30日 5月1日至10月31日	 不大于 不大于		 88 72		GB/T 8017—1987《石油产品蒸气压测定法(雷德法)》
实际胶质(mg/100mL)	不大于		5		GB/T 8019—2008《燃料胶质含量的测定　喷射蒸发法》
诱导期(min)	不小于		400		GB/T 8018—1987《汽油氧化安定性测定法(诱导期法)》
硫含量[②](%)(质量分数)	不大于		0.015		GB/T 11140—2008《石油产品硫含量测定法(能量色散X射线荧光光谱法)》、SH/T 0253—1992《轻质石油产品中总硫含量测定法(电量法)》、SH/T 0689—2000《轻质烃及发动机燃料和其他油品的总硫含量测定法(紫外荧光法)》、SH/T 0472—1999《汽油中硫含量测定法(能量色散X射线荧光光谱法)》、GB/T 380—1977《石油产品硫含量测定法(燃灯法)》
硫醇(需要满足下列要求之一): 博士试验 硫醇含量(%)(质量分布)	 不大于		 通过 0.001		SH/T 0174—1992《芳烃和轻质石油产品硫醇定性试验法(博士试验法)》,GB/T 1792—1988《馏分燃料中硫醇硫测定法(电位滴定法)》
铜片腐蚀(50℃,3h)(级)	不大于		1		GB/T 5096—1985《石油产品铜片腐蚀试验法》
水溶性酸或碱			无		GB/T 259—1988《石油产品水溶性酸及碱测定法》
机械杂质及水分[③]			无		目测[③]
苯含量[④](%)(体积分散)	不大于		1.0		SH/T 0693—1988《汽油中芳烃含量测定法(气相色谱法)》、SH/T 0713—2002《车用汽油和航空汽油中苯和甲苯含量的测定(气相色谱法)》

续上表

项目		质量指标			试验方法
		90	93	97	
芳烃含量[5](%)(体积分数)	不大于	40			GB/T 11132—2008《液体石油产品烃类测定法(荧光指示剂吸附法)》、SH/T 0741—2004《汽油中烃族组成测定法(多维气相色谱法)》
烯烃含量[5](%)(体积分数)	不大于	30			
氧含量(%)(体积分数)	不大于	2.7			SH/T 0663—1998《汽油中某些醇类和醚类测定法(气相色谱法)》
甲醇含量[1](%)(体积分数)	不大于	0.3			
锰含量[6](g/L)	不大于	0.016			SH/T 0711—2002《汽油中锰含量测定法(原子吸收光谱法)》
铁含量[1](g/L)	不大于	0.01			SH/T 0712—2002《汽油中铁含量测定法(原子吸收光谱法)》

注:①车用汽油中,不得人为加入甲醇以及含铅或含铁的添加剂。

②在有异议时,以 SH/T 0689—2000《轻质烃及发动机燃料和其他油品的总硫含量测定法(紫外荧光法)》方法测定结果为准。

③将试样注入 100mL 玻璃筒中观察,应当透明,没有悬浮和沉降的机械杂质和水分。在有异议时,以 GB/T 511—2010《石油产品和添加剂机械杂质测定法(重量法)》和 GB/T 260—1997《石油产品水分测定法》方法测定结果为准。

④在有异议时,以 SH/T 0713—2002《车用汽油和航空汽油中苯和甲苯含量的测定(气相色谱法)》方法测定结果为准。

⑤对于 97 号车用汽油,在烯烃、芳烃总含量控制不变的前提下,可允许芳烃的最大值为 42%(体积分数)。在含量测定有异议时,以 GB/T 11132—2008《液体石油产品烃类测定法(荧光指示剂吸附法)》测定结果为准。

⑥锰含量是指汽油中以甲基环戊二烯三羰基锰形式存在的总锰含量,不得加入其他类型的含锰添加剂。

2)GWKB1.1—2011《车用汽油有害物质控制标准(第四、五阶段)》

该标准对车用汽油增加了清净性指标要求(表 10.2)。规定:90 号、93 号、97 号车用汽油具有抑制或消除发动机进气系统和燃烧室沉积物的性能。

该标准还规定了车用汽油中“磷”的含量要求和检验方法。90 号、93 号、97 号车用汽油磷含量限值不大于 0.000 2g/L,检验方法为 SH T0711—2002《汽油中磷含量测定法(分光光度法)》。

3)DB 11/238—2012《车用汽油》

从 2010 年 1 月份开始,全国城市车用汽油须达到国Ⅲ标准,北京、上海等城市达到国Ⅳ标准。国Ⅱ、国Ⅲ、国Ⅳ汽油标准指汽油的纯净度和品质,国Ⅱ汽油硫含量小于 500mg/kg、国Ⅲ汽油硫含量小于 150mg/kg、国Ⅳ汽油硫含量小于 50mg/kg。由此可区分汽油纯净度与汽油标号概念不同,汽油标号是抗爆性指标,而汽油纯净度是所含杂质量的指标。

车用汽油清净性要求及试验方法　　表 10.2

检验方法		项　目	清净性要求	
			第四阶段	第五阶段
方法 1	GB/T 19203.6—2003《评价汽油清净剂使用效果的试验方法 第 6 部分》	进气阀沉积物质量(mg/g 平均每阀)	≤70	≤50
		燃烧室沉积物质量(mg)	≤5 000	≤3 500
方法 2	GB 19592—2004《车用汽油清净剂　附录 B 进气阀沉积物模拟试验方法》	模拟进气阀沉积物质量(mg/300mL)	≤5	≤3
方法 3	GWKB1.1—2011《车用汽油有害物质控制标准(第四、五阶段)》附录 A 贫氧胶质测定方法	贫养胶质[洗后残渣含量(水洗)mg/100mL]	6	

北京市、上海市、广东省等地近年来相继实施了车用汽油的地方标准。北京市于 2012 年 5 月 31 日正式实施第五阶段车用汽柴油地方标准,即京Ⅴ标准。2012 年 5 月 17 日,北京市环保局发布北京市第五阶段车用汽柴油地方标准,即 DB 11/238—2012《车用汽油》。该标准已于 5 月 31 日零时起正式实施,原 DB 11/238—2007《车用汽油》,即京Ⅳ标准同时作废。北京自 1999 年执行机动车国Ⅰ排放标准,同年停止含铅汽油的生产和使用至京Ⅳ标准实施,13 年间机动车排放和汽、柴油标准连跨 5 个台阶,已经与世界发达国家同步,与欧盟接轨。

DB 11/238—2012《车用汽油》标准规定,车用汽油按研究法辛烷值分为 89 号、92 号、95 号三个牌号,将原来第四阶段车用汽油中的研究法辛烷值 90 号、93 号、97 号调整为 89 号、92 号、95 号。89 号车用汽油适用于原使用 90 号车用汽油的车辆,92 号车用汽油适用于原使用 93 号车用汽油的车辆,95 号车用汽油适用于原使用 97 号车用汽油的车辆。

京Ⅴ标准与京Ⅳ标准相比,京Ⅴ标准将硫含量指标限值由 50mg/kg 降低为 10mg/kg,将车用汽油的锰含量指标限值由 0.006g/L 降低为 0.002g/L。京Ⅴ标准对车用汽油技术要求和试验方法见表 10.3。

车用汽油(Ⅴ)技术要求和试验方法　　表 10.3

项　目		质量指标			试验方法
		89	92	95	
抗爆性[①]: 研究法辛烷值(RON) 抗爆指数(RON+MON)/2	 不小于 不小于	 89 84	 92 84	 95 	GB/T 5487—1995《汽油辛烷值测定法(研究法)》 GB/T 503—1995《汽油辛烷值测定法(马达法)》

续上表

项　　目		质量指标			试验方法
		89	92	95	
铅含量[②](g/L)	不大于	0.005			GB/T 8020—1987《汽油铅含量测定法(原子吸收光谱法)》
铁含量[②](g/L)	不大于	0.01			SH/T 0712—2002《汽油中铁含量测定法(原子吸收光谱法)》
锰含量[②](g/L)	不大于	0.002			SH/T 0712—2002《汽油中铁含量测定法(原子吸收光谱法)》
密度[③](20℃)(kg/m³)	不大于	720～775			GB/T 1884—2000《原油和液体石油产品密度实验室测定法(密度计法)》,GB/T 1885—1998《石油计量表》,SH/T 0604—2000《原油和石油产品密度测定法(U形振动管法)》
馏程 10%蒸发温度(℃) 50%蒸发温度(℃) 90%蒸发温度(℃) 终馏点(℃) 残留量(%)(体积分数)	 不高于 不高于 不高于 不高于 不大于	 70 120 190 205 2			GB/T 6536—2010《石油产品蒸馏测定法》
蒸气压[④](kPa) 11月1日至4月30日 5月1日至10月31日	 不大于 不大于	 45～85 42～65			GB/T 8017—1987《石油产品蒸气压测定法(雷德法)》,SH/T 0794—2007《石油产品蒸气压测定法(微量法)》
溶剂洗胶质含量(mg/100mL)	不大于	5			GB/T 8019—2008《燃料胶质含量的测定　喷射蒸发法》
未洗胶质含量(加入清净剂前)(mg/100mL)	不大于	30			
诱导期(min)	不小于	480			GB/T 8018—1987《汽油氧化安定性测定法(诱导期法)》
硫含量[⑤](mg/kg)	不大于	10			GB/T 11140—1989《石油产品硫含量测定法(能量色散X射线荧光光谱法)》、SH/T 0253—1992《轻质石油产品中总硫含量测定法(电量法)》、SH/T 0689—2000《轻质烃及发动机燃料和其他油晶的总硫含量测定法(紫外荧光法)》、ASTMD 7039—2007《用单色波长色散X射线荧光光谱法测定汽油和柴油燃料中硫的标准试验方法》
铜片腐蚀(50℃,3h)(级)	不大于	1			GB/T 5096—1985《石油产品铜片腐蚀试验法》

续上表

项　目	质量指标			试验方法
	89	92	95	
水溶性酸或碱	无			GB/T 259—1988《石油产品水溶性酸及碱测定法》
机械杂质及水分[6]	无			目测[3]
硫醇(应满足下列要求之一): 硫醇硫(博士试验法) 硫醇硫含量(%)(质量分布)　不大于	 通过 0.001			SH/T 0174—1992《芳烃和轻质石油产品硫醇定性试验法(博士试验法)》,GB/T 1792—1988《馏分燃料中硫醇硫测定法(电位滴定法)》
氧含量[7](%)(体积分数)　不大于	2.7			SH/T 0663—1998《汽油中某些醇类和醚类测定法(气相色谱法)》,SH/T 0720—2002《汽油中含氧化合物测定法(气相色谱及氧选择性火焰离子化检测器法)》
甲醇含量[8](%)(体积分数)　不大于	0.3			SH/T 0663—1998《汽油中某些醇类和醚类测定法(气相色谱法)》
苯含量[4](%)(体积分散)　不大于	1.0			SH/T 0713—2002《车用汽油和航空汽油中苯和甲苯含量的测定(气相色谱法)》
烯烃含量[5](%)(体积分数)　不大于	25			GB/T 11132—2008《液体石油产品烃类测定法(荧光指示剂吸附法)》、SH/T 0741—2004《汽油中烃族组成测定法(多维气相色谱法)》
烯烃+芳烃含量[8](%)(体积分数)　不大于	60			GB/T 11132—2008《液体石油产品烃类测定法(荧光指示剂吸附法)》、SH/T 0741—2004《汽油中烃族组成测定法(多维气相色谱法)》

注:①牌号高于95号的汽油,除抗爆性外,其他指标的限值应满足本标准的要求。

②车用汽油中,不得人为加入甲醇以及含铅、含铁和含锰等影响发动机正常使用和增加机动车排放的有害添加剂。

③密度允许用SH/T 0604—2000方法测定,结果有异议时,以GB/T 1884—2000方法测定结果为准。

④蒸气压允许用SH/T 0794—2007方法测定,结果有异议时,以GB/T 8017—1987方法测定结果为准。

⑤硫含量允许用GB/T 11140—1987、SH/T 0253—1992、ASTMD 7039—2007方法测定,在有异议时,以SH/T 0689—2000方法测定结果为准。

⑥将试样注入100mL玻璃筒中观察,应当透明,没有悬浮和沉降的机械杂质和水分。在有异议时,以GB/T 511—2010和GB/T 260—1977。

⑦氧含量允许用SH/T 0720—2002方法测定,在有异议时,以SH/T 0663—1998方法测定结果为准。

⑧芳烃含量、烯烃含量允许用NB/SH/T 0741—2004方法测定,在有异议时,以GB/T 511—2010方法测定结果为准。

10.1.3 质量指标与使用性能之间的关系

1)抗爆性

抗爆性是指汽油在发动机内燃烧时不发生爆震的能力。爆震(俗称敲缸)是汽油发动机中一种不正常的燃烧现象。爆震燃烧时,发动机有时会发生强烈的振动,并发出金属敲击声,随即功率下降,排气管冒黑烟,耗油量增多;严重的爆震会使发动机零件毁损。

辛烷值是表示点燃式发动机燃料抗爆性的一个约定数值。不同化学结构的烃类,具有不同的抗爆震能力。异辛烷的抗爆性能较好,辛烷值设定为100;正庚烷的抗爆性差,辛烷值设定为0。汽油辛烷值的测定是以异辛烷和正庚烷为标准燃料,按标准条件,在试验室单缸汽油机上用对比法进行的。如某一汽油在发动机中所产生之爆震,正好与98%异辛烷及2%正庚烷之混合物的爆震程度相同,即称此汽油之辛烷值为98。

2)苯含量

苯对人体有不利影响,已被国际癌症研究中心确认为致癌物。苯对地下水质也有污染。因此必须限制车用汽油中的苯含量。

3)烯烃和芳烃含量

烯烃与芳烃是车用汽油中辛烷值的主要贡献者。烯烃是不稳定物质,在发动机燃料系统和进气系统形成沉积物质的倾向较大,是进气阀沉积物形成的主要原因;车用汽油中的烯烃挥发到大气中,遇光会生成臭氧,造成光化学污染。芳烃会使排气孔中CO、HC增加,特别是增加苯的排放。进气系统和燃烧室沉积物会影响发动机的工作性能,增加排放。

4)氧含量

含氧的醇类和醚类可降低车用汽油的使用量并在寒冷地区和汽车急加速阶段减少CO排放,但同时也会增加NO_x和HC的排放,降低汽车加速性能。

5)甲醇含量

甲醇对金属、塑料和橡胶等均有较强的腐蚀作用,对人体健康也有较大影响。

6)金属元素和磷含量

铅含量:含铅车用汽油对环境的污染、对人体的危害很大,我国早已停止使用,汽油中不得人为加入含铅物质。

铁含量:铁元素会在尾气催化转化器中沉积,降低催化剂活性。氧化铁沉积到火花塞中可降低火花塞90%的使用寿命。汽油中禁止加入含铁添加剂。

锰含量:甲基环戊二烯三羰基锰(MMT)是在汽油无铅化进程中发展出的一种代替含铅添加剂的汽油抗爆剂。MMT可能会对汽车尾气催化转化装置和氧传感器有影响，并可能具有潜在的健康和环境危害。

磷含量：主要来自磷基抗爆剂。对苯二酚排放后处理装置有毒化作用。

7)清净性

清净性是衡量车用汽油燃烧后对发动机沉积物影响的重要指标。

进气阀沉积物会导致发动机起动困难，怠速不稳，加速无力，甚至造成发动机熄火。各缸进气阀沉积物不均匀会降低发动机的可靠性和寿命，还会使汽车的 HC、CO、NO_x 排放增加。燃烧室沉积物的存在会使 NO_x 排放增加，沉积物的积累还可能产生燃烧室沉积物的撞击现象。

清净性好的车用汽油可以保持发动机清洁，保证发动机正常工作，有利于保持排放耐久性。而清净性差的车用汽油则会在发动机各部位产生沉积物，影响发动机工作和排放性能。

必须注意，排放标准是国Ⅱ的汽车，即便使用国Ⅲ油，其尾气排放也不能达到国Ⅲ排放标准。国Ⅲ标准的起点是 93 号汽油，如果使用 90 号汽油的车型改用高标号汽油，反而会出现汽油燃烧不充分的现象，排放尾气中的细小颗粒物的含量会比燃烧 90 号汽油时的含量更高。另外，汽车行驶过程中也可能出现加速无力的现象，高标号汽油的高抗爆性优势也无法发挥出来。

8)密度

在使用性能方面，如发现某油品的密度明显过大或过小，可以判断是混入了重质油或轻质油。另外，发动机功率和燃料消耗与燃料密度有关，在活塞式发动机上，燃料的消耗量与燃料的密度值的平方根成正比。

10.1.4 汽油选用

1)爆震与压缩比

目前汽车使用最多的是四冲程发动机，它是利用活塞在汽缸往复运动，以"进气、压缩、爆发、排气"四个行程，吸入汽油与空气的混合物，然后压缩它，再用火花塞点爆它而获得动力，得到动力后，再排出点爆后的废气。

试验表明，当其他条件不变时，只要把发动机的压缩比提高，就会得到更大的功率输出。然而，压缩比却不是可以无限制提高的，当压缩比提得太高时，发动机就会出现爆震现象。所谓爆震，是经过压缩的油、混合物，在火花塞还没点火之前，就因为被压缩行程所造成的气体分子运动产生的高热点燃，形成所谓的自燃现象，随后火花塞又再次点燃压缩油或气混合物，造成两团高爆火球在燃烧室里剧烈碰撞，因而产生如敲门一般的"喀、喀、喀"声。

2)爆震与辛烷值

爆震又和燃料的选择有关，如果选对了燃料，那么即使提高发动机压缩比，也不会发生爆震。测试和试验表明，抗爆震效果最差的是"正庚烷"，因此就把异辛烷的指数定为100,而把正庚烷的抗震定为0。辛烷值的高低就成了汽油发动机对抗爆震能力高低的指标。

用可调整压缩比的单缸发动机做试验。在试验中,随着压缩比的逐渐提高,测试燃料从没有爆震、燃烧顺畅的状况,逐渐调整到开始出现爆震。当爆震一开始出现的时候,就去比对异辛烷与正庚烷混合物的状况,如果出现爆震的状况时机,正好与97份异辛烷和3份正庚烷的测试状况一模一样,那么这个测试油料的辛烷值就是97。所以说,90号、93号、97号无铅汽油,其实它的辛烷值只是一个对比值。

3)正确选择标号

应根据发动机压缩比的不同来选择不同标号的汽油。汽油标号的高低只是表示汽油辛烷值的大小。压缩比在8.5～9.5之间的中档轿车一般应使用93号汽油;压缩比大于9.5的轿车应使用97号汽油。目前,国产轿车的压缩比一般都在9以上,最好使用93号或97号汽油。

高压缩比的发动机如果选用低标号汽油,会使汽缸温度剧升,汽油燃烧不完全,机器强烈振动,从而使输出功率下降,机件受损。低压缩比的发动机选用高标号油,就会出现“滞燃”现象,即到上止点还不能点燃混合气,一样会出现燃烧不完全浪费燃油的现象。表10.4为国内外汽油轿车用油标号推荐表。

国内外汽油轿车用油标号推荐表 表10.4

车　　型	压　缩　比	推荐汽油标号
一汽红旗明仕 1.8	9.0	93
一汽红旗世纪星 2.0/2.4	9.5	不低于≥93
一汽马自达 2.3	10.6	93～97
一汽夏利 7101/7131/2000	9.3～9.5	不低于93
一汽威姿 1.0/1.3	10.0/9.3	不低于93
一汽大众捷达 普通/CI/CT/AT	8.5～9.0	93
一汽大众宝来 1.6/1.8/1.8T	9.3～10.3	93～97
一汽大众高尔夫 1.6/2.0	10.5	93～97
一汽大众奥迪 A4/A6	10.0/10.5	93～97
上海大众桑塔纳 普通/2000	9.0/9.5	不低于93
上海大众帕萨特 1.8/1.8T	10.3/9.3	93～97
上海大众帕萨特 2.0/2.8	10.3/10.1	93～97
上海大众 POLO 1.4/1.6	10.4/10.3	93～97
上海大众高尔 1.6	9.5	不低于93
上海别克赛欧 1.6	9.4	不低于93
上海别克君威 2.0/2.5/3.0	9.5	不低于93

续上表

车　　型	压　缩　比	推荐汽油标号
东风蓝鸟 2.0/阳光 2.0	9.5/9.8	不低于 93
东风毕加索 1.6/2.0	10.5	93～97
东风爱丽舍 1.6/爱丽舍 VTS1.6	9.6/10.5	93～97
东风塞纳 2.0	10.8	93～97
东风千里马 1.6	9.8	不低于 93
神龙富康 1.4/1.6	9.3/9.6	93
上海奇瑞 1.6	9.5	不低于 93
天津丰田威驰 1.3/1.5	9.3/9.8	不低于 93
北京吉普 2500	8.5	93
现代索娜塔 2.0/2.7	10.1/10.0	93～97
长安福特嘉年华 1.3/1.6	10.2/9.5	93～97
菲亚特西耶那 1.3 16V/1.5	10.6/10.0	不低于 93
菲亚特派力奥 1.3 16V/1.5	10.6/10.0	不低于 93
菲亚特周末风 1.3 16V/1.5	10.6/10.0	不低于 93
广州本田 98 款雅阁 2.0/2.3/3.0	9.1/8.9/9.4	93
广州本田 03 款雅阁 2.0/2.4/3.0	9.8/9.7/10.0	不低于 93
广州本田奥德赛≥2.3	9.5	不低于 93
吉利美日 1.3/优利欧>1.3	9.3	93
长安铃木奥拓 0.8/羚羊 1.0/1.3	9.4/9.0/9.0	93
昌河铃木北斗星 CH6350B	9.3	93
华晨中华 2.0/2.4	9.5/9.5	不低于 93
哈飞赛马 1.3	9.5	不低于 93
海南马自达普利马/323/福美来	9.1/9.3/9.1	不低于 93
宝马 3、5、7 系列	10.8/10.8/10.5	97
大宇王子 2.0/蓝龙 1.5	8.8/9.5	93～97
本田思域 1.6/里程 3.5	9.4/9.6	93～97
日产风度 2.0/3.0	9.5/10	93～97
丰田凌志 IS200/GS300/LS430	10/10.5/10.5	97
丰田世纪/皇冠	8.6/10.0	93～97
丰田花冠 1.6/佳美 2.2GL/2.4	10.5/9.8	93～97
奔驰 E280/E320	10.0	97
沃尔沃 S40	9.3	不低于 93
福特 WINDSTAR V6/TAURUS V6	9.0/9.3	93～97
林肯 大陆 V8/马克 V8	9.0/9.8	93～97
欧宝 1.8	10.5	97

10.1.5 非标汽油

1)来源

(1)一些加油站利用质量合格的93号和90号两种汽油进行混合,充当93号汽油进行销售,有些则干脆拿90号汽油加入某种清净剂后当93号汽油卖。这种混合汽油,质量上没有完全达到93号汽油质量标准,但驾驶人很难明显感觉到油品质量的细微差别。

(2)用非标97号汽油与合格的90号汽油按1∶1的比例勾兑,勾兑后作为93号汽油出售。这种勾兑的汽油质量指标中氧含量和烃含量普遍不合格。

2)危害

(1)辛烷值低于发动机压缩比要求,轻则爆震,重则将导致发动机严重损坏,而且造成汽车尾气排放不良。

(2)含金属添加剂的汽油会损坏催化剂,使氧传感器失效。

(3)硫含量过高,腐蚀汽车发动机和排放系统。

(4)在发动机燃烧过程中,使油路、喷油嘴堵塞,产生沉积物,进气阀和汽缸产生胶质及积炭,直接影响汽油发动机正常工作。

(5)苯、芳烃、烯烃或含氧化合物的含量过大,导致汽车尾气排放的劣化和油耗的增加。

10.1.6 注意事项

(1)避免混用。要避免不同标号的汽油混用。因为发动机的点火控制系统会根据不同标号的汽油而设定点火提前角,一经设置就会保持这个参数不变。如果以前用97号,现在用93号,那么在刚使用的初期,发动机将会延续使用97号汽油的点火提前角来点火,这样就会有爆震的可能。发动机的点火控制系统侦测到有爆震倾向时,会自动调整点火提前角以适应当前使用的标号。但是这个调整是被动的,是一种事后补救措施。因此,最好避免不同标号的汽油混用。而且,93号汽油和97号汽油,其抗爆指数是通过不同的方式获得的,93号主要是通过提高炼油工艺来达到的,而97号则主要是通过添加添加剂来达到的。

车用汽油绝不能与溶剂汽油混合用。有些驾驶员不了解车用汽油与溶剂汽油的不同,误认为都是汽油就可以混用。溶剂汽油虽然蒸发性好,馏分轻,但它不像车用汽油那样具有优良的抗爆性。它的辛烷值仅有40～50,只能起溶解、稀释、洗涤和抽提某些物质的作用,绝不可掺入车用汽油中使用;否则,会使汽车产生严重爆震,即敲缸。

车用汽油与车用柴油绝不能混用。由于汽油发动机与柴油发动机燃烧作功机理不同,汽油机是把油气混合物压缩后经火花塞点燃,膨胀作功;柴油机是将空气压缩后在行程终了时喷入柴油，柴油在压缩终了的高温、高压条件下自燃，膨胀作功。因此，汽油机使用的车用汽油必须是馏分轻(35～205℃之间)、蒸发性好、自燃点高，抗爆性好(辛烷值高)的油品。而柴油发动机所用车用柴油比车用汽油馏程要高得多(200～365℃)，蒸发性差，自燃点低，十六烷值高，但辛烷值低，若车用柴油混入汽油发动机，将产生蒸发困难，不能安全燃烧，造成排气冒黑烟，燃烧室结胶、积炭、爆震，严重时，会造成汽车不能起动，损坏汽油发动机。

(2)选择中石油、中石化等正规加油站加油。正规加油站的油品一般都合格，技术监督部门每半年要对加油机进行强制鉴定(标志是加油机上贴的一个小圆标)。加油站自己每月都要自检。

如果在加油站闻到类似重油一样刺鼻的异味，肯定不是正规加油站。

(3)选择加油周转量大的加油站。周转量大的加油站进油周期快，油品新鲜，含氧量高，有助于燃烧，动力性好。

(4)加油时如果所加油品对应的油罐正在卸油时不要加油。按规定油罐每3年清洗一回，有的加油站做不到，罐底杂质较多，且油品有吸水性，卸油后杂质及水都被冲起容易加入油箱内，应卸油后稳定20min才可加油。

(5)当油箱加满时大于说明书上的最大容积，不一定是加油站给不够数，储存油品的容器都留有安全量，液体随温度变化体积也会发生变化，所以有时标40L却能加42L或更多，应尽量选择在气温相对低的晚上加油。

(6)使用潜油泵的加油站多带油气回收装置，当油箱要加满时有可能连油带气一起又抽回油罐内，所以注意最好不加满油箱。

10.1.7 人工鉴别

看颜色。部分炼油厂的各牌号汽油均为浅淡黄或浅黄红色。如果色太浅，甚至发白，很有可能是调和汽油。

闻气味。加了MTBE(甲基叔丁基醚:汽油的辛烷值改进剂，除增加汽油含氧量外，还可促进清洁燃烧，减少汽车有害物排放污染，但会致癌)的汽油有一股酸味，适当的加入有利于提高辛烷值，味太重意味着加入过量，此时汽车功率下降。柴油如有臭味就有可能不是正规厂生产的。

检查挥发性和黏度。汽油在指甲上能很快挥发，说明汽油干点合格。一两分钟还不能完全挥发，有可能加了煤油或柴油。汽油和柴油的触摸感不同，用手蘸一点汽油，手发凉，有涩感，汽油蒸发后皮肤发白。

看泡沫。汽油呈淡黄色透明液体状，密度比水小。用透明瓶子装少量汽油摇晃，产生的泡沫很快就会消失。

听声音。加了劣质汽油发动机噪声变大、变杂，和正常时的声响差别较大。

找感觉。加了劣质汽油后，汽车怠速、冷车起动稍松加速踏板准熄火，热车时也不稳，和正常时的状况差距很大。

10.1.8 乙醇汽油

乙醇汽油是一种由粮食及各种植物纤维加工成的燃料乙醇和普通汽油按一定比例混配形成的替代能源。按照我国的国家标准，乙醇汽油是用90％的普通汽油与10％的燃料乙醇调和而成。它可以改善油品的性能和质量，降低污染物排放。

1)汽车用乙醇汽油优缺点

辛烷值高，抗爆性好。

乙醇含氧量高达34.7％。在汽油中含10％的乙醇，含氧量就能达到3.5％。

车用乙醇汽油的使用可有效降低汽车尾气排放，改善能源结构。

燃料乙醇的生产资源丰富，技术成熟。当在汽油中掺兑少于10％时，对在用汽车发动机无需进行大的改动，即可直接使用乙醇汽油。

乙醇的热值较常规车用汽油的低60％，若汽车不作任何改动就使用含乙醇10％的混合汽油时，发动机的油耗会增加5％。

乙醇的汽化潜热大，理论空燃比下的蒸发温度大于常规汽油。影响混合气的形成及燃烧速度，导致汽车动力性、经济性及冷起动性的下降，不利于汽车加速。

乙醇在燃烧过程中会产生乙酸，对汽车金属特别是铜有腐蚀作用，在汽油中乙醇的含量在0％～10％时，对金属基本没有腐蚀，但乙醇含量超过15％时，必须添加有效的腐蚀抑止剂。

乙醇是一种优良溶剂，易对汽车的密封橡胶及其他合成非金属材料产生轻微的腐蚀、溶涨、软化或龟裂作用。

乙醇易吸水，车用乙醇汽油的含水量超过标准指标后，容易发生液相分离。

2)使用乙醇汽油注意事项

供油系统内不能进水。如果油箱中有水分，与变性燃料乙醇互溶，会影响发动机正常工作。

油箱内不能有污垢。乙醇汽油具有较强的清洗作用，可能把污垢清洗下来，造成部件被阻塞。

添加时注意时机。最好在普通汽油快用完时再加乙醇汽油。

车辆首次使用车用乙醇汽油时，最好对车辆的油箱及油路的主要部件(如燃油滤清器、化油器等)进行清洁检查或清洗，以保证燃油系统各部件的清洁。尤其是行驶里程在3万km以上的车辆，易发生油泵过滤器堵塞的现象。因此在添加乙醇汽油前应对车辆的供油系统进行一次清理。

汽车使用乙醇汽油后可能会有油路不畅、加速不如以前迅速等各种现象。如果不想做油路清洗,可以适当地使用油路清洗剂。不过清洗剂仍是具有腐蚀作用的化学药剂,不要长期连续使用。

乙醇是一种性能优良的有机溶剂,具有较强的溶解清洗特性,因此一定要小心使用。

10.2 车用柴油

柴油是石油提炼后的一种油质的产物。它由不同的碳氢化合物混合组成。它的主要成分是含 9～18 个碳原子的链烷、环烷或芳烃。它的化学和物理特性位于汽油和重油之间,沸点在 170～390℃之间,密度为 0.82～0.845kg/L。柴油可以被用来作为汽车、坦克、飞机、拖拉机、铁路车辆等运载工具或其他机械用器的燃料,也可用来发电、取暖等。

10.2.1 分级

我国车用柴油按凝点分级,有 5 号、0 号、－10 号、－20 号、－35 号、－50 号 6 个牌号。

10.2.2 质量指标

1)GB 19147—2009《车用柴油》

符合该标准的车用柴油可满足符合国Ⅲ阶段机动车污染物的排放要求。车用柴油技术要求和试验方法见表 10.5。

车用柴油(Ⅲ)技术要求和试验方法 表 10.5

项　目	5 号	0 号	－10 号	－20 号	－35 号	－50 号	试验方法
氧化安定性(总不溶解物)(mg/100mL) 不大于	2.5						SH/T 0175
硫含量[①](质量分数)(%) 不大于	0.035						SH/T 0689
10%蒸余物残炭[②](质量分数)(%) 不大于	0.3						GB/T 268
灰分(质量分数)(%) 不大于	0.01						GB/T 508
铜片腐蚀(50℃,3h) 不大于	1						GB/T 5096
水分[③](体积分数)(%) 不大于	痕迹						GB/T 260
机械杂质[③]	无						GB/T 511

续上表

项　目	5号	0号	−10号	−20号	−35号	−50号	试验方法
润滑性 磨痕直径(60℃)(μm)　不大于	480						SH/T 0765
多环芳烃含量[4](质量分数)(%)　不大于	11						SH/T 0606
运动黏度(20℃)(mm^2/s)	3.0～8.0		2.5～8.0		1.8～7.0		GB/T 265
凝点(℃)　不高于	5	0	−10	−20	−30	−50	GB/T 510
冷凝点(℃)　不高于	8	4	−5	−14	−29	−44	SH/T 0248
闪点(闭口)(℃)　不低于	55			50	45		
着火性[5](需满足下列条件之一) 十六烷值　不小于 十六烷指数　不小于	 49 46			 46 46	 45 43		 GB/T 386 SH/T 0694
馏程： 50%回收温度(℃)　不高于 90%回收温度(℃)　不高于 95%回收温度(℃)　不高于	 300 355 365						GB/T 6538
密度(20℃)(kg/m^2)[6]	810～850			790～840			GB/T 1884 GB/T 1885
脂肪酸甲脂[7](体积分数)(%)　不大于	0.5						GB/T 23801

注：1. 本表检验方法中标准名称如下：

SH/T 0175—2004《馏分燃料油氧化安定性测定法(加速法)》；
SH/T 0689—2000《轻质烃及发动机燃料和其他油品的总硫含量测定法》；
GB/T 268—1987《石油产品残炭测定法》；
GB/T 508—1985《石油产品灰度测定法》；
GB/T 5096—1985《石油产品铜片腐蚀试验法》；
GB/T 260—1977《石油产品水分测定法》；
GB/T 511—2010《石油产品和添加剂机械杂质测定法》；
SH/T 0765—2005《柴油润滑性评定法(高频往复试验机法)》；
SH/T 0606—2005《中间馏分烃类组成测定法(质谱法)》；.
GB/T 265—1988《石油产品运动黏度测定法以及动力黏度计算法》；
GB/T 510—1983《石油产品凝点测定法》；
SH/T 0248—2006《柴油和民用取暖油冷滤点测定法》；
GB/T 386—2010《柴油着火性质测定法(十六烷值法)》
SH/T 0694—2000《中间馏分燃料十六烷指数计算法(四变量公式法)》；
GB/T 6538—2019《发动机油表观黏度的测定冷启动模拟机法》；
GB/T 1884—2000《原油和液体石油产品密度实验室测定法》；
GB/T 1885—1998《石油计量表》
GB/T 23801—2009《中间馏分油中脂肪酸甲酯含量的测定红外光谱法》。

2. 项目栏注解如下：

①也可采用 GB/T 380—1997《石油产品硫含量测定法燃灯法》，GB/T 11140 石油产品硫含量测定法(X 射线光谱法)进行测定，结果有争议时，以 SH/T 0689 方法为准。

②也可采用 GB/T 17144 石油产品残炭测定法(微量法)进行测定，结果有争议时，以 GB/T 268 方法为准，若柴油中含有硝酸酯型十六烷值改进剂，10%蒸余物残炭的测定，应用不加硝酸的基础燃料进行。柴油中是否含有硝酸型十六烷值改进剂的检验方法见 GB 19147 附录 B。

③可用目测法，即将试样注入 100mL 玻璃量筒中，在室温 20℃±5℃下观察，应当透明，没有悬浮和沉降的水分及机械杂质，结果有争议时，按 GB/T 260 或 GB/T 511 测定。

④也可采用 SH/T 0806，结果有争议时，以 SH/T 0606 方法为准。

⑤十六烷指数的测定也可采用 GB/T 11139 馏分燃料十六烷指数计算法，结果有争议时，仲裁以 GB/T 386 方法为准。

⑥也可采用 SH/T 0604 原油和石油产品密度测定法(U 形振动管法)，结果有争议时，以 GB/T 1884 方法为准。

⑦不得人为加入。

2)GWKB1.2—2011《车用柴油有害物质控制标准(第四、五阶段)》

该标准规定了车用柴油中对机动车排放控制性能、人体健康和生态环境有不利影响的有害物质含量和环保性能的控制指标(表 10.6)。

车用柴油有害物质含量、清净性要求和检验方法 表 10.6

项目	限值		检验方法	其他要求
	第四阶段	第五阶段		
硫含量(mg/kg)	≤50	≤10	SH/T 0689—2000《轻质烃及发动机燃料和其他油品的总硫含量测定法(紫外荧光法)》	可用 GB/T 11140 测定，有异议时，以 SH/T 0689 方法测定结果为准
			GB/T 11140—1989《石油产品硫含量的测定(波长色散 X 射线荧光光谱法)	
多环芳烃(质量分数)(%)	≤11		SH/T 0606—2005《中间馏分烃类组成测定法(质谱法)》 SH/T 0806——2008《中间馏分芳烃含量的测定(示差折光检测器高效液相色谱法)》	可用 SH/T 0806 方法测定，有异议时，以 SH/T 0606 方法测定结果为准
喷嘴空气流量损失值(平均每喷嘴)(%)	≤75	≤60	SH/T 0764—2005《柴油机喷嘴结焦试验方法(XUD-9 法)》	

3)DB 31/428—2009《车用柴油》

北京市、广东省、上海市在 2007 年和 2009 年相继实施了《车用柴油》的地方标准。上海市地方标准 DB 31/428—2009《车用柴油》根据上海地区气温的实际情况，按照低温流动性的凝点和冷滤点指标划分为 4 个牌号，并对车用柴油色度作了要求(表 10.7)。

DB 31/428—2009《车用柴油》对色度的要求和检验方法　　表 10.7

项　目	质量指标				试验方法
	5 号	0 号	−10 号	−20 号	
色度(号)　不大于	3.5				GB/T　6540—1986《石油产品颜色测定法》

10.2.3　质量指标与使用性能之间的关系

1)氧化安定性

氧化安定性是指柴油在储存和运输过程中，在空气和少量水存在的情况下，生成沉淀物和胶质的趋势。如果氧化安定性不好，生成的沉淀就会使过滤器堵塞，在燃烧室形成大量积炭，使柴油喷射系统形成漆膜并使活塞环卡滞和加大磨损。柴油的安定性取决于其化学组成。二烯烃、多环芳烃和含硫、含氮化合物都是不安定性成分，它们能使发动机中沉积物的数量显著增加。因此，必须通过各种精制方法减少这些化合物的含量。

2)含硫量

柴油中的含硫量对发动机的工作寿命影响很大。活性硫能直接腐蚀金属，而且不论是活性硫化物还是非活性硫化物，燃烧后生成的 SO_x 遇到燃烧产生的水和水蒸气，在温度不高时会形成亚硫酸和硫酸，严重腐蚀发动机机件。当含硫废气进入汽缸和曲轴箱时，促使润滑油变质。燃气中的 SO_x 还能在汽缸中生成沉积物，这种沉积物同时兼有腐蚀和机械磨损双重作用，它所引起的磨损比单纯机械磨损要严重得多。另外，含有硫化物的废气会严重地污染环境。对于车用柴油机，含硫量每增加 0.1%，颗粒物排放就增加 0.034g/ kW·h。柴油中硫的质量分数由 0.3%减少到 0.05%时，颗粒物污染减少 9%。

3)10%蒸余物残炭

10%蒸余物残炭简称残炭，是在规定的条件下，燃料在球形物中蒸发和热裂解后生成炭沉积倾向的量度。它可在一定程度上大致反映柴油在喷油嘴和汽缸零件上形成积炭的倾向。

残炭过高会在燃烧室内形成过多积炭，导致散热不良，使喷油嘴端部严重积炭、喷雾状态恶化，并在排气中增加黑烟，使活塞等零件遭到磨损，缩短发动机使用寿命。

4)灰分

在高温灼烧时，油品发生一系列物理和化学变化，最后有机成分挥发逸散，而无机成分(主要是无机盐和氧化物)则残留下来，这些残留物称为灰分。油品中的灰分是不能燃烧的矿物质，呈粒状，非常坚硬，柴油中的灰分在摩擦副之间起着磨料的作用,并具有腐蚀金属的作用,是造成汽缸壁与活塞环磨损的重要原因之一。灰分会被柴油颗粒过滤器过滤,并残留在柴油机排气管中,导致排气背压过高和产生汽车操纵问题。

5)机械杂质

在柴油机供油系统中,喷油泵柱塞和柱塞套之间的间隙只有 0.001 5～0.002 5mm,喷油器喷针和喷阀座的配合精度也很高,如果柴油中存在机械杂质,除了引起油路堵塞外,还可能加剧喷油泵和喷油器精密零件的磨损,使柴油的雾化质量降低,甚至堵塞油路,使喷油器工作压力降低,雾化效果降低而产生油滴,致使柴油与空气混合不充分,导致燃烧不充分,部分未燃烧柴油与废气一同被排出,动力性能降低,消耗增加。

同时,在喷油泵、喷油器工作时,由于劣质柴油对喷油泵的出油阀、出油阀柱塞偶件、喷油器柱塞偶件运动的腐蚀,过量研磨极易使喷油泵、喷油器总成早期严重磨损,也使动力下降,燃油消耗增加,排放增大。

由于喷油泵的柱塞、出油阀和喷油嘴偶件的配合间隙很小,且在运行中需靠柴油进行润滑,因此,如使用灰尘和杂质较多的柴油会加快三大精密偶件的机械磨损。磨损后的柱塞偶件密封性能大大降低,使油泵的供油量迅速下降;转速越低,节流作用降低,泄漏量越大,供油量的减少就越显著,这对柴油机的起动和运行是很不利的。

柴油中的杂质使磨损后的活塞环、缸套由于密封性能下降致使压缩力不足,造成动力下降。若柴油中除了含有灰尘等不能燃烧的机械杂质外,还含有可溶解于柴油的有机酸和无机酸的盐类,将会增加积炭的坚硬性和腐蚀性,使缸套擦伤或黏着拉缸,造成缸套严重损坏。

6)磨痕直径

磨痕直径是评价柴油润滑性指标之一。随着环境保护要求的日愈严格,对柴油中的硫含量实施了有效的控制,而在柴油精制脱除硫化物的过程中,也同时除去了柴油中提供润滑性的有效组分。柴油机的燃油喷射泵没有外部润滑系统,需要依靠柴油自身的润滑性能以维持正常工作。润滑性差将导致尾气排放的增加、油泵过度磨损,易造成事故。

7)多环芳烃含量

含有两个以上苯的氢化合物统称为多环芳烃。多环芳烃含量多,柴油的润滑性较好。车用柴油中的多环芳烃燃烧时影响火焰温度,增加 NO_x 排放,同时易形成微粒,造成排放污染。多环芳烃是强致癌物质,损伤生殖系统,易导致皮肤癌、肺癌、上消化道肿瘤、动脉硬化、不育症。

8)运动黏度

黏度是柴油的主要技术指标之一,它可决定柴油雾化及燃烧的情况。黏度过小，柴油易从高压油泵柱塞和泵体之间的缝隙中漏出，导致喷入汽缸的燃料减少，使发动机功率下降；黏度越小，雾化后液滴直径就越小，喷出的油流射程也越短，不能与汽缸中全部空气均匀混合，造成燃烧不完全。柴油同时能对柱塞泵起润滑作用，黏度过小，会影响油泵的润滑，增加柱塞的磨损。黏度过大会造成供油困难，同时喷出的油滴颗粒大且不均匀，油流的射程过长，与空气混合不充分，致使燃烧不完全，燃料消耗量增大。

9)凝点、冷凝点

凝点、冷凝点是评价柴油低温流动性的指标。柴油低温流动性不仅关系到柴油机燃料供给系统在低温下能否正常供油，而且与柴油在低温下的储存、运输等作业能否正常进行有密切关系。凝点反映柴油试样开始失去流动性的温度，冷凝点为柴油试样通过过滤器的流量每分钟不足 20mL 时的最高温度。

10)闪点

闪点指在规定条件下，加热到它的蒸气与火焰接触发生瞬间闪火时的最低温度。油品的危险等级是根据闪点来划分的。闪点越高越安全。

11)着火性

十六烷值是衡量燃料压缩着火特性的参数，它影响发动机的冷起动、排放和燃烧噪声。

将试样柴油与由十六烷(其十六烷值规定为 100)和 α 甲基萘(其十六烷值规定为 0)配制的标准燃料进行对比试验，当试样柴油与某一配制标准燃料发火性能数据一致时，该标准燃料中十六烷的体积百分率，即为试样柴油的十六烷值。增加燃油的十六烷值会减少发动机在给定转速下所需的反拖时间(即起动机脱开前的运行时间)，同时可降低 NO_x、CO 和 HC 排放，降低燃烧噪声。柴油的十六烷值也不宜过高，否则，不能完全燃烧，排气管会冒黑烟，耗油量增大。一般将其控制在 40～60 之间。如柴油的十六烷值过低，将会使柴油的着火迟缓期加长，产生不正常燃烧，出现爆震，降低发动机功率。

12)馏程

馏程是评价油品蒸发性能的重要指标，也是区别不同油品的重要指标，柴油的馏程为 200～365℃。“50％回收温度”关系到使用时能否形成良好的雾状液滴被点燃，此温度越低，发动机越容易起动，但柴油中轻质馏分含量过多，会使喷入汽缸的柴油蒸发太快，易引起全部柴油迅速燃烧，造成压力剧增，使得柴油机工作粗暴。“90％回收温度”和“95％回收温度”越低，说明柴油中重质馏分含量低，这就使得柴油的燃烧更加充分，不仅可以提高柴油机的动力性，减少机械磨损，避免发动机产生过热现象，而且还可使油耗降低。因此，柴油的馏分过轻、过重都是不适宜的。

13)密度

柴油密度是油品性能的一个重要指标。随着柴油的密度增大,黏度也会增大,进而影响柴油的雾化性能,不利于形成良好的混合气,使燃烧劣化,从而降低柴油的经济性;柴油密度升高也是柴油中存在大量芳烃的标志,会导致柴油机工作粗暴。柴油密度过低,会造成黏度下降,可能导致泄漏;密度过低也会造成热值下降,油耗增加。降低柴油密度,会减少柴油车 PM 排放,增加燃油消耗,降低输出功率。

14)脂肪酸甲脂

脂肪酸甲酯是用植物油加工过程中得到的脂肪酸与甲醇经过酯化反应得到的产品。由于目前柴油硫含量很低,必须添加一些脂类抗磨剂和十六烷添加剂,同时脂肪酸甲酯是生物柴油的主要成分,检验的目的是为了防止矿物柴油中加入过量的抗添加剂和植物柴油。脂肪酸甲脂超标对柴油的十六烷值、低温性、安定性及 NO_x 排放均有影响。

15)色度

色度是柴油的重要质量指标之一。色泽的深浅取决于柴油胶质含量的多少,胶质除去得越多,色泽就越浅。加氢柴油物理性质比较稳定,相应的产品质量较好。催化柴油性质不稳定,存放一段时间后色泽会加深,这是由于其中烯烃较高所致,大分子烯烃发生缩合反应生成胶质,对车用柴油的使用有较大影响,如堵塞油路,造成活塞积炭等。

16)喷嘴清洁性

燃油喷嘴是高精度计量燃油的精密部件,如喷嘴被污染,柴油机会在噪声与排放方面出现问题。低品质的燃油会导致喷嘴堵塞。

10.2.4 柴油选用

车用柴油牌号的选择以保证最低气温高于冷凝点为原则,一般可按下列情况选用。

5 号车用柴油:适用于风险率为 10%、最低气温在 8℃以上的地区使用。

0 号车用柴油:适用于风险率为 10%、最低气温在 4℃以上的地区使用。

−10 号车用柴油:适用于风险率为 10%、最低气温在−5℃以上的地区使用。

−20 号车用柴油:适用于风险率为 10%、最低气温在−14℃以上的地区使用。

−35 号车用柴油:适用于风险率为 10%、最低气温在−29℃以上的地区使用。

−50 号车用柴油:适用于风险率为 10%、最低气温在−44℃以上的地区使用。

10.2.5 非标柴油

非标柴油,指的是不通过正规炼油厂生产,达不到国家要求的清洁柴油标准的调和油。

1)来源

(1)非标柴油一般用进口的180号燃料油进行简单的蒸馏产出柴油,再加入一些添加剂,将某些质量指标提高。此类非标柴油初期各项质量指标(包括难度要求较高的十六烷值)均达到现行的国家标准,但是储存周期只有20天左右,过后会迅速氧化,颜色变黑;其次是硫含量超标。

(2)用白油料掺兑走私红油。白油料和走私红油的价格比较便宜,可按一定比例勾兑成非标柴油,这种油质量稍差。

2)危害

(1)使柴油车辆产生爆震,造成机械强烈磨损,同时冷起动困难,耗油多,排气冒黑烟。

(2)生成沉淀物和胶质,使汽车过滤器堵塞,在燃烧室形成大量积炭,使活塞黏结和加大磨损。

(3)硫含量过高,不仅会导致发动机系统腐蚀和磨损,明显地增加颗粒物排放,使柴油发动机排放处理系统效率降低,中毒,甚至失效,而且在大气中会生成酸雨。

10.2.6 柴油的简易鉴别

1)感观鉴别

(1)颜色:通常车用优质的柴油应为无色、浅黄色或浅棕色的透明液体,无混浊现象;而颜色发黑、发暗呈酱油色,为低牌号掺配油;有混浊现象的是混入水分或杂质的劣质油。

(2)气味:优质柴油油味正常;劣质柴油有刺激性气味,比如有异味或辛辣难闻的气味。

(3)手感:优质柴油手感滑腻,有油感,黏度小;手感太稠是混入了其他润滑油的劣质柴油。

2)是否有机械杂质的简易鉴别

取少量燃油,将燃油全部经滤纸(或餐巾纸)过滤,观察滤纸(或餐巾纸)是否滤出杂质。

3)牌号鉴别

首先确认柴油标注的牌号,取少量柴油,将柴油放入冰箱内,将温度控制在该牌号柴油的最低温度(例如将0号柴油放置在0～5℃的环境内),观察是否有蜡质析出;如有蜡质析出则表明燃油牌号不符合要求。

4)密度鉴别

常温下,0号柴油的密度为0.85左右。若密度太高,则说明该柴油干点过高，发动机在正常工作过程中容易燃烧不全、冒黑烟、积炭；若太低，则说明该柴油的低碳成分过多，发动机正常工作过程容易产生爆震、发动机加速无力或闪点过低。可以通过密度计检测，或在使用过程中发现上述现象时，则初步判别该柴油质量有问题。

5)闪点鉴别

闪点是衡量柴油着火危险性的指标。闪点越低，则发生着火的危险性越大。合格的0号柴油，国家标准要求的闪点为55℃，然而，只要向其混入一小部分低沸点烃，其沸点就会骤然下降，特别敏感。因此，若有条件可以用闪点仪测量，简单方便；若无条件，可以取少许柴油，在太阳下敞口，闪点较低时，可以看到油品挥发出来的大量烟气。

注：以上所述方法作为判定车用柴油品质的简单方法，仅供参考，如需进一步鉴定柴油的化学成分是否超标或异常，还需到国家指定的检验部门进行。

10.2.7 柴油在使用中的注意事项

(1)在使用油桶加注柴油之前，要经过充分沉淀，沉淀时间最好在3天以上。加油时还应仔细过滤，以防机械杂质的混入。在操作时还应保持储油容器和加油工具的清洁。

(2)不同标号的柴油可掺兑使用，并可根据气温情况适当调配，以充分利用资源。但应注意掺兑后的凝点不是两种标号柴油的平均值，要比两者平均值稍高一些。例如－10号和－20号各一半对掺，掺兑后所得柴油凝点不是－15℃，而是高于－15℃。掺兑时应注意搅拌均匀。

(3)在冬季缺乏低凝点柴油时，也可在0号柴油里掺入40%的裂化煤油(航空煤油)，可获得－10号柴油。

(4)柴油中若有汽油存在，燃烧性能将显著变差，导致起动困难，甚至不能起动。认为在柴油中加入汽油能解决冷起动困难是种误区。汽油进入汽缸还会冲刷汽缸润滑油膜，加速汽缸的磨损。

10.3 生物柴油

生物柴油又称脂肪酸烷基脂，是以植物油、动物油脂、废餐饮油为原料，与醇(甲醇、乙醇)经脂交换反应获得，最典型的是脂肪酸甲脂。与矿物柴油相比，生物柴油更有利于环保，据美国环保报告生物柴油(B100)可使柴油机尾气中HC降低67%，CO降低78%，PM降低47%，具有可再生、清洁、安全三大优势。

GB/T 20828—2007《柴油机燃料调合用生物柴油》将柴油机燃料调合用生物柴油按硫含量分为S500和S50两个牌号。技术要求和试验方法见表10.8。

生物柴油技术要求和试验方法　　表 10.8

<table>
<tr><th rowspan="2">项　目</th><th colspan="2">质量指标</th><th rowspan="2">试验方法</th></tr>
<tr><th>S500</th><th>S50</th></tr>
<tr><td>密度(20℃)(kg/m^2)</td><td colspan="2">810～850</td><td>GB/T 2540—1981《石油产品密度测定法(比重瓶法)》①</td></tr>
<tr><td>运动黏度(40℃)(mm^2/s)</td><td colspan="2">1.9～6.0</td><td>GB/T 265—1988《石油产品运动黏度测定法》</td></tr>
<tr><td>闪点(闭口)(℃)　不低于</td><td colspan="2">130</td><td>GB/T 261—1988《标准油闪点标准油》</td></tr>
<tr><td>冷凝点(℃)</td><td colspan="2">报告</td><td>SH/T 0248—1992《柴油和以用取暖油冷滤点测定法》</td></tr>
<tr><td>硫含量(质量分数)(%)　不大于</td><td>0.05</td><td>0.005</td><td>SH/T 0689—2000《轻质烃及发动机燃料》②和其他油品的总硫含量测定法(紫外荧光法)</td></tr>
<tr><td>10%蒸余物残炭(质量分数)(%)　不大于</td><td colspan="2">0.3</td><td>GB/T 17144—1997《石油产品残炭测定法(微量法)》③</td></tr>
<tr><td>硫酸盐灰分(质量分数)(%)　不大于</td><td colspan="2">0.2</td><td>GB/T 2433—2001 添加剂和含添加剂润滑油硫酸盐灰分测定</td></tr>
<tr><td>水含量(质量分数)(16)　不大于</td><td colspan="2">0.05</td><td>SH/T 0246—1992《轻质石油产品中水含量测定法(电量法)》</td></tr>
<tr><td>机械杂质</td><td colspan="2">无</td><td>GB/T 511—2010《石油产品和添加剂机械杂质测定法(重量法)》④</td></tr>
<tr><td>铜片腐蚀(5℃,3h)　不大于</td><td colspan="2">1</td><td>GB/T 5096—1985《石油产品铜片腐蚀试验法》</td></tr>
<tr><td>十六烷值　不小于</td><td colspan="2">49</td><td>GB/T 386—2010《柴油着火性质测定法(十六烷值法)》</td></tr>
<tr><td>氯化安定性(110℃)(h)　不小于</td><td colspan="2">6.0⑤</td><td>EN 14112—2003《脂脂和油脂衍生物脂肪酸甲酯氧化稳定性的测定(加速氧化试验)》</td></tr>
<tr><td>酸值(mgKOH/g)　不小于</td><td colspan="2">0.8</td><td>GB/T 264—1983《石油产品酸值测定法》⑥</td></tr>
<tr><td>游离甘油含量(质量分数)(%)不大于</td><td colspan="2">0.02</td><td rowspan="2">ASTMD 6584—2007《用气相色谱法测定 B-100 生物柴油甲酯中游离和总甘醇的标准试验方法》</td></tr>
<tr><td>总甘油含量(质量分数)(%)　不大于</td><td colspan="2">0.24</td></tr>
<tr><td>90%回收温度(℃)　不高于</td><td colspan="2">360</td><td>GB/T 6536—2010《石油产品蒸馏测定法》</td></tr>
</table>

注:①也可用 GB/T 5526—1985《植物油脂检验比重测定法》、GB/ T 1884—2000《原油和液体石油产品密度试验室测定法(密度计法)》、GB/T 1885—1998《石油计量表(密度换算)》方法测定,以 GB/T 2540—1981《石油产品密度测定法(比重瓶法)》仲裁。

②可用 GB/T 380—1997《石油产品硫含量测定法(燃灯法)》、GB/T 11131—1989《石油产品总硫含量测定法灯法》、GB/T 11140—1989《石油产品硫含量的测定波长色散 X 射线荧光光谱法》、GB/T 12700—1990《石油产品和烃类化合物硫含量的测定 Wickbold 燃烧法》和 GB/T 17040—2008《石油和石油产品硫含量的测定能量色散 X 射线荧光光谱法》方法测定,结果有争议时,以 SH/T 0689—2000《轻质烃及发动机燃料和其他油品的总硫含量测定法(紫外荧光法)》方法为准。

③可用 GB/T 268—1987《石油产品残炭测定法(康氏法)》方法测定,结果有争议时,以 GB/T 17144—1997《石油产品残炭测定法(微量法)》仲裁。

④可用目测法,即将试样注入 100mL 玻璃量筒中,在室温(20℃±5℃)下观察,应当透明,没有悬浮和沉降的机械杂质。结果有争议时,按 GB/T 511—2010《石油和石油产品及添加剂机械杂质测定法》测定。

⑤可加抗氧剂。

⑥可用 GB/T 5530—2005《动植物油脂酸值和酸度测定方法测定》,结果有争议时,可用 GB/T 265—1988《石油产品运动黏度测定法和动力黏度计算法》仲裁。

11 车 用 燃 气

燃气是气体燃料的总称，它能燃烧而放出热量，供人们使用。燃气分为工业用与民用两大类，民用燃气按燃气类别和燃烧性指数分为人工燃气、液化石油气和天然气三类。

目前进入实用领域的车用燃气为液化石油气和天然气，燃气汽车保有量仅次于汽、柴油汽车。液化石油气和天然气与汽、柴油相比，具有热值高、抗爆性能好、着火温度高、容易与空气混合和排放低等优点。

车用燃气不同于一般的燃气。作为车用燃料，它以满足发动机使用为前提，即满足发动机的起动性、加速性、抗爆性等基本要求；另外，燃料本身的安全性、对发动机主要零部件的腐蚀及机械磨损情况，也是车用燃气的主要技术指标。因此，车用燃气在蒸气压、产品组分、烯烃含量、抗爆性等方面，与民用燃气相比，有着更严格的要求。

11.1 液化石油气

11.1.1 定义

液化石油气是石油在提炼汽油、煤油、柴油、重油等油品过程中剩下的一种石油尾气，通过一定程序，对石油尾气加以回收利用，采取加压的措施，使其变成液体，装在受压容器内，液化气的名称即由此而来。

液化石油气是碳氢化合物的混合物，其主要成分包括丙烷（C_3H_8）、丁烷（C_4H_{10}）、丙烯（C_3H_6）、丁烯（C_4H_8）和丁二烯（C_4H_6），同时还含有少量的甲烷（CH_4）、乙烷（C_2H_6）、戊烷（C_5H_{12}）及硫化氢（H_2S）等成分，习惯上又称为 C_3、C_4，即只用烃的碳原子(C)数表示。从不同生产过程中得到的液化石油气，其组成有所差异。

液化石油气能成为车用燃料，与其本身的一些物理特性有关，如沸点低，易汽化；与空气混合好，能降低排放；辛烷值高，可加大压缩比进而提高功率；热值高等。

11.1.2 产品分类

作为燃料使用的液化石油气分为生活用与车用两类。

根据丙、丁烷组分含量的不同，车用液化石油气分为以下三个产品：

(1)1 号产品，可在环境温度－20℃以上条件下使用；

(2)2 号产品，可在环境温度高于－10℃的条件下使用；

(3)3 号产品，可在环境温度高于 0℃的条件下使用。

11.1.3 车用液化石油气技术要求

GB 11174—2011《液化石油气质量标准》对炼油厂生产的、适用于石油液化气作为工业和民用燃料液化石油气的技术要求作了相应规定，见表 11.1。

车用液化石油气是液化石油气的一种，它的基本组成为丙烷和丁烷。作为车用燃料，它的主要技术指标应有较严格的要求，这样才能满足车辆的各项性能要求。GB 19159—2003《车用液化石油气》对此作了相应要求。表 11.2 为车用液化石油化技术要求。

液化石油气的通用技术要求 表 11.1

项　　目	质量指标			试验方法
	商品丙烷	商品丙丁烷混合物	商品丙丁烷	
密度(15℃)(kg/m^2)	报　　告			SH/ T 0221—1992《液化石油气密度或相对密度测定法(压力密度计法)》①
蒸气压(37.8℃)(kPa)　不大于	1 430	1 380	485	GB/ T 6602—1989《液化石油气蒸气压测定法(LPG 法)》
组分②				SH/ T 0230—1992《液化石油气组成测定法(色谱法)》
C_3 烃类组分(体积分数)(%)　不小于	9.5	—	—	
C_4 及 C_4 以上烃类组分(体积分数)(%)　不大于	2.5	—	—	
C_3+C_4 烃类组分(体积分数)(%)　不小于	—	9.5	9.5	
C_4 及 C_4 以上烃类组分(体积分数)(%)　不大于	—	3.0	2.9	
C_5 及 C_5 以上组分含量(%)(V/V)　不大于	3.0			SH/ T 0230—1992《液化石油气组成测定法(色谱法)》
残留物				SY/ T 7509—1996《液化石油气残留物测定法》
蒸发残留物(mL/100mL)　不大于	0.05			
油渍观察	通过③			
铜片腐蚀(40℃，1h)(级)　不大于	1			SH/ T 0232—1992《液化石油气铜片腐蚀试验》
总硫含量(mg/m^3)　不大于	343			SH/ T 0222—1992《液化石油气总硫含量测定法(电量法)》

续上表

项　目		质量指标		试验方法
	商品丙烷	商品丙丁烷混合物	商品丙丁烷	
硫化氢(需满足下列要求之一): 乙酸铅法 层析法(mg/m^3)　不大于		无 10		SH/ T 0125—1992《液化石油气硫化氢试验法(乙酸铅法)》 SH/ T 0231—1992《液化石油气硫化氢试验法(层析法)》
游离水		无		目测④

注:①密度也可用GB/T 12576—1997《液化石油气蒸气压和相对密度及辛烷值计算法》计算,但仲裁按SH/ T 0221—1992《液化石油气密度或相对密度测定法(压力密度计法)》测定。

②液化石油气中不允许人为加入除加臭剂以外的非烃类化合物。

③按SY/ T 7509—1996《液化石油气残留物测定法》方法所述,每次以0.1mL的增量将0.3mL溶剂残留物混合物滴到滤纸上,2min后在日光下观察,无持久不退的油环为通过。

④有争议区时,采用SY/ T 0221—1992《液化石油气密度或相对密度测定法(压力密度计法)》的仪器及试验条件目测是否存在游离水。

车用液化石油气技术要求　　表11.2

项　目		质量指标			试验方法
		1号	2号	3号	
蒸气压[37.8℃(表压)/kPa]		≤1 430	890～1 430	660～1 430	GB/ T 6602—1989《液化石油气蒸气压测定法(LPG法)》
组分(%)	丙烷	>85	65～85	40～65	SH/ T 0614—1989《工业丙烷、丁烷组分测定法(气相色谱法)》
	丁烷及以上组分	≤2.5	—	—	
	戊烷及以上组分	—	≤2.0	≤2.0	
	总烯烃	≤1.0	≤1.0	≤1.0	
	丁二烯(1,3-丁二烯)	≤0.05	≤0.05	≤0.05	
残留物	蒸发残留物(mL/100mL)	≤0.05	≤0.05	≤0.05	SY/T 7509—1996《液化石油气残留物测定法》
	油渍观察	通过	通过	通过	
密度(20℃)(kg/m^3)		实测	实测	实测	SH/T 0221—1992《液化石油气密度或相对密度测定法(压力密度计法)》
铜片腐蚀(级)		≤1	≤1	≤1	SH/ T 0232—1992《液化石油气铜片腐蚀试验》
总硫含量(mg/m^3)		<270	<270	<270	SY/T 0222—1992《液化石油气中总硫含量测定法(电量法)》
硫化氢		无	无	无	SH/T 0125—1992《液化石油气硫化氢试验法(乙酸铅法)》
游离水		无	无	无	目测

对比分析表11.1和表11.2可知车用液化石油气质量要求明显严于通用液化石

油气质量要求。在汽车运用工程中不能用通用液化石油气代替车用液化石油气。

11.1.4 质量指标与使用关系

1)蒸气压

一定外界条件下,液体中的液态分子会蒸发为气态分子,同时气态分子也会撞击液面回归液态。这是单组分系统发生的两相变化,一定时间后,即可达到平衡。平衡时,气态分子含量达到最大值,这些气态分子对液体产生的压强称为饱和蒸气压,简称蒸气压。

液化石油气被注入密闭容器后,其中一部分液体蒸发成气体,同时,少部分气体转变成液体,随着密闭容器内压力的升高,蒸发量逐渐减少,液化量逐渐增多,最终蒸发和液化达到平衡,容器内压力稳定在固定值。

蒸气压是液化石油气最主要的安全指标,一般根据安全和使用要求规定其指标,最高值保证在正常使用允许最高环境温度下,蒸气压力应在储气瓶允许的范围内;最低值保证在使用允许的最低环境温度下,储气瓶内压力满足汽车使用的需要。

液化石油气蒸气压取决于成分及温度,与容器的大小及液量无关。蒸气压直接影响燃烧的效果。表 11.3 为几种液化石油气组分的蒸气压。

液化石油气组分的蒸气压 表 11.3

温度(℃)	饱和蒸气压(MPa)							
	丙烷	丙烯	正丁烷	异丁烷	丁烯-1	顺丁烯-2	反丁烯-2	异丁烯
10	0.616	0.750	0.143	0.211	0.178	0.123	0.137	0.180
20	0.816	0.972	0.201	0.288	0.247	0.175	0.193	0.250
30	1.058	1.254	0.274	0.386	0.330	0.242	0.265	0.338

由表 11.3 可知,不同组分的蒸气压不同,同类物质在不同温度时的蒸气压也有差别,即使同一类物质的同分异构体间蒸气压也有较大差异。饱和蒸气压的大小,直接反映了该种物质自然气化能力的大小。

2)产品组分的性质

丙烷沸点为−42.1℃,极易汽化,但热值低,燃烧热为 2 217.8kJ/mol。对丙烷含量予以规定的作用是保证汽车燃料的供给压力和保证低温条件下的汽车冷车起动性能。

丁烷沸点为 36.1℃,难以汽化,与空气混合不均,影响起动性,但热值高,燃烧热为 2 653kJ/mol,可提供良好的动力性。

戊烷沸点为 36.1℃,不易汽化,会使罐内的戊烷富集。富集到一定程度,就会感觉到罐内有气却燃烧不好。

烯烃是指含有 C═C 键(碳—碳双键)的碳氢化合物,属于不饱和烃。双键基团是烯烃分子中的功能基团，具有反应活性，可发生氢化、卤化、水合、卤氢化、次卤酸化、硫酸酯化、环氧化、聚合等加成反应，还可氧化发生双键的断裂，生成醛、羧酸等。烯烃经汽车水箱回水加温或在发动机工况条件下会聚合，进而堵塞汽车供气系统，影响汽车正常使用，或造成汽车发动机积炭增加；烯烃过量会造成光化学污染或使汽车尾气 NO_x 化物排放量增加，从而造成二次污染。烯烃虽然也是易燃易爆气体，但由于其晶间结构排列的不同，相同温度下密度高于烷烃，饱和蒸气压低于烷烃，气化状况不好，不宜直接作为气体燃料。

丁二烯含两个双键，易形成胶质，生成积炭，如含量高，易在蒸发器中生成胶质聚合物，导致供气不稳定，影响汽车正常进行。

3)蒸发残留物

蒸发残留物指液化石油气经蒸发后留下的物质，主要成分是酯类、醚类、正构烷烃、单质硫等。残留物会堵塞气路系统，影响气路畅通，增加汽车检修的频次。

4)总硫含量与硫化氢(H_2S)含量

其主要是用来控制天然气中硫化物的腐蚀性和对大气的污染。

天然气中硫化物分为无机硫和有机硫。无机硫指硫化氢(H_2S)，有机硫指二硫化碳(CS_2)、氧硫化碳(COS)、硫醇(CH_3SH、C_2H_5SH)、噻吩(C_4H_4S)、硫醚(CH_3SCH_3)等。天然气中的大部分硫化物为无机硫。

硫化氢及其燃烧产物二氧化硫，都具有强烈的刺鼻气味，对眼黏膜和呼吸道有损坏作用。空气中硫化氢体积分数大于 0.06%(约 910mg/m^3)时，人呼吸 30min 就会致命。当空气中含有 0.05%(体积分数)SO_2 时，人呼吸短时间生命就有危险。

硫化氢又是一种活性腐蚀剂。在高压、高温以及有液态水存在时，腐蚀作用会更加剧烈。硫化氢燃烧后生成的二氧化硫和三氧化硫，也会造成管路或燃烧设备的腐蚀。

5)游离水

游离水与液化石油气同时存在，但不与之乳化、交融，而保持较清晰界面的水，可随时分离排出，是液化石油气中的有害成分，会促使硫化物腐蚀气瓶、管路、阀门、汽化器等金属部件。低温时，含水化合物还会堵塞管道、阀门等处。

6)密度

液化石油气的密度有气体密度和液体密度之分。由于液化石油气是混合物，其相对密度随组成的变化而变化，液态液化石油气的密度受温度影响较大，温度升高，密度减小，同时体积膨胀。一般认为，液化石油气气体的相对密度为空气相对密度的 1.2～2.0 倍，液态相对密度大约 0.51。

7)汽化潜热

液化石油气从液态变为气态的过程中要吸收热量，这部分热量称为汽化潜热。液化石油气汽化时使汽化器降温，所以对蒸发减压器应通过发动机冷却水加热，以利于良好汽化。当储气罐有泄漏时，汽化潜热会使钢件变脆、变裂，存在很大的安全隐患。

液化石油气在常温、常压下呈气态，当压力升高或温度降低时，很容易转变为液态。从气态转变为液态，其体积约缩小为气态的 1/250，由液体膨胀至气体则膨胀 250 倍。

液化石油气受热易膨胀，温度越高膨胀越厉害，体积膨胀系数随温度的升高而增大。液态丙、丁烷受热膨胀时，其容积百分数急剧增加，因此容器充装时，必须留出一定的空间，以供液化石油气液态膨胀时所占用，一般为整个容积的 80%左右。

8)完全燃烧所需空气量

燃烧 $1m^3$ 丙烷需 $25m^3$ 空气，燃烧 $1m^3$ 丁烷需 $31m^3$ 空气，比烧汽油需要更多的空气，故燃烧液化石油气时空气量应加大，否则功率会下降。相同体积不同成分的液化石油气完全燃烧所需空气量也有很大区别，因此要求液化石油气的成分应保持稳定，以保证发动机在理论混合比附近工作。

9)燃烧特性

燃烧范围界限(又称燃烧界限)：燃气燃烧时必须与空气混合，其浓度达一定范围即可燃烧，此范围称燃烧界限。

燃烧下限：可燃性气体得以起火燃烧时的最低浓度值，低于此浓度时则无法燃烧。

燃烧上限：可燃性气体得以起火燃烧时的最高浓度值，高于此浓度时则无法燃烧。

丙烷在空气中可燃范围为 3.37%～9.5%，丁烷为 1.8%～8.41%，液化石油气混合物的可燃范围为 1.8%～9.5%，汽油为 1.5%～7.6%。液化石油气比汽油稍微容易燃烧。

为了确保安全使用车用液化石油气，当车用液化石油气中不含有可觉察的臭味时，应加入适量的硫醇、硫醚、四氢噻吩等臭味剂，加入量应以液化石油气在空气中的浓度达到爆炸下限的 20%时，能被察觉为标准。

11.2 天 然 气

11.2.1 概念

天然气是指自然界中天然存在的一切气体，包括大气圈、水圈、生物圈和岩石圈中各种自然过程形成的气体。

通用的“天然气”的定义，是从能量角度出发的狭义定义，是指天然蕴藏于地层中的烃类和非烃类气体的可燃混合气体。

11.2.2 天然气分类

1)按烃组分含量分类

按天然气重烃组分含量分类是天然气最基本的分类方法。

(1)干气

干气指压力为0.1MPa、20℃条件下，$1m^3$ 井口天然气中戊烷重烃液体含量低于 $13.5dm^3$ 的天然气。干气甲烷含量高，通常含甲烷80%～99%(体积)，个别气田的干气甲烷含量可高达99.8%。

(2)湿气

湿气指压力为0.1MPa，20℃条件下，$1m^3$ 井口天然气中戊烷重烃液体含量高于 $13.5dm^3$ 的天然气。湿气除含甲烷以外，还含有较多乙烷、丙烷、丁烷的气体，必须经过分离处理后方能输送。

2)按生成条件分类

(1)气田天然气

气田天然气指由凝析气田或纯气田产生的天然气，主要成分为甲烷，含量为85%～95%，有少量乙烷和丙烷，还有微量丁烷。凝析气田或纯气田产生的天然气在地层中以气态存在，从地层流出井口后，随着压力和温度的下降，分离为气液两相，气相是凝析气田天然气，液相是凝析油。纯气田天然气几乎不含重晶，主要成分为甲烷。气田天然气甲烷含量通常在90%以上。

(2)油田天然气

油田天然气是与石油共生的气体，聚集于油层顶部的称为气顶气，溶于石油中的称为溶解气。其组成以甲烷为主，还含有较多的乙烷。油田天然气甲烷含量一般为75%～90%。

(3)煤层天然气

煤层天然气是与煤层共同生成并聚集于地质构造中的可燃气。煤层气主要成分为甲烷，但含量很低，仅有50%～60%，并伴有二氧化碳气体，需经过专门处理才能用于汽车。

3)按质量分类

(1)按硫和二氧化碳含量分类

GB 17820—2012《天然气》将气田、油田产出经管道输送的商品天然气按硫和二氧化碳含量分为一类、二类、三类共三类。该标准是分类标准，更是质量标准，见表11.4。

天然气按硫和二氧化碳含量分类　　表 11.4

项　目		一　类	二　类	三　类
高位发热量(MJ/m³)	≥	36.0	31.4	31.4
总硫(以硫计)(mg/m³)	≤	60	2000	360
硫化氢(mg/m³)	≤	6	20	350
二氧化碳(%)(V/V)	≤	2.0	3.0	—
水露点(℃)		在交接点的压力下，水露点应比输送条件下最低环境温度低 5℃		

注：①本标准中气体体积的标准参比条件是：101.325kPa、20℃。
②在输送条件下，当管道顶埋地温度为 0℃时，水露点应不高于－5℃。
③输入输气管道的天然气，水露点的压力应是最高输送压力。

一、二类天气然气主要用作民用燃料，三类气体主要用于工业原料或燃料。

(2)按华白数和燃烧势分类

根据华白数和燃烧势将加工后的天然气分为 4T、6T、10T、12T、13T 六类。其分类与质量标准，见表 11.5。

按华白数和燃烧势分类(干，0℃，101.3kPa)　　表 11.5

类　别	华白数 W[MJ/m³(kcal/m³)]		燃烧势 C_P	
	标　准	范　围	标　准	范　围
4T	18.0(4 300)	16.7(3 999)～19.3(4 601)	25	22～57
6T	26.4(6 300)	24.5(5 859)～28.2(6 741)	29	25～65
10T	43.8(10 451)	41.2(9 832)～47.3(11 291)	33	31～74
12T	53.5(12 768)	48.1(11 495)～57.8(13 796)	40	36～88
13T	56.5(13 500)	54.3(12 960)～58.8(14 040)	41	40～94

11.2.3　计量基础

1)基准立方米(简称“基方”)

JJG 1004—2004《流量计名称术语及定义》规定：以温度 20℃，压力 101.325kPa(1 个标准大气压)作为气体体积流量计量标准状态，简写为“Sn³”。GB/ T 17291—1998《石油液体和气体计量的标准化参比条件》也采用此定义。石油化工和天然气开采输送行业一般采用该计量标准。

2)标准立方米(简称“标方”)

GB 50028—2006《城镇燃气设计规范》中注明燃气体积流量的计量条件为 0℃、101.325kPa，简写为“Nm³”。城市燃气行业采用该计量标准。

3)基准状态

《压缩天然气汽车燃料消耗量试验方法(征求意见稿)》将天然气基准状态定义为：288.15K、101.325kPa，基准天然气 G20 和 G23 的平均密度为 0.654kg/m³。

11.2.4 车用天然气

1)压缩天然气与液化天然气

车用天然气按随车储存方式可分为压缩天然气(CNG)和液化天然气(LNG)两种。

CNG是天然气经过脱水、脱硫净化处理后,经多级压缩至20MPa左右,工艺是气体变气体,压缩后,体积缩小250倍左右。LNG是用深冷工艺,将天然气在常压下降温到−162℃左右使之液化,并除去硫、汞等杂质,工艺是气体变液体,气体变成液体后,体积缩小620倍左右。两者使用时都需转为气态,LNG使用时是气化减压,而CNG使用时只需要减压。表11.6为吉尔汽车分别使用CNG与LNG燃料系统各项指标的对比。我国10个天然气气田供气相关数据见表11.7~表11.9。

吉尔汽车CNG、LNG燃料系统各项指标的对比 表11.6

各项指标	压缩天然气	液化天然气	两者之比
燃气储备量(kg)	75	75	1
储气罐容积(L)	400	175	2.3
工作压力(MPa)	20	0.15	130
储气罐数量(个)	8	1	8
安装气罐所需的空间(m^3)	1.4	0.6	2.3
储气罐质量(kg)	740	85	9
储气罐单位容重	10	1.15	9

我国10个天然气气田供气组分(%体积)(15℃,101.325kPa)(干) 表11.7

产地	CH_4	C_2H_6	C_3H_8	iC_4H_{10}	nC_4H_{10}	C_5H_{12}	N_2	CO_2
陕甘宁	94.7	0.55	0.08	1.00	0.00	0.00	3.66	—
塔里木	96.27	1.77	0.30	0.06	0.08	0.13	1.39	—
广西北海	80.38	12.48	1.80	0.08	0.11	0.06	5.09	—
成都	96.15	0.25	0.01	0.00	0.00	0.00	3.59	—
忠武线	97.00	1.50	0.50	0.00	0.00	0.00	1.00	—
东海	88.48	6.68	0.35	0.00	0.00	0.00	4.49	—
青岛	96.56	1.34	0.30	—	0.20	0.00	1.60	—
昌邑	98.06	0.22	0.12	—	0.13	0.00	1.47	—
渤海	83.57	8.08	0.08	—	—	—	4.14	4.13
南海东方	77.52	1.50	0.29	0.07	0.03	—	20.59	—

相关参数(15℃,101.325kPa)(干)　　表 11.8

产　地	高 热 值	低 热 值	相对密度	沃 泊 数
陕甘宁	37.49	33.79	0.588 7	48.86
塔里木	38.22	33.91	0.577 0	50.32
广西北海	40.74	36.84	0.659 2	50.18
成都	36.50	32.87	0.585 6	47.70
忠武线	38.13	34.35	0.571 2	50.45
东海	38.22	34.48	0.609 6	48.95
青岛	37.66	33.93	0.555 8	50.52
昌邑	37.47	33.75	0.555 3	50.28
渤海	37.03	33.42	0.652 5	45.84
南海东方	30.74	27.62	0.652 3	38.06

国内各地天然气(0℃、101.325kPa)组分与燃烧特性参数一览表　　表 11.9

项目	甲烷	乙烷	丙烷	异丁烷	正丁烷	戊烷	氮气	高位热值	低位热值	华白指数	燃烧势	气体相对密度
	CH_4	C_2H_6	C_3H_8	iC_4H_{10}	nC_4H_{10}	C_5H_{12}	N_2	MJ/Nm³(kcal/Nm³)			CP	
	(体积:%)											
陕甘宁	94.7	0.55	0.08	0.01	0.01	0	4.64	38.2 (9 124)	34.47 (8 232)	50.26 (12 004)	37.89	0.577 8
塔里木	96.266	1.770	0.300	0.062	0.075	0.125	1.442	40.27 (9 616)	36.36 (8 684)	52.99 (12 658)	39.85	0.577 5
广西北海	80.38	12.48	1.80	0.08	0.11	0.06	5.08	43.16 (10 309)	39.21 (9 365)	46.85 (11 189)	32.03	0.849 0
成都市	96.15	0.25	0.01	0	0	0	3.59	38.47 (9 188)	34.70 (8 288)	50.96 (12 171)	38.42	0.569 9
忠武线	97.0	1.50	0.50	0	0	0	1.0	40.18 (9 597)	36.27 (8 663)	53.16 (12 697)	40.09	0.571 4
东海气	88.48	6.68	0.35	0	0	0	4.49	40.28 (9 621)	36.40 (8 694)	51.58 (12 320)	39.39	0.609 8
青岛	96.56	1.34	0.35		0.19	0	1.50	39.89 (9 533)	36.68 (8 623)	52.77 (12 613)	39.74	0.741 7
昌邑	98.06	0.22	0.12		0.13	0	1.45	39.47 (9 433)	35.61 (8 510)	52.58 (12 566)	39.56	0.728 6
渤海气	85.57	8.08	0.08	CO_2:4.13			4.14	37.02 (8 847)	33.29 (7 949)			
南海东方	76.021	1.50	0.29	0.07	0.03		20.59	31.7 (7 587)	28.6 (6 343)	34.2 (8 174)		0.861 6

2)气质要求

(1)汽车行业规定:天然气单燃料发动机的铭牌应标明天然气燃料规格(品牌);主要参数应包括天然气基准燃料规格,推荐适用的天然气产地,低热值,见表 11.10 和表 11.11。

我国使用的 LNG(0℃、101.325kPa)组分与燃烧特性参数一览表 表 11.10

产地	甲烷	乙烷	丙烷	异丁烷	正丁烷	戊烷	氮气	高位热值	低位热值	华白指数	燃烧势	气体相对密度
	CH_4	C_2H_6	C_3H_8	iC_4H_{10}	nC_4H_{10}	C_5H_{12}	N_2	MJ/Nm^3 ($kcal/Nm^3$)			CP	
	(体积:%)											
广东	88.77	7.54	2.59	0.45	0.56	0	0.07	44.61 (10 656)	40.39 (9 647)	56.05 (13 387)	41.85	0.633 5
福建	71.89	5.64	2.57	1.44	0	3.59	14.87	43.16 (10 309)	39.21 (9 365)	46.85 (11 189)	32.03	0.767 7
海南	78.480	19.830	0.457	0.004	0.002	0.001	1.222	45.66 (10 906)	41.38 (9 884)	56.10 (13 400)	43.89	0.662 3
新疆	82.422	11.109	4.553	0	0	0	1.916	45.24 (10 805)	40.99 (9 792)	55.55 (13 269)	41.91	0.663 1
中原	95.88	3.36	0.34	0.05	0.05	0.02	0.30	41.05 (9 805)	37.07 (8 854)	53.99 (12 896)	40.85	0.578 0

LNG(15℃,101.325kPa,干)出口国的典型组分(非合同值) 表 11.11

产地	CH_4	C_2H_6	C_3H_8	N_2	LNG (液)密度 (kg/m^3)	LNG (气)密度 (kg/m^3)	膨胀比气(标)/液	高热值 (MJ/m^3)	低热值 (MJ/m^3)	相对密度 d(空气) =1	沃伯数(高) $HV\sqrt{d}$
印尼	90.6	7.0	2.0	0.1	454	0.800	567	41.19	37.20	0.614 0	52.56
马来西亚	89.8	5.2	3.3	0.3	463	0.822	567	42.32	38.26	0.630 3	53.07
澳大利亚	89.3	7.1	2.5	0.1	459	0.813	565	42.13	38.07	0.637 1	53.27
文莱	90.1	4.8	3.4	0.1	463	0.824	562	42.52	38.44	0.637 1	53.27
阿布扎比	85.2	13.2	1.0	0.4	463	0.824	565	42.10	38.14	0.632 5	52.94
卡塔尔	89.9	6.0	2.2	0.4	458	0.815	562	41.97	37.93	0.630 8	52.85
利比亚	83.2	11.8	3.5	0.9	479	0.853	561	43.40	39.28	0.660 5	53.43
尼日利亚	91.6	4.6	2.4	0.1	456	0.801	569	41.62	36.88	0.621 6	52.79
阿曼	87.7	7.5	3.0	0.2	469	0.834	562	43.03	38.92	0.646 9	53.50
得赫尼亚	96.9	2.7	0.3	0.0	430	0.763	582	38.82	34.99	0.572 6	51.30
马来西亚	89.8	5.2	3.3	0.3	463	0.822	567	42.32	38.26	0.630 3	53.07

(2)GB/T 13611—2006《城市燃气分类》将燃气分为 4T、6T、10T、12T、13T 共 5 类，车用天然气有 10T、12T 和 13T 三种，制造厂在规定其发动机所用燃料时应明确以下 6 种选择：10T、12T、13T、10T～12T、12T～13T 和 10T～13T。

(3)制造厂根据需要可选用基准燃料，基准燃料规定的天然气有 G20、G23 和 G25 三种，应明确六种选择：G20、G23、G25、G20～G23，G23～G25、G20～G25。

3)车用压缩天然气

车用压缩天然气燃气类别(干，20℃，101.3kPa)，技术要求见表 11.12～表 11.16。

基准燃料 G20 的技术要求 表 11.12

组　分	单位	要求	限　值		试验方法
			最小值	最大值	
甲烷	% mole	100	99	100	
平衡气		—	—	1	
N_2					
硫含量①	mg/m³	—	—	50	GB/T 13610
沃伯指数②	MJ/m³	53.6%±2%			

注：①硫含量在标准状态(20℃，101.3kPa)下确定的数值。
②该指数是在总热值基础上，在 0℃状态下计算得出。

基准燃料 G23 的技术要求 表 11.13

组　分	单　位	要　求	限　值		试验方法
			最小值	最大值	
甲烷	% mole	92.5	91.5	93.5	
平衡气		—	—	1	
N_2		7.5	6.5	8.5	
硫含量①	mg/m³	—	—	50	GB/T 13610
沃伯指数②	MJ/m³	48.2%±2%			

注：①硫含量在标准状态(20℃，101.3kPa)下确定的数值。
②该指数是在总热值基础上，在 0℃状态下计算得出。

基准燃料 G25 的技术要求 表 11.14

组　分	单　位	要　求	限　值		试验方法
			最小值	最大值	
甲烷	% mole	86	84	88	
平衡气		—	—	1	
N_2					
硫含量①	mg/m³	14	12	16	GB/T 13610
沃伯指数②	MJ/m³	43.9%±2%			

注：①硫含量在标准状态(20℃，101.3kPa)下确定的数值。
②该指数是在总热值基础上，在 0℃状态下计算得出。

车用压缩天然气燃气类别　　表 11.15

类　别	沃伯指数　(MJ/m³)	
	标 称 值	范　围
10T	40.7	38.3～44.0
12T	49.7	44.7～53.7
13T	52.5	50.5～54.7

注:表中的沃伯指数的量值是根据 GB/ T 13611—1992 中给出的 0℃,101.3kPa 条件下的沃伯指数,按照 ISO13443:1996 给出的公式进行了换算,换算系数为 0.929 6。

车用压缩天然气技术指标　　表 11.16

项　　目	技术指标
高位发热量(MJ/m^3)	大于 31.4
总硫(以硫计)(mg/m^3)	不大于 200
硫化氢(mg/m^3)	不大于 15
二氧化碳(%)(V/V)	不大于 3.0
氧气%(V/V)	不大于 0.5
水露点(℃)	在汽车驾驶的特定区域内,在最高操作压力下,水露点不应高于 −13℃;当最低气温低于 −8℃,水露点应比最低气温低 5℃

注:参比标准条件是 101.325kPa、20℃。

对车用压缩天然气的储存和使用作了下列规定:

(1)储存容器应符合国家现行的《压力容器安全技术监察规程》和《气瓶安全监察规程》中的有关规定。压缩天然气钢瓶应符合 GT 17285—2009《汽车用压缩天然气钢瓶》的有关规定。

(2)在操作压力和温度条件下,压缩天然气不应存在液态烃。

(3)压缩天然气中固体颗粒直径应小于 5μm。

(4)压缩天然气应有可觉察的异味。

(5)车用压缩天然气在使用时应考虑其防爆性能。

(6)车用压缩天然气在使用时,应考虑其沃伯指数(华白数),同一气源各加气站的压缩天然气,其气源类别应保持不变。

11.2.5　车用天然气与液态燃料的换算

天然气汽车的燃料消耗量用 m^3/100km 表示,汽、柴油汽车的燃料消耗量用 L/100km 表示。由于每立方米天然气的发热量与每升液体燃料的发热量有较大差异,两者不便比较,建立其换算关系在实际工作中非常必要。

1)基本原理与参数

(1)通过天然气燃料与液体燃料的低位发热量等价进行换算。

(2)天然气燃料组分的测定应按 GB/ T 13610—2003《天然气的组成分析气色相谱法》规定。

(3)根据天然气燃料组分计算发热量与密度。

(4)基准汽油低位热量为 43.070MJ/kg；基准柴油低位热量为42.562 MJ/kg。

2)换算方法

从 CNG 燃料汽车的燃料消耗量换算到液体燃料汽车燃料消耗量时，计算式见式(11.1)~式(11.3)。

$$FC_{NG-l}=\frac{Q_{NG}}{Q_l\times d_l}\times FC_{NG} \tag{11.1}$$

令换算系数 K_{NG-l}为：

$$K_{NG-l}=\frac{Q_{NG}}{Q_l\times d_l} \tag{11.2}$$

$$FC_{NG-l}=K_{NG-l}\times FC_{NG} \tag{11.3}$$

式中：FC_{NG-l}——天然气燃料汽车换算到液体燃料汽车的燃料消耗量(L/100km)；

FC_{NG}——天然气燃料汽车的行驶燃料消耗量(m^3/100km)(101.325kPa、15℃)；

Q_l——液体燃料低位发热量(MJ/kg)；

Q_{NG}——CNG 低位发热量(MJ/kg)(101.325kPa、15℃)；

d_l——液体燃料密度(kg/L)(101.325kPa、15℃)。

3)换算示例

(1)汽油

基准汽油发热量：$Q_l=43.070$MJ/kg

基准汽油密度：$d_l=0.730$kg/L

参比天然气：(G20+G23)/2

低位发热量：$Q_{NG}=32.74$MJ/kg

$$K_{NG-l}=\frac{Q_{NG}}{Q_l\times d_l}=\frac{32.74}{43.070\times 0.730}=1.0413$$

若天然气消耗量为 32.45m^3/100km，则有：

$$FC_{NG-l}=K_{NG-l}\times FC_{NG}=1.0413\times 32.45=33.79(\text{L/100km})$$

(2)柴油

基准柴油发热量：$Q_l=42.652$MJ/kg

基准柴油密度：$d_l=0.83$kg/L

参比天然气：(G20+G23)/2

低位发热量：$Q_{NG}=32.74\text{MJ/kg}$

$$K_{NG-l}=\frac{Q_{NG}}{Q_l\times d_l}=\frac{32.74}{42.652\times 0.83}=0.92483$$

若天然气消耗量为 $32.45\text{m}^3/100\text{km}$，则有：

$$FC_{NG-l}=K_{NG-l}\times FC_{NG}=0.92483\times 32.45=30.01(\text{L}/100\text{km})$$

(3)市售车用天然气热值问题

标准规定：车用压缩天然气高位发热量必须大于 31.4MJ/m^3(101.325kPa、20℃时)。

车用天然气的主要成分为甲烷，由 GB/T 11062—1998《天然气发热量、密度、相对密度和沃泊指数的计算方法》之表 6《天然气各组分在不同的燃料和计量参考条件下的理想气体体积发热量》可知，高、低位发热量值相差约 10%；20℃时的高、低位发热量比 0℃时的高、低位发热量要低，但不到 0.1 个百分点，故在汽车运用实际工作中温度对天然气发热量的影响可忽略。

若市售车用天然气取标准下限，高位发热量为 31.4MJ/m^3，则低位发热量仅有 28.26MJ/m^3。如用低位发热量仅有 28.26MJ/m^3 的天然气，取上例中汽油车消耗 33.79L/100km，柴油车消耗 30.01L/100km，可计算其天然气的消耗量。

汽油：

$$K_{NG-l}=\frac{Q_{NG}}{Q_l\times d_l}=\frac{28.26}{43.07\times 0.73}=0.899$$

$$FC_{NG}=\frac{FC_{NG-l}}{K_{NG-l}}=\frac{33.79}{0.899}=37.586(\text{m}^3/100\text{km})$$

柴油：

$$K_{NG-l}=\frac{Q_{NG}}{Q_l\times d_l}=\frac{28.26}{42.652\times 0.83}=0.798$$

$$FC_{NG}=\frac{FC_{NG-l}}{K_{NG-l}}=\frac{30.01}{0.798}=37.607(\text{m}^3/100\text{km})$$

由此可知，在汽车运用工程中燃用汽油与燃用天然气的消耗比约为 1∶1.12；燃用柴油与燃用天然气的消耗比约为 1∶1.253。这对于液体燃料改用天然气的投资分析和判断市售天然气发热量是否达标很有用。同时也说明天然气热值对天然气消耗量影响较大。

11.2.6 天然气的互换性

1)华白数

华白数(发热指数，也称沃伯指数)是代表燃气特性的一个参数，是一个互换性指数，如果两种燃气具有相同的华白数，则在互换时能使燃具保持相同的热负荷和一次空气系数。如果置换气的华白数比基准气大，则在置换时燃气热负荷将增大，而一次空气系数将减少。各国规定在两种燃气互换时华白数的变化控制在±5%～±10%。华白数 W 按式(11.4)计算：

$$W=\frac{Q_g}{\sqrt{d}} \tag{11.4}$$

式中：W——华白数(MJ/m^3)；

Q_g——燃气高热值(MJ/m^3)；

d——燃气相对密度(空气密度为1)。

2)燃烧势

燃烧势(C_p)是表征燃气燃烧速度的一个指数，是反映燃烧稳定状态的参数，即反映燃烧火焰产生离焰、黄焰、回火和不完全燃烧的倾向性参数。两种燃气若能互换，其燃烧势应在一定范围之内波动，计算公式如下：

$$C_p=\frac{k\times[H_2+0.6(C_mH_n+CO+0.3CH_4)]}{\sqrt{d}} \tag{11.5}$$

$$k=1+0.0054O_2^2$$

式中：C_p——燃烧势；

H_2——燃气中氢含量(%)；

C_mH_n——燃气中除甲烷以外的碳氢化物含量(%)；

CO——燃气中一氧化碳含量(%)；

CH_4——燃气中甲烷含量(%)；

d——燃气相对密度(空气相对密度为1)；

k——燃气中氧含量修正系数；

O_2——燃气中氧含量(%)。

从计算式中可以看出，决定燃气互换性的华白数和燃烧势都与燃气的热值直接相关。一般来讲，任何来源的天然气均以 CH_4 为主要组分，影响热值大小的主要因素是 C_2 以上重组分含量。天然气密度越大，热值就越高，其华白指数也越大。换句话说，天然气热值大小基本上反映华白数大小。因此，规定天然气热值指标，从某种意义上讲是限定了华白数范围，是解决气源互换性的一个重要手段。

3)华白数的控制

由表11.15可知：10T类压缩天然气华白数下限为38.3，而13T类压缩天然气华白数上限可至54.7，差值达42.32%。如发动机燃用10T下限华白数的天然气时工作很好，则燃用13T上限华白数的天然气时将出问题。天然气汽车使用年限至少在5年以上，在使用年限内将所用车用天然气华白数控制在±5%～±10%是保持天然气发动机正常工作的重要措施。

控制天然气华白数变化范围的实质在于解决不同气源间的互换性问题，因为天然气热值与华白数关系的单一性，实际表现为调整天然气热值。

(1)升高热值

在天然气中添加高热值气体，如液化石油气、轻烃气体等，使其达到所需要的热值。日本即采用此方法，在天然气中添加液化石油气，使其热值达到11 000 kcal/Nm^3，达到热值相近的目的。

(2)降低热值

①掺混无热(低热)气体：在天然气中加入低热值的氮气、空气或其他低热值燃气，使天然气热值降低以达到所设定的目标值。

②轻烃分离：将天然气中热值相对较高的乙烷和丙烷等重质组分分离出来，提高甲烷含量，使热值降至目标值。

(3)混合

按照设定的热值目标值，将不同热值、不同来源的天然气或其他燃气按相应的比例混合，使其满足要求。像荷兰和德国，就是利用其庞大的天然气储存运输设施，采用此种方式实现热值稳定，解决天然气的互换性问题的。

11.2.7 液化天然气的一般特性

GB/T 19204—2003《液化天然气的一般特性》对天然气的特性作了阐述。

1)实例 LNG

表 11.17 列举了三种实际 LNG，气体性质随组分不同而有差异。

LNG 实 例 表 11.17

常压下泡点的性质	LNG1	LNG2	LNG3
摩尔分数(%)			
氮气(N_2)	0.5	1.79	0.63
甲烷(CH_4)	97.5	93.9	87.20
乙烷(C_2H_6)	1.8	3.26	8.61
丙烷(C_3H_8)	0.2	0.69	2.74
异丁烷(iC_4H_{10})	—	0.12	0.42
正丁烷(nC_4H_{10})	—	0.15	0.65
戊烷(C_5H_{12})	—	0.09	0.02
相对分子质量(kg/kmol)	16.41	17.07	18.52
泡点温度(℃)	−162.2	−165.3	−161.3
密度(kg/m^3)	431.6	448.8	468.7
0℃和 101.325kPa 条件下单位质量液体生成的气体体积(m^3/10^3kg)	1 367	1 314	1 211

2)密度

LNG 的密度取决于其组分，通常在 430～470kg/m^3 之间，但在某些情况下可达 530kg/m^3。密度还是液体温度的函数，其变化梯度约为 1.35kg/m^3·℃。

3)温度

LNG 的沸腾温度取决于其组分，在大气压力下通常在－166～157℃之间。沸腾温度随蒸气压力变化的变化梯度约为 1.25×10^4℃/Pa。

4)蒸发气

LNG 作为一种沸腾液体大量储存于绝热气罐中，任何传导至储罐的热量都会导致一些液体蒸发为气体，这种气体称为蒸发气，其组分与液体的组分有关。一般情况下，蒸发气包括 20％的氮，80％的甲烷和微量的乙烷，其含氮量是其余液体含氮量的 20 倍。

5)闪蒸

如同任何一种液体，当 LNG 已有的压力降至其沸点压力以下时，例如经过多道阀门后，部分液体蒸发，而部分液体也将降到此时压力下的新沸点，此即为闪蒸。由于 LNG 为多组分混合物，闪蒸气体的组分与剩余液体的组分不一样。作为指导性数据，在压力为 100～200kPa 时的沸腾温度条件下，压力每下降 1kPa，1m^3 的液体产生大约 0.4kg 的气体。

6)LNG 的溢出

(1)溢出物的特征

当 LNG 倾倒至地面上时(如事故溢出)，最初会猛烈沸腾，然后蒸发速率会迅速衰减至一个固定值，该值取决于地面的热性质和周围空气供热情况。

当溢出发生时，少量的液体会产生大量的气体，通常条件下，1 个体积的液体将产生 600 个体积的气体。

(2)气体云团的膨胀和扩散

最初，蒸发气体的温度几乎与 LNG 的温度一样，其密度比周围空气的密度大。这种气体首先沿地面上的一个层流移动，直到气体从大气中吸热升温后为止。当纯甲烷的温度上升到－113℃，或 LNG 的温度上升到约－80℃(与组分有关)时，其密度将比周围空气的密度小。气体与空气的混合物将向上运动。

随着溢出，由于大气中水蒸气的冷凝作用将产生“雾”云。这种“雾”云在可见时(在日间且没有自然界的雾)，可用来显示蒸发气体的运动，并且给出气体与空气混合物可燃性范围的保守指示。

在压力管道或容器发生溢出时，LNG 将以喷射流的方式洒到大气，且同时发生节流(膨胀)和蒸发。这一过程和空气强烈混合同时发生。大部分 LNG 最初作为空气溶胶的形式被包容在气云之中。这种溶胶最终将与空气进一步混合而蒸发。

7)包容

天然气在常温下不能通过加压液化，必须将温度降至－80℃以下才能在任何压力下液化。这意味着包容任何数量的LNG(例如在两个阀门间或无孔容器中)，都有可能随着温度的提高使压力增加，直到导致包容系统遭到破坏。因此设备应装有泄压阀。

8)翻滚

指大量气体短时间内从LNG容器中释放的过程。翻滚将使容器受到超压。

在储存LNG的容器中可能存在两个稳定的分层或单元，这是由于新注入的LNG与密度不同的底部LNG混合不充分造成的。在每个单元内部液体密度是均匀的，但是底部单元的液体密度大于上部单元的液体密度。随后，由于热量输入到容器中而产生单元间的传热、传质及液体表面的蒸发，单元之间的密度将达到均衡并且最终混为一体。这种自发的混合叫做翻滚，而且经常与出现的这一情况一样，如果底部单元液体的温度过高，翻滚将伴随着蒸气逸出的增加。有时这种增加速度快且量大。

潜在翻滚事故出现以前，通常有个时期其汽化速率远远低于正常情况。预防此类翻滚事故的最好方法是使LNG的含氮量低于1%，并且密切监视汽化速率。

9)快速相变

当温度不同的两种液体在一定条件下接触时，可产生爆炸力。当LNG与水接触时，这种称为快速相变(RPT)的现象就会发生。尽管不发生燃烧，但是这种现象具有爆炸的所有其他特征。

10)沸腾液体膨胀蒸气爆炸

任何液体处于或接近其沸腾温度，并且承受高于某一确定值的压力时，如果由于压力系统失效而获得突然释放，将以极高的速率蒸发，这种现象称为沸腾液体膨胀蒸气爆炸(BLEVE)。由于储存LNG容器将在低压下发生破坏，而且蒸气压产生速率很低；或者由于LNG是在绝热管道和容器中输送和储存，这种管道和容器具有内在的防火保护能力，所以这种爆炸在LNG装置上发生的可能性极小。

11)低温对人体的影响

LNG接触到皮肤时，可造成与烧伤类似的起疱灼伤。从LNG漏出的气体非常冷，能导致灼伤。如果暴露于这种寒冷气体中，即使时间很短，虽不足以影响面部和手部的皮肤，但像眼睛之类脆弱的组织仍会受到伤害。人体未受保护不允许接触装有LNG而未经隔离的容器和管道，这种极冷的金属会粘住皮肉而且拉开时会将其撕裂。

长时间地暴露在寒冷的蒸气和气体中能引起冻伤。较长时间在极冷的环境中呼吸会损伤肺部，短时期会引起呼吸不适。

10℃以下的低温都会导致体温过低而伤害身体。对于明显受到低温影响的人，应迅速地从寒冷地方移开，并用热水洗浴使体温恢复，水温应在40～42℃之间，不应用干热的方法提升体温。

12）窒息

天然气是种窒息剂。氧气通常占空气成分的20.9%。大气中的氧含量低于18%时，会引起窒息。在空气中含高度天然气时，由于缺氧人会产生恶心和头晕，然而一旦撤离，则症状会很快消失。

11.2.8 二氧化碳对天然气质量的影响

二氧化碳也是天然气中的酸性组分，在有液态水存在时，对管道和设备也有腐蚀性。尤其当硫化氢、二氧化碳与水同时存在时，对钢材的腐蚀更加严重。此外，二氧化碳还是天然气中的不可燃组分。因此，一些国家规定了天然气中二氧化碳的含量（体积分数）不高于2%～3%（其他因素对天然气质量的影响同液化石油气）。

11.3 燃气与其他燃料的主要理化性质比较

天然气、液化石油气与汽油、柴油、甲醇、乙醇燃料的理化性质比较见表11.18。

天然气、液化石油气与汽油、柴油、甲醇、乙醇燃料的理化性质比较 表11.18

比较项目		汽油	柴油	天然气（CNG、LNG）	液化石油气（LNG）	甲醇	乙醇
来源		石油炼制产品	石油炼制产品	以自由状态存于油、气、煤田中，以20MPa压缩储存为压缩天然气，在－162℃以下隔热状态呈液态保存为液化天然气	在石油炼制过程中产生的液化气体	由CO和H_2化学合成	植物淀粉物质发酵蒸馏
分子式		含C_5～C_{11}的HC	含C_1～C_{23}的HC	含C_1～C_3的HC，主要成分是CH_4	含C_3～C_4的HC，主要成分是C_3H_8	CH_3OH	C_2H_5OH
质量成分	g_c	0.855	0.87	0.75	0.818	0.375	0.522
	g_H	0.145	0.126	0.25	0.182	0.125	0.130
	g_o	—	0.004	—	—	0.50	0.348

续上表

比较项目		汽油	柴油	天然气（CNG、LNG）	液化石油气（LNG）	甲醇	乙醇
相对分子质量		114	170	16	44	32	46
液态密度(kg/L)		0.70～0.75	0.82～0.88	0.42	0.54	0.78	0.80
沸点(℃)		25～220	160～360	−161.5	−42.1	64.4	78.3
蒸发潜热(kJ/kg)		334	—	510	426	1 100	862
理论空气量	kg/kg	14.9	14.5	17.4	15.8	6.52	9.05
	m^3/kg	11.54	11.22	13.33	12.12	5	6.93
	kmol/kg	0.515	0.50	0.595	0.541	0.223	0.310
自燃温度(℃)		220～250	—	632	504	500	420
闪点(℃)		−45	50−65	−162 以下	−73.3	10～11	9～32
燃料低热值(kJ/kg)		44 000	42 500	50 050	46 390	20 260	27 000
混合气热值(kJ/m^3)		3 750	3 750	3 230	3 490	3 557	3 660
辛烷值	RON	90～106	—	130	96～111	110	106
	MON	80～83	—	120～130	89～96	92	89
蒸气压(kPa)		49～83	—	不能测定	1 274	30.4	15.3

12　车用润滑油

润滑油分为工业润滑油和车用润滑油两大类。其中，车用润滑油包括发动机油、自动变速器油、齿轮油（手动变速器用）、制动液及离合系统用油、润滑脂等。

由GB/T 7631.3—1995《内燃机油分类》可知，内燃机油分为汽车用及其他固定式内燃机润滑油（汽油机油和柴油机油）、铁路内燃机车用柴油机油、船用柴油机油、二冲程汽油机油等。

GB 11121—2006《汽油机油》、GB 11122—2006《柴油机油》对汽车四冲程汽、柴油发动机使用的机油要求、试验方法、检验规则及标志、包装、运输和储存作了规定。

12.1　主要作用

1）润滑减磨

发动机活塞和汽缸之间、主轴和轴承之间均存在着快速的相对滑动，要防止零件过快的磨损，则需要在两个滑动表面间建立油膜。有足够厚度的油膜将相对滑动的零件表面隔开，从而达到减少磨损的目的。

2）冷却降温

机油能够将热量带回机油箱再散发至空气中帮助水箱冷却发动机。

3）清洗清洁

好的机油能够将发动机零件上的碳化物、油泥、磨损金属颗粒通过循环带回机油箱，通过润滑油的流动，冲洗零件工作面上产生的脏物。

4）密封防漏

机油可以在活塞环与活塞之间形成一个密封圈，减少气体的泄漏和防止外界的污染物进入。

5）防锈防蚀

机油能吸附在零件表面，防止水、空气、酸性物质及有害气体与零件的接触。

6）减振缓冲

当发动机汽缸内压力急剧上升时会突然加剧活塞、活塞销、连杆和曲轴轴承上的负荷，这个负荷首先作用在机油形成的油膜上面，对零件承受的冲击力起到缓冲作用，延长零件的使用寿命。

12.2 车用四冲程发动机的工作特点

1)温度高,温差大

工作时,活塞顶及燃烧室壁的温度在250～500℃之间;活塞裙部的温度从上到下在260～1 750℃之间;主轴承、曲轴箱油温为85～95℃,而发动机在起动时,其零部件的温度和环境温度接近。

2)负荷重

现代车内发动机功率高、转矩大、质量轻,而各运动部件单位摩擦面负荷较大。

3)运动速度快

车用发动机曲轴转速多在1 500～4 800r/min之间;活塞运行速度高达8～14m/s。摩擦面形成润滑膜十分困难,活塞与汽缸壁之间经常处于边界润滑状态。

4)环境影响大

易受环境因素影响,随空气进入汽缸的粉尘、燃烧的废气及其他残留物对车用机油构成污染。

12.3 车用发动机对机油的总体要求

1)良好的润滑性

应具有良好的降低摩擦、减缓磨损和防止金属烧结的能力。车用机油的黏度是评定润滑性的重要指标,油品黏度级别的选择通常由设备制造商指定或推荐。

2)良好的低温操作性

应保证发动机在低温条件下容易起动和可靠供油。评定车用机油低温操作性的指标主要有低温动力黏度,边界泵送温度/低温泵送黏度和倾点。

3)良好的黏温性

油品黏度随着温度升高而降低,为了保持良好的润滑性,油品应具有良好的黏温性,即油品的黏度随温度的变化程度要小。评定油品黏温性的指标是黏度指数。在基础油加入黏度指数改进剂可提高油品的黏温性。

4)良好的清净分散性

机油应具有良好的清净分散性,能有效抑制积炭、漆膜和油泥生成或将这些沉积物清除。机油的清净分散性是通过添加清净剂和分散剂而获得的,主要通过相应的发动机台架试验来评定。

5)良好的抗氧化安定性

油品的抗氧化安定性决定了机油在使用中是否容易变质,对零件腐蚀和生成沉积物的倾向是决定发动机油使用期限的重要因素。

6)良好的抗腐性

发动机油应具有良好的抵抗腐蚀性物质对金属腐蚀的能力。评定发动机油抗腐性的指标是中和值,同时通过相应的发动机台架试验来评定。

12.4 车用机油的组成

目前,所有的成品车用机油都是由基础油和添加剂组成,其中,基础油占绝大多数,添加剂仅占百万分之几至百分之三四十。

基础油可分为矿油型、合成型和植物型3大类,而绝大多数是矿油型。

12.4.1 矿油型基础油

矿油型基础油分为八大类,即很高黏度指数基础油(VHVI,120≤VI<140)、高黏度指数基础油(HVI,90≤VI<120)、中黏度指数基础油(MVI,40≤VI<120)和低黏度指数基础油(LVI,VI<40)、高黏度指数低凝基础油(HVIW)、中黏度指数低凝基础油(MVIW)、高黏度指数深度精制基础油(HVIS)、中黏度指数精制基础油(MVIS)。各按黏度分几个牌号,共63种。

天然石油是极其复杂的碳氢化合物的混合物。除含有大量轻质组分和固体烃外,还含有胶质、沥青质、硫、氮、氧的化合物等。这些物质的存在对润滑油的颜色、热安定性、氧化安定性、抗腐蚀性都是有害的,必须进行精制,除掉有害组成。其生产工艺大体如下。

1)蒸馏

(1)蒸馏:首先将原油经过常压蒸馏,从石油中分离出气体燃料、汽油、煤油和柴油。剩余的釜残油可用作生产润滑油原料,亦可进行裂化制取轻质油品。

(2)减压蒸馏:把常压蒸馏得到的釜残油(重油)再采用减压蒸馏的方法进一步加工,进行一级减压蒸馏,从减压塔最高侧线出来的馏出油称为减一级,可作为变压器油料;次高侧线出来的馏出油称为减二级;依次为减三级;减四级;塔底残渣油可作为锅炉燃料油。

2)精制

减压蒸馏得到的润滑油馏出物仅仅是半成品,需要进一步加工才能得到相应的润滑油料。这些以减压馏出物为原料的润滑油通称为馏分润滑油料。从渣油中得到的润滑油通称为残渣润滑油料。不管是馏分润滑油料或残渣润滑油料,其中都含有许多必须除去的有害物质,所以要进一步精制。作为基础油的精制方法，按照生产工艺的特点可分为两大类：一类是老三套，即溶剂精制、溶剂脱蜡、白土补充精制；另一类是新发展起来的加氢工艺。

溶剂精制：利用一种溶剂将润滑油料中含氧、氮、硫化物等非理想组分溶解分离，保留理想组分。

溶剂脱沥青：用减压渣油生产残渣润滑油料，因残渣润滑油料中含有大量沥青质，所以在脱蜡、精制之前应先把它除去。脱除沥青质的油叫做脱沥青油。

脱蜡：为使润滑油在低温条件下保持良好的流动性，必须将其中易凝固的蜡除去，这一工艺叫脱蜡。

白土精制：润滑油原料经过溶剂精制、脱蜡等工艺处理后，其质量已基本上达到要求，但所得的油品还含有少量没有分离掉的溶剂，以及因回收溶剂被加热生产的缩合物、胶质等。为去掉杂质，进一步改善润滑油的颜色，提高安定性，降低残炭，需要白土补充精制。

润滑油加氢：润滑油原料与氢气发生反应，以除去硫、氧、氮等有害元素，保留润滑油理想组分或将非理想组分转化为理想组分，从而使润滑油的品质提高。目前用于润滑油的加氢过程分为加氢补充精制、加氢处理和加氢降凝三种。我国大都采用加氢补充精制，即在溶剂脱沥青、溶剂精制、溶剂脱蜡的基础上，以加氢精制取代白土补充精制。加氢基础油的颜色、安定性和气味得到改善，黏温性能得到提高，对抗氧剂的感受性显著提高，挥发性低，毒性低，热稳定性和氧化安定性好。随着基础油向高品质方向发展，选用加氢基础油是大势所趋。在调配高档内燃机油时，加入加氢基础油可得到较好的经济性。

矿物基础油的化学成分包括高沸点、高分子量烃类和非烃类混合物。其组成一般为烷烃（直链、支链、多支链）、环烷烃（单环、双环、多环）、芳烃（单环芳烃、多环芳烃）、环烷基芳烃以及含氧、含氮、含硫有机化合物和胶质、沥青质等非烃类化合物。

12.4.2 合成型矿物基础油

合成型基础油来自原油中的瓦斯气或天然气所分散出来的乙烯、丙烯，再经聚合、催化等繁复的化学反应炼制成大分子组成的基础油。在本质上，它使用的是原油中较好的成分，加以化学反应并透过人为的控制达到预期的分子形态，其分子排列整齐，抵抗外来变数的能力自然很强，因此合成油品质较好，其对热稳定、抗氧化反应、抗黏度变化的能力自然要比矿物油强得多。

合成基础油有很多种类，常见的有：合成烃、合成酯、聚醚、硅油、含氟油、磷酸酯。合成润滑油比矿物油的热氧化安定性好，热分解温度高，耐低温性能好，但是成本较高，可以保证设备部件在更苛刻的场合工作。

12.4.3 植物型基础油

顾名思义，植物油来自于植物，主要来源有菜子油、大豆油、葵花油、棕榈油。与矿物型和合成型基础油相比，其生物降解性好，不会污染环境，且无毒、可再生，故被誉为“天然润滑油”。植物油主要由脂肪酸甘油酯组成，其脂肪酸有油酸、亚油酸和亚麻酸。虽然植物油成本高于矿物油和合成油，但其所增加的足以抵消使用其他矿物油、合成润滑油所带来的环境治理费用。主要缺点是氧化安定性和水解安定性较差，使用温度小于120℃，使用范围受到一定限制。

近年来的研究有了长足的进步，如美国瑞安勃利用专利 Stablized 技术制造的高油酸基础油，性能已经达到了合成油的水平。随着环保意识的加强和节能减排的开展，植物基润滑油将会有很大的前景。

12.4.4 添加剂

为弥补机油某些性质上的缺陷并赋予机油一些新的优良性质，机油中要加入各种功能不同的添加剂。

添加剂的作用主要有三个方面：一是改变润滑油的物理性能，如黏度、凝点等；二是增加或增强润滑油的化学性质，如抗氧抗腐等；三是延长润滑油的使用寿命。

添加剂的种类主要有如下几种。

1)清净分散剂

常用的有101～106清净剂，151～155分散剂。

工作时，发动机润滑油要承受高温、高压的苛刻条件，并与空气中的氧和金属接触，因而发生氧化、缩合、分解等反应，由此形成油泥、积炭、沥青质、胶质和有机酸等。燃料燃烧不完全，产生的积炭沉积在发动机零件上，也使发动机工作恶化。加入清净分散剂的目的，就是要通过清净分散剂的增溶、分散、酸中和及洗涤作用，将沉积在机械表面上的油泥和积炭洗涤下来，并使它们分散和悬浮在油中通过过滤器除去，从而使活塞及其他零件保持清洁，正常工作。清净分散剂的使用量约占全部润滑油添加剂总量的50%。

2)抗氧抗腐剂

常用的有201、201、203、204、205抗氧抗腐剂。

机油经常与空气接触，遭受氧化是不可避免的。机油氧化是造成变质和消耗量增大的重要原因之一。氧化结果使黏度增加，生成酸性组分、漆膜和积炭，增加磨损，导致润滑、导热等性能下降。机油的抗氧化性能虽然与基础油的组成、精制方法和精制深度有关，但是，即使是精制的、最好的基础油，在使用条件下，也难免氧化。为了抑制或减轻机油的氧化，防止或减轻氧化产物对金属的腐蚀，必须在基础油中加入抗氧抗腐剂。抗氧抗腐剂还兼有抗磨作用，是一种多效润滑油添加剂。

3)摩擦改进剂

主要有401～406油性剂，451、461摩擦改进剂。

能在金属表面形成物理吸附膜或化学吸附膜，从而起减少摩擦、加强润滑油润滑作用的一类添加剂。

作用是在摩擦高温下分解并与金属起反应，生成剪切应力和熔点都比金属低的化合物，从而防止接触表面咬合和焊熔。

4)黏度指数改进剂

主要有601、602、603、611、612、613、614等。

为了解决机油因温度升高或降低引起黏度变化过大，造成机件不能良好润滑，造成机件磨损和增加燃料消耗的问题，将油溶性的有机高分子聚合物加入油中，则油的高温黏度增大，低温黏度变小，这种添加剂叫黏度指数改进剂（增黏剂）。

5)降凝剂

主要有801、803、805、806、814几种。

基础油一般都经过脱蜡处理，但脱蜡过深不仅使润滑油数量减少，而且会使润滑油的黏温性变差。不能满足油的低温流动性的要求，如15W/40内燃机油倾点不应高于－23℃，而150SN基础油的倾点仅为－9℃。为使倾点达到标准要求，就需在油中加入适量可以改进低温流动性能的添加剂。这种添加剂叫降凝剂。

6)复合添加剂

复合添加剂是指几种单剂以一定比例混合，并能满足一定质量等级的添加剂混合物。

车用机油的质量要求越来越高，使用单剂调和油难以达到要求，一些著名的厂家在台架评定的基础上生产出了复合添加剂，这种复合剂具有成品油要求的多种功能。只要在指定性质的基础油中加入适当的量，就可以生产出某一质量级别的油品。如汽油机油复合剂，就具有很好的低温分散、高温抗氧和清净性能，分别加入不同的量，就可以达到SD、SE、SF、…级质量水平。汽、柴油机油通用复合剂加入某一定量就可以达到SE/CC、SF/CD、SG/CD质量水平等，质量可靠，生产方便，节省了大量评定费用。但这种复合剂对基础油的性质要求较高，成本也较用单剂为高。

12.5 机油品种

按车用内燃机使用的燃料类别分为汽油机油、柴油机油、通用内燃机油(既可用于汽油机润滑,也可用于柴油机润滑)三大品种。

GB 11121—2006 将汽油机油品种分为 SE、SF、SG、SH、GF-1、SJ、GF-2、SL 和 GF-3 共 9 种。

GB 11122—2006 将柴油机油品种分为 CC、CD、CF、CF-4、CH-4 和CI-4共 6 种。

GB 11121—2006 和 GB 11122—2006 对通用内燃机油品种不作具体规定。通用内燃机油可根据需要在 GB 11121—2006 所属 9 个汽油机油品种和 GB 11122—2006 所属 6 个柴油机油品种中进行组合。任何一个通用内燃机油都应同时满足其汽油机油品种和柴油机油品种的所有指标要求。

12.6 分　类

目前,美国润滑油的 API(美国石油学会)性能分类法和 SAE(美国汽车工程师协会)黏度分类法已被世界各国所认同和广泛采用,我国也参照此两种润滑油的分类方法制定了 GB/T 7631.3—1995《内燃机油分类》和 GB/T 14906—1994《内燃机油黏度分类》两项国家标准,相应制定了我国内燃机油的质量分类法和黏度分类法。

1)黏度等级

每个品种按 GB/T 14906—1994《内燃机油黏度分类》或 SAEJ 300—2009《发动机油黏度分级》划分黏度等级。

车用机油黏度等级按低温黏度、边界泵送温度、100℃时的运动黏度指标分为单级油和多级油,单级油分为冬季用油(W 级)和非冬季用油两种,多级油为冬夏通用油。

冬季用油按低温黏度、边界泵送温度划分,有 0W、5W、10W、15W、20W 和 25W 共 6 个等级,其级号越小适应的温度越低;非冬季用油按 100℃时的运动黏度分级,有 20、30、40、50 和 60 共 5 个等级,其级号越大,适应的温度越高。多级油必须同时满足冬季用油与夏季用油的要求。

机油的黏度多使用 SAE 等级别标识。

2)质量等级

GB 11121—2006 和 GB 11122—2006 规定:汽油机油或柴油机油质量等级

的先后排列由生产企业根据产品配方特点确定。

3)基础油

车用机油由基础油加添加剂而得,根据基础油的不同可分为矿物机油、合成机油、植物机油、混合机油四类。混合机油的基础油是由矿物型基础油和合成型基础油按一定比例调和而成。

12.7 标　记

1)发动机类型

标记中第一个字母表示适用的发动机类型。如果第一个字母是“S”,则表示适用于“火花点火”的汽油发动机,如果第一个字母是“C”,则表示适用于“压缩点火”的柴油发动机。

2)质量级别

标记中第二个字母表示质量级别。GB 11121—2006 将汽油机油质量分为 SE、SF、SG、SH、GF-1、SJ、GF-2、SL 和 GF-3 共 9 级。GB 11122—2006 将柴油机油质量分为 CC、CD、CF、CF-4、CH-4 和 CI-4 共 6 级。

3)汽油机油

其标记格式为:质量等级　黏度等级　汽油机油

4)柴油机油

其标记格式为:质量等级　黏度等级　柴油机油

5)通用机油

其标记格式为:

汽油机质量等级/柴油机质量等级　黏度等级　通用内燃机油

或

柴油机质量等级/汽油机质量等级　黏度等级　通用内燃机油

例:长城牌 SF/CD 15W-40 车用机油。前者表示满足 SF 级汽油机油质量要求,后者表示满足 CD 级柴油机油要求,为通用内燃机油;15 表示冬季黏度级别,40 表示夏季黏度级别,满足 15W 和 40 两种黏度要求,属于多级油。

12.8 欧洲分类

ACEA(欧洲汽车制造商协会)对机油品质进行了规范。ACEA 标准比 API 标准在对于发动机方面的测试有更严格的要求。ACEA 中的每个等级由字母和数字组成,如 A2－96,字母表示应用领域(A 为轿车用汽油机,B 为轿车用柴油机，E 为货车用柴油机）；第一个数字表示品质[1 为特殊要求，2 为一般要求（标准），3 为严格要求]；96 表示这一规范从 1996 年 1 月开始应用。

1)汽油机油分为 5 种品质等级

A1 经济燃油，低黏度。相当于 API SJ 级别。

A2 主要产品区间。相当于 API SG、SF 级别。

A3 较高等级产品，相当于 API SL 级别。

A4、A5 最高等级产品，超越现有 API 所有机油标准。

2)轻柴油发动机润滑油分为 5 种品质等级

B1 经济燃油，低黏度。相当于 API SJ 级别。

B2 主要产品区间。相当于 API SG、SF 级别（矿物油及半合成）。

B3 较高等级产品，相当于 API SL 级别。

B4、B5 最高等级产品，超越现有 API 所有机油标准。

3)重柴油发动机润滑油分为 4 种品质等级

E2 中型到重型功率。

E3 重型功率。

E4 高品质的产品。

E5 最高等级产品，超越现有 API 所有机油标准。

ACEA 标准比 API 在对于发动机方面的测试有更严格的要求。

12.9 汽油机油质量指标

汽油机油产品的技术要求包括黏温性能要求、理化性能和模拟性能要求、发动机试验要求 3 类。

黏温性能要求包括低温动力黏度、边界泵送温度、运动黏度（100℃）、高温高剪切黏度、黏度指数、倾点 6 个测试项目。

理化性能和模拟性能要求包括水分、泡沫性、蒸发损失、过滤性、均匀性和混合性、高温沉积物、凝胶指数、机械杂质、闪点（开口）、磷、碱值、硫酸盐灰分、硫、磷、氮。

发动机试验要求按质量等级 SE、SF、SG、SH、GF-1、SJ、GF-2、SL 和 GF-3 分组。各组试验项目如下。

1)SE 级

(1)L-38 发动机试验：轴承失重、剪切安定性、100℃运动黏度。

(2)程序Ⅱ D 发动机试验：发动机锈蚀平均评分、挺杆黏结数。

(3)程序Ⅲ D 发动机试验：黏度增长（40℃、40h）、发动机平均评分（64h）[发动机油泥平均评分、活塞裙部漆膜平均评分、油环台沉积物平均评分、环黏结、挺杆黏结、擦伤和磨损(64h)(凸轮或挺杆擦伤、凸轮加挺杆磨损)]。

(4)程序ⅣD发动机试验:发动机油泥平均评分、活塞裙部漆膜平均评分、发动机漆膜平均评分、机油滤网堵塞、油环堵塞、压缩环黏结、凸轮磨损。

2)SF级

包括L-38发动机试验、程序Ⅱ D发动机试验、程序Ⅲ D发动机试验(64h)、程序Ⅴ D发动机试验(发动机油泥平均评分、活塞裙部漆膜平均评分、发动机漆膜平均评分、机油滤网堵塞、油环堵塞、压缩环黏结、凸轮磨损)。

3)SG级

包括L-38发动机试验、程序Ⅱ D发动机试验、程序Ⅲ E发动机试验[黏度增长(40℃)、发动机油泥平均评分、活塞裙部漆膜平均评分、油环台沉积物平均评分、环黏结(与油相关)、挺杆黏结、擦伤和磨损(64h)(凸轮或挺杆擦伤、凸轮加挺杆磨损)]、程序Ⅳ E发动机试验[发动机油泥平均评分、摇臂罩油泥评分、活塞裙部漆膜平均评分、机油滤网堵塞、油环堵塞、压缩环黏结(热黏结)、凸轮磨损]。

4)SH级

包括L-38发动机试验、程序Ⅱ D发动机试验、程序Ⅲ E发动机试验、程序Ⅳ E发动机试验。

5)GF-1级

包括L-38发动机试验、程序Ⅱ D发动机试验、程序Ⅲ E发动机试验、程序Ⅴ E发动机试验、程序Ⅵ发动机试验(燃料经济性改进评价)。

6)SJ级

包括L-38发动机试验、程序Ⅱ D发动机试验、程序Ⅲ E发动机试验、程序Ⅳ E发动机试验、程序Ⅵ发动机试验,发动机油泥平均评分、摇臂罩油泥评分、活塞裙部漆膜平均评分、发动机漆膜平均评分、机油滤网堵塞、压缩环黏结(热黏结)。

7)GF-2级

包括L-38发动机试验、程序Ⅱ D发动机试验、程序Ⅲ E发动机试验、程序Ⅳ E发动机试验、程序ⅥA发动机试验(燃料经济性改进评价)。

8)SL级

包括程序Ⅶ发动机试验、球锈蚀试验、程序Ⅲ F发动机试验[运动黏度增长(40℃、40h)、活塞裙部漆膜平均评分、活塞沉积物评分、凸轮加挺杆磨损、热黏环、低温黏度性能]、程序Ⅳ E发动机试验、程序ⅣA阀系磨损试验(平均凸轮磨损)、程序ⅥG发动机试验(发动机油泥平均评分、摇臂罩油泥评分、活塞裙部漆膜平均评分、机油滤网堵塞、压缩环热黏结、环的冷黏结、机油滤网残渣、油环堵塞)。

9)GF-3 级

其包括程序Ⅶ发动机试验、球锈蚀试验、程序Ⅲ F 发动机试验[运动黏度增长(40℃、40h)、活塞裙部漆膜平均评分、活塞沉积物评分、凸轮加挺杆磨损、热黏环、油耗、低温黏度性能]、程序Ⅳ E 发动机试验、程序ⅣA 阀系磨损试验、程序ⅥG 发动机试验、程序ⅥB 发动机试验(16h 老化燃料经济性改进评价、19h 老化燃料经济性改进评价)。

表 12.1-1 和表 12.1-2 为汽油机油黏温性能要求。

汽油机油黏温性能要求 表 12.1-1

项目		低温动力黏度(mPa·s)不大于	边界泵送温度(℃)不大于	运动黏度(100℃)(mm²/s)	黏度指数不小于	倾点(℃)不高于
试验方法		GB/ T 6538	GB/ T 9171	GB/ T 265	GB/ T 1995、GB/ T 2541	GB/ T 3535
质量等级		黏度等级	—	—	—	—
SE、SF	0W-20	3 250(−30℃)	−35	5.6~<9.3	—	−40
	0W-30	3 250(−30℃)	−35	9.3~<12.5	—	
	5W-20	3 500(−25℃)	−30	5.6~<9.3	—	−35
	5W-30	3 500(−25℃)	−30	9.3~<12.5	—	
	5W-40	3 500(−25℃)	−30	12.5~<16.3	—	
	5W-50	3 500(−25℃)	−30	16.3~<21.9	—	
	10W-30	3 500(−20℃)	−25	9.3~<12.5	—	−30
	10W-40	3 500(−20℃)	−25	12.5~<16.3	—	
	10W-50	3 500(−20℃)	−25	16.3~<21.9	—	
	15W-30	3 500(−15℃)	−20	9.3~<12.5	—	−23
	15W-40	3 500(−15℃)	−20	12.5~<16.3	—	
	15W-50	3 500(−15℃)	−20	16.3~<21.9	—	
	20W-40	4 500(−15℃)	−15	12.5~<16.3	—	−18
	20W-50	4 500(−15℃)	−15	16.3~<21.9	—	
	30	—	—	9.3~<12.5	75	−15
	40	—	—	12.5~<16.3	80	−10
	50	—	—	16.3~<21.9	80	−5

注:本表所列标准具体如下。

GB/T 6538—2000《发动机油表观黏度测定法(冷起动模拟机法)》;

GB/T 9171—1988《发动机油边界泵送温度测定法》;

GB/T 265—1988《石油产品运动黏度测定法和动力黏度计算法》;

GB/T 1995—1998《石油产品黏度指数计算法》;

GB/T 2541—1981《石油产品黏度指数算表》;

GB/T 3535—2006《石油产品倾点测定法》。

汽油机油黏温性能要求　　表 12.1-2

<table>
<tr><th colspan="2">项　目</th><th>低温
动力黏度
(mPa·s)
不大于</th><th>低温泵送黏度
(mPa·s)
(在无屈服
应力时)
不大于</th><th>运动黏度
100℃
(mm²/s)</th><th>高温高
剪切黏度
150℃、10⁶s⁻¹
(mPa·s)
不小于</th><th>黏度指数
不小于</th><th>倾点
(℃)
不高于</th></tr>
<tr><td colspan="2">试验方法</td><td>GB/ T 6538
ASTM
D5293③</td><td>SH/ T 0562</td><td>GB/ T 265</td><td>SH/ T 0618④、
SH/ T 0703、
SH/ T 0751</td><td>GB/ T1995、
GB/ T 2541</td><td>GB/ T
3535</td></tr>
<tr><td>质量等级</td><td>黏度等级</td><td>—</td><td>—</td><td>—</td><td>—</td><td>—</td><td>—</td></tr>
<tr><td rowspan="17">SG、
SH、
GF-1①、
SJ、
GF-2②、
SL、
GF-3</td><td>0W-20</td><td>6 200(−35℃)</td><td>60 000(−40℃)</td><td>5.6～<9.3</td><td>2.6</td><td>—</td><td rowspan="2">−40</td></tr>
<tr><td>0W-30</td><td>6 200(−35℃)</td><td>60 000(−40℃)</td><td>9.3～<12.5</td><td>2.9</td><td>—</td></tr>
<tr><td>5W-20</td><td>6 600(−30℃)</td><td>60 000(−35℃)</td><td>5.6～<9.3</td><td>2.6</td><td>—</td><td rowspan="4">−35</td></tr>
<tr><td>5W-30</td><td>6 600(−30℃)</td><td>60 000(−35℃)</td><td>9.3～<12.5</td><td>2.9</td><td>—</td></tr>
<tr><td>5W-40③</td><td>6 600(−30℃)</td><td>60 000(−35℃)</td><td>12.5～<16.3</td><td>2.9</td><td>—</td></tr>
<tr><td>5W-50</td><td>6 600(−30℃)</td><td>60 000(−35℃)</td><td>16.3～<21.9</td><td>3.7</td><td>—</td></tr>
<tr><td>10W-30</td><td>7 000(−25℃)</td><td>60 000(−30℃)</td><td>9.3～<12.5</td><td>2.9</td><td>—</td><td rowspan="3">−30</td></tr>
<tr><td>10W-40</td><td>7 000(−25℃)</td><td>60 000(−30℃)</td><td>12.5～<16.3</td><td>2.9</td><td>—</td></tr>
<tr><td>10W-50</td><td>7 000(−25℃)</td><td>60 000(−30℃)</td><td>16.3～<21.9</td><td>3.7</td><td>—</td></tr>
<tr><td>15W-30</td><td>7 000(−20℃)</td><td>60 000(−25℃)</td><td>9.3～<12.5</td><td>2.9</td><td>—</td><td rowspan="3">−25</td></tr>
<tr><td>15W-40</td><td>7 000(−20℃)</td><td>60 000(−25℃)</td><td>12.5～<16.3</td><td>3.7</td><td>—</td></tr>
<tr><td>15W-50</td><td>7 000(−20℃)</td><td>60 000(−25℃)</td><td>16.3～<21.9</td><td>3.7</td><td>—</td></tr>
<tr><td>20W-40</td><td>9 500(−15℃)</td><td>60 000(−20℃)</td><td>12.5～<16.3</td><td>3.7</td><td>—</td><td rowspan="2">−20</td></tr>
<tr><td>20W-50</td><td>9 500(−15℃)</td><td>60 000(−20℃)</td><td>16.3～<21.9</td><td>3.7</td><td>—</td></tr>
<tr><td>30</td><td>−25</td><td>−25</td><td>9.3～<12.5</td><td>—</td><td>75</td><td>−15</td></tr>
<tr><td>40</td><td>−25</td><td>−25</td><td>12.5～<16.3</td><td>—</td><td>80</td><td>−10</td></tr>
<tr><td>50</td><td>−25</td><td>−25</td><td>16.3～<21.9</td><td>—</td><td>80</td><td>−5</td></tr>
</table>

注:①10W 黏度等级低温动力黏度和低温泵送黏度的试验温度均升高 5℃,指标分别为:不大于 3 500mPa·s和 30 000mPa·s。

②10W 黏度等级低温动力黏度的试验温度升高 5℃,指标分别:不大于 3 500mPa·s。

③GB/T 6538—2000《发动机油表观黏度测定法(冷启动模拟机法)》正在修订中,在新标准正式发布前 0W 使用 ASTM　D5293:2004《用低温开裂模拟器测定－5～－30℃之间发动机油表观黏度的标准试验方法》测定。

④为仲裁方法。

⑤本表所列标准具体如下(表 12.1-1 已注及本表已述及标准略)。

SH/T 0562—2001《低温下发动机油屈服应力和表观黏度测定法》;

SH/T 0618—1995《高剪切条件下的润滑油动力黏度测定法(雷范费尔特法)》;

SH/T 0703—2001《润滑油在高温高剪切速率条件下表观黏度测定法》;

SH/T 0751—2005《高温和高剪切速率下黏度测定法(锥形塞黏度计法)》。

12.10 柴油机油质量指标

柴油机油产品的技术要求包括黏温性能、理化性能和模拟台架性能要求、使用性能要求3类。

黏温性能包括低温动力黏度、边界泵送温度、运动黏度(100℃)、高温高剪切黏度、黏度指数、倾点6个测试项目。

理化性能和模拟台架性能要求包括水分、泡沫性、蒸发损失、机械杂质、闪点(开口)、碱值、硫酸盐灰分、硫、磷、氮。

使用性能要求按质量等级CC、CD、CF、CF-4、CH-4和CI-4分组，各组试验项目如下。

1)CC级

包括L-38发动机试验、高温清净性和抗磨试验(开特皮勒1H2法)(顶环槽积炭填充体积、总缺点加权评分、环塞环侧间隙损失)。

2)CD级

包括L-38发动机试验、高温清净性和抗磨试验(开特皮勒1G2法)(顶环槽积炭填充体积、总缺点加权评分、活塞环侧间隙损失)。

3)CF级

包括L-38发动机试验、程序Ⅶ发动机试验、开特皮勒1M-PC试验(总缺点加权评分、顶环槽充炭率、环侧间隙损失、活塞环黏结，活塞环和缸套擦伤)。

4)CF-4级

包括L-38发动机试验、开特皮勒1K试验(缺点加权评分、顶环槽充炭率、顶环台充炭率、平均油耗、最终油耗、活塞环黏结，活塞、环和缸套擦伤)、MackT-6试验(优点评分)、MackT-7试验(后50h运动黏度平均增长率)、腐蚀试验(铜浓度增加、铅浓度增加、锡浓度增加、铜片腐蚀)。

5)CH-4级

包括喷油嘴剪切试验、开特皮勒1K试验、开特皮勒1P试验(缺点加权评分、顶环槽炭缺点评分、顶环台炭缺点评分、平均油耗、最终油耗，活塞、环和缸套擦伤)、Mack T-9试验(修正到1.75%烟炭量的平均缸套磨损、平均顶环失重、用过油铅变化量)、Mack T-8试验(4.8%烟炭量的相对黏度、3.8%烟炭量的黏度增长)、滚轮随动件磨损试验(液压滚轮顶杆销磨损)、康明斯M11(HST)试验、程序ⅢE发动机试验、发动机油充气试验(空气卷入)、高温腐蚀试验(试后油铜浓度增加、试后油铅浓度增加、试后油锡浓度增加、试后油铜片腐蚀)。

6)CI-4 级

包括喷油嘴剪切试验、开特皮勒 1K 试验、开特皮勒 1R 试验(缺点加权评分、顶环槽炭缺点评分、顶环台炭缺点评分、最初油耗、最终油耗,活塞、环和缸套擦伤、环黏结)、Mack T-10 试验、Mack T-18 试验、滚轮随动件磨损试验、康明斯 M11(EGR)试验(气门搭桥平均失重、机油滤清器压差、平均发动机油泥 CRC 优点评分)、程序ⅢF 发动机试验、发动机油充气试验、高温腐蚀试验、低温泵送黏度、橡胶相容性(体积变化:丁腈橡胶、硅橡胶、聚丙烯酸酯、氟橡胶;拉伸强度:丁腈橡胶、硅橡胶、聚丙烯酸酯、氟橡胶;延伸率:丁腈橡胶、硅橡胶、聚丙烯酸酯、氟橡胶)。

表 12.2 为柴油机油性能要求。

柴油机油理化性能要求 表 12.2

<table>
<tr><td rowspan="2">项目</td><td colspan="5">质量指标</td><td rowspan="2">试验方法</td></tr>
<tr><td>CC
CD</td><td>CF
CF-4</td><td colspan="2">CH-4</td><td>CI-4</td></tr>
<tr><td>水分(体积分数)(%)</td><td>痕迹</td><td>痕迹</td><td colspan="2">痕迹</td><td>痕迹</td><td>GB/T 260</td></tr>
<tr><td>泡沫性(泡沫倾向/泡沫稳定性)(mL/mL)
24℃ 不大于
93.5℃ 不大于
后 24℃ 不大于</td><td>
25/0
150/0
25/0</td><td>
20/0
50/0
20/0</td><td colspan="2">
10/0
20/0
10/0</td><td>
10/0
20/0
10/0</td><td>GB/T 12579①</td></tr>
<tr><td>蒸发损失(质量分数)(%) 不大于
诺亚克法(250℃,1h)或
气相色谱法(371℃馏出量)</td><td>
—
—</td><td>
—
—</td><td>10W-30
20
17</td><td>15W-40
18
15</td><td>
15
—</td><td>
SH/T 0059
ASM D6417</td></tr>
<tr><td>机械杂质(质量分数)(%) 不大于</td><td colspan="5">0.01</td><td>GB/T 511</td></tr>
<tr><td>闪点(开口)(℃)(黏度等级) 不大于</td><td colspan="5">200(0W、5W 多级油)
205(10W 多级油)
215(15W、20W 多级油)
220(30)
225(40)
230(50)
240(60)</td><td>GB/T 3536</td></tr>
<tr><td>碱值(以 KOH 计)②(mg/g)</td><td colspan="5">报告</td><td>SH/T 0251</td></tr>
<tr><td>硫酸盐灰分②(质量分数)(%)</td><td colspan="5">报告</td><td>GB/T 2433</td></tr>
<tr><td>硫②(质量分数)(%)</td><td colspan="5">报告</td><td>③</td></tr>
</table>

续上表

项　　目	质量指标				试验方法
	CC CD	CF CF-4	CH-4	CI-4	
磷②(质量分数)(%)	报告				④
氮②(质量分数)(%)	报告				⑤

注:①CH-4、CI-4 不允许使用 GB/ T 12579－2002《润滑油泡沫特性测定法》步骤 A。

②生产者在每批产品出厂时要向使用者或经销者报告该项目的实测值,有争议时以发动机台架试验结果为准。

③GB/T 387—1990《深色石油产品硫含量测定法(管式炉法)》、GB/T 388—1990《石油产品硫含量测定法(氧弹法)》、GB/T 11140—2008《石油产品硫含量的测定　波长色散 X 射线荧光光谱法》、GB/T 17040—2008《石油和石油产品硫含量的测定　能量色散 X 射线荧光光谱》、GB/T 17476—1998《使用过的润滑油中添加剂元素、磨损金属和污染物以及基础油中某些元素测定法(电感耦合等离子体发射光谱法)》、SH/T 0172—2001《石油产品硫含量测定法(高温法)》、SH/T 0631—1996《润滑油和添加剂中钡、钙、磷、硫和锌测定法(X 射线荧光光谱法)》、SH/T 0749—2004《润滑油及添加剂中添加素含量测定法(电感耦合等离子体发射光谱法)》。

④GB/T 17476—1998《使用过的润滑油中添加剂元素、磨损金属和污染物以及基础油中某些元素测定法(电感耦合等离子体发射光谱法)》、SH/T 0296—1992(2004)《添加剂和含添加剂润滑油的磷含量测定法(比色法)》、SH/T 0631—1996《润滑油和添加剂中钡、钙、磷、硫和锌测定法(X 射线荧光光谱法)》、SH/T 0749—2004《润滑油及添加剂中添加素含量测定法(电感耦合等离子体发射光谱法)》。

⑤GB/T 9170—1988《润滑油及燃料油中总氮含量测定法(改进的克氏法)》、SH/T 0655—1998《凡士林稠环芳烃试验法》、SH/T 0704—2010《石油和石油产品中氮含量的测定　舟进样化学发光法》。

⑥本表其余标准具体如下:

GB/ T 260—1977《石油产品水分测定法》、GB/ T 12579—2002《润滑油泡沫特性测定法》、SH/ T 0059—1996《润滑油蒸发损失测定法(诺亚克法)》、ASM D 6417—999《用毛细管气相色谱法评定发动机油挥发性的标准试验方法》、GB/ T 511—2010《石油和石油产品及添加剂机械杂质测定法》、GB/ T 3536—2008《开口闪点测定法》、SH/ T 0251—1993(2004)《石油产品碱值测定法(高氯酸电位滴定法)》、GB/ T 2433—2001《添加剂和含添加剂润滑油硫酸盐灰分测定法》。

12.11　性能要求与使用性能之间的关系

1)低温动力黏度

低温运动黏度指油品在规定条件下,采用毛细管黏度计或旋转黏度计在低温下所测得的动力黏度。低温动力黏度是多级内燃机油低温性能的重要指标。低温动力黏度越大,发动机在低温运转时的困难也越大,润滑油到达摩擦部位所需的时间也越长,摩擦时会出现短暂的干摩擦或半液体摩擦而增加磨损。

2)边界泵送温度

机油在低温条件下通过油泵泵送至发动机各摩擦面的能力称为低温泵送

性，它是冬用机油及多级油的重要质量指标之一，也是机油按黏度分类的一个依据。边界泵送温度是机油能维持正常泵送的最低温度，在高于此温度的条件下，机油能及时、连续、充分地被泵送至各润滑部位，避免发动机起动磨损。边界泵送温度越低，表示发动机油低温流动性越好，在使用中能够及时、充分地补充油泵连续泵送所需要的油量。边界泵送温度高于规定要求时，表示该油在低温条件下，不能为油泵及时、充分地提供泵送所需要的油量，从而不能保证发动机的正常润滑。

3)运动黏度

液体受外力作用移动时，其分子之间产生摩擦阻力的量度，叫做黏度。黏度反映油品的内摩擦力，是表示油品油性和流动性的一项指标。摩擦阻力越大，黏度越大，油膜强度越高，流动性越差。运动黏度是液体在重力作用下流动时内摩擦阻力的量度。

车用机油低温(－30～－15℃)时，一般要求动力黏度在 6 000～3 000m Pa·s 范围内；油品在高温高速下(100℃)能保持油膜的最低运动黏度，一般不小于 3.8mm^2/s。否则，油膜容易破坏，密封作用不好。内燃机油的黏度要兼顾到有较好的高温和低温黏度，即黏温性好。

4)黏度指数

车用机油的黏温性能以黏度指数表示，表示油品黏度随温度变化的程度。黏度指数越高，表示油品黏度受温度的影响越小，其黏温性能越好，反之越差。一般要求单级油黏度指数在 90～105 之间，多级油黏度指数在 120～180 之间。

5)剪切黏度

剪切黏度是多级油的一项重要使用性能，直接表示多级油黏度级别的稳定性。即在规定条件下进行剪切试验后，其黏度仍能满足原级号要求。多级油是用较低黏度基础油加复合剂和高分子聚合物等调制而成。在调配多级内燃机油时应选用抗剪切能力较强的高分子聚合物，以避免油品在使用中因发动机工作时的剪切作用，而使润滑油的黏度大幅度下降，对机械磨损、油耗产生影响。

6)凝点与倾点

凝点是表示机油低温流动性的一个重要质量指标，是指在规定的冷却条件下油品停止流动的最高温度。油品的凝固和纯化合物的凝固有很大的不同。油品并没有明确的凝固温度，所谓"凝固"只是作为整体来看失去了流动性，并不是所有的组分都变成了固体。凝点高的机油不能在低温下使用。相反，在气温较高的地区则没有必要使用凝点低的润滑油。

倾点是指油品在规定的试验条件下，被冷却的试样能够流动的最低温度。凝点和倾点都是油品低温流动性的指标，两者无原则的差别，只是测定方法稍有不同。同一油品的凝点和倾点并不完全相等，一般倾点都高于凝点 2～3℃，但也有例外。倾点或凝点偏高，油品的低温流动性就差。

7)水分

水分是指机油中含水量的百分数，通常是重量百分数。机油中水分的存在，会破坏润滑油形成的油膜，使润滑效果变差，加速有机酸对金属的腐蚀作用，锈蚀设备，使油品容易产生沉渣。润滑油中水分越少越好。

8)抗泡性

机油在运转过程中，由于有空气存在，常常会产生泡沫，尤其是当油品中含有具有表面活性的添加剂时，则更容易产生泡沫，而且泡沫还不易消失。润滑油使用中产生泡沫会使油膜破坏，摩擦面发生烧结或增加磨损，并促进润滑油氧化变质，还会使润滑系统产生气阻，影响润滑油循环，出现供油不足等故障。因此，抗泡性是润滑油的重要质量指标。评定发动机油抗泡性的指标是生成泡沫倾向和泡沫稳定性。

9)蒸发损失

蒸发损失即油品在一定条件下通过蒸发而损失的量。蒸发损失与油品的挥发度成正比。蒸发损失越大，实际应用中的油耗就越大，故对油品在一定条件下的蒸发损失量要有限制。机油在使用过程中蒸发，造成润滑系统中润滑油量逐渐减少(需要补充)，黏度增大，影响供油。

10)机械杂质

机械杂质是指存在于机油中不溶于汽油、乙醇和苯等溶剂的沉淀物或胶状悬浮物。这些杂质大部分是砂石和铁屑之类，以及由添加剂带来的一些难溶于溶剂的有机金属盐。机械杂质也指油品被外界污染的物质，一般有油泥、泥沙、灰尘、铁锈、金属屑、纤维等。机械杂质混入油中容易堵塞滤网、管道，数量多时会使供油、润滑不正常，造成机械磨损。

11)闪点

闪点是表示油品蒸发性、安全性的一项指标。用规定的开口闪点测定器所测得的结果叫做开口闪点，常用于测定润滑油。用规定的闭口闪点测定器测得的结果叫做闭口闪点，常用以测定煤油、柴油、变压器油等。油品的馏分越轻，蒸发性越大，其闪点也越低；反之，油品的馏分越重，蒸发性越小，其闪点也越高。在黏度相同的情况下，闪点越高越好。选用机油时应根据使用温度和机油的工作条件进行选择。一般认为，闪点比使用温度高 20～30℃，即可安全使用。

12)酸值、碱值

酸值是表示机油中酸性物质的含量。中和 1g 石油产品所需的氢氧化钾毫克数称为酸值。酸值的大小，对机油的使用有很大影响。机油酸值大，表示酸含量高，有可能对机械零件造成腐蚀，尤其是有水存在时，这种腐蚀作用可能更明显。另外，机油在储存和使用过程中被氧化变质，酸值也逐渐增大，常用酸值变化的大小来衡量润滑油的氧化安定性，或作为换油指标。酸值分强酸值和弱酸值两种，两者合并即为总酸值(简称 TAN)。通常所说的"酸值"，实际上是指"总酸值(TAN)"。

碱值是表示机油中碱性物质含量的指标。碱值亦分强碱值和弱碱值两种，两者合并即为总碱值(简称 TBN)。通常所说的"碱值"实际上是指"总碱值(TBN)"。在规定的条件下滴定时，中和 1g 试样中全部碱性组分所需高氯酸的量，以当量氢氧化钾毫克数表示，称为机油或添加剂的总碱值。总碱值表示试样中含有有机和无机碱、氨基化合物、弱酸盐如皂类、多元酸的碱性盐和重金属的盐类。总碱值则可间接表示其所含清净分散剂的多少，因而总碱值为机油的重要质量指标。在使用过程中，分析总碱值的变化，可以反映润滑油中添加剂的消耗情况。

13)硫酸盐灰分

硫酸盐灰分是指在规定条件下，油品被碳化后的残留物经硫酸处理转化为硫酸盐后的灼烧残留物。在车用机油中，都含有清净分散剂，而清净分散剂有的有灰分，有的灰分少，还有的无灰分，所以在标准中没有规定硫酸盐灰分指标。但在产品质量报告单上应填报实测数据，再配合金属元素含量等其他指标，可以大致了解添加剂的类别和质量，便于指导使用。

14)硫、磷、氮含量

车用机油基本都含有金属、硫、磷、氮元素的添加剂，它们的残炭值很高。硫、磷、氮元素含量过高会加剧发动机的磨损与腐蚀，增大氮氧化物排放。装有汽油发动机的汽车其三元催化器对硫、磷的要求十分苛刻，低级别润滑油中的有害物质含量较高，会毒化三元催化器中的金属催化器，使之失效。

12.12 选　用

1)燃油种类

汽油机油和柴油机油使用性能的侧重点不同，润滑及添加剂配方不同，应区别使用，只有标明为通用油(如 SE/CC、SF/CD 等)时，方可在标明的级别范围内通用。某些新产品对通用范围另有说明，可按其推荐说明使用，如 SG 级汽油机润滑油可代替 SF/CD、SE/CC 通用润滑油使用。

汽油机油的选用可视发动机结构特点与生产年份选用，近年生产的车为满足环保要求，一般在进、排气系统中设有一些附加装置，使机油的工作条件变得更加恶化，必须选用质量等级较高的机油。如装有 PCV 阀(曲轴箱正压通风装置)的汽油机要求选用 SD 级汽油机油,如 CA1091 车装有废气再循环装置的发动机要求选用 SE 级汽油机油。

柴油机油可按柴油机强化程度进行选择,如强化系数为 50 的柴油车(黄河 JN1171、跃进 NJ1061 等)应使用 CC 级润滑油。

如果是柴油发动机,应选用柴油机油。API 标准将评定柴油机油的字母放在汽油机油标准之前,例如某柴汽通用机油 API 标准是 CF/SF,C 在 S 之前,因为柴油中的硫分燃烧后形成的酸性物质会腐蚀机件,柴油机油中的碱性成分可以中和酸,减小酸的危害。

2)黏度适当

合理选择机油黏度是对发动机实施正确润滑的关键。黏度过大时流动性不好,发动机起动后摩擦面长时间得不到充分润滑,起动磨损加剧,同时润滑油对摩擦面的冷却、清洗作用也变差;黏度过小则会影响润滑油膜的形成,承载能力减弱,且对发动机汽缸的密封、保护不利,因此对润滑油黏度级别的选择应高度重视。

一般来讲,新车和刚大修后的车应使用黏度较低的机油,特别是刚大修的车辆磨合期内一定不要使用黏度过高的机油,因为这时的发动机各部分配合间隙很小,黏度高的机油流动性不好,这样就会导致发动机散热及润滑不良,使机油老化加快,发动机磨损加剧。如果是使用年限较长的汽车由于长期磨损导致机油压力不足使发动机润滑不良时,就应加入黏度较高的机油,因为高黏度机油更容易建立油压,如加入高黏度机油仍然压力低则应对发动机进行检修。

在润滑油黏度的选择上认为高黏度的润滑油能形成较厚的油膜,因而能增强润滑效果,减少磨损。这是片面的,因为润滑油的润滑作用在流体润滑的范围内,才完全取决于黏度性能,在混合润滑的条件下起润滑作用的除取决于黏度外还取决于化学性质(油性),而在边界润滑状态下起润滑作用的完全是油的化学性质。因此,在保证可靠润滑的前提下,应尽可能选黏度较低的润滑油。

3)环境温度

应根据所在地区的气温来选取机油的黏度。一般来说,冬季应选用复式黏度的机油,以保证机油的低温流动性能。中国南方地区可选用 SAE 20W/50 级机油,北方冬季地区选用 SAE 5W/30 或 10W/30 级一般可以满足要求。夏季主要是考虑机油的黏度保持,因为夏季温度较高,黏度太低的机油不能保持足够的机油压力,使发动机得不到润滑,夏季中国大部分地区可选用 SAE 15W/40 级或 SAE40 级机油,温度过高地区可选用 SAE20W/50、SAE 50 级机油。常用机油黏度级别与使用环境温度的关系见表 12.3。

常用机油黏度级别与使用环境温度的关系 表 12.3

黏度级别	适用的气温范围(℃)	季节	适用我国地域
30	0～+30	夏季	东北、西北
40	0～+40	夏季	全国各地
50	+5～+50	夏季	南方
5W/30	−25～+30	冬夏通用	东北、西北
5W/40	25～+40	冬夏通用	东北、西北
10W/30	−20～+30	冬夏通用	华北、中西部
10W/40	−20～+40	冬夏通用	华北、中西部
15W/40	−15～+40	冬夏通用	华北、中西部
20W/50	−10～+50	冬夏通用	黄河以南长江以北

4)级别要求

机油的等级越来越高，主要是因为随着发动机技术水平的发展对润滑油提出越来越高的要求，所以选择机油还要看汽车发动机的设计生产年代。由于现代发动机强化系数很高，所以设计生产年代越近的车就应选择级别越高的机油。如果高档豪华汽车，应选用品质等级高的机油。为延长使用寿命，减小燃油消耗，也应该选择品质较好的机油。

美国康明斯发动机公司曾作过研究，发现使用多级油比单级油能延长发动机大修期，并减少机油的消耗，而使用性能级别更高的机油时，大修期可以更长，机油消耗更少。如用 CD30 级机油时，大修的平均里程及平均机油耗量分别为 25 万 km 和 930km/L；用 CD15W/40 级机油时，分别为 45 万 km 和 1 000 km/L；而且 CE15W/40 机油时，则分别为 80 万 km 和 1 360km/L。

5)全合成机油

合成油与矿物油的区别在于：矿物油是由石油经过提炼分馏出汽油、煤油、柴油等一些产品后所得到的一种重质油，而纯合成油是由瓦斯气或天然气所分解出来乙烯、丙烯后再经聚合、催化等复杂的化学反应炼制而成。与矿物油相比，合成油抵抗外力的能力非常强，其热稳定性、抗氧化性、抗黏度变化的能力、抗剪切能力都要比矿物油强得多。

与矿物型机油相比，合成机油具有以下性能：

(1)良好的耐高温性能。合成润滑油比矿物油的热氧化安定性好，热分解温度高，在高温下不易裂解，从而生成助燃小分子。

(2)黏度指数高，黏温性能好。合成润滑油的黏温性能要比矿物油好，在温度变化条件下，黏度变化小，能使用于工作温度变化较大的场合。

(3)耐低温性能好。与矿物油相比，合成机油具有更低的倾点，在极低的温度条件下，仍能保持良好的流动性而不结晶或凝结。冷起动性能好。

(4)较低的挥发性。合成机油一般是一种纯化合物，起沸点范围窄，挥发性低，因此挥发损失小，可延长油品的使用寿命。而矿物油是某一沸点范围内的产物，容易挥发。

(5)闪点和燃点高。合成机油的闪点和自燃点高，相同的高温条件下，不容易发生燃烧，使用安全性好。

(6)清洁环保。合成机油完全不含硫、氮、磷和杂环芳烃，能够满足较高的排放要求，油品对人体的损害较小；合成油蒸发的损失低，能够明显降低油品的消耗，从而减少碳氢的排放。

(7)换油周期长。合成机油优越的抗氧化能力、高温稳定性和低蒸发性使得换油周期相比矿物油延长许多。

(8)防止沉积形成。因机油裂解而形成的油泥会堵塞机油通路，妨碍机油流动，并造成活塞环卡死。全合成油的平衡添加剂组合能够有效防止沉积和油泥的产生。

美国 API 根据基础油组成的主要特性把基础油分成 5 类：Ⅰ类为溶剂精制基础油，有较高的硫含量和不饱和烃(主要是芳烃)含量；Ⅱ类主要为加氢处理基础油，其硫氮含量和芳烃含量较低；Ⅲ类主要是加氢异构化基础油，不仅硫、芳烃含量低，而且黏度指数很高；Ⅳ类为聚 a-烯烃(PAO)合成油基础油；Ⅴ类则是除Ⅰ～Ⅳ类以外的各种基础油。

严格意义上全合成机油指的是 100%用原油中的瓦斯气或天然气所分散出来的乙烯、丙烯，再经聚合、催化等繁复的化学反应才炼制成大分子组成的聚 a-烯烃，叫 Poly Alpha Olefins(PAO)，还有就是以酒精和脂肪酸为基础材料，经化学缩聚反应而合成的酯类全合成油。

国外全合成车用机油包装上会印上“Full Synthetic”(全合成)英文名称。

6)节能型机油

燃料消耗水平和润滑材料有关，选用节能型机油，可取得较好的节能效果。节能型润滑油的特征为“低黏度＋多级化和高黏度的指数＋摩擦改进剂”。

(1)低黏度油。黏度越大，内摩擦力越大，在应用中能耗越高。国内外实际经验证明，在流体润滑范围内，润滑油在使用条件下，黏度每增加 $1mm^2/s$，能耗增加 0.5%～1%；黏度相差一个级号，则能耗相差 1%～5%。从节能角度出发，在选用润滑油时，应在保证设备润滑的前提下，尽量采用低黏度润滑油。如 SAE30、40 级都能满足润滑要求时，则应选用 SAE30 级。

(2)多级化和高黏度的指数。汽车工作时，受地区、季节、昼夜、负荷的影响，温差变化很大,有时相差数十度,而机油黏度随着温度变化而变化,升降幅度的大小和机油的黏度指数有关,黏度指数高的,黏度随温度变化小,黏度指数低的,黏度随温度的变化大。为尽量避免由于黏度变化太大所造成的设备磨损和能耗增多,在选用油品时,应选用黏度指数高的油。高黏度指数机油是以高黏度指数基础油或在基础油中加黏度指数改进剂组成,通称为多级油。

(3)摩擦改进剂。机油的低黏度化,有利于节约燃料,为了避免可能出现的边界摩擦所造成的磨损,往往在低黏度油中加入摩擦改进剂。摩擦改进剂可以和金属表面形成坚固的吸附膜或渗透膜、或与金属发生反应生成化学膜。这种膜摩擦系数很小,可以保证设备边界摩擦时不发生擦伤和烧结,节能效果显著,一般节能2%~5%。

12.13 简易识别

1)看包装

名牌机油封口盖是一次性的,缺口处有封口锡纸,锡纸上均有厂家特殊标记,没有这些特点,有可能是假油。另外,名牌机油为防止假冒,标签贴纸、罐底、罐盖内侧、把手等不显眼处均有特殊标记,只要对比真假两个外包装就可分辨。很多名牌的润滑油都有其鉴别方法,而且很严谨。如昆仑润滑油,是在标识上分布黑色的纤维,防伪标贴揭开后有“中国石油”的字样,左下角有随机的序列号和字符,登陆他们的网站输入可以查询。

正品的油桶包装精美,制造精致,图案字码的边缘清晰、整齐,无漏色和重叠现象,而假货包装粗糙。

2)闻气味

合格的发动机润滑油应无特别的气味,只略带芳香。凡是对嗅觉刺激大且有异味的发动机润滑油均为变质或劣质发动机润滑油。

3)看颜色

国产正牌散装发动机润滑油多为浅蓝色,油色浅透明,无杂质,无悬浮物,无沉淀物,晃动时流动性较好。假油一般油色较深、有杂质沉淀物,晃动时流动性较差,用手摸有拉丝现象。凡是颜色不均、流动时带有异色线条者均为伪劣或变质发动机润滑油。进口发动机润滑油的颜色为金黄略带蓝色,晶莹透明,油桶制造精致,图案字码的边缘清晰、整齐,无漏色和重叠现象,否则为假货。

4)称重量

正品重量一般比较准确,而劣质假冒润滑油重量不准,且各桶之间的差异也比较大。

12.14 使　用

1)代用与混用

机油的代用和混用关系到发动机的使用寿命,应遵守下列原则谨慎运用。

(1)质量等级相同时,使用温度范围宽的可代替使用范围窄的油品。如要求使用 30SC 级润滑油时,可用 10W/30SC 代替;要求使用 30SD、40SD 或 20W/40SD级润滑油时,可用 15W/40SD 代替。

(2)在性能上只能以质量等级高的代替质量等级低的(一般高出一档为宜),绝不能以低档油代替高档油;否则会因抗磨性、高温清净分散性及高温抗氧化性不足而导致发动机早期磨损。

(3)不同生产厂家的同类油品混用时,应先作混合试验。将两种油按 1∶1 比例混合、搅拌并加热到 80～90℃后,观察有无异味或浑浊沉淀等,如无异常现象时方可混用。

需特别指出的是,不提倡代用和混用,仅作为临时措施,且在使用代用油品或混用油品时应注意经常检查发动机润滑油的工作情况,以保证不致因润滑不当引发事故。一旦有原说明书要求的油品时应立即换回。

(4)发动机分二冲程发动机和四冲程发动机,由于这两种发动机工作行程不同,所以二冲程发动机油与四冲程发动机油是不通用的。

2)按规定加注机油

机油最主要的作用是润滑机械、减少摩擦、降低磨损,油量不足时会加速润滑油变质,甚至会因缺油而引起零部件的黏结与异常磨损。但油太多也是不可取的。润滑油过多会从汽缸和活塞的间隙中窜进燃烧室产生积炭;同时也增大了曲轴连杆的搅拌阻力,使燃油消耗增大。试验表明,加油量超过标准 1%时,燃油消耗会增大 1.2%;油量不足时会磨损发动机。因此,加油必须遵循“少量勤加”的原则,使油平面始终保持在刻线的 2/4～4/4 之间。

3)严禁使用假冒伪劣机油

假冒伪劣机油一般是基础油的高低温性能差,添加剂含量不足,质量性能与国家标准的要求有较大的差距。伪劣油品仅靠检测黏度、闪点和倾点是不易发现的,因为发动机油的重要使用性能如低温起动性、高温抗氧化性及高温清净性等,要使用专门的仪器来检测。使用伪劣产品造成发动机内沉积物和腐蚀性物质增多,轻者降低润滑效果,加剧磨损,增大燃油消耗,重者会引发机械事故(如烧瓦、拉缸)等。但由于出现功能问题之前对发动机的危害是“慢性”的,不经专门检测不易被发现,因而往往不被重视。长期使用伪劣润滑油会使发动机无故障期明显缩短,修理频率增大,发动机寿命下降,这些只有在后期才能发现。若发现已购润滑油属严重劣质假冒润滑油时,应立即停用,并清洗润滑油道。

12.15 换　油

1)品质劣化

发动机工作时,润滑油由于长期与金属接触,受到空气、温度、压力及其他因素的影响,在油中逐渐增加了外来杂质,其结果使油中会有水分、灰尘、砂粒、金属屑末存在,并在长期使用中逐渐氧化,使得化学成分发生了变化,产生变质物和有害杂质。

(1)被外来杂质污损。润滑油在系统使用过程中,易被各种机械杂质污染。这些杂质有金属屑末、灰尘、砂粒、纤维物质等。这是由于摩擦机件上磨下来的金属粉末落入油中,或者由于封闭不严,使灰尘、砂粒浸入油中。例如,汽车在道路上行驶时,会有很多细小的灰尘、砂粒随空气一起经空气滤清器进入发动机的润滑油中,使润滑油的质量下降,它会像磨料一样使机械发热,使机件过早磨损。

(2)被水分混浊。润滑油在发动机中工作时,常有水分渗入,这是由于各种机械设备的润滑系统、液压传动系统,或水冷却装置不够严密,使水分流入油中。此外,空气中含有的水分也会被润滑油吸收,因为润滑油有吸水性,其吸水性的大小由环境温度所决定。

(3)热分解。当润滑油与发动机高温部件接触时,会遭受局部过热,直至发生部分燃烧现象,且能使油达到相当高的温度。这时油便发生热分解(裂化),其结果会生成胶质和坚硬的焦炭,即积炭。积炭对汽车发动机有很大的危害,因为积炭是热的不良导体,燃烧室壁和活塞顶覆盖了积炭,可引起散热不良,从而使机件过热而毁坏。

(4)氧化。润滑油在使用过程中发生化学变化的主要原因是空气中氧气的作用。随着油温的增高,接触时间的增长,接触面积的加大,与空气接触压力的增大等因素的作用,都会使油的氧化程度加快和加深。氧化的结果使油生成了一些有害物质,如酸类、胶质、沥青等。由于润滑油中氧化物的不断增加,引起油的颜色变暗,黏度增加,酸值增大,油中出现沉淀状的泥渣,又增加了油中杂质含量。

(5)被燃料油稀释。由于部分燃料油(柴油、汽油)没有完全燃烧而渗流到润滑油中,会逐渐稀释润滑油。润滑油被燃料油稀释的程度,与发动机的结构和工作状况以及燃料油的种类有关。在使用过的润滑油中,平均含有10%~15%的车用汽油。发动机使用的燃料油闪点越高,在润滑油中被渗入的燃料油量也就越多,对润滑油的稀释作用越强。这样润滑油的闪点和黏度都随之降低,从而失去应有的润滑性能。

2)机油变黑

机油容易变黑的原因主要有以下几个方面。

(1)与所用燃料有关。对于柴油机,因柴油不完全燃烧产生的大量炭粒悬浮于机油中使机油呈黑色。

(2)燃料中烯烃含量越高、硫含量越高,越容易形成油泥,而在换机油时不清洗发动机内部及油底壳,以前所用机油中的油泥沉积在油底壳和发动机内部,加入新机油后由于新机油中清净分散剂的作用,使发动机内部的一些油泥、积炭、胶质等分散于新机油中使之呈黑色。

(3)发动机高温引起机油氧化变成胶质状后,由于新机油中清净分散剂的作用使之悬浮于机油中呈黑色。

(4)机油变黑还与机油滤芯、空气滤芯的质量及更换周期有关,如果空气滤芯质量差或更换不及时,灰尘和杂质进入汽缸黏附在缸壁上再混入机油中污染机油。

对于早期没加清净分散剂的润滑油来说,使用中颜色变黑的确是油品已严重变质的表现,但现代汽车使用的润滑油一般都加有清净分散剂,其目的是将黏附在活塞上的胶膜和黑色积炭洗涤下来,并分散在油中,减少发动机高温沉积物的生成,故润滑油使用一段时间后颜色容易变黑,但这时的油品并未变质。

3)按质换油

(1)换油指标。厂家推荐的换油期是经产品试验或参照同类产品确定的,它是以发动机安全运行为目的,并考虑不同工作条件和恶劣环境等情况,因此有较大的安全系数,偏于保守。有关专家发现,有的车辆换油期可以比推荐换油期延长 1~2 倍,因此根据汽车厂家推荐的时机换油有时会带来一定的浪费。比较经济、合理的换油方法是按质换油,即根据在用油品的某些指标变化程度来确定换油时间。

GB/ T 8028—2010《汽油机油换油指标》、GB/T 7607—2010《柴油机油换油指标》对车用机油的换油指标作了相应规定(表 12.4 和表 12.5)。

汽油机油换油指标 表 12.4

项　　目	换油指标	试验方法
100℃运动黏度变化率(%)	超过±25	GB/ T 265—1998《石油产品运动黏度测定法》、GB/ T 11137—1989《深色石油产品运动黏度测定法(逆流法)和动力黏度计算法》
水分(%)	大于 0.2	GB/ T 260—1977《石油产品水分测定法》
闪点(开口)(℃)	低于:单级油 165,多级油 150	GB/T 267—1988《石油产品闪点与燃点测定法(开口杯法)》或 GB/ T 3536—2008《石油产品闪点和燃点的测定(克利夫兰开口杯法)》

续上表

项　　目	换油指标	试验方法
酸值增加值(mgKOH/g)	大于2.0	GB/ T 7304—1987《石油产品和润滑剂中和值测定方法(电位滴定法)》
铁含量(mg/kg)	大于250	SH/ T 0197—1992《润滑油含铁量测定法》或SH/ T 0077—1992《润滑油中铁含量测定法(原子吸收光谱法)》
正戊烷不溶物(%)	大于2.0	GB/ T 8926—1988《用过的润滑油不溶物测定法》

柴油机油换油指标 表12.5

项　　目	换油指标	试验方法
100℃运动黏度变化率(%)	大于:CF-4、CH-4为±2.0,其余±25	GB/ T 11137—1989《深色石油产品运动黏度测定法(逆流法)和动力黏度计算法》
闪点(开口)(℃)	低于130	GB/ T 261—2008《闪点的测定(宾斯基－马丁闭口杯法)》
碱值下降率(%)	大于50	SH/ T　0251—1993《石油产品碱值测定法(高氯酸电位滴定法)》、SH/ T 0688—2000《石油产品和润滑剂碱值测定法(电位滴定法)》
酸值增值(以KOH计)(mg/g)(%)	大于2.5	GB/ T 7304—1987《石油产品和润滑剂中和值测定方法(电位滴定法)》
正戊烷不溶物(%)	大于2.0	GB/ T 8926—1988《用过的润滑油不溶物测定法(B法)》
水分(质量分数)(%)	大于0.20	GB/T 260－1977《石油产品水分测定法》
铁含量(μg/g)	大于:CC为200,其余为150	GB/T 17476—1998《使用过的润滑油中添加剂元素、磨损金属和污染物以及基础油中某些元素测定法(电感耦合等离子体发射光谱法)》、SH/T 0077—1991《润滑油中铁含量测定法(原子吸收光谱法)》
铜含量(μg/g)	CF-4、CH-4大于50	GB/T 17476—1998《使用过的润滑油中添加剂元素、磨损金属和污染物以及基础油中某些元素测定法(电感耦合等离子体发射光谱法)》
铝含量(μg/g)	CF-4、CH-4大于30	
硅含量(增加值)(μg/g)	CF-4、CH-4大于30	

(2)简易鉴别

对于缺少油品化验设备和化验人员的单位,可在油品接近厂家推荐的换油期时采用一些简易快速检测方法如斑点检测来判断油品质量变化情况,并可作经验鉴别。

①抽出发动机润滑油标尺，对着光亮处观察刻度线是否清晰。如润滑油呈深黑色，透过油尺上的油看不清刻线，泡沫多且用手指捻磨时没有黏稠感，则说明发动机润滑油过脏，需立即更换。

②油样清澈，呈红褐色，表明润滑油污染不严重。颜色浑浊或乳化，表明被水污染严重；油样放置一段时间，如上层颜色变淡，且呈现褐色，说明油料中的添加剂已经完全消失。若有“灼烧”气味或有焦煳异味时表示氧化严重。

③取出油底壳中的少许发动机润滑油，放在手指上搓捻。搓捻时如有黏稠感觉，并有拉丝现象，说明发动机润滑油未变质，仍可继续使用，否则应更换。

④在滤纸上滴一滴油底壳中的发动机润滑油，其在滤纸上还是呈现黄褐色，且油剂均匀地向周边扩散，油斑光滑且颜色均匀，则仍可使用。若油滴中心黑点小而且颜色较浅，周围黄色浸润痕迹较大，表明发动机润滑油还可以使用。若油滴中心黑点很大，呈黑褐色且均匀无颗粒，周围黄色浸润很小，说明发动机润滑油变质应更换。如果发现滤纸上有黑色粉末，说明机油内所含杂质过多，应立即更换。如果发现最外沿一圈颜色特别谈，那是润滑油乳化的表现，也应该及时更换。亦可与图谱对照，以确定润滑油的老化程度和添加剂的消耗。

⑤取油底壳中的少量发动机润滑油注入一容器内，然后从容器中慢慢倒出，观察油流的光泽和黏度。若油流能保持细长且均匀，说明发动机润滑油内没有胶质及杂质，还可以继续使用一段时间，否则应更换。

⑥将油滴滴在 110℃ 以上的铁片上，若有爆裂现象，则说明有 1% 以上的水分。

⑦用直径 5mm、长度 200mm 的玻璃试管 2 根，分别装入 190mm 高度的新润滑油与在用润滑油，同时用手指堵住管口，在相同温度下一起倒置，记录气泡上升时间，若两者相差 20%，则说明黏度不行，该换润滑油。

⑧取在用的机油 100g，倒进 200g 无铅汽油加以稀释，然后经滤纸过滤，将所留杂质干燥后，若质量超过 2g，则为杂质过多，应更换润滑油。

13 齿轮油与润滑脂

13.1 齿 轮 油

车用齿轮油是用于汽车齿轮传动系统的润滑油的总称。一般所说的汽车齿轮油是指变速器和驱动桥用润滑油。由于齿轮的轴线相对位置和齿形不同,在齿面啮合部分的接触应力和相对滑移速度有很大的区别,因此要求使用不同类型和品种的齿轮油。

13.1.1 作用

(1)降低齿轮啮合时的齿面摩擦,从而降低功率损失。

(2)降低齿轮啮合时的齿间磨损,保证齿轮装置正常运转和延长齿轮使用寿命。

(3)分散热量,有冷却作用。

(4)防止齿轮腐蚀和生锈。

(5)减少齿轮传动过程中的噪声、振动和冲击。

(6)冲洗污染物,特别是冲洗齿面上的固体颗粒,以免造成磨粒磨损。

13.1.2 分类

1)国内分类(使用性能分类)

我国车辆齿轮油的旧分类是按照原苏联标准分类的。普通齿轮油按 100°运动黏度分为 20 号、26 号、30 号 3 个牌号。双曲线齿轮油按 100℃运动黏度分为 18 号、22 号、26 号、28 号 4 个牌号。

目前,我国汽车齿轮油依照国家标准 GB 7631.7—1995《润滑剂和有关产品(L 类)的分类第 7 部分:C 组(齿轮)》规定,根据组成特性和作用要求按使用性能分为 3 类,即普通车辆齿轮油(CLC)、中等负荷车辆齿轮油(CLD)、重负荷车辆齿轮油(CLE),其产品名称、组成、特性、使用部位见表 13.1。

GL-5 重负荷车辆齿轮油性能评定关键在于通过 4 个苛刻的台架评定,即 L-33(湿气)防锈防腐蚀台架试验,L-37 低速高转矩齿轮台架试验,L-42 高速冲击负荷台架试验,L-60 或 L-60-1 热氧化安定性与清净性台架试验。

2)国外分类(质量级别分类)

国外汽车齿轮油大多按美国石油学会(API)分级方法分级,共有 5 个级别,其使用条件、对象，所用添加剂类型及相关标准见表13.2。

我国目前汽车齿轮油分类　　表13.1

代号	商品名称	组成、特性	作用部位	API代号
CLC	普通车辆齿轮油	精制矿物油加抗氧剂、防锈剂、抗泡剂和少量极压剂等制成	手动变速器、螺旋伞齿轮驱动桥	GL-3
CLD	中负荷车辆齿轮油	精制矿物油加抗氧剂、防锈剂、抗泡剂和极压剂等制成	手动变速器、螺旋伞齿轮和使用条件不太苛刻的准双曲线齿轮驱动桥	GL-4
CLE	重负荷车辆齿轮油	加剂类型和GL-4相同，但主剂加剂量增大1倍	操作条件缓和或苛刻的准双曲面齿轮及其各种齿轮的驱动桥，也可用于手动变速器	GL-5

国外目前汽车齿轮油分类　　表13.2

API规格	使用条件	使用对象	添加剂	相关标准
GL-1或GL-2	低压和低滑动速度	螺旋伞齿轮、蜗轮蜗杆、某些载货汽车车手动变速器	无极压剂、无摩擦改进剂	
GL-3	中等滑动速度和负荷	螺旋伞齿轮，少数手动变速器	低级压剂	
GL-4	滑动速度和负荷条件苛刻	双曲线齿轮，多数载货汽车轿车手动变速器	中、高极压剂，有的加摩擦改进剂	MIL-L-2105
GL-5	压力、冲击负荷和滑动速度等条件都非常苛刻	双曲线齿轮，许多载货汽车和轿车的手动变速器	高极压剂，有的加摩擦改进剂	MIL-L-2105B

国外车辆齿轮油规格有手动变速器油MT-1，后桥齿轮油API GL-5、MIL-L-2105E、PG-2。MT-1手动变速器油主要性能是具有良好的防腐性、热氧化安定性、密封材料适应性及抗磨耐久性，主要需进行Mack循环台架和L-60-1热氧化安定性与清净性台架试验评定。

3)黏度分类

齿轮轮油按100℃运动黏度和表观黏度为150 000mPa·s时最高使用温度规定，分为75W、75W/90、80W/90、85W/90、90、85W/140和140共7个黏度等级(牌号)。

齿轮油的低温表观黏度的测定是采用布氏黏度计(Brookfield)按ASTMD2983(GB/T 11145—1989)车用流体润滑剂低温黏度测定法(勃罗克费尔特

黏度计法)方法测定的动力黏度,以厘泊表示,表观黏度与后桥齿轮的低温流动性有关,通常用表观黏度为150 000mPa·s时最高使用温度来确定油品的黏度等级(牌号)。

目前广泛使用的黏度分类是美国汽车工程师协会(SAE)的SAE J306分类。单级油分为6个级号,即75W、80W、85W、90、140、250,其高、低温黏度见表13.3。

单级油按黏度分类 表13.3

SEA黏度等级	黏度为150 000mPa·s的最高温度(℃)	100℃运动黏度(mm^2/s)	
		最 小	最 大
75W	−40	4.1	—
80W	−26	7.0	—
85W	−12	11.0	—
90	—	13.5	<24.0
140	—	24.0	<41.0
250	—	41.0	—

国产汽车齿轮油黏度级号还没有统一规定,普通车辆齿轮油(GL-3)系专业标准SH/T 0350—92《普通车辆齿轮油》,有80W/90、85W/90、90等级号;中负荷车辆齿轮油(GL-4)系行业标准JT/T 224—2008《中负荷车辆齿轮油》,重负荷车辆齿轮油(GL-5)系国家标准GB 13895—92《重负荷车辆齿轮油》,各有75W/90、80W/90、85W/90等级号。

如果一种齿轮油能同时满足二个或二个以上黏度级号的油品称为多级齿轮油,其油品在宽温度范围内,既能在低温流动性方面达到低黏度齿轮油水平,又能在高温润滑方面达到高黏度齿轮水平。其表示方式为:××W/×××(即低黏度号+W/高黏度号),例如75W/90、85W/140等。多级齿轮油同时具有良好的低温起动性和良好的高温润滑性,并具有一定的节能效果,国外车辆齿轮油多为多级齿轮油。

"W"代表冬用,SAE70W、75W、80W、85W为冬用油:无"W"字则为非冬用油,90、140均为夏用油。××W/×××为冬夏通用齿轮油。市场上主要用到的是SAE75W/90、SAE85W/90、85W/140,该类油是冬夏通用油。

13.1.3 使用性能

1)润滑性和极压抗磨性

车用齿轮油应具有适宜的运动黏度,以保证形成较好的润滑油膜。汽车齿轮多处于混合润滑和边界润滑状态,主要是油性剂的油膜和极压抗磨剂的反应膜起作用，从而减小磨损量，防止高负荷条件下的齿面擦伤和烧结。

对于齿轮油的润滑性和极压抗磨性，其评定指标除运动黏度外，还要通过四球极压试验机或台架试验来评定。利用四球法在四球极压试验机上进行评定润滑油承载能力的模拟试验，通过试验确定润滑油的最大无卡咬负荷(PB)、烧结负荷(PD)和综合磨损值(ZMZ)等指标。

在试验条件下使钢球不发生卡咬的最高负荷，即为无卡咬负荷。它表示润滑油的油膜强度，在该负荷下摩擦表面间能保持完整的油膜。在该试验条件下，使钢球发生烧结的最低负荷，即为烧结负荷。它表示润滑剂的极限工作能力。综合磨损值等于若干次校正负荷的数学平均值，它表示润滑油从低负荷至烧结负荷整个过程的平均抗磨性能。

2)低温操作性和黏温性

对于低温操作性，除规定倾点、成沟点和黏度指数等指标外，还特别采用了“表观黏度达 150Pa・s时的温度”这一指标。在冬季严寒地区，要求汽车齿轮油在低温下保持必要的流动性，以保证轴承等零件的润滑和齿轮开始转动容易。汽车齿轮油的工作温度范围比较宽，因此不但要求低温时流动性好，而且高温时黏度值不能太小，即具有良好黏温性。

齿轮油的低温表观黏度采用布氏黏度计按 GB/T 11145—1989《车用流体润滑剂低温黏度测定法》的规定测定动力黏度，以 mPa・s 表示。表观黏度与后桥齿轮的低温流动性有关，用表观黏度为 150 000mPa・s 时最高使用温度来确定油品的黏度等级(牌号)。

成沟点是指在规定的试验条件下，试油成沟的最高温度。把容器内的试验油样在规定温度下放置 18h，然后用金属片将油切成一条沟，10s 后观察油的流动情况。若 10s 内试油流回并完全覆盖试油容器底部，则报告试样不成沟；否则，试样成沟。

3)热氧化安定性

汽车齿轮油抵抗高温条件下氧化的能力为其热氧化安定性。在 162℃高温下，强制氧化 50h 后，测定正戊烷不熔物、苯不溶物酸值和运动黏度等来评定。

4)抗腐蚀性和防锈性

抗腐蚀性的评定采用 GB/T 5096—1985《石油产品铜片腐蚀试验法》，防锈性评定采用 GB/T 11143—2008《加抑制剂矿物油在水存在下防锈性能试验法》。

5)使用性能评定试验

(1)极压性评定试验两种方法。

(2)四球法试验和台架试验。

(3)热氧化安定性试验。CRCL-60 台架试验主要评定汽车齿轮油氧化后的黏度增长及不溶物含量;CRCL-60-1 台架试验主要评价汽车齿轮油氧化后的积炭、漆膜及油泥情况。

(4)抗腐性和防锈性评定。

13.1.4 齿轮油的选用

选用汽车齿轮油,主要是确定其黏度级别和使用性能级别,以这两项指标选用合适的汽车齿轮油。

通常按汽车使用说明书的规定选择与该车型相适应的齿轮油品种和标号,还可以参照下列原则选油。

(1)根据季节选择齿轮油的标号(黏度级别的选择)。齿轮油标号 75W、80W、85W、90 号和 140 号分别适用于最低气温为−40℃、−20℃、−12℃、−10℃、10℃的地区,应对照当地冬季最低气温适当选用。

近年来,由于进口品牌的齿轮油在国内大量生产并销售,国内市场上出售的齿轮油基本上都使用国际标准的标号,即 SAE 黏度分级标号和 API 质量分级标号。按照国际标准为汽车选用齿轮油就可以保证汽车使用的要求。旧牌号国产齿轮油与 SAE 规格、API 规格对应关系及使用范围,详见表 13.4。

国产齿轮油与进口齿轮油的对应关系 表 13.4

国产齿轮油	使用范围	SAE(按黏度)	API(按质量)
20 号普通	冬季使用于一般汽车的齿轮传动装置上	SAE90	GL-2
30 号普通	长江以南地区全年,长江以北地区夏季,使用于一般汽车的齿轮传动装置	SAE140	GL-2
22 号渣油型双曲线	冬季使用于具有准双曲面齿轮传动装置	SAE90	GL-3
28 号渣油型双曲线	夏季使用于具有准双曲面齿轮传动装置	SAE140	GL-3
18 号馏分型双曲线	用于气温在−30～−10℃地区,具有准双曲面齿轮传动装置的汽车上	SAE90	GL-4
26 号馏分型双曲线	用于气温在 32℃以上地区,具有准双曲面齿轮传动装置的汽车上	SAE140	GL-4
13 号馏分型双曲线	用于气温在−35～−10℃严寒地区,具有准双曲面齿轮传动装置的汽车上	SAE85W	GL-5

GB/7631.7—1995《润滑剂和有关产品(L 类)的分类第 7 部分:C 组(齿轮)》列举了我国车辆齿轮油名称与 API(美国石油协会)汽车变速器与驱动桥润滑剂使用分类中各品种的对应关系,见表 13.5。

我国车辆齿轮油名称与API汽车变速器与驱动桥润滑剂使用分类中各品种的对应关系　　表13.5

我 国 油 名	API的品种
普通车辆齿轮油(SH/T 0350—92)	GL-3
中负荷车辆齿轮油(GL-4)	GL-4
重负荷车辆齿轮油(GL-5)(GB 13895—92)	GL-5

(2)根据齿轮类型和工况选择齿轮油(使用性能级别的选择)

对于一般工作条件下的螺旋锥齿轮主减速器(驱动桥)、变速器和转向器,可选用普通车辆齿轮油;主减速器是准双曲面齿轮的,必须根据工作条件选用中负荷车辆齿轮油或重负荷车辆齿轮油,具体选择方法请参考表13.6。车辆齿轮油质量级别和黏度级别对照见表13.7。

汽车齿轮油的选择　　表13.6

使用性能级别选择		黏度级别(或牌号)的选择	
性能级别	齿轮类型、工作条件和示例	黏度级别	使用气温范围(℃)
普通车用齿轮油(GL-3)	工作条件缓和的螺旋锥齿轮主减速器和变速器、转向器(解放CA1091后桥、变速器等)	90	−10℃以上地区全年通用
		80W/90	−30℃以上地区全年通用
		85W/90	−20℃以上地区全年通用
中负荷车用齿轮油(GL-4)	工作条件一般(齿间压力在3 000MPa以下,齿间滑移速度在8mm/s以下)的准双曲面齿轮主减速器(东风EQ1090)或要求使用GL-4齿轮油的进口汽车	90(旧18号)	−10℃以上地区全年通用
		旧7号严寒区双曲线齿轮油	−43℃以上严寒地区
		85W/90	−20℃以上地区全年通用
重负荷车用齿轮油(GL-5)	工作条件苛刻的准双曲面齿轮主减速器(丰田皇冠等进口轿车)或要求使用GL-5齿轮油的进口汽车	90	10℃以上地区全年通用
		140(旧26号)	重负荷、炎热夏季
		85W/90	20℃以上地区全年通用

车辆齿轮油质量级别和黏度级别对照　　表13.7

质 量 级 别	75W/90	80W/90	85W/90	85W/140	90	140
普通车辆齿轮油(GL-3)		●	●	●	●	●
中负荷车辆齿轮油(GL-4)	●	●	●	●	●	●
重负荷车辆齿轮油(GL-5)	●	●	●	●	●	●

13.1.5　简易鉴别

现代汽车对齿轮油的要求很高,齿轮油在使用中也必须严格按规定要求使用,否则会降低齿轮装置的使用寿命,甚至造成早期损坏。目前市售的车辆齿轮油伪劣产品很多，这些假冒伪劣齿轮油主要有两大特征：

(1)在基础油中加有渣油、沥青、劣质橡胶或润滑油等，这些成分热氧化安全性差，黏温性质差，储存时易析出。

(2)伪劣产品中的添加剂质量低下，多使用氯化石蜡，加量不够或配比不当，性能不好。伪劣车辆齿轮油产品颜色较黑，有时可以看到有分层或沉淀。这些伪劣油中含有氯元素，氧化后黏度增长率高，油泥和沉淀很多。

可根据上述特点辨别齿轮油的真伪。

13.1.6 按质换油

在实际使用中，车用齿轮油的换油期通常按行驶里程来决定，汽车生产厂家一般推荐传动齿轮油换油期为 2 个二级维护里程，或按冬夏季节更换油。润滑油厂商则要求行车 30 000～40 000km。有条件者则可根据具体车况，测定油品黏度、酸值、石油醚不溶物、铁含量、磷含量的变化，将换油期延至 50 000～80 000km。当然无根据延长换油期，会造成传动系统齿轮的损坏，特别是在条件恶劣的环境下，如矿山、高原等地区则应该缩短换油期。

普通车辆齿轮油换油标准按 SH/T 0475—1992《普通车辆齿轮油换油指标》相关规定执行。表 13.8 为车用齿轮油换油指标，达到其中一项指标即应换油。

车用齿轮油换油指标 表 13.8

项　目	换油指标	试验方法
运动黏度(100℃)变化率(%)	超过＋20～－10	GB 265—1988《石油产品运动黏度测定法和动力黏度计算法》
水分(%)	大于 1	GB 260—1977《石油产品水分测定法》
铁含量(%)	大于 0.5	SH/T 0197—1987《润滑油中铁含量测定法》
戊烷不溶物(%)	大于 2.0	GB/T 8926—1988《用过的润滑油不溶物测定法》

13.1.7 自动变速器油

自动变速器油简称 ATF(Automatic Transmission Fluid)，是专门用于自动变速器的油液。目前使用的自动变速器专用油液既是液力变矩器的传动油，又是行星齿轮结构的润滑油和换挡装置的液压油。

1)自动变速器的特点

汽车自动变速器中成功地采用自动变速器油来实现润滑、冷却、能量传递、温度控制及平滑自动咬合变速。汽车的自动变速器装置的结构与手动变速器有所不同，其结构大致由以下四部分组成。

(1)液力变矩器:用以把发动机传来的动力送到传动机构,它可以根据外界负荷的大小自动调节输出转矩和转速,在外界负荷剧烈变化时,对发动机起保护作用。

(2)湿式离合器和带式制动器:用以把液力变矩器传来的动力,传到齿轮组上。

(3)行星齿轮组:用以传输不同的转矩、速度、方向,以符合驾驶员的操作要求。

(4)液压控制系统:用以控制湿式离合器的操作进而控制行星齿轮间的配合,以获得进退方向和不同的运行速度。

自动变速器对润滑油摩擦系数及黏度有特殊要求,所以不能用其他油品代替,如果油品选用有误,可能会导致自动变速器摩擦片打滑磨损及散热不良造成齿轮磨损及变速器损坏。

2)ATF 的作用

ATF 主要有下列作用:

(1)通过液力变矩器将发动机动力传递给变速器。

(2)通过电控、液控系统传递压力和运动,完成对各换挡元件的操纵。

(3)冷却,将变速器中的热量带出传递给冷却介质。

(4)润滑,对行星齿轮机构和摩擦副强制润滑。

(5)清洁运动零件并起密封作用。

3)分类

国外 ATF 多采用美国 ASTM 和 API 共同提出的 PTF(Power Transmission Fluid,动力传递液)分类标准,将 PTF 分为 PTF1、PTF2、PTF3 三类,其规格及适用范围见表 13.9。

ATF 分类及适用范围 表 13.9

分类	符合的规格	适 用 范 围
PTF-1	通用汽车公司 GM DEXRON II,福特汽车公司 FORD M2C33-F,克莱斯勒 CHRYSLER MS-4228	轿车和轻型货车液力传动油
PTF-2	通用汽车公司 GM TRCK, COACH 阿里林 allisonC-2 C-3	重型货车和越野汽车液力传动油
PTF-3	约翰迪尔 John Deere J-20A,福特 FORD m2c1A,马赛—费格森 Mqssey-Ferugson M-1135	农业和建筑机械液力传动油

国产 ATF 的分类按 100℃运动黏度将 ATF 分为 6 号、8 号两种。6 号 ATF 是以深度精制的石油馏分加入抗氧、抗磨、防锈、抗凝、抗泡等添加剂调制而成,适用于内燃机车、载货汽车,接近于 PTF-2 级油;8 号 ATF 是以润滑油馏

分经脱蜡、深度精加工并加入增黏、降凝、抗氧、防锈、抗磨、抗泡等多种添加剂而制成，外观呈红色透明体，适用于各种具有自动变速器的汽车。

国产 ATF 与国外 ATF 的基本对应关系见表 13.10。

国内外分类的对应关系及适用范围 表 13.10

国外分类	国内分类	适用范围
PTF-1	8	轿车和轻型货车液力传动油
PTF-2	6	重型载货货车，越野汽车，工程机械液力传动油
PTF-3		农业和建筑机械液力传动油

4)组成

ATF 的基础油是从石蜡基原油中提炼出来的，简称矿物油(约占 90%)。但由于基础油固有的特性(局限性)，必须添加各种类型的添加剂以适应各种工况的要求(约占 10%)，才能满足变速器的正常使用，故此又衍生出各种合成油 ATF。合成油 ATF 的温度适应性更广，抗氧化能力更强，使用寿命更长，综合性能更好。

随着现代汽车工业的不断发展，对 ATF 的使用要求越来越高，要求其包含的功能主要有减少摩擦、减少磨损、降低工作温度、耐高低温、防腐、防锈、清洗、动力传动、防振、密封、导热、绝缘等，并且为了加强基础油某些方面的性能，赋予基础油某些并不具备的特性，于是在 ATF 液里添加了多种多样的添加剂，包括：抗氧化剂、清洁剂、分散剂、倾点抑制剂、黏指改进剂、抗泡剂、摩擦改进剂、金属减活剂、抗乳化剂、腐蚀抑制剂、极压添加剂等，含有各种添加剂的 ATF 比比皆是，其性能也是各有所长。

5)性能

ATF 的性能主要体现在它的物理指标上，包括黏度指数、闪点、倾点等，具体如下。

(1)适当的黏度。ATF 的使用温度为 －40～170℃，范围很宽，又因自动变速器对其工作油的黏度极其敏感，所以黏度是 ATF 重要的特性之一。不同种类变速器所需要的 ATF 黏度也不相同，因此不能随意地更换所使用 ATF 的标准油，避免由于 ATF 黏度与自动变速器黏度要求不适应，导致出现不良反应。当使用 ATF 的黏度偏大时，不仅影响变矩器的效率，而且可能造成低温起动困难；当使用 ATF 的黏度偏小时，会导致液压系统的泄漏增加。特别是变速器在高速工作时，铝制件膨胀量大，此时黏度小则可能引起换挡不正常。

(2)良好的热氧化安定性。氧化安定性直接决定着 ATF 的使用寿命和自动变速器的使用寿命。ATF 的使用温度很高，如果热氧化安定性不好，就会导致形成油泥、清漆、积炭及沉淀物等，从而造成离合器片和制动片打滑、控制系统失灵等故障。

美国专业公司测定了出租轿车和自用小轿车自动变速器中的油温。自用车在高速公路上的油温为82.2～87.8℃，而出租车在市内停停走走时的油温更高，一般在93.3～111.7℃之间。由于亚洲路况、驾驶因素等影响，可能有一定差别。但据科学估计，其ATF油温保持在100℃左右，极端情况下可能会达到150℃，而在离合器片表面温度可达393℃。因此，亚洲车辆自动变速器的工作状况更为恶劣。

(3)良好的抗泡沫性。ATF产生泡沫对于传动系统危害很大，这是由液力自动变速器油的工作性质所决定的。目前，普遍采用的液力变矩器和变速器是同一油路系统供油的。因此，它既是变矩器传递功率的介质，又是变速器自动控制的介质和润滑冷却的介质。泡沫可导致变矩器传递功率下降，泡沫的可压缩性导致液压系统压力波动和油压下降，严重时可使供油中断。油中混入大量空气，实际是减少了润滑油量。这些气泡在压缩过程中，温度升高，又加速了油品老化，影响了油品使用寿命，且导致机件早期磨损。

(4)良好的抗磨性能。只有良好的抗磨性能才能保证：

①行星齿轮中各齿轮传动的需要。

②离合器片工作效能的需要。

③自动变速器寿命的需要。

(5)与系统中橡胶密封材料的匹配性好。目前，自动变速器中多使用的是丁腈橡胶、丙烯橡胶及硅橡胶等，要求ATF使其不能有太明显的膨胀，也不能使之硬化变质。

(6)良好的摩擦特性(换挡性能)。这是保证传动齿轮各件工作平顺的关键，并能降低噪声，延长寿命。

(7)防腐(防锈)性能优良。在传动装置和冷却器中安装有铜接头、黄铜轴承、黄铜过滤器及止推垫圈等部件。这些部件中均含有大量的有色金属，因此ATF必须要保证不会引起铜腐蚀和其他金属生锈。

(8)储存安定性优良。ATF在一定温度范围内和一定时间应该保证均相，且没有分解，而且是ATF各成分不应该出现分层或析出等现象。

6)选用

应按照车辆使用说明书的规定，选用适当品种的自动变速器油。轿车和轻型货车应选用8号油。进口轿车要求用GMA型、A-A型，或DEXRON型自动变速器油的均可用8号油代替。重型货车、越野汽车、工程机械的液力传动系统应选用6号油。

7)更换

未及时更换旧自动变速器油的油泥积炭会形成磨料磨损，从而加大各摩擦片及各部件的磨损，降低各部件的寿命；其次，脏油中的油泥积炭会使各阀体油管中的油流动不畅，影响动力传递，从而使自动变速器提速慢或失速，严重时会使某个挡位无油压致使烧片；再次，脏油还会使各缸之间的密封胶圈过早老化，使各缸卸油油压受影响，也会造成提速慢、失速等故障，严重时也会导致各摩擦片打滑、烧片。

自动变速器达到规定行驶里程或一年以上必须更换全部油液，同时还应更换 ATF 滤清器及油底壳垫片。换油时必须使用规定型号的 ATF。具体换油里程、换油方法、用油规格须依厂家维修手册规定。

8)注意事项

(1)定期检查。ATF 不仅可以起到润滑、降温的作用，更主要的是可传递发动机与变速器之间的动力。其工作温度一般在 120℃左右，因此对油的质量要求很高，并且必须保持清洁。要经常检查 ATF 液位是否正常。

其检查方法与发动机油不一样。检查时，需要将油预热到 50℃左右，再将挡位杆在各挡位停留片刻后置于停车挡，这时油尺相对应的正常油面应位于最高与最低线之间；如液位太低，应及时添加相同品质的油品。

(2)正确换油。大多数情况下，更换自动变速器油时，卸下自动变速器油底壳的螺塞来放掉旧油再加入新油，这样只能换上一小部分的新油，而还有大部分的旧油仍残留在变速器内。如果以拆卸油底壳的方式进行换油，则可以换掉 70%的油，这样才能较好地保证换油质量。目前较好的换油方法是动态换油，采用专用的变速器清洗设备，将旧油充分循环、排放干净后，再加入新油，从而使换油率高达 90%以上。

9)由 ATF 引起的常见故障

由 ATF 引起的常见故障有：冲击、打滑、油温高、烧片、换挡不顺。

13.2 润　滑　脂

汽车润滑方式有压力润滑、飞溅润滑、润滑脂润滑三种。润滑脂润滑是通过润滑脂嘴定期加注润滑脂来润滑零件的工作表面，如万向节轴承、轮毂轴承等。

润滑脂是根据其用途选用不同皂基加入适量的润滑油构成的，可以形象地理解成像一块吸满润滑油的海绵。润滑油与润滑脂的主要用途都是润滑，但润滑脂更适合于低转速、宽温度范围、苛刻环境、长换油周期等条件下的润滑。

车辆上使用的润滑脂大都为皂基润滑脂，如钙基脂、锂基脂、铝基脂及复合锂基脂等。而综合润滑脂的性能要求如抗水性、极压抗磨性、机械安定性、氧化安定性等，锂基脂和复合锂基脂的优点是比较明显的。20 世纪 70 年代以前，我国汽车通常选用钙、钠基脂。20 世纪 90 年代以后，民用车已将钙基脂全部改用锂基脂。

13.2.1 特点

润滑脂在常温下可附着于垂直表面不流失，能在敞开或密封不良的摩擦部位工作，具有其他润滑剂所不可替代的特点。与润滑油相比具有以下优点：

(1)在金属表面具有良好的黏附性，不易流失；在不易密封的部位使用可简化润滑系统的结构。

(2)抗碾性。在高负荷具冲击负荷作用下，仍有良好的润滑能力。

(3)润滑周期长，不需经常补充、更换，而对金属部件具有一定的防锈性，相对降低了维护费用。

(4)适用的温度范围和工作条件较宽。

(5)具有黏滞性大、运转阻力大、流动性差、冷却清洗作用差、固体杂质混入后不易清除以及加脂、换脂比较困难等缺点。

13.2.2 组成

润滑脂主要由基础油、稠化剂、添加剂及填充剂组成。其中，基础油占85%～87%，稠化剂占10%～13%，剩下的是添加剂和填充剂。

(1)基础油：润滑脂的基础油主要是矿物油和合成油两大类。合成油用于制造特种用途的润滑脂。在润滑脂的组成中，基础油所占的比例最大。润滑脂的许多重要性质，都是由所用基础油的性质决定的。

(2)稠化剂：润滑脂的稠化剂主要是高级脂肪酸的金属皂。稠化剂分散在基础油中并形成润滑脂的结构骨架，使基础油被吸附和固定在结构骨架上。润滑脂的抗水性及耐热性由稠化剂决定。用于制配润滑脂的稠化剂分为皂基稠化剂(即脂肪酸金属盐)和非皂基稠化剂(烃类、无机盐的有机类)两大类。90%的润滑脂是用皂基稠化剂制成。

(3)添加剂：润滑脂中加入各种添加剂的目的，是为了改善润滑脂的某些特性，提高其使用性，延长使用寿命。一类添加剂是润滑脂特有的，称胶溶剂，它使油皂结合更加稳定，如甘油与水等。润滑脂中一旦失水，其结构就完全被破坏，不能成脂；另一类添加剂和润滑油中的一样，如抗氧、抗磨和防锈剂等，用量比润滑油多。

(4)填充剂：为了提高润滑脂在使用时的机械强度，有时添加某些填充剂，最常用的有石墨、二硫化钼、氮化硼等。

13.2.3 分类

(1)按组成分类：润滑脂按其所含稠化剂的组成分为皂基脂和非皂基脂。其中皂基脂又分为单皂基脂、混合皂基脂和复合皂基脂；非皂基脂分为巨脲、膨润土和凡士林。

(2)按润滑脂的用途分类：车用润滑脂可分为轮毂用脂、万向节用脂、轴承用脂等。

(3)GB 7631.8 分类。

GB 7631.8—1990《润滑剂和有关产品(L 类)的分类第 8 部分：X 组(润滑脂)》规定了各种设备、机械部件、车辆等所有种类的润滑脂分类，其要点如下。

①在该标准的分类体系中，一种润滑脂仅有一个代号，这个代号应与该润滑脂在应用中的最严格操作条件(温度、水污染和负荷等)相对应。

②X 组的分类是根据润滑脂应用的操作条件确定的。

③一种润滑脂完整标记应包括以下几部分：

a. L 为润滑剂和有关产品的类别代号。

b. 每一种润滑脂用一组(5 个)大写字母组成的代号来表示，每个字母及其在该构成中的书写顺序都有特定含义(表 13.11)。

X 组润滑脂的分类 表 13.11

代号字母(字母1)	总的用途	使用要求									标记
		操作温度范围				水污染③	字母4	负荷EP	字母5	稠度	
		最低温度①(℃)	字母2	最高温度②(℃)	字母3						
X	用润滑脂的场合	0 −20 −30 −40 <−40	A B C D E	60 90 120 140 160 180 >180	A B C D E F G	在水污染的条件下，润滑脂的润滑性、抗水性和防锈性	A B C D E F G H J	在高负荷或低负荷下，表示润滑脂的润滑性和极压性，用 A 表示非极压型脂；用 B 表示极压型脂	A B	可选用如下稠度号： 000 00 0 1 2 3 4 5 6	一种润滑脂的标记是由代号字母 X 与其他 4 个字母及稠度等级号联系在一起来标记的

注：①设备起动或运转，或者泵送润滑脂时，所经历的最低温度。

②在使用时，被润滑部件的最高温度。

③见表 13.12。

润滑脂稠度等级 表 13.12

稠度等级	工作锥入度(60次/0.1mm)	稠度等级	工作锥入度(60次/0.1mm)
000	445～475	3	220～250
00	440～430	4	175～205
0	355～385	5	130～160
1	310～340	6	85～115
2	265～295		

④举例。

某润滑脂标记为:L-XBEGB 00,表示其在下述条件下使用。

最低操作温度:－20℃;

最高操作温度:160℃;

环境条件:经受水洗;

防锈性:不需要防锈;

负荷条件:高负荷;

稠度等级:00。

13.2.4 作用

润滑脂的主要作用是润滑、保护和密封。绝大多数润滑脂用于润滑,称为减摩润滑脂,还有一些润滑脂主要用来防止金属生锈或腐蚀,称为保护润滑脂:另有少数润滑脂专作密封用,称为密封润滑脂。润滑脂的产量仅为润滑油的5%左右,但是其用途很广,品种也达数百种之多。

13.2.5 指标

1)锥入度

润滑脂的锥入度表示在规定的负荷、时间和温度条件下,锥体刺入试料的深度,其单位以0.1mm表示。锥入度越高,稠度越小;反之,稠度越大。锥入度的大小取决于稠化剂的种类、浓度和分散状态,而与基础油黏度无直接关系。

2)滴点

润滑脂规格中重要质量指标之一,在一般情况下,润滑脂在规定的试验条件下由半固态变为液态时的温度,就是它的滴点。滴点越高,其耐热性越好。

3)稠度

稠度是在规定的剪力或剪速下,测定润滑脂结构体系变形程度以表达体系的结构性,是一个与润滑脂在所润滑部位上的保持能力和密封性能,以及与润滑脂的泵送和加注方式有关的重要性能指标。某些润滑点之所以要使用润滑脂，就是因为其有一定的稠度，从而使其具有一定的抵抗流失的能力。不同稠度的润滑脂所适用的机械转速、负荷和环境温度等工作条件不同。

4)黏度

润滑脂通常用表观黏度或相对黏度来表示，在说明润滑脂的黏度时，必须指明温度和剪切速度。可采用相似黏度指标来控制其低温流动性和泵送性。

5)极压性

涂在相互接触的金属表面间的润滑脂所形成的脂膜，能承受来自轴向与径向的负荷的能力，即脂膜具有的承受负荷的特性。在苛刻条件下使用的润滑脂常添加有极压剂，以增强其极压性。在基础油中添加了肥皂基稠密化剂，可增强润滑脂的极压性。

6)抗磨性

指润滑脂通过保持在动部件表面间的油膜，防止金属间磨损的能力。润滑脂中的稠化剂本身就是油性剂，具有较好的抗磨性。苛刻条件下使用的润滑脂，加有二硫化钼、石墨等减磨剂和极压剂，有较强的抗磨性。

7)抗水性

指在水中为溶解、不从周围介质中吸收水分和不被水洗掉等的能力。润滑脂吸收水分后，会使稠化剂溶解而致滴点降低，引起腐蚀，从而降低保护作用；有些润滑脂吸收空气中的水分后还会变硬，逐步失去润滑能力。润滑脂的抗水性取决于稠化剂的抗水性与乳化性。

8)触变性

润滑脂所具有的最基本的特性，就是触变性。当施加一个外力时，润滑脂逐渐变软，表现黏度降低，但是一旦处于静止，经过一段时间后，稠度再次增加(恢复)，这种特性即为触变性。

9)防腐性

润滑脂阻止与其相接触金属被腐蚀的能力。稠化剂和基础油本身不会腐蚀金属材料，但氧化产生的酸性物质会腐蚀金属材料。

10)蒸发性

润滑脂的蒸发性表示润滑脂在高温条件下长期使用时，润滑脂油分子挥发的程度，蒸发性越小越好。蒸发性主要取决于润滑油的性质和馏分组成。

11)强度极限

润滑脂的强度极限是指引起试样开始流动的所需最小切应力，又称急切应力。润滑脂强度极限是温度的函数，温度越高，脂的强度极限越小；温度降低，脂的强度极限变大。它的大小取决于稠化剂的种类与含量，和制脂工艺条件也有一定的关系。

12)低温流动性

衡量润滑脂低温性能的重要指标之一是低温转矩，即在低温下(－20℃以下)润滑脂阻滞低速流动轴承转动的程度，润滑脂的低温转矩由起动转矩和转动60min后转矩的平均值表示。润滑脂的黏温特性要比润滑油复杂，因为润滑脂结构体系的黏温特性还要随剪力的变化而改变。

13)高温性能

温度对于润滑脂的流动性具有很大影响，温度升高润滑脂变软，使得润滑脂附着性能降低。温度较高时还会使润滑脂的蒸发损失增大，氧化变质与凝缩分油现象严重。高温性能好，可在较高的使用温度下保持其附着性能。其评定指标为滴点、蒸发度等。

14)胶体安定性

润滑脂的胶体安定性是指润滑脂在一定温度和压力下保持胶体结构稳定，防止润滑油从润滑脂中析出的性能，也就是润滑脂抵抗分油的能力。通常把润滑脂析出的数量换算为质量分数来表示。润滑脂的胶体安定性反映出润滑脂在长期储存中与实际应用时的分油趋势。如果润滑脂的胶体安定性差，则在受热、压力、离心力等作用下发生严重分油，导致寿命迅速降低，并使润滑脂变稠变干，失去润滑作用。

15)氧化安定性

氧化安定性是指润滑脂在长期储存或长期高温下使用时抵抗热和氧的作用，保持其性质不发生永久变化的能力。由于氧化，往往发生游离碱含量降低或游离有机酸含量增大，滴点下降，外观颜色变深，出现异臭味、稠度、强度极限，相似黏度下降，生成腐蚀性产物和破坏润滑脂结构的物质，造成皂油分离。因此，在润滑脂长期储存中，应存放在干燥环境中，阻止阳光暴晒，并应定期检查游离碱或游离有机酸、腐蚀性等项目的变化，以保证其质量和使用性能。

16)机械安定性

润滑脂在机械工作条件下抵抗稠度变化的能力，也称剪切安定性。机械安定性差的润滑脂，使用中容易变稀甚至流失，影响脂的使用寿命。

13.2.6 锂基润滑脂

1)通用锂基润滑脂

通用锂基润滑脂是由12-羟基硬脂肪酸锂皂稠化中等黏度矿物油，并加入防锈添加剂制成。其性能特点为：

(1)具有良好的抗水、防锈能力，可以在潮湿和与水接触的机械部件上使用。

(2)有良好的机械安定性和胶体安定性，在高速运转的机械剪切作用下，润滑脂不会变稀或流失。

(3)耐热性好，滴点高，可在较高温度条件下使用。

通用锂基润滑脂按锥入度分为1、2、3三个牌号。1号适用于集中润滑给脂；2号适用于轮毂轴承、中小型电动机、水泵等；3号适用于轮毂轴承和大中型电动机。

2)合成锂基脂

合成脂肪酸由锂皂稠化中等黏度的矿物油，并添加抗氧剂制成，按锥入度分为ZL-1H、ZL-2H、ZL-3H、ZL-4H四个牌号。其性能特点为：

(1)有一定的抗水性，用在潮湿和与水接触的机械部件上，抗水性比锂基脂略差。

(2)有较好的机械安定性，但比锂基脂略差。

(3)滴点高，耐热性好。

合成锂基脂有多用途、长寿命的特点，适用于工作温度在－20～120℃范围内的滚动、滑动摩擦部位的润滑。

3)二硫化钼极压锂基润滑脂

二硫化钼极压锂基润滑脂是由12-羟基硬脂酸锂皂稠化精制矿物，并加有防锈剂、极压抗磨剂等添加剂和二硫化钼粉制成，具有良好的高、低温性能，机械安定性，胶体安定性，氧化安定性，抗水性和防锈性，极压性和抗磨性。

二硫化钼极压锂基润滑脂按工作锥入度分为0号、1号和2号三个牌号，适用于汽车重负荷轴承的润滑，可有效地防止卡滞和烧结。

13.2.7 选用

根据汽车使用说明书的规定，选用与用脂部位工作条件相适应的润滑脂品种和牌号。选用依据如下。

1)温度

温度对润滑脂的影响很大，选择润滑脂时，必须注意各品种润滑脂的使用温度。环境温度高和机械运转温度高的，应选用耐高温的润滑脂，一般润滑脂的使用温度都应低于其滴点20～30℃。一般锂基润滑脂可耐120℃左右的使用温度，短时间可耐180℃的高温；而合成脂可耐更高温度(滴点在300℃以上)。一般车辆轮毂轴承的润滑选用2号、3号汽车通用锂基脂及复合锂基脂即可。

2)转速

高速运转的机件温升高，温升快，易使润滑脂变稀而流失，使用时应选用稠度较大的润滑脂。

3)负荷

根据负荷选用润滑脂是保证润滑的关键之一。负荷大应选用锥入度小、稠度大的极压润滑脂；负荷小时，选用锥入度大、较软的润滑脂，便于形成完整的油膜，避免摩擦阻力过大，损耗动力过多。如一些大型载重货车、严重超载车辆的轮毂轴承应选用极压性、机械安定性较好的润滑脂，如选用3号极压复合锂基脂或合成润滑脂。

4）特殊部位的要求

机械工作环境不同，应选用不同的润滑脂，在潮湿环境下应选用抗水性好的润滑脂；在酸性环境下可选用烃基脂；外面有密封护套时，像轿车等速联轴节CVJ，应选用与外面密封件相容性好的润滑脂。

13.2.8 汽车润滑点

润滑脂遍布在汽车发动机、底盘、车身和电器的100多个部位，200多个润滑点。汽车底盘包括传动系、行驶系、转向系、制动系四大部分。底盘是汽车应用润滑脂部位最多的地方，也是用量最大的地方。目前汽车用脂部位及所用润滑脂品种见表13.13。

目前汽车用脂部位及所用润滑脂品种 表13.13

用脂部位	润滑脂品种
轮毂轴承、底盘	复合锂基润滑脂、锂基润滑脂
传动轴及CVJ	聚脲基润滑脂、MoS_2 极压锂基润滑脂、极压复合锂基润滑脂
发动机张紧轮水泵轴承	复合锂基润滑脂、锂基润滑脂
交流发电机轴承	聚脲基润滑脂、复合磺酸钙基润滑脂
轴承电磁离合器轴	复合锂基润滑脂

1）车轮轮毂轴承

车轮轮毂轴承因对润滑脂的性能要求与底盘其他部位不同，润滑脂的耗量也很大，所以轮毂轴承用润滑脂被单独列为一类。汽车轮毂轴承对润滑脂的要求如下。

(1)耐热性。汽车在一般车速和路况下，轮毂轴承的负荷和温度都不高，但在山区下坡道或车速过快制动时制动鼓的摩擦热会传到轴承，温度能达130～150℃，因此需要润滑脂具有优良的高温性能。

(2)剪切安定性。汽车轮毂轴承润滑脂在车轮的高速运转中遭受强烈的机械剪切，要求润滑脂长时间使用不软化流失。如果润滑脂在使用中因剪切而软化严重，就会流失。同时还要求润滑脂的触变性好，汽车停驶后，润滑脂有一定的自复性，否则也会导致润滑脂软化流失。

(3)抗水性和防锈性。汽车户外行驶受天气情况、路况影响，润滑脂不可避免地与雨水、尘土接触，所以要求润滑脂具有良好的抗水性和胶体安定性及优良的防锈性，不致因水污染而使胶体结构破坏，仍能保持其润滑性。

(4)低温性。汽车行驶范围很大,在严寒区行驶时,要求润滑脂具有理想的低温转矩,以满足低温润滑的需要。普通润滑脂低温性能太差,应选用寒区多效润滑脂,如合成油脂。

(5)极压抗磨性。汽车在行驶过程中受车速、路况和超载影响,易产生摩擦、磨损,要求润滑脂具有一定的抗磨性和耐极压性。载质量为5t以上的汽车应使用极压润滑脂。

(6)抗氧化、长寿命。汽车行驶或制动时产生的摩擦热使润滑脂较长时间处在较高的温度下,加速润滑脂的氧化,影响润滑脂和轴承的使用寿命,所以要求润滑脂抗氧化好,以延长使用寿命。

(7)黏附性。汽车轮毂轴承润滑脂为适应车辆运行高速化需要,提高了润滑脂的基础油黏度并添加增黏剂以改善润滑脂的黏附性。

汽车轮毂轴承推荐用润滑脂:汽车锂基润滑脂、复合锂基润滑脂、聚脲润滑脂等。载质量为5t以下的普通车辆使用通用汽车锂基脂、MP-3等锂系列产品。载质量为5t以上及大型客车应使用极压复合锂系列(HP)等产品。

2)汽车万向节

近年来,汽车万向节尤其是等速万向节的发展,对润滑脂性能提出了更高的要求。

轿车等速联轴节CVJ用润滑脂特点如下。

(1)高、低温性。由于前轮驱动轿车(FF车)和四轮驱动轿车(4W车)的高转矩、CVJ的小型轻量化,运转中的CVJ内部摩擦产生热量不能及时散发,另外受外界气温影响,在寒冷地区要求有良好的起动性,保证低温时操纵灵活,所以CVJ对润滑脂高、低温性要求很高。

(2)耐振动和抗磨性。等速联轴节由于内部产生摩擦力并受行驶中路况、载荷的影响,要求润滑脂具有良好的耐微动磨损性和极压抗磨性,一般为加入MoS_2的锂基润滑脂、极压复合锂基润滑脂、聚脲润滑脂等产品。

(3)良好的橡胶相容性。CVJ采用橡胶套,相容性差的润滑脂会造成橡胶套的膨胀、歪斜、扭曲甚至破损,造成进水、进杂质而使CVJ早期失效,要求润滑脂与橡胶有良好的相容性。

(4)使用寿命长。CVJ润滑脂要求具有与配件一致的寿命。

除以上要求外,还应具有优良的机械安定性、抗水性、防锈性以及低噪声等。

十字轴万向节传动装置简称传动轴,主要用于载重车、客车、商务车等车型较大车种的动力传输,连接于变速器的输出轴与驱动桥输出轴之间,相邻两轴最大交角为15°~20°,根据结构不同可分为内卡性、外卡性等十几种。由于该部位零件较小承载力大、转动频率高,同时承受径向力,使用条件苛刻,要求润滑脂具有极好的抗磨性、极压性,良好的高低温性能,优异的抗水性能,较好的黏附性,与密封圈能很好相容。

3)离合器

离合器踏板、离合器分离叉、制动踏板轴承都需要润滑，由于离合器轴承周期性运动，易受外界水、尘埃等污染，需良好的极压性、抗水性；高温部位的离合器还需具有良好的耐高温性，抗剪切。随着汽车可靠性和舒适性的要求越来越高，对离合器轴承的可靠性和低噪性要求也越来越高，要求润滑脂的使用寿命长，具有良好的润滑性和减振性能。

4)变速器

变速器是汽车传动系的主要传动机构，在变速器中，齿轮、轴承及各轴均采用飞溅式润滑。变速器外操纵机构各连接铰链需要耐高温、黏附性好的长寿命润滑脂润滑。

5)悬挂装置

汽车有前后悬挂装置多采用钢板弹簧。钢板弹簧片与片之间需要润滑防护，此部位易与水、泥土接触，要求润滑脂具有良好的抗水和极压抗磨性能。

6)动力转向系

汽车转向系由转向器、转向操纵机构、转向传动机构组成。在转向过程中，各部件之间摩擦磨损严重，需加注抗磨润滑脂。

7)制动系

汽车制动系由制动器、制动踏板、手制动操纵阀、空压机、储气筒、感载阀等组成，需要耐温好、有一定极压性的润滑脂。

8)悬挂及球头

要求抗磨及低温性优良，抗磨性良好，同时与橡胶具有良好的相容性。

13.2.9 注意事项

(1)按使用说明书规定及时向各润滑点注脂。

(2)轮毂轴承润滑脂使用到严重断油、分层或软化流失前必须更换。

14 车用液体

14.1 制动液

汽车制动液又称刹车油(液),是用在汽车液压制动系统和汽车离合器的液压操纵系统中传递压力的介质,是使汽车产生制动或令离合器分离的一种特殊液体。汽车制动的可靠性和稳定性是汽车安全行驶十分关键的条件。由于制动,摩擦生热增加,制动液升温很快。因此,要求制动液沸点高、吸湿性小,蒸发性要低,以防气阻;同时还要对制动系统的金属不腐蚀,对橡胶不发生溶胀,低温性能好等。

14.1.1 分类与成分

就原料来源而言,汽车制动液一般分为醇型、矿油型、合成型三类。

1)醇型制动液

醇型制动液的基本组成是蓖麻油 45%~55%和醇 55%~45%(质量分数)进行调配,这类产品润滑性好,原料易得,低温黏度大,工艺简单,但低温性能差,平衡回流沸点低,易产生气阻,与水互溶性差,使用过程中易氧化变质,不能保证安全行车,我国于 1990 年 5 月就已淘汰。

2)矿油型制动液

矿物油制动液的基础油是经深度脱蜡后的柴油,并加入增黏剂、抗氧化剂、防锈剂、染色剂等调和而成。这类制动液的低温性能好、温度适应范围宽,可在-50~150℃的温度范围内使用,对金属无腐蚀作用。但不能与水及合成制动液混溶,进入少量水后在高温下水汽化而产生气阻,影响制动效果;对天然橡胶有溶胀作用,必须使用耐油橡胶密封件,在使用该类制动液以前应将制动系统的所有皮碗、软管更换成耐油橡胶制品,以免受到腐蚀而使制动失灵。

3)合成型制动液

合成型制动液是目前使用最多的制动液,可分为醇醚型、酯型和硅型三类。

(1)醇醚型制动液由润滑剂、稀释剂和添加剂组成,常用的润滑剂有乙二醇、聚丙二醇、环氧乙烷加成物、环氧丙烷的聚合物等,常用的稀释剂有二甘醇醚、三甘醇醚,四甘醇醚等。常用的添加剂有抗氧剂、抗腐蚀剂、防锈剂、抗磨剂、pH 值调整剂等。产品性能较为稳定,成本较低,用量最大。其缺点是平衡回流沸点不太高,吸水性强,低温性能差,而且在湿热气候条件下使用时,制动器部件易锈蚀。

(2)酯型制动液的基础液为羧酸酯与硼酸酯,加入量(质量分数)为总量的20%～50%,常用的稀释剂为聚乙二醇的单烷基醚等,常用的添加剂有抗氧化剂、抗腐蚀剂、pH值调整剂等。性能比前者有很大改善。

(3)硅型制动液一般为烷撑聚醚硅酸酯如聚烷撑乙二醇硅酸酯等,并加有橡胶抗溶胀剂和其他添加剂。这类制动液性能较好,但价格昂贵。

合成型制动液工作温度范围宽,黏温性好,对橡胶和金属的腐蚀作用均很小,故适合于高速、大功率、重负荷和制动频繁的汽车使用,我国从1999年起要求强制生产和使用合成型制动液,具体型号车辆使用手册会标明,在汽车的制动液加注口上面或旁边也会有明显的标注。

14.1.2 性能要求

1)平衡回流沸点温度高,蒸发度低

现代汽车因车速的不断提高,行驶时的制动次数越来越频繁,由此产生的大量摩擦热使制动系统的温度升高,有时可高达150℃以上。如果选用沸点低的制动液,在温度升高时,会由于制动液的蒸发使得局部制动系统的管路中形成蒸气,从而产生气阻,使压力传递效率下降,导致制动失灵。

2)合适的高温黏度和低温黏度

制动液要具有合适的高温黏度和低温黏度,既要保证必要的润滑性,使制动缸和皮碗之间能很好滑动,又要有较低的凝点使之在低温状态下仍具有良好的流动性,从而使制动更加灵活可靠。

3)一定的溶水性、质量稳定

汽车制动系统难免被少量水污染,醇醚型制动液的醇醚本身吸水性较强,在南方多雨季节和沿海地区对水的吸入是难免的。这就要求制动液能够把外来的少量水分完全溶解吸收,且不会因此产生分层、混浊、沉淀或显著改变原来的性质。

4)制动液与橡胶的匹配性

汽车液压制动系统中有许多橡胶密封件长期浸泡在制动液中,易造成机械强度降低,体积和质量发生变化,以致失去密封作用,引起制动失灵。因此,制动系统内的橡胶皮碗在使用中的形状、尺寸和机械强度的变化必须保持在一定限度内,在各种温度下都能有效地密封而不翻碗,这就要求制动液不能溶蚀橡胶,不能使橡胶皮碗过于软化和溶胀。

5)抗腐蚀性

制动系统的配件是由多种金属组成的,对化学腐蚀极为敏感,加之制动液具有一定的溶水性和醇酯自身的吸湿性,更增加了腐蚀倾向。所以制动液必须采用多种添加剂复合平衡，有效地控制 pH 值使其呈微碱性，提高抗腐蚀能力。

14.1.3 GB 12981—2012《机动车辆制动液》

GB 12981—2012《机动车辆制动液》按机动车辆安全使用要求分为 HZY3、HZY4、HZY5 三种产品，它们分别对应国际通用产品 DOT3、DOT4、DOT5 或 DOT5.1。适用于以丁苯橡胶或乙丙橡胶作为密封件、皮碗或双唇型密封材料的机动车辆液压制动系统(表 14.1)。

机动车辆制动液的技术要求 表 14.1

项目	质量指标			试验方法
	HZY3	HZY4	HZY5	
外观	无沉淀及悬浮物，清澈透明液体；硅酮型 HZY5 制动液为紫色透明液体			目测
平衡回流沸点(ERBP)(℃) ⩾	205	230	260	SH/T 0430—1992《刹车液平衡回流沸点测定法》
湿平衡回流沸点(WERBP)(℃) ⩾	140	155	180	附录 C①
运动黏度(mm^2/s) −40℃ ⩽ 100℃ ⩽	 1 500 1.5	 1 800 1.5	 900 1.5	GB/T 265—1988《石油产品运动黏度测定法和动力黏度计算法》
pH 值	7.0～11.5			GB/T 7304—2000《石油产品和润滑剂酸值测定法(电位滴定法)》②③
液体稳定性(ERBP)变化(℃) ⩽ 高温稳定性(185℃±2℃，120min±5min) 化学稳定性③	 ±3 ±3	 ±[3+0.05×(ERBP−225)] ±[3+0.05×(ERBP−225)]		GB 12981—2012 附录 D
腐蚀性(100℃±2℃，120h±2h) 试验后金属片状态质量变化(mg/cm^2) ⩽ 镀锡铁皮 钢 铸铁 铝 黄铜 紫铜	 ±0.2 ±0.2 ±0.2 ±0.1 ±0.4 ±0.4			GB 12981—2012 附录 E④

续上表

项目	质量指标			试验方法
	HZY3	HZY4	HZY5	
锌	±0.4			GB 12981—2012 附录 E④
外观	无肉眼可见坑蚀和表面粗糙不平，允许脱色或出现色斑			
试验后试液性能				
外观	23℃±5℃下不凝胶，在玻璃容器壁或金属表面不形成结晶状物质			
沉淀物体积分数（%） ≤	0.10			
pH 值②③	7.0～11.5			
试验后橡胶皮碗状态				
外观	无鼓泡、脱落表现出的变质			
硬度降低值（IRHD） ≤	15			
根径增值（mm） ≤	1.4			
低温流动性和外观				GB 12981—2012 附录 F
－40℃±2℃，144h±4h：				
外观	试液观察，遮盖力图上的线条清晰可辨认。试液无淤渣、沉淀、结晶，不分层			
气泡上浮液面时间（s） ≤	10			
－50℃±2℃，6h±12min：				
外观	透过试液观察，遮盖力图上的线条清晰可辨认。试液无淤渣、沉淀、结晶，不分层			
气泡上浮液面时间（s） ≤	35			
蒸发性能（100℃±2℃，168h±2h）				GB 12981—2012 附录 G
蒸发损失质量分数（%） ≤	80			
残余物性质	用指尖摩擦时，沉淀中不含有颗粒性砂粒和磨蚀物			
残余物倾点（℃） ≤	－5			

续上表

项目	质量指标			试验方法
	HZY3	HZY4	HZY5	
溶水性(22h±2h) −40℃: 外观 气泡浮至液面时间(s) ≤ 60℃: 外观 试液沉淀物体积分数(%) ≤	透过试液观察,遮盖力图上的线条清晰可辨认。试液无淤渣、沉淀、结晶,不分层 10 试液不分层 0.05(鉴定) 0.15(商品)			GB 12981—2012 附录 H
液体相容性(22h±2h) −40℃: 外观 60℃: 外观 沉淀物体积分数(%) ≤	透过试液观察,遮盖力图上的线条清晰可辨认。试液无淤渣、沉淀、结晶,不分层 试液不分层 0.05			GB 12981—2012 附录 H
抗氧化性(70℃±2℃,168h±2h) 金属片外观 质量变化(mg/cm²) ≤ 铝片 铸铁片	金属片与锡箔接触面之外的部分,无可见坑蚀和点蚀,允许脱色或出现色斑,允许痕量胶质沉积 ±0.05 ±0.3			GB 12981—2012 附录 J
橡胶相容性(SBR 橡胶皮碗及 EPDM 橡胶试件) 硬度降低值(SBR 橡胶皮碗及 EPDM 橡胶皮碗或试件)(IRHD) ≤ 70℃ 120℃ 皮碗外观 根径增值(SBR 橡胶皮碗)(mm) 体积变化分数(EPDM 橡胶皮碗或试件,70℃和 120℃)(%)	10 15 无鼓泡,脱落 0.15～1.40 1～10			GB 12981—2012 附录 K⑤

续上表

项　　目	质量指标			试验方法
	HZY3	HZY4	HZY5	
行程模拟性能(85 000 次行程，120℃±5℃，6.86MPa±0.34MPa)				
金属部件状态	金属部件无可见坑蚀和点蚀，允许脱色或出现色斑			
缸体和活塞直径变化(mm)　≤	0.13			
皮碗状态				
硬度降低值/IRHD　≤	15			
外观	不出现过度的划痕、变形、鼓泡、裂纹、蜕皮或外形变化			
皮碗根径增值(mm)　≤	0.90			
皮碗唇径过盈量(%)　≤	65			
任意 24 000 次行程期间液体损失量(mL)　≤	36			
缸体活塞工作状态	无卡滞和不良工作状况			
最后 100 次行程期液体损失量(m)　≤	36			
试验后试液状态				
液体状态	不含去除不掉的沉淀和胶状附着物			
沉淀体积分数(%)　≤	1.5			
缸体外观	试验期间缸体和其他金属部件上沉淀不多于痕量，制动缸体上不附着用蘸乙醇的布擦除不掉的沉淀			

注：①仲裁试验以 GB 12981—2012《机动车辆制动液》附录 C 中 A 法为准。

②测定 pH 应按下述步骤操作：

a)称取 4g 氢氧化钠(NaOH)于烧杯中，加少量蒸馏水后倒入容量瓶并稀释至 1 000mL，配成物质的量浓度为 0.1mol/L 的氢氧化钠水溶液；

b)按体积比(80%/20%)配制乙醇/蒸馏水混合溶剂，在 23℃±5℃下用物质的量浓度 0.1mol/L 氢氧化钠水溶液调节 pH 值为 7.0±0.1。若 0.1mol/L 氢氧化钠溶液耗量超过 4mL，则混合溶剂应重新配制；

c)用制动液样品与 pH 为 7.0 的乙醇/蒸馏水混合溶剂等体积配成试样，按 GB/T 4502—2009 方法测定该试样的 pH 值，测定结果作为制动液的 pH 值。

③硅酮型 YZY5 制动液不进行此试验。

④允许采用符合 HG 2865—1997《汽车液压制动橡胶皮碗的皮碗》进行此试验。仲裁以采用国家标准样品进行的试验为准。

⑤液体相容性试验取 50mL±0.5mL 的制动液与 50mL±0.5mL 的相容性试验标准样品配成混合溶液，其余试验步骤按附录 H 进行，但不测定气泡上浮至液面的时间。

14.1.4 QC/T 670《汽车合成制动液》

QC/T 670—2000《汽车合成制动液》规定了以醇醚及其酯化物为基础液，并加抗氧、抗腐及防锈等添加剂而制成的合成制动液的技术要求。标准适用于轿车、客车、载货汽车及其他机动车辆制动系统的加注液体。

汽车合成制动液分为V-3，V-4两个级别。V是汽车的英文"Vehicle"的缩写，数字是区分各标准的标记，无具体含义。制动液耐存储性指从未开封的原包装在室温条件下至少存放3年后仍能满足表14.2的要求。

汽车合成制动液的技术要求 表14.2

序号	项目		质量指标		试验方法
			V-3	V-4	
1	颜色		淡黄至浅棕色		目测
2	外观		清澈，无杂质及悬浮物		目测
3	密度		报告		SH/T 0068
4	沸点(℃)				SH/T 0430 GB 12981 附录 A
	平衡回流沸点(ERBP)	≥	205	250	
	湿平衡回流沸点(WERBP)	≥	140	163	
5	运动黏度(mm^2/s)				GB/T 265
	100℃	≥	1.5	1.5	
	−40℃	≥	1 500	1 300	
6	pH值		7.0～11.5	7.0～11.5	GB/T 4502
7	液体稳定性(℃)				GB 12981 附录 B
	高温稳定性，(ERBP)变化		±3	±4.2	
	化学稳定性，(ERBP)变化		±3	±4.2	
8	腐蚀性(100℃，260h)				GB 12981 附录 C
	金属试片质量变化(mg/cm^2)				
	镀锡铁皮		±0.2		
	钢		±0.2		
	铸铁		±0.2		
	铝		±0.1		
	黄铜		±0.4		
	紫铜		±0.4		
	锌		±0.24		
	试片外观		除接触部位外无斑状锈点和腐蚀点		

续上表

序号	项　　目		质量指标		试验方法
			V-3	V-4	
8	试后制动液状态		冷却至23℃无凝胶及结晶物		GB 12981 附录 C
	试后制动液 pH 值		7.0～11.5		
	试后制动液体积分数(%)	≤	0.1		
	试后橡胶皮碗性状				
	外观		无溶解，气孔或剥落		
	皮碗硬度下降(IRHD)		0～15		
	皮碗根径增加(mm)		1.0		
9	防锈性 铸铁试片外观		通过	根据用户要求	QC/T 670 附录 A
10	低温下的流动性和外观				GB 12981 附录 D
	−40℃/144h 后：				
	外观		试验液体无分层或沉淀		
	气泡上升时间(s)	≤	10		
	−50℃/6h 后：				
	外观		试验液体无分层或沉淀		
	气泡上升时间(s)	≤	33		
	试后液外观		当试样温度加到(23±5)℃时，透明度与试验前相同		
11	蒸发性(100℃，168h)				GB 12981 附录 E
	质量损失(s)	≤	80		
	残留物倾点(℃)	≤	−8		
	残留物外观		无结晶状沉淀物		
12	水分(%)	≤	0.2		GB 11133 或 GB 12981 附录 K
13	溶水性(3.5%水)				GB 12981 附录 F
	−40℃/22h 后：				
	外观		外观液体无分层或沉淀		
	气泡浮上升时间(s)	≤	10		
	60℃/22h 后：				
	外观		试验液体无分层或沉淀		
	沉淀量，体积分数(%)	≤	0.05		

续上表

序号	项　　目	质量指标 V-3	质量指标 V-4	试验方法
14	与SAE液体的相容性 −0℃/24h后： 外观 60℃/24h后： 外观 沉淀量，体积分数(%)　≤	 试验液体无分层或沉淀 不分层 0.05		GB 12981 附录F
15	与CSAE液体的相容性 −40℃/24h后： 外观 60℃/24h后： 外观 沉淀量，体积分数(%)　≤	 试验液体无分层或沉淀 不分层 0.05		GB 12981 附录F
16	抗氧化安定性(70℃，168h) 试片重量变化(mg/cm²) 铝片 铸铁片 试片外观	 ±0.05 ±0.3 除与锡泊接触部位外无斑状锈点，允许变色，胶状沉积物允许痕量		GB 12981 附录G
17	对橡胶的影响 丁苯橡胶 70℃/70h： 皮碗硬度下降(IRHD) 皮碗根径增加(mm) 皮碗外观 120℃/70h： 皮碗硬度下降(IRHD) 皮碗根径增加(mm) 皮碗外观 三元乙丙胶 70℃/70h：	 0～10 0.15～0.9 无分解，变黏，气孔或剥落 0～15 0.15～0.9 无分解，变黏，气孔或剥落		GB 12981 附录H

续上表

序号	项目		质量指标		试验方法
			V-3	V-4	
17	皮碗硬度下降(IRHD)		0～10		GB 12981 附录 H
	允许皮碗体积增加(%)	≤	10		
	皮碗外观		无分解、变黏、气孔或剥落		
	120℃/70h：				
	皮碗硬度下降(IRHD)		0～15		
	允许皮碗体积增加(%)	≤	10		
	皮碗外观		无分解、变黏、气孔或剥落		

14.1.5 进口制动液的规格

国内外制动液的等级都是根据平衡回流沸点和湿平衡回流沸点这两个参数值高低而划分的。

平衡回流沸点是指在规定试验条件下测得的制动液的沸腾温度。平衡回流沸点越高，制动液的高温性能才有可能越好。湿平衡回流沸点是测试制动液含3.5%的水分时的平衡回流沸点。它是衡量制动液吸收一定水分情况下的耐高温性能指标。湿平衡回流沸点越高，在使用过程中的耐高温性能越好。湿平衡回流沸点指标相对于平衡回流沸点，更能反映制动液在实际使用过程中的耐高温性能。

1938 年美国制定了第一个制动液标准，即美国军用规格 ES-377。1946 年美国汽车工程师协会(SAE)制定了 70R2(中负荷)和 70R1(重负荷)两个标准。1968 年美国联邦政府运输部 DOT(Department of Transportation)以 SAET70b 为基础，制定了联邦机动车辆安全标准 FMVSS(Feneral Motor Vehicle Safety Standards)。1972 年美国对此标准进行了大幅度修改，制定了 FMVSS No116 DOT3、DOT4、DOT5 标准。日本于 1964 年制定了制动液标准(Japan Industral Standard)，1970 年又按照 SAE 标准制定了 JIS K2233，三种(DOT3)、四种(DOT4)的新标准。国际标准化组织 ISO 也于 20 世纪 70 年代参照 DOT3 规格制定了 ISO 4925 标准。目前，西欧、美国、日本等发达国家的制动液仍执行 FMVSS No116 DOT4 和 DOT3 标准，我国制动液也是参照这一标准进行分级的。

14.1.6 制动液的选用

(1)按照车辆使用说明书的要求选择制动液产品，各汽车生产厂家在推荐制动液时都是经过充分论证和大量实车试验的。说明书还会提供可供代用的代号品牌。用户应尽可能选用标准代号品牌的产品,缺乏时才考虑选用代用品。如果推荐的代用品牌也缺乏时,才选择相应等级的代用品。

(2)国内 HZY3、HZY4、HZY5 三种产品分别对应国际通用产品 DOT3、DOT4、DOT5 或 DOT5.1,级别越高,安全保障性越好。

(3)一般情况下,微型、中低档汽车适宜选用 HZY3 标准的制动液,而中高档车宜选择 HZY4 标准的制动液;微型、中低档汽车也可选用 HZY4。

(4)HZY3 标准的制动液主要用于军事,适用于沙漠等苛刻环境,一般在民用方面很少采用。

14.1.7 注意事项

1)谨慎购买

尽可能购买长期为汽车厂提供配套制动液的生产厂家的产品,确保质量可靠,性能稳定;尽量到国有大型销售部门购买,以防假冒伪劣产品。

2)严禁混用

由于不同种类的产品所使用的原料、添加剂和制造工艺不同,混合后会出现浑浊或沉淀现象,这不仅会降低原制动液的性能,而且沉淀颗粒会堵塞管路,造成制动失灵的严重后果。即使是相溶性较好的同一种类的制动液,如果品牌不同,也不能混用。因为相溶性好,只说明与其他产品混合后不发生分层、混浊及沉淀现象,并不表示混合后的性能不变,每种产品所加入的添加剂不同且相互之间存在着相对平衡,一旦混入其他物质,该平衡就有被破坏的可能,从而失去或降低应有的作用。在更换品牌时一定要用待加入的产品清洗管路。

3)注意保管

要注意防潮,制动液会因水分的混入而降低性能,突出表现为沸点下降,导致使用中容易产生“气阻”,影响制动力的正常传递,造成制动失灵。另外,当混入的水分不能完全被制动液溶解时,会沉到制动系统的底部或凹处,使金属产生腐蚀,引起轮缸漏液、污损、异常磨损,而且水分本身凝点高、沸点低,低温时易结冰,高温时易气阻,造成制动故障。装在未密封容器内的制动液不能继续使用。

4)定期更换

制动液本身具有吸湿特性,使用一定时间后会因吸湿、化学变化等原因使性能指标降低,如使制动液沸点降低,造成制动系统使用过程中产生气阻,从而导致制动失灵。另外,还可能由于污染及不同程度的氧化变质或制动总泵与分泵的金属粉末渗到制动液里,所以,用一段时间后制动液就会产生油泥等杂质,使制动液的黏度增大,也会直接影响车辆的制动效果,具体表现为制动过“软”。

实验证明,当制动液的吸湿率达到 3%时,制动液的理化性能降低,即会恶化和变质，使制动泵、压力调节器、密封件等受到不同程度损伤。所以当制动液吸湿率达到30%时应更换制动液。一般使用中的制动液2年或4万km应进行更换。

5）保持清洁

加注或更换制动液时要注意清洁，不允许细微杂质混入制动系统。

14.1.8 简易鉴别

使用不合格的制动液时，制动系统中容易产生气阻，使制动滞后，严重的会造成制动系统零部件损坏，导致制动完全失灵等后果。

1）商品标注

标明沸点为130℃、190℃等的产品，一定是不合格品；凡是标明平衡回流沸点低于205℃的产品均为不合格品，根本不需考虑选购；标识上应标明产品的商标、规格，生产企业的名称、地址、联系电话等。标识上没中文字样的“进口”产品，或只标明某某汽车专用制动液，但未标明具体型号级别的产品应慎用。

2）观察外观

对于标识符合要求的产品还应观察其外观，国家标准规定，制动液产品的外观应为清亮透明，无悬浮物、尘埃和沉淀物质。不符合该规定的均为不合格产品。

3）辨认气味

国家标准对制动液产品的气味虽无明确规定，但有两种情况可以从气味辨别出来是否为劣质品：一是带有酒精味的醇型制动液，其主要性能不可能达到国家现有标准；二是没有任何气味的产品也不可能是合格的制动液产品，因为制动液是由于带有特殊气味的化工原料合成出来的，因此是有特殊气味的。

4）试黏稠度

合格制动液明显较水黏稠，看起来很像稀释后的蜂蜜，倒在玻璃板上扩散速度慢。劣质制动油黏度和水一样稀，倒少量在玻璃板上扩散速度快，用手指蘸取也可以感觉到没有稠度。

14.1.9 ABS制动液的使用特点及选用要求

在ABS系统中，制动液的管路比普通制动系统的更长、更曲折，致使制动液在流动过程中受到的阻力更大；另外，在ABS系统中，运动零件更多、更精密，这些运动零件对润滑的要求也更高。因此，ABS系统所选用的制动液必须具有恰当的黏度。

在ABS系统中，制动液反复经历压力增大和减小循环的次数更多，因而，制动液的工作温度和压力较常规制动系统中的制动液更高，这就要求制动液具有更强的抗氧化性能，以免制动液中形成胶质、沉积物和腐蚀性物质。

在ABS系统中，比较常规的制动系统中具有更多的橡胶密封件和橡胶软管，这就要求车主添加的ABS制动液不能对橡胶密封件产生较强的腐蚀作用。

在ABS系统中，比较常规的制动系统中具有更多、更为精密的金属零件，因此，要求所选用的制动液具有较好的耐腐蚀性，以免对金属零件产生锈蚀。

在ABS系统中，比较常规的制动系统中具有更长、更复杂的管路，因此，要求所选用的制动液必须具有较高的沸点，以免制动液发生汽化使制动系统产生气阻。

根据以上特点，ABS系统一般都选用DOT4制动液，尽管DOT5制动液具有更高的沸点，但是，由于DOT5是硅基制动液，会对橡胶件产生较强的损害，故ABS系统中，一般不选用DOT5制动液。但是由于DOT3和DOT4是醇基制动液，具有较强的吸湿性，随着使用时间的延长，其中的含水量会不断增多。当制动液中含有较多的水分时，会使制动压力调节装置中的精密零件发生锈蚀，在寒冷的气候条件下，还会使制动液的黏度变大，影响制动液在制动系统中的流动，使制动变得迟缓，导致制动距离延长。选择DOT4标准的制动液应用于ABS系统时，建议换液周期为12个月。

14.2 防 冻 液

长期以来，水一直作为汽车发动机的冷却液使用。水有许多优点，如来源广、无毒、价廉、有良好的导热性能等。但水有许多缺点，如冰点高，当气温低于0℃时，水结冰使体积增加，容易造成水箱或冷却系统管道胀裂；水的沸点低，夏季高温时，当发动机处于苛刻条件下行驶时，会造成水温升高，甚至沸腾，影响汽车正常行驶；溶在水中的金属盐类受热后形成水垢，降低传热效率；水还会使金属生锈。

为克服用水作发动机冷却液的缺点，人们首先采用盐的水溶液(如氯化钙、氯化镁、硝酸钠、亚硝酸钠)，可降低冰点到－30℃以下，但不能解决锈蚀问题。用糖和蜂蜜也可降低冰点，且不腐蚀金属，但价格昂贵、热稳定性差。用煤油和柴油作冷却剂凝点虽低，但传热差、容易燃烧、对橡胶有溶胀作用，亦不适用。二次世界大战前后，曾用甲醇、乙醇作为冷却剂，它虽然价廉、冰点低，但沸点低、易挥发、易燃烧，也不能成为理想的冷却剂。后来，人们发现乙二醇水溶液的性能好，在一定的比例时冰点可达－60℃以下，而沸点在110℃以上，它不会损害橡胶软管，加入防锈剂后不腐蚀金属，价格相对便宜，无不愉快的气味。因此这种液体目前被广泛采用，作为汽车冷却系统的循环介质，即汽车防冻液。

14.2.1 功能

1)冬天防冻

防冻液最重要的作用就是防止在寒冷的冬季因停车时间过长导致冷却液结冰而胀裂散热器和冻坏发动机汽缸体或盖。所以车主在选择或配制防冻液时，主要的参考指标是防冻液的冰点，其冰点应该比该地区最低温度低10℃左右，以确保在任何情况下防冻液不会冻结。

2)夏天防沸

防冻液的另一个重要功能是夏天防止沸腾，其主要指标是沸点。防冻液的沸点越高，越能保证汽车发动机在高温下正常工作。

3)防腐蚀

腐蚀是金属处在自然环境中由于化学反应、电化学过程及物理作用而遭破坏的过程。目前主要防腐的金属有六种，即钢、铸铁、紫铜、焊锡、黄铜、铸铝。现代汽车发动机的冷却系统大多采用铸铝和铝合金件，所以要求防冻液防腐性的重点也转变为对金属铝的防腐蚀。

4)防水垢

结垢是在散热器表面上附着有不溶性盐类或氧化物晶体所致。产生水垢后不但影响散热器的正常散热，而且更容易造成冷却系统循环管道的堵塞，水温过高而严重影响发动机的正常运转。在冷却系统中可产生水垢的主要物质有硫酸钙和碳酸钙、碳酸镁等，还有因使用不当而产生的褐色磷酸钙等。钙、镁离子主要来源于冷却液中的水，为此，必须严格控制配制冷却防冻液的水质。

14.2.2 组成

防冻液一般由基础液、添加剂和缓冲剂组成，基础液由水和乙二醇或二甘醇组成。添加剂包括防锈剂、防霉剂等。缓冲剂包括pH调节剂(缓冲剂)、抗泡剂及着色剂等。

1)基础液

防冻液的基础液由水和醇组成。选择醇的原则是要求来源广、价格低、比热和导热性能要尽可能接近水。目前最常用的是乙二醇和二甘醇。

2)添加剂

添加剂中最常用的就是防锈剂，能有效地阻止乙二醇—水混合防冻液对发动机冷却系统产生锈蚀。常用的防锈剂一般都是水溶性的，例如：硼酸盐、铝酸盐、铬酸盐、亚硝酸盐、苯甲酸盐和苯骈三氮唑等。

3)缓冲剂

缓冲剂最常用的是 pH 调节剂和消泡剂，在使用过程中，防冻液的 pH 值应尽可能保持在 7～11 范围内，这样才能保证醇氧化产生的酸及燃料油渗透过来形成的酸对金属不腐蚀，而且保证防冻液不会受到霉菌的入侵而腐败变质。最常用的 pH 调节剂是有机胺类。因为由废气和混入的空气形成的泡沫不利于热传递，因此防冻液在使用中不希望有泡沫产生。常用的消泡剂有高级醇、有机硅聚合物和某些表面活性剂。

14.2.3 性能

1)冰点或凝点低

汽车在严寒地区停放时，夜间地面温度有时会降到－40℃以下，要保证水箱及冷却系统管路不被冻裂，防冻液应在此温度下不结冰或凝固，以免发生体积膨胀，同时也要保证随时可以起动汽车。

2)比热高、导热好

防冻液主要用来冷却发动机部件，以免发生过热，因此它的比热要高。水的比热是 4.18kJ/kg·℃，而乙二醇的比热是 2.72kJ/kg·℃。在同样循环量下，水从发动机中带走的热量要比乙二醇带走的多，因此水是比较理想的冷却剂。

3)对金属不产生腐蚀和锈蚀

发动机冷却水系统有铸铁、铸铝、紫铜、黄铜、钢和焊锡等，防冻液应对这些金属不产生腐蚀和锈蚀。

4)在使用中要保持一定的 pH 值

避免防冻液呈酸性不但能保证防冻液对金属的腐蚀程度减到最小，而且能防止防冻液腐败变质。此外，防冻液应具有优良的消泡性能、空气释放性能、对循环铝泵不发生气蚀，以及价廉、无特殊气味等。

14.2.4 分类

1)按构成成分分类

(1)乙二醇—水型防冻液

乙二醇是一种无色微黏的液体，沸点是 197.4℃，冰点是－11.5℃，能与水任意比例混合。混合后由于改变了冷却水的蒸气压，冰点显著降低。其降低的程度在一定范围内随乙二醇的含量增加而下降。当乙二醇的含量为 68%时，冰点可降低到－68℃，超过这个限量时，冰点反而要上升。乙二醇防冻液在使用中易生成酸性物质，对金属有腐蚀。因此，应加入适量的磷酸氢二钠等来防止对金属的腐蚀。

乙二醇有毒，但由于其沸点高，不会产生蒸气被人吸入体内而引起中毒。乙二醇的吸水性强，储存的容器应密封，以防吸水后溢出。由于水的沸点比乙二醇低，使用中被蒸发的是水，当缺冷却液时，只要加入净水就行了。这种防冻液用后能回收，经过沉淀、过滤，加水调整浓度，补加防腐剂，还可继续使用，一般可用3～5年。

(2)酒精—水型防冻液

酒精的沸点是78.3℃，冰点是－114℃。酒精与水可任意比例混合，组成不同冰点的防冻液。酒精的含量越多，冰点越低。酒精是易燃品，当防冻液中的酒精含量达到40%以上时，就容易产生酒精蒸气而着火。因此，防冻液中的酒精含量不宜超过40%，冰点限制在－30℃左右。

酒精—水型防冻液具有流动性好、散热快、取材方便、配制简单等优点。它的缺点是容易着火；酒精沸点低，蒸发损失大。酒精蒸发后，防冻液改变成分，冰点升高。在高原行驶的汽车不宜使用酒精—水型防冻液，因为酒精的蒸发损失大，一般行车应定期检测酒精的含量，及时补充。

(3)甘油—水型防冻液

甘油—水型防冻液，不易挥发和着火，对金属腐蚀性也小，但甘油降低冰点的效率低，配制同一冰点的防冻液时，比乙二醇、酒精的用量大，因此，这种防冻液用得较少。

2)按使用性能分类

(1)短效防冻液

短效防冻液指的是普通防冻液，但也必须保证能使用一个冬季。此外，要求对发动机冷却系统无明显的腐蚀作用，但通常没有防腐剂，不能常年使用。

(2)长效防冻液

长效防冻液(或称永久性防冻液)是指可以全年使用，在冬季不会冻结，在夏季不会蒸发，但是这并不表示该防冻液的良好性能不会改变，也不表示该液能长久使用。

3)按质量等级分类

我国参照ASTM D3306标准制订了防冻液的SH/T 0521—2010《汽车及轻负荷发动机用乙二醇型冷却液》。该标准所属产品分为浓缩液和冷却液两类，按质量分为一级品和合格品两个等级。

4)按冰点分类

冷却液按冰点分为－25号、－30号、－35号、－40号、－45号和－50号六个牌号。

表14.3是乙二醇和水不同比例混合后的冰点，表14.4是二甘醇与水不同比例混合后的冰点。根据使用地区的不同，防冻液中的醇含量一般为40%～60%。

乙二醇和水不同比例混合后的冰点 表 14.3

乙二醇(体积分数)(%)	冰点(℃)	乙二醇(体积分数)(%)	冰点(℃)
10	−4.1	40	−22.9
20	−7.5	50	−33.0
30	−14.1	60	−50.0

二甘醇和水不同比例混合后的冰点 表 14.4

二甘醇(体积分数)(%)	冰点(℃)	二甘醇(体积分数)(%)	冰点(℃)
10	−5.0	40	−20.0
20	−7.2	50	−36.0
30	−13.0	60	−60.0

5)国外规格

国外防冻液的标准有 ASTM D3306、SAE J1304、MIl-A-46153B 和 JIS K2234。ASTM D3306 制订于 1974 年,至 1994 年经过 6 次修订,制定了 ASTM D3306—94。修订的原因是使指标更科学、更实用。主要内容是取消了无意义的浓缩液的 pH 指标;提高了浓缩液的沸点要求,由 148.9℃提高到 163℃,这对浓缩液的总含水量及组成提出了更高的要求;增加了铸铝合金表面传热腐蚀和铝泵气蚀腐蚀特性评定等要求。

14.2.5 SH/T 0521《汽车及轻负荷发动机用乙二醇型冷却液》

SH/T 0521—2010《汽车及轻负荷发动机用乙二醇型冷却液》规定了汽车及轻负荷发动机用乙二醇型冷却液及其浓缩液的技术要求。

乙二醇型发动机冷却液浓缩液由乙二醇、适合的防腐蚀添加剂、消泡剂及适量的水组成。这些适量的水是为溶解添加剂及保证产品在−18℃时能从装容器中倒出。在产品性能满足技术要求的情况下,可含有其他的醇类,如丙二醇和二乙二醇,但含量最多不超过 15%。

对浓缩液进行稀释时,应使用去离子水或蒸馏水,或浓缩液生产厂家认可质量级别的水进行稀释,浓缩液的使用浓度为 40%~70%。

14.2.6 选用

(1)根据环境条件选择不同冰点的防冻液。一般要选择比所在地区最低气温低 10℃以上的防冻液为宜。在冬季应选择使用低冰点的防冻液。冰点越低,防冻液的抗冻性能越强。

(2)根据车辆的不同要求选择防冻液。一般进口车、国内引进生产线车、高中档车,应选长效型防冻液,普通车可选用普通型防冻液。

(3)要选用防腐、防锈及具有除垢能力的防冻液。选用名牌产品。因名牌产品中一般都加有防腐剂、缓蚀剂、防垢剂和清洗剂。没有经过正规检验的产品往往具有较强的腐蚀性,对汽车的冷却系统造成损害,有些防冻液还会将水道腐蚀穿孔后流入发动机,造成大的事故。

市场上不合格的劣质防冻液大体可分为两种,一种是用低沸点甲醇等勾兑的劣质防冻液,其沸点在 70～80℃,极易挥发产生气阻,造成水箱开锅,挥发的蒸气对人的眼睛还有严重损害。另一种是用工业盐和卤水勾兑的,这种防冻液最大的危害是腐蚀性强,它腐蚀水箱、发动机及整个冷却系统,速度非常快,一个完好的水箱 2～3 个月就会因腐蚀而出现泄漏,发动机也会因腐蚀严重而损坏。另外,所有劣质防冻液均不会使用优质的金属缓蚀剂,因而液体在空气和较高温度的长期作用下,会发生氧化,产生酸性物质,使汽车的冷却系统遭受严重的腐蚀,发动机的寿命将大大缩短。

(4)选用与橡胶密封件和橡胶水管相匹配的防冻液。

(5)不同型号的防冻液一定不要混用,以免起化学反应、沉淀或产生气泡,因为这样做会对橡胶密封造成损害,通常会造成水泵水封及焊缝处漏水现象。因此,防冻液泄漏后应及时补充同种品牌的防冻液,若无同品牌的防冻液时可临时补充蒸馏水或纯净水。

表 14.5 为发动机乙二醇型冷却液及浓缩液的技术要求。

发动机乙二醇型冷却液及浓缩液的技术要求 表 14.5

项目	质量指标							试验方法
	浓缩液	冷却液						
		−25 号	−30 号	−35 号	−40 号	−45 号	−50 号	
颜色	有醒目的颜色							目测
气味	无异味							嗅觉
密度(20℃)(kg/m^3) 浓缩液	1 007～1 142	—	—	—	—	—	—	SH/T 0068
冷却液 ≥		1 053	1 059	1 064	1 068	1 073	1 075	
冰点(℃) ≤	—	−25.0	−30.0	−35.0	−40.0	−45.0	−50.0	SH/T 0090
含 50%(体积分数)蒸馏水 ≤	−36.4	—						
沸点(℃) ≥	163.0	106.0	106.5	107.0	107.5	108.0	108.5	SH/T 0089
含 50%(体积分数)蒸馏水 ≤	107.8	—						
对汽车有机涂料的影响	无影响							SH/T 0084①

续上表

项目	质量指标							试验方法
	浓缩液	冷却液						
		−25号	−30号	−35号	−40号	−45号	−50号	
灰分①(%)(mm) ≤	5.0	2.0	2.3	2.5	2.8	3.0	3.3	SH/T 0067
pH值	—	7.5～11.0						SH/T 0069
含50%(体积分数)蒸馏水	7.5～11.0	—						
水分(质量分数)(%) ≤	5.0	—						
储备碱度(mL)	报告②							SH/T 0091
氯含量(mg/kg) ≤	25							SH/T 0062
玻璃器皿腐蚀②								SH/T 0085③
试片,变化值(mg/片)								
紫铜	−5～+5							
黄铜	−5～+5							
钢	−10～+10							
铸铁	−10～+10							
焊锡	−30～+30							
铸铝	−5～+5							
模拟使用腐蚀②								SH/T 0088③
试片变化值(mg/片)								
紫铜	−10～+10							
黄铜	−10～+10							
钢	−20～+20							
铸铁	−20～+20							
焊锡	−60～+60							
铸铝	−60～+60							
铝泵气穴腐蚀③(级) ≥	8							SH/T 0087③
铸铝合金传热腐蚀(mg/cm^2) ≤	1.0							SH/T 0620③

续上表

项　　目	质量指标							试验方法
	浓缩液	冷却液						
		−25号	−30号	−35号	−40号	−45号	−50号	
泡沫倾向								
泡沫体积(mL)　≤	150							SH/T 0066③
泡沫消失时间(s)　≤	5.0							

注:①供需双方对所用试验涂料、试验程序和接受原则可协商确定。

②供需双方协商确定。

③对发动机冷却浓缩液,可根据各试验方法的说明配制试验溶液,对稀释后的各牌号冷却液,可根据SH/T 0521—2010《乙二醇型和丙二醇型发动机冷却液》附录B进行配制。

④本表所列标准具体如下:

SH/T 0068—2002《发动机冷却液及其浓缩液密度或相对密度测定法(密度计法)》;

SH/T 0090—1991《发动机冷却液冰点测定法》;

SH/T 0089—1991《发动机冷却液沸点测定法》;

SH/T 0084—2001《冷却系统化学溶液对汽车上有机涂料影响的试验方法》;

SH/T 0067—1991《发动机冷却液和防锈剂灰分含量测定法》;

SH/T 0069—1991《发动机冷却液防锈剂,防冻剂,冷却液pH值测定法》;

SH/T 0091—1991《发动机冷却液和防锈剂的储备碱度测定》;

SH/T 0062—1991《汽油和石脑油脱戊烷测定法》;

SH/T 0085—1991《发动机冷却液腐蚀测定法(玻璃器皿法)》;

SH/T 0088—1991《发动机冷却液模拟使用腐蚀测定法》;

SH/T 0087—1991《发动机冷却液铝泵气穴腐蚀特性试验法》;

SH/T 0620—1995《发动机冷却液对传热状态下的铸铝合金腐蚀测定法》;

SH/T 0066—2002《发动机冷却液泡沫倾向测定法(玻璃器皿法)》。

14.2.7　检测

1)冰点测试

冰点测试是对防冻液能否在寒冷天气里使用的一种防冻性能测试。采用冰点测试仪,通过测得的百分比可以知道以丙二醇和乙二醇为基的防冻系统的冰点。其基本原理是应用全反射临界角法测量溶液的折射率,进而标定出所测液体的浓度及其性能。

2)外观鉴别

观察防冻液的外观、辨别其气味,进行直观判别。防冻液应透明、无沉淀、无异味;如果发现外观浑浊,气味异常,说明防冻液已严重变质,应立即停止使用。

3)pH值

pH值是表示溶液酸碱度的指标。金属在酸性溶液中受腐蚀的速度很快。为了防止这种腐蚀的产生,防冻液中加入的添加剂均为碱性物质,以保证防冻液的 pH 值在 7～11 之间；使用中的防冻液在高温下不断氧化，生成酸性物质，消耗部分防腐剂使 pH 值下降，液体逐渐呈酸性。可采用 pH 试纸检测法对防冻液的 pH 值进行现场测试，当 pH 值小于 7 时，此防冻液应停止使用。

14.2.8 更换

(1)在彻底更换防冻液之前，要检查各个管道有无泄漏的痕迹，是否有裂缝，重点就是要检查分水管，防冻液就是在流经分水管后，被分配到汽车不同的部分发挥作用。如果这个部分有泄漏防冻液的现象，就应该根据情况更换水管或重新固定接口。

(2)将旧的防冻液放出，同时用清水清洗液体通道。将清水加入防冻液补充罐，随后往罐里注入清水，使清水连续不断地流经发动机冷却系统，随后发动机怠速 3～5min，让水循环起来。开始从水罐里流出的水呈淡淡的粉红色，继续注入清水，直至流出来的水是干净、无色的。更换防冻液时要将暖风水管拆掉，把暖风水箱的水放干净。

(3)将新的防冻液由水箱(散热器)的水管加入，这是让防冻液快速流入水箱的方法。随后将另一桶防冻液加入防冻液罐，加到防冻液罐快满了为止，发动机怠速 10min 左右，这时冷却系统由于排出了部分空气，液面有所下降，再把防冻液加进去，加注到储液罐的最高标记“MAX”为止。

(4)更换防冻液后还要用保护剂，因为以水和乙二醇为主的防冻液极易形成酸性物质，腐蚀、破坏散热器等金属部件，并且系统中出现的水垢、锈蚀、气蚀和有害的电离反应会大大缩短水箱、甚至整个冷却系统的寿命，所以，要用水箱保护剂进行保护。

14.2.9 丙二醇冷却液

乙二醇是一种毒性大且难以生物降解的化合物，而汽车发动机冷却液需定时更换，更换下来的冷却液极少得以循环再生，大部分被排放到大自然中，破坏环境。早在 1972 年英国和瑞士就禁止在超市、汽配商店买卖乙二醇冷却液。许多欧洲国家采用丙二醇作为冷却液调配基液。与乙二醇冷却液相比，丙二醇用作冷却液基液有下列优点：

(1)在毒性方面，乙二醇的 LD50 值(半数致死量)为 4 700mg/kg，一旦摄入体内会对动物造成肾衰；而丙二醇的 LD50 值为 33 700mg/kg，毒性和刺激性极小，属于微毒化合物。

(2)数据表明，排入大自然的丙二醇 5 天后有 69%降解，而乙二醇只有 36%降解。

(3)无水型丙二醇冷却液，其冰点达－68℃，沸点达 187℃，优于乙二醇冷却液。

(4)试验表明,丙二醇比乙二醇冷却液有更强的抗气蚀能力。

14.3 汽车空调制冷剂

在汽车制冷系统中用于热交换并循环流动的物质被称为制冷剂。汽车空调是利用蒸气压缩机装置驱动制冷剂循环流动实现制冷的,液体制冷剂在蒸发器中低温下吸取热量而汽化,使被冷却对象(车内空气)得到降温,然后又在高温下把热量传递给周围介质而冷却成液体,如此不断循环,借助于制冷剂物质形态的变化,达到制冷的目的。在制冷设备中,如果没有制冷剂,制冷装置就无法实现制冷,其作用就像人的血液一样。

14.3.1 分类与命名

制冷剂可分为无机化合物类制冷剂、氟利昂制冷剂、饱和碳氢化合物、环状化合物、非饱和碳氢化合物及它们的卤族元素衍生物、共沸制冷剂、非共沸制冷剂等。

目前,汽车空调使用的制冷剂是氟利昂,氟利昂是饱和碳氢化合物的卤族元素衍生物的总称,即用卤族元素的氟、氯,有时加入溴原子取代饱和碳氢化合物,如甲烷、丙烷、丁烷的氢原子所得的化合物,因而氟利昂品种繁多。氟利昂的性质与所含氟、氯、溴、氢、碳元素的原子多少有密切关系。汽车空调使用的氟利昂主要有两种,一种代号是 R12,另一种代号是 R134a。

压缩制冷机使用的制冷剂,国际上用英文字母 R 来表示(取英文制冷剂 Refrigerant 的第一字母)。以前用 F 代表氟利昂"Freon"。

R 后面的数字表示氟利昂的分子通式为 $C_mH_nF_pCI_sB_r$。

R 后面是两位数的,是甲烷衍生的氟利昂。甲烷的分子式为 CH_4,其中 R 后面的首位数字表示氢原子数 n,等于首位数减去 1,第二位数字表示氟原子数 p,氯原子数 $S=4-p-n$,当数字为零时则不写。

例如:R12 表示甲烷衍生的氟利昂制冷剂,其分子通式中的碳原子数 $m=1$,氢原子数 $n=1-1=0$,氟原子数 $p=2$,氯原子数 $S=4-n-p=2$。R12 的分子式为 CF_2CI_2,化学名称为二氟二氯甲烷。如果用溴原子来代替氟利昂中的某些氟原子,则分子式多一个 B,其原子数用 r 来表示。例如 R12B2,则为 CF_2B_2。

R 后面是三位数的,则表示为乙烷、丙烷、丁烷系列的氟利昂衍生物。其中,乙烷(C_2H_6)衍生的氟利昂,R 后面首位数用 1 表示;丙烷衍生的氟利昂,则 R 后面用 2 表示;丁烷衍生氟利昂,R 后面用 3 表示……。很明显,其碳原子数 m 等于首位数加 1;氢原子数 n 等于 R 后面的第二位数字减去 1;R 后面的第三位数

表示氟原子数 p；氯原子数，对乙烷衍生物为 $S=6-n-p$，对丙烷衍生物，$S=8-n-p$，对于丁烷衍生物为 $S=10-n-p$；当数字为零时则不写。如果属于同素异构物，在代号后边加字母“a”。

例如 R134，表示乙烷衍生的氟利昂，其分子通式中的碳原子数 m 等于首位数加 1，为 $1+1=2$；氢原子数 n 等于 R 后面的第二位数字减去 1，为 $3-1=2$；对乙烷衍生物其氯原子数 $S=6-n-p$，为 $6-4-2=0$。R134 的分子式为 $C_2H_2F_4$，化学名称为四氟乙烷。R134a 为 R134 的同素异构物，学名为 1,1,1,2-四氟代乙烷。

14.3.2 理化性质

R12 和 R134a 的物理、化学性质见表 14.6。

R12 和 R134a 的物理、化学性质 表 14.6

冷媒名称	R12	R134a
分子量	120.9	102.0
沸点(1atm)(℃)	−29.8	−26.2
临界温度(℃)	111.8	101.1
临界压力(kPa)	411.6	4070
饱和蒸气压(25℃)(kPa)	651	661.9
汽化热/蒸发潜热(沸点下，1atm)(kJ/kg)	166	216
破坏臭氧潜能值(ODP)	0.82	0
全球变暖潜能值(GWP，100yr)	10 600	1 300
ASHRAE 安全级别	A1(无毒不可燃)	A1(无毒不可燃)

按 GB/T 7778—2008《制冷剂编号方法和安全性分类》定义如下名词。

毒性：由于短时间、高深度或长时间、低浓度曝露而通过呼吸道吸入，经口摄入和经皮肤接触制冷剂所致工作人员有害或致命的能力。

全球变暖潜值：一种温室气体排放对于等量二氧化碳排放所产生的气候影响的比较指标。GWP 被定义为在固定时间内 1kg 物质与 1kgCO_2 的脉冲排放引起的时间累积(如 100 年)的辐射力的比率。

消耗臭氧层潜值：一种 ODS(消耗臭氧层物质，英文 Ozone Depleting Substances 的缩写)气体排放相对于 CFC-11 排放所产生的臭氧层消耗的比较指标。

ODP(Ozone Depletion Potential)：国际上现在将各种物质破坏臭氧层的潜在能力用 ODP 来表示，以 R11 的 ODP 是 1.000 作为基准。

为区分氟利昂对大气臭氧层的破坏程度，将其分为 CFC(氯氟化碳)、HCFC(氢氯氟化碳)、HFC(氢氟化碳)三类。

CFC(Chloro Fluoro Carbons)：氯氟烃类物质，含氯不含氢，公害物，严重破坏臭氧层物质，如 CF2Cl2-R12-CFC12。

HCFC(Hydro Chloro Fluoro Carbons)：含氢氯氟烃类物质，含氯又含氢，低公害物质，如 CHF2Cl-R22-HCFC22。

HFC (Hydro Fluoro Carbons)：含氯原子的氢氟烃类物质，含氟而无氯，无公害物质，如 C2H2F4-R134a-HFC134a。

14.3.3 含氯氟利昂对臭氧层的破坏

臭氧(O_3)在 1849 年首次被人类发现，它是氧气(O_2)的一种异构体，在大气中的含量仅占一亿分之一，其浓度因海拔高度而异。臭氧层可以说是地球的保护层，它主要围绕在地球外部离地面 20～25km 高度的地方，起到吸收太阳紫外线中对生物有害部分 UV-B(UV-B 是紫外线的一段波长，为 280～315mm)的作用。同时，由于紫外线是平流层的热能来源，臭氧分子是平流层大气的重要组成部分，所以臭氧层在平流层的垂直分布对平流层的温度结构和大气运动起着决定性作用，发挥着调节气候的重要功能。由于臭氧层有效地挡住了来自太阳紫外线的侵袭，才使得人类和地球上各种生命能够存在、繁衍和发展。

臭氧层问题是美国化学家罗兰和穆连于 1974 年首先提出来的。他们认为，在对流层大气中极稳定的化学物质氯氟烃(CFC)被输送到平流层后，在那里分解产生的原子氯(Cl)就有可能破坏臭氧层。

研究表明，臭氧层被破坏后，紫外线会通过大气层长驱直入。强烈的紫外线照射将给人体健康带来很多不利影响，如抑制人的免疫力，会使白内障和皮肤癌患者增加。如果臭氧层的总量减少 1%，UV-B 就将增加 2%，其结果是使皮肤癌发病率提高 2%～4%。此外，紫外线的增强还会影响农作物的生长，并通过对海洋中藻类产生的影响破坏整个水生生态系统。一项对大豆的初步研究表明，臭氧层厚度减少 25%，大豆将会减产 20%～25%。

20 世纪 70 年代末开始，科学家们开始每年春天在南极考察臭氧层。

1985 年，英国科学家观测到南极上空出现臭氧层空洞，并证实其同氯氟烃(CFC)分解产生的氯原子有直接关系。这一消息震惊了全世界。

南极上空的臭氧层破坏面积已达 2 400 万 km^2，它的面积相当于一个欧洲，南极上空的臭氧层是在 20 亿年的漫长岁月中形成的，可是仅在一个世纪里就被破坏了 60%，北半球上空的臭氧层比以往任何时候都薄，欧洲和北美上空的臭氧层平均减少了 10%～15%，西伯利亚上空甚至减少了 35%。科学家警告说，地球上臭氧层被破坏的程度远比一般人想象的要严重得多。

含氯氟利昂等消耗臭氧物质是臭氧层破坏的元凶，含氯氟利昂是 20 世纪 20 年代合成的，其化学性质稳定，不具有可燃性和毒性，被当作制冷剂、发泡剂和清洗剂，广泛用于家用电器、泡沫塑料、日用化学品、汽车、消防器材等领域。20 世纪 80 年代后期，含氯氟利昂的生产达到了高峰，产量达到了 144 万 t。在对含氯氟利昂实行控制之前，全世界向大气中排放的氟利昂已达到 2 000 万 t。由于它们在大气中的平均寿命达数百年，所以排放的大部分仍留在大气层中，其中大部分仍然停留在对流层，一小部分升入平流层。在对流层相当稳定的含氯氟利昂，在上升进入平流层后，在一定的气象条件下，会在强烈紫外线的作用下被分解，分解释放出的氯原子同臭氧会发生连锁反应，不断破坏臭氧分子。据科学家估计，一个氯原子可以破坏数万个臭氧分子。

14.3.4 国际公约

1)维也纳公约

最早使用 CFC 的 24 个发达国家已于 1985 年 3 月 22 日在维也纳签订了《保护臭氧层公约》，并于 1988 年 9 月 22 日生效。R12(CFC-12)属于“被认为可能改变臭氧层的化学和物理特性”的化学物质。

公约重申了联合国人类环境会议宣言里的有关规定：“依照联合国宪章和国际法原则，各国具有按照其环境政策开发其资源的主权权利，同时亦负有责任，确保在它管辖或控制范围内的活动，不致对其他国家的环境或其本国管辖范围以外地区的环境引起损害”；并规定“各缔约国应依照本公约以及它们所加入的、并且已经生效的议定书的各项规定采取适当措施，以保护人类健康和环境，免受足以改变或可能改变臭氧层的人类活动所造成的或可能造成的不利影响”。

中国于 1989 年 9 月 11 日加入该公约。同年 12 月 10 日，该公约对中国生效。

2)蒙特利尔公约

1987 年 9 月，由联合国环境规划署组织的“保护臭氧层公约关于含氯氟烃议定书全权代表大会”在加拿大蒙特利尔市召开。出席会议的有 36 个国家、10 个国际组织的 140 名代表和观察员，中国政府也派代表参加了会议。同年 9 月 16 日，24 个国家签署了《关于消耗臭氧层物质的蒙特利尔议定书》。该公约自 1989 年 1 月 1 日起生效，公约对 CFC-11、CFC-12、CFC-113、CFC-114、CFC-115 五项氟氯碳化物的生产作了严格的管制规定，将氟氯碳化物的生产冻结在 1986 年的规模，并在 1988 年前于工业国家中减少 50%的制造。制冷剂中主要的臭氧层破坏者 R12(CFC-12)或许可为 R134a(HFC-134a)取代。

中国政府 1993 年 1 月批准实施了《中国消耗臭氧层物质逐步淘汰国家方案》，将 R12 列为 4 类 10 种受控 ODS 之一，到 2001 年年底，新生产汽车用空调将停止使用 R12(CFC-12)。

1995 年 1 月 23 日，联合国大会通过决议，为纪念 1987 年 9 月 16 日签署的

《关于消耗臭氧层物质的蒙特利尔议定书》,把每年的9月16日定为“国际保护臭氧层日”。

14.3.5 正确使用

(1)R12与R134a不能替代。目前,汽车空调装置多用R134a制冷剂,而市面上R134a制冷剂的价格又是R12的3倍左右,因此有些人在汽车空调器补充制冷剂时为了省钱或图方便,将R134a空调系统改为灌充R12制冷剂,虽然一样可以发出冷风,但将会损害压缩机。

R134a与R12空调系统相比,两者热力性质和系统结构相似,最大的不同之处是冷冻油。冷冻油是一种与制冷剂相容,能够对压缩机起润滑作用且化学性质稳定的液体润滑剂,R12的冷冻油是一种可溶于R12之中的矿物油,而R134a是一种分子极性较强的制冷剂,它与矿物油是非共溶性的,就好像油水分离,无法对空调系统起润滑作用,因此R134a的冷冻油一般是用一种叫做PAG或酯类的润滑剂,由于这种润滑剂的特殊性,R134a空调系统对橡胶材质的要求及本身的性质均与R12有所不同,因此134a只能在专门与其配套的系统中工作,凡是车用的R134a空调系统,厂方都会在压缩机、冷凝器、蒸发器、橡胶管和灌充设备上注明R134a的标志以防误用。

如果R134a空调系统错加了R12制冷剂,由于R12制冷剂能与润滑油相溶,原压缩机内的冷冻油将和R12制冷剂的压缩气体一同排入系统中。待以后又重新加入R134a制冷剂后,由于R134a制冷剂与冷冻油不相溶,被R12制冷剂带走的冷冻油不能回到压缩机内,此时压缩机由于缺油而干摩擦损坏。如果R12制冷系统错加了R134a制冷剂,原来被R12制冷剂带走的冷冻油也不能回到压缩机内,同样造成压缩机缺油而干摩擦损坏。

(2)制冷剂R134a充注量必须符合要求,过多或过少,均会影响制冷效果。过少达不到制冷效果;过多会使压力过高,增加发动机的负荷,使油耗增加,还会造成安全阀开启,使系统中R134a泄漏。

(3)汽车空调冷冻油。冷冻油是用在制冷系统压缩机中的专用润滑油简称,需承受低温,属低温润滑油。

汽车空调中的冷冻油一般在使用3个季节后进行更换,每次的加注量视具体车型的不同而不同。当蒸发器、储液器、干燥器、冷凝器或压缩机更换时需进行补充或换新。

冷冻油的加注要适量,如过多会使冷冻油在管道和容器壁上形成厚油膜,使冷凝器和蒸发器的传热效率降低,降低系统制冷效率,同时还会造成故障;如油量过少会使润滑恶化而加剧机件磨损。

不同牌号的冷冻油不能混用,否则会造成冷冻油黏度降低,破坏润滑油膜,使需润滑部件受损。如冷冻油含有不同性质的抗氧化添加剂,混在一起会产生化学反应,形成沉淀物,影响润滑。

冷冻油必须储存在密封良好的容器中,不能与空气长期接触和渗入水分,否则冷冻油将氧化变质。

变质的冷冻油不能使用。将冷冻油滴一点到吸水性好的白纸上,过一段时间后,若油滴中央部分有黑色斑点,则说明这种油已经变质,不能使用,必须经过重新提炼后方能使用。没有变质的油(没有黑色斑点),重新使用时,必须通过过滤及用分子筛吸水后方可使用。

14.4 汽车玻璃清洗液

汽车玻璃清洗液是与汽车刮水器共同使用以去除汽车风窗玻璃表面污物的液体,主要由水、酒精、乙二醇、缓蚀剂及多种表面活性剂组成,汽车风窗玻璃清洗液俗称玻璃水(即车窗净)。

14.4.1 主要性能

1)清洗

汽车玻璃清洗液由多种表面活性剂及添加剂复配而成。表面活性剂通常具有润湿、渗透、增溶等功能,从而起到清洗去污的作用。

2)防冻

有酒精、乙二醇的存在,能显著降低液体的冰点,从而起到防冻的作用,能很快溶解冰霜。

3)防雾

玻璃表面会形成一层单分子保护层。这层保护膜能防止形成雾滴,保证风窗玻璃清澈透明,视野清晰。

4)抗静电

汽车玻璃清洗液清洗吸附在玻璃表面的物质,能消除玻璃表面的电荷,有抗静电性能。

5)润滑

车窗中含有乙二醇,黏度较大,可以起润滑作用,减少刮水器与玻璃之间的摩擦,防止玻璃表面产生划痕。

6)防腐蚀性能

车窗净中含有多种缓蚀剂,对各种金属没有任何腐蚀作用,对汽车的面漆、橡胶绝对安全。

14.4.2 分类

按主要组分分为醇类物质、水和表面活性剂为主要组分的水基型和以硅树脂类物质为主要组分的疏水型两种，水基型按冰点分为普通型和低温性。

14.4.3 技术要求

GB/T 23436—2009《汽车风窗玻璃清洗液》规定了汽车风窗玻璃清洗液的技术要求，见表14.7。

汽车风窗玻璃清洗液的技术要求与试验方法 表14.7

<table>
<tr><td colspan="3" rowspan="3">项　目</td><td colspan="3">技术要求</td><td rowspan="3">试验方法</td></tr>
<tr><td colspan="2">水基型</td><td rowspan="2">疏水型</td></tr>
<tr><td>普通型</td><td>低温型</td></tr>
<tr><td colspan="3">冰点(℃)</td><td>≤0</td><td colspan="2">≤20</td><td>SH/T 0090</td></tr>
<tr><td rowspan="2">pH值</td><td colspan="2">原液</td><td colspan="2" rowspan="2">6.5～10.0</td><td rowspan="2">4.0～1.0</td><td rowspan="2">SH/T 0069</td></tr>
<tr><td colspan="2">最低使用浓度溶液</td></tr>
<tr><td colspan="3">外观</td><td colspan="3">无分层、沉淀现象</td><td>标准附录A</td></tr>
<tr><td colspan="3">最低使用浓度下的洗净力</td><td colspan="3">试后玻璃的明净程度应与标准液相同或更佳</td><td>标准附录B</td></tr>
<tr><td colspan="3">相容性</td><td colspan="3">无分层、沉淀现象</td><td>标准附录C</td></tr>
<tr><td rowspan="4">金属腐蚀性
(最低使用浓度溶液)
(50℃±2℃,48h)</td><td rowspan="3">金属试片质量变化
(mg/cm^2)</td><td>铝片</td><td colspan="3">±3.30</td><td rowspan="4">标准附录D</td></tr>
<tr><td>黄铜片</td><td colspan="3">±0.15</td></tr>
<tr><td>镀锌钢板</td><td colspan="3">±0.800</td></tr>
<tr><td colspan="2">试验后金属试片外观</td><td colspan="3">除连接处外，无肉眼可见坑蚀或表面粗糙现象</td></tr>
<tr><td rowspan="5">对橡胶的影响
(原液)
(50℃±2℃,120h)</td><td rowspan="2">质量变化
(%)</td><td>天然橡胶</td><td colspan="3">±1.5</td><td rowspan="5">标准附录E</td></tr>
<tr><td>氯丁橡胶</td><td colspan="3">±3.0</td></tr>
<tr><td rowspan="2">硬度变化
(IRHD)</td><td>天然橡胶</td><td colspan="3">±5</td></tr>
<tr><td>氯丁橡胶</td><td colspan="3">±5</td></tr>
<tr><td colspan="2">试验后橡胶试片外观</td><td colspan="3">无发黏、鼓泡、炭黑析出现象</td></tr>
<tr><td rowspan="6">对塑料的影响
(原液)
(50℃±2℃,120h)</td><td rowspan="5">塑料试片质量变化
(mg/cm^2)</td><td>聚乙烯树脂</td><td colspan="3">±1.0</td><td rowspan="6">标准附录F</td></tr>
<tr><td>聚丙烯树脂</td><td colspan="3">±1.0</td></tr>
<tr><td>ABS树脂</td><td colspan="3">±4.0</td></tr>
<tr><td>软质聚氯乙烯树脂</td><td colspan="3">±3.0</td></tr>
<tr><td>聚甲醛树脂</td><td colspan="3">±3.0</td></tr>
<tr><td colspan="2">试验后塑料试片外观</td><td colspan="3">无严重变形</td></tr>
</table>

续上表

<table>
<tr><td colspan="3" rowspan="3">项　　目</td><td colspan="3">技术要求</td><td rowspan="3">试验方法</td></tr>
<tr><td colspan="2">水基型</td><td rowspan="2">疏水型</td></tr>
<tr><td>普通型</td><td>低温型</td></tr>
<tr><td rowspan="3">对汽车有机涂膜的影响(原液)
(50℃±2℃,120h)</td><td rowspan="2">涂膜硬度</td><td>丙烯酸树脂烤漆(蓝色)</td><td colspan="3">≥HB</td><td rowspan="3">标准附录 G</td></tr>
<tr><td>氨基醇树脂漆(白或黑色)</td><td colspan="3">≥HB</td></tr>
<tr><td colspan="2">试验后试验片的外观</td><td colspan="3">漆膜无软化或鼓泡,试验前后光泽颜色无变化</td></tr>
<tr><td rowspan="3">热稳定性
(50℃±2℃,8h)</td><td rowspan="2">pH 值</td><td>原液</td><td colspan="2" rowspan="2">6.5～10.0</td><td rowspan="2">4.0～10.0</td><td rowspan="5">标准附录 H</td></tr>
<tr><td>最低使用浓度溶液</td></tr>
<tr><td colspan="2">试验后试样外观</td><td colspan="3">无结晶性沉淀物</td></tr>
<tr><td rowspan="2">低温稳定性
(−30℃±2℃,8h)</td><td rowspan="2">试验后试样外观</td><td>原液</td><td colspan="3" rowspan="2">无结晶性沉淀物</td></tr>
<tr><td>最低使用浓度溶液</td></tr>
<tr><td rowspan="2">抗水性</td><td colspan="2">原液</td><td colspan="2" rowspan="2">—</td><td rowspan="2">≥65</td><td rowspan="2">标准附录 I</td></tr>
<tr><td colspan="2">最低使用浓度溶液</td></tr>
</table>

注:①本表“标准附录”指 GB/T 23436—2009《汽车风窗玻璃清洗液》标准的附录。

②本表所列标准具体如下:

SH/T 0090—1991《发动机冷却液冰点测定法》;

SH/T 0069—1991《发动机防冻剂、防锈剂和冷却液 pH 值测定法》。

15 汽车轮胎

15.1 概　　述

GB/T 6326—2005《轮胎术语及其定义》对汽车轮胎的定义为：安装在车轮上的圆环形弹性制品，供汽车行驶使用。

汽车轮胎通常安装在金属轮辋上，能支承车身，缓冲外界冲击，实现与路面的接触并保证车辆的行驶性能。轮胎常在复杂和苛刻的条件下使用，它在行驶时承受着各种变形、负荷、力以及高低温作用，因此必须具有较高的承载性能、牵引性能、缓冲性能；同时，还要求具备高耐磨性和耐屈挠性，以及低的滚动阻力与生热性。世界耗用橡胶量的一半用于轮胎生产。

汽车轮胎按配套车辆可分为轿车轮胎(轿车轮胎，在设计和技术特性上主要用于载运乘客及其随身行李和/或临时物品的汽车及其拖挂车，这种车辆包括驾驶员在内不超过9个座位)、载货汽车轮胎(载货汽车和客车及其拖挂车的轮胎，在设计和技术特性上用于运送人员和货物的汽车及其拖挂车)、轻型载重汽车轮胎(设计用于轻型载重汽车或小型客车的轮胎，是载重汽车的一种类型)。汽车轮胎为充气轮胎，即轮胎内腔需要充入压缩气体或液体，并能保持压力。

研究结果表明，克服轮胎滚动阻力耗功占汽车输出功率的30%～40%，而轮胎接地摩擦所消耗功率占5%～10%、轮胎空气动力阻力学方面的损失为1.5%～3%，轮胎滚动阻力降低5%，相当于节省燃油1%。目前轮胎摩擦生热过程中释放出的CO_2已占全球矿物燃料释放的温室气体的3%。

2009年，我国年均橡胶消耗量占世界橡胶消费总量的30%，每年我国橡胶制品工业所需70%以上的天然橡胶、40%以上的合成橡胶需要进口。我国生产轮胎消耗橡胶已占全国橡胶资源消耗总量的70%左右，年产生废轮胎2.33亿条，质量约合860万t，折合橡胶资源约300多万吨，若能全部回收再利用，相当于我国5年的天然橡胶产量。生产一条新轮胎所消耗能源约为7加仑原油，同时废弃的轮胎几百年都不会腐烂，会造成环境的“黑色污染”。合理使用轮胎是汽车运用低碳工程中的重要环节。

15.2 轮胎的组成

轮胎通常由外胎、内胎、垫带3部分组成。也有不需要内胎的，其胎体内层有气密性好的橡胶层，且需配专用的轮辋。

外胎是由胎体、缓冲层（或称带束层）、胎面、胎侧和胎圈组成。外胎断面可分成几个单独的区域：胎冠区、胎肩区（胎面斜坡）、屈挠区（胎侧区）、加强区和胎圈区。

1）胎体

胎体又称胎身。通常指由一层或数层帘布层（具有强度、柔软性和弹性）与胎圈组成整体的（作为）充气轮胎的受力结构。

帘布层是胎体中由并列挂胶帘子线组成的布层，是轮胎的受力骨架层，用以保证轮胎具有必要的强度及尺寸稳定性。

胎圈指轮胎安装在轮辋上的部分，由胎圈芯、帘布层包边和胎圈包布等组成。它能承受因内压而产生的伸张力，同时还能克服轮胎在拐弯行驶中所受的横向力作用，使外胎不至脱出轮辋。

胎体需要有充分的强度和弹性，以便承受强烈的振动和冲击，承受轮胎在行驶中作用于外胎上的径向、侧向、周向力所引起的多次变形。胎体由一层或多层挂胶帘布组成，这些帘布能使胎体以及整个外胎具有必要的强度。

2）缓冲层（或称带束层）

斜交轮胎胎面与胎体之间的胶帘布层或胶层，不延伸到胎圈的中间材料层，用于缓冲外部冲击力，保护胎体，增进胎面与帘布层之间的黏合。子午线结构轮胎的缓冲层由于其作用不同，一般称为带束层。子午线轮胎胎面基部下，沿胎冠中心线圆周方向箍紧胎体的材料层。

3）胎面

外胎最外面与路面接触的橡胶层（通常，把外胎胎冠、胎肩、胎侧、加强区部位最外层的橡胶统称为胎面胶）。

胎面用来防止胎体受机械损伤和早期磨损，向路面传递汽车的牵引力和制动力，增加外胎与路面（土壤）的抓着力，以及吸收轮胎在运行时的振荡。

轮胎在正常行驶时直接与路面接触的那一部分胎面称为行驶面。行驶面表面由不同形状的花纹块、花纹沟构成，凸出部分为花纹块，花纹块的表面可增大外胎和路面（土壤）的抓着力和保证车辆必要的抗侧滑力。花纹沟下层称为胎面基部，用来缓冲振荡和冲击。

4）胎侧

胎侧是轮胎侧部帘布层外层的胶层，用于保护胎体。

5）胎圈

胎圈是轮胎安装在轮辋上的部分，由胎圈芯和胎圈包布组成，起固定轮胎作用。

胎圈由胎踵、胎圈芯、钢丝圈、装配线组成。

胎踵指胎圈外侧与轮辋胎圈座圆角着合的部分;胎圈芯指由钢圈,三角胶条和胎圈芯包布制成的胎圈部分;钢丝圈指由镀铜钢丝缠绕成的刚性环,是将轮胎固定到轮辋上的主要部件;装配线指模压在胎侧与胎圈交接处的单环或多环胶棱,通常用以指示轮胎正确装配在轮辋上的标线。

图 15.1 为轮胎各部位名称。

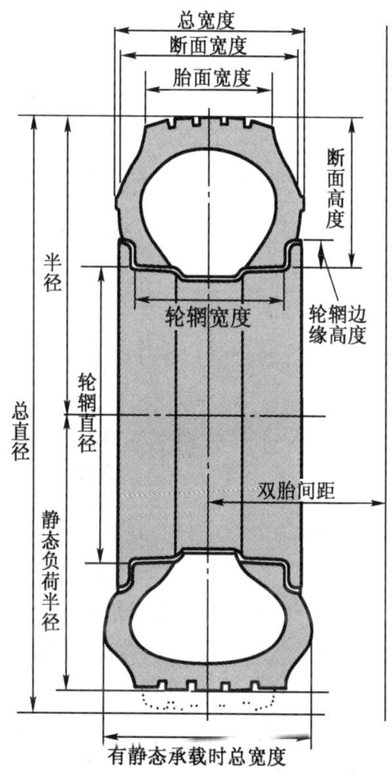

图 15.1 轮胎各部位名称

15.3 轮胎标志

GB/T 6326—2005《轮胎术语及其定义》对轮胎标志作了相应规定。

轮胎标志指记录轮胎尺寸、使用说明、制造单位、认证代码等的模刻印记或印痕或其他形式的标记。

轮胎标志主要由轮胎规格标志、规格附加标志、附加说明、其他标志等部分组成。

轮胎规格标志:即轮胎尺寸特性标志,一般由轮胎名义断面宽度、结构代号和轮辋名义直径组成,有的还包括轮胎名义高宽比、名义外径等。

附加标志:附加在轮胎规格中,表示轮胎用途和使用说明的标志。

附加说明:附加在轮胎规格后面,用来识别轮胎主要使用性能的标志,由负荷指数(如果有单/双胎装用两种情况,则有两个负荷指数)或层级和速度符号组成。

其他标志:如子午线轮胎、无内胎轮胎、雪泥轮胎的字母标志。

15.3.1 标志要求

GB 9743—2007《轿车轮胎》和 GB 9744—2007《载重汽车轮胎》对汽车轮胎标志作了相应规定。轮胎高宽比见图 15.2。

(1)每条外胎胎侧上应有下列①～⑧项标志。其中①～⑥项为模刻标志,⑦项为永久性的标志,⑧项可为水洗不掉的标志。

①规格;

②商标、厂名或地名;

③负荷指数(负荷能力)或层级、充气压力;

④速度符号;

⑤子午线轮胎胎冠和胎侧用骨架材料名称及其层数,斜交轮胎用骨架材料名称;

⑥胎面磨耗标志位置的标记;

⑦生产编号;

⑧出厂检查标记。

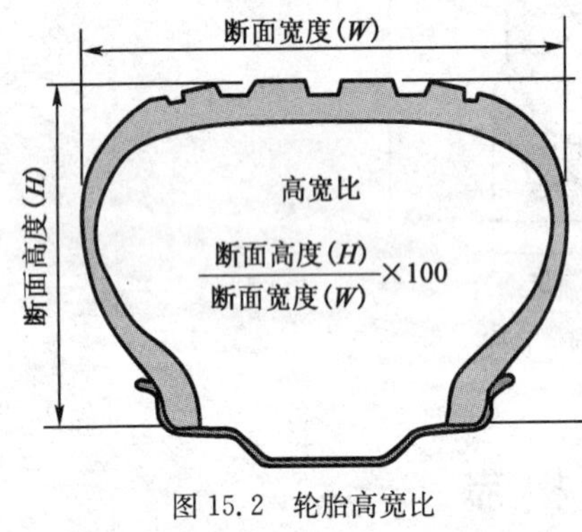

图 15.2　轮胎高宽比

(2)子午线轮胎应模刻“RADIAL”(或“子午线”)标志,无内胎轮胎应模刻“TUBELESS”(或“无内胎”)标志。

(3)胎面花纹有行驶方向的轮胎应模刻行驶方向标志。

(4)雪泥轮胎应模刻雪泥花纹标志。

(5)增强型轮胎应模刻增强型标志(轿车轮胎)。

(6)临时使用的备用轮胎应模刻临时使用标志(轿车轮胎)。

(7)微型载货汽车轮胎应模刻“ULT”标志,轻型载货汽车轮胎应模刻“LT”标志。

(8)特种专用挂车轮胎应模刻“ST”标志(载货汽车轮胎)。

(9)可再刻花纹轮胎应模刻“REGROOVABLE”标志(胎面再刻花纹指当胎面磨损到规定深度时,在胎面上再刻深花纹或修正花纹形状的工艺,多用于载货汽车)。

15.3.2 轿车轮胎规格表示方法

GB/T 2978—2008《轿车轮胎规格、尺寸、气压与负荷》对轿车轮胎规格表示作了相应规定。轿车轮胎是用轮胎规格标志，使用说明进行定义和表述的。

例1：195/60R14 86 H

195——轮胎名义断面宽度(mm)；

60——轮胎名义高宽比；

R——轮胎结构类型代号，“R”为子午线结构代号，“—”或“D”为斜交结构代号；

14——轮辋名义直径(in)；

86——轮胎负荷指数；

H——轮胎速度符号；

例2：5.60—13 6PR

5.60——轮胎名义断面宽度(in)；

“—”——斜交结构代号；

13——轮辋名义直径(in)；

6PR——轮胎层级。

增强性轮胎应增加负荷识别标志“EXTRALOAD(或 XL)”或“REINFORCED(或 REINF)”。

T 型临时使用的备用轮胎应增加规格化附加标志“T”，例如：T135/90D16。

最高速度超过 240km/h 的轮胎，结构类型代号可用“ZR”代替“R”。

15.3.3 载重汽车轮胎规格表示方法

GB/T 2977—2008《载重汽车轮胎规格、尺寸、气压与负荷》对轻型、微型载重汽车轮胎和载重汽车轮胎规格表示作了相应规定。

1)轻型、微型载重汽车轮胎规格表示

例1：31×10.50 R15 LT 6PR 109 Q

31——名义外直径(in)；

10.50——名义断面宽度(in)；

R——子午线结构代号；

LT——轻型载重汽车轮胎标志(ULT 为微型载重汽车轮胎标志)；

6PR——层级；

109——负荷指数(单胎或双胎)。

Q——速度符号。

例2：215/75 R 14 LT 104 /101 Q

215——名义断面宽度(mm);
75——名义高宽比;
104/101——负荷指数(单胎或双胎);
其余同轻型、微型载重汽车轮胎示例1。
2)载货汽车轮胎规格表示
例1:9.00—20 14PR 124/139　G
9.00——名义断面宽度(in);
"—"——为斜交轮胎结构代号;
20——轮辋名义直径(in);
14PR——层级代号;
124/139——负荷指数(单胎或双胎);
G——速度符号。
例2:315/80 R 22.5 18PR 154/151　L
315——名义断面宽度,单位为英寸(in);
80——名义高宽比;
R——为子午线结构代号;
22.5——为轮辋名义直径(in);
18PR——层级代号;
154/151——负荷指数(单胎/双胎);
L——速度符号。

15.3.4　英制规格标志

英制规格轮胎指断面宽度以英寸为单位的轮胎规格标志。
例:6.5R 16 6PR。其数字与字母含义如下:
6.5——轮胎名义断面宽度(6.5in);
R——子午线轮胎标志;
16——轮辋名义直径;
6PR——轮胎层级为6(最大负荷为635kg,相应气压为3.50kg)。
自左向右数字或字母按排列顺序为:轮胎名义断面宽度—轮胎结构标志—轮辋名义直径—轮胎层级。

15.3.5　公制规格标志

公制规格轮胎指断面宽度以毫米为单位的轮胎规格标志。
例:195/60 H R 14。其数字与字母含义如下:
195——轮胎名义断面宽度(195mm);

60——轮胎名义高宽比(H/B≈0.60);
H——速度符号(210km/h);
R——子午线轮胎标志;
14——轮辋名义直径(14in)。

自左向右数字或字母按排列顺序为:轮胎名义断面宽度/轮胎名义高宽比—速度符号—轮胎结构标志—轮辋名义直径

15.3.6 ISO 规格标志

例:195/60 R 14 85 H。其数字与字母含义如下:
195——轮胎名义断面宽度(195mm);
60——轮胎名义高宽比(H/B≈0.60);
R——子午线轮胎标志;
14——轮辋名义直径(14in);
85——负荷指数(515kg);
H——速度符号(210km/h)。

自左向右数字或字母按排列顺序,其含义为:轮胎名义断面宽度/轮胎名义高宽比—轮胎结构标志—轮辋名义直径—负荷指数—速度符号。

15.3.7 意义

1)名义断面宽度

轮胎总宽度指轮胎断面两外侧之间的最大距离,包括标志、装饰线和防擦线所增加的宽度。轮胎断面宽度指轮胎断面两外侧之间的最大距离,不包括标志、装饰线和防擦线所增加的宽度。轮胎名义断面宽度指安装在理论轮辋上充气后的轮胎断面宽度,即在轮胎规格标志中的断面宽度。在英制规格中单位为英寸(in),在公制单位中单位为毫米(mm)。

2)名义高宽比

轮胎断面高度指轮胎胎圈底部至胎面最高点的垂直距离。轮胎高宽比也称扁平率,指轮胎断面高度与断面宽度的比值。名义高宽比指安装在理论轮辋上的轮胎断面高度与断面宽度的比值乘以100。

子午线轿车轮胎按名义高宽比划分为80、75、70、65、60、55、50、45、40、35、30、25共12个系列。

3)轮胎结构

结构类型按轮胎胎体的技术特征可分为斜交结构、带束斜交结构、子午线结构。

子午线轮胎指胎体帘布层帘线与胎面中心线呈90°角或接近90°角排列并

以基本不能伸张的带束层箍紧胎体的充气轮胎，代号为“R”。

斜交轮胎指胎体帘布层和缓冲层各相邻层帘线交叉，且与胎面中心线呈小于90°角排列的充气轮胎，代号为“—”或“D”。

带束斜交轮胎指由两层或多层基本不能伸张的帘线材料构成的带束层，箍紧斜交结构胎体帘布层的充气轮胎。

4)轮辋名义直径

轮辋名义直径指仅供轮胎设计参考的轮辋直径，单位为英寸。表15.1为轮辋名义直径。

轮 辋 名 义 直 径 表15.1

轮辋名义直径		轮辋名义直径	
in	mm①	in	mm①
5°轮辋		5°轮辋	
4	101	27	686
5	127	28	711
6	152	29	737
7	178	30	762
8	203	31	787
9	229	32	813
10	254	33	838
12	305	34	854
13	330	35	889
14	356	36	914
15	381	37	940
16	406	38	965
17	432	39	991
18	457	40	1 016
19	483	41	1 041
20	508	42	1 067
21	533	43	1 092
22	559	44	1 118
23	584	45	1 143
24	610	46	1 168
25	635	47	1 194
26	660	48	1 219

续上表

轮辋名义直径		轮辋名义直径	
in	mm①	in	mm①
5°轮辋		15°轮辋	
49	1 245	14.5	368
50	1 270	17.5	445
51	1 295	19.5	495
52	1 321	20.5	521
54	1 372	22.5	572
57	1 448	24.5	622
		26.5	673

注:①为理论值,仅供计算轮胎外径用。

5°轮辋有微型载货汽车普通断面斜交轮胎、轻型载货汽车普通断面斜交轮胎,轻型载货汽车普通断面子午线轮胎、85 系列轻型载货汽车公制子午线轮胎、轻型载货汽车公制子午线轮胎、75 系列轻型载货汽车公制子午线轮胎、70 系列轻型载货汽车公制子午线轮胎、65 系列轻型载货汽车公制子午线轮胎、60 系列轻型载货汽车公制子午线轮胎、轻型载货汽车高通过性子午线轮胎、公路挂车特种专用 ST 公制轮胎、载货汽车普通断面斜交轮胎、载货汽车普通断面子午线圈轮胎;15°轮辋有载货汽车普通断面斜交轮胎、载货汽车宽基斜交轮胎、载货汽车普通断面子午线轮胎、80 系列载货汽车公制子午线轮胎、75 系列载货汽车公制子午线轮胎、70 系列载货汽车公制子午线轮胎、65 系列载货汽车宽基子午线轮胎、房屋汽车轮胎。

5)负荷指数

负荷指数指轮胎在标准规定的使用条件下,按速度符号标明的速度行驶时,所能承受最大负荷的数字代号。此代号将从 45kg 到 136 000kg 的负荷分成 0～279,共 280 个等级,每级的负荷级差为 3%。负荷指数后面的(单胎/双胎)指单胎或双胎的负荷指数。如轮胎负荷指数符号为 104/101(单胎/双胎),则表示该胎作单胎使用,其轮胎负荷指数为 104,最大负荷力为 875kg;若双胎并装使用,其轮胎负荷指数为 101,最大负荷能力为 825kg。

表 15.2 为标准型轿车子午线轮胎负荷与气压的对应关系,表 15.3 为轮胎负荷指数与负荷能力的对应关系。

6)速度标志

速度级别是指在规定条件下轮胎最高行驶速度的特别符号。速度符号与最高行驶速度的对应关系见表 15.4,表 15.5 为载货汽车行驶速度与负荷变化的对应关系。

为标准型轿车子午线轮胎负荷与气压的对应关系　　表 15.2

负荷指数	不同气压①(kPa)下标准型轮胎的负荷能力(kg)									
	150	160	170	180	190	200	210	220	230	240	250
62	175	185	195	205	215	220	230	240	250	255	265
63	180	190	200	210	220	230	235	245	255	265	275
64	185	195	205	215	225	235	245	255	260	270	280
65	195	205	210	225	235	245	250	260	270	280	290
66	200	210	220	230	240	250	260	270	280	290	300
67	205	215	225	235	245	255	265	275	285	295	307
68	210	220	230	240	255	265	275	285	295	305	315
69	215	225	240	250	260	270	285	295	305	315	325
70	225	235	245	260	270	280	290	300	315	325	335
71	230	240	255	265	275	290	300	310	325	335	345
72	235	250	260	275	285	295	310	320	330	345	355
73	245	255	270	280	295	305	315	330	340	355	365
74	250	260	275	290	300	315	325	340	350	365	375
75	255	270	285	300	310	325	335	350	360	375	387
76	265	280	295	310	320	335	350	360	375	385	400
77	275	290	305	315	330	345	360	375	385	400	412
78	280	295	310	325	340	355	370	385	400	410	425
79	290	305	320	335	350	365	380	395	410	425	437
80	300	315	330	345	360	375	390	405	420	435	450
81	305	325	340	355	370	385	400	415	430	445	462
82	315	330	350	365	380	395	415	430	445	460	475
83	325	340	360	375	390	405	425	440	455	470	487
84	330	350	365	385	400	420	435	450	470	485	500
85	340	360	380	395	415	430	450	465	480	500	515
86	350	370	390	410	425	445	460	480	495	515	530
87	360	380	400	420	440	455	475	490	510	525	545
88	370	390	410	430	450	470	485	505	525	540	560
89	385	405	425	445	465	485	505	525	545	560	580
90	400	420	440	460	480	500	520	540	560	580	600
91	410	430	450	475	495	515	535	555	575	595	615
92	420	440	465	485	505	525	550	570	590	610	630

续上表

负荷指数	不同气压①(kPa)下标准型轮胎的负荷能力(kg)										
	150	160	170	180	190	200	210	220	230	240	250
93	430	455	475	500	520	545	565	585	610	630	650
94	445	470	490	515	540	560	585	605	625	650	670
95	460	485	505	530	555	575	600	625	645	670	690
96	470	495	520	545	570	595	620	640	665	685	710
97	485	510	535	560	585	610	635	660	685	705	730
98	500	525	550	575	600	625	650	675	700	725	750
99	515	540	570	595	620	650	675	700	725	750	775
100	530	560	590	615	640	670	695	720	750	775	800
101	550	575	605	635	660	690	720	745	770	800	825
102	565	595	625	655	680	710	740	765	795	825	865
103	580	610	645	675	705	730	760	790	820	845	875
104	600	630	660	690	725	755	785	815	840	870	900
105	615	645	680	710	745	775	805	835	865	895	925
106	630	665	700	730	765	795	825	860	890	920	950
107	650	680	715	750	785	815	850	880	910	945	975
108	665	700	735	770	805	835	870	905	935	970	1 000
109	685	720	755	790	825	860	895	930	965	995	1 030
110	705	740	780	815	850	885	920	955	990	1 025	1 060
111	725	765	800	840	875	910	950	985	1 020	1 055	1 090
112	745	785	825	860	900	935	975	1 010	1 050	1 085	1 120
113	765	805	845	885	925	960	1 000	1 040	1 075	1 115	1 150
114	785	825	865	905	945	985	1 025	1 065	1 105	1 140	1 180
115	805	850	890	935	975	1 015	1 055	1 095	1 135	1 175	1 215
116	830	875	920	960	1 005	1 045	1 085	1 130	1 170	1 210	1 250
117	855	900	945	990	1 030	1 075	1 120	1 160	1 200	1 245	1 285
118	875	925	970	1 015	1 060	1 105	1 150	1 190	1 235	1 280	1 320
119	905	950	1 000	1 045	1 090	1 140	1 185	1 230	1 270	1 315	1 360
120	930	980	1 030	1 075	1 125	1 170	1 220	1 265	1 310	1 355	1 400
121	965	1 015	1 065	1 115	1 165	1 215	1 260	1 310	1 355	1 405	1 450
122	995	1 050	1 100	1 155	1 205	1 255	1 305	1 355	1 405	1 450	1 500
123	1 030	1 085	1 140	1 190	1 245	1 295	1 350	1 400	1 450	1 500	1 550

续上表

负荷指数	不同气压①(kPa)下标准型轮胎的负荷能力(kg)										
	150	160	170	180	190	200	210	220	230	240	250
124	1 065	1 120	1 175	1 230	1 285	1 340	1 390	1 445	1 495	1 550	1 600
125	1 095	1 155	1 210	1 270	1 325	1 380	1 435	1 490	1 545	1 595	1 650

注:①指轮胎的行驶速度为160km/h或以下、车外倾角不大于2°时,为达到相应负荷能力而应备的最低气压。

轮胎负荷指数与负荷能力的对应关系(60～179)　　表15.3

负荷指数	负荷力(kg)	负荷指数	负荷力(kg)	负荷指数	负荷力(kg)	负荷指数	负荷力(kg)	负荷指数	负荷力(kg)
60	250	85	515	110	1 060	135	2 180	155	3 875
61	257	86	530	111	1 090	136	2 240	156	4 000
62	265	87	545	112	1 120	137	2 300	157	4 125
63	272	88	560	113	1 150	138	2 360	158	4 250
64	280	89	580	114	1 180	139	2 430	159	4 375
65	290	90	600	115	1 215	135	2 180	160	4 500
66	300	91	615	116	1 250	136	2 240	161	4 625
67	307	92	630	117	1 285	137	2 300	162	4 750
68	315	93	650	118	1 320	138	2 360	163	4 875
69	325	94	670	119	1 360	139	2 430	164	5 000
70	335	95	690	120	1 400	140	2 500	165	5 150
71	345	96	710	121	1 450	141	2 575	166	5 300
72	355	97	730	122	1 500	142	2 650	167	5 450
73	365	98	750	123	1 550	143	2 725	168	5 600
74	375	99	775	124	1 600	144	2 800	169	5 800
75	387	100	800	125	1 650	145	2 900	170	6 000
76	400	101	825	126	1 770	146	3 000	171	6 150
77	412	102	850	127	1 800	147	3 075	172	6 300
78	425	103	875	128	1 850	148	3 150	173	6 500
79	437	104	900	129	1 850	149	3 250	174	6 700
80	450	105	925	130	1 900	150	3 350	175	6 900
81	462	106	950	131	1 950	151	3 450	176	7 100
82	475	107	975	132	2 000	152	3 550	177	7 300
83	487	108	1 000	133	2 060	153	3 650	178	7 500
84	500	109	1 030	134	2 120	154	3 750	179	7 750

速度符号与最高行驶速度的对应关系 表 15.4

速 度 符 号	最高行驶速度(km/h)	速 度 符 号	最高行驶速度(km/h)
B	50	P	150
C	60	Q	160
D	65	R	170
E	70	S	180
F	80	T	190
G	90	U	200
J	100	H	210
K	110	V	240
L	120	W	270
M	130	Y	300
N	140		

注:无速度级别或无速度表示种类的轮胎最高速度为 160km/h。T 型应急用轮胎的最高时速为 130km/h。

载货汽车行驶速度与负荷变化的对应关系 表 15.5

速度(km/h)	负荷变化率(%)			
	微型、轻型载重汽车轮胎		载重汽车轮胎	
	斜交轮胎	子午线轮胎	斜交轮胎	子午线轮胎
40	+15.0	+25.0	+12.5	+15.0
50	+12.5	+20.0	+10.0	+12.0
60	+10.0	++15.0	+7.5	++10.0
70	+7.5	+12.5	+5.0	+7.0
80	+5.0	+10.0	+2.5	+4.0
90	+2.5	+7.5	0	+2.0
100	0	+5.0	0	0
110	0	+2.5	0	0
≥120	0	0	0	0

注:表中的负荷变化是相对于轮胎规格、尺寸、气压与负荷表中规定的负荷能力增加。

7)层级

轮胎层级"PR"(ply rati)是指轮胎允许负荷的强度指标,并不一定是轮胎帘线层数。层级是根据帘线强力大小折合成棉帘线的层数。

8)名义外直径

轮胎外直径指轮胎最外表面的圆周直径。轮胎名义外直径指安装在理论轮辋上充气后的轮胎胎面最外表面的直径，单位为英寸。

9)车种分类

汽车轮胎按配套车种分类，其分类和代号如下：

PC——轿车轮胎；

ULT——微型载货汽车轮胎；

LT——轻型载货汽车轮胎；

TB——载货汽车及大客车轮胎；

ST——公路型挂车用特种轮胎。

MH——房屋汽车轮胎。

轻型货车或面包车用的轻型子午线载货轮胎都要在轮胎型号的后面加一个字母“C”，以便和轿车用的子午线轮胎加以区分。如：金杯面包车用的轮胎185SR14C，其中的“C”即指此轮胎为轻型载货轮胎。

10)轮胎用骨架材料名称

目前，汽车轮胎用骨架材料主要有钢丝、尼龙、纤维，对应代号为 STEEL、NYLON、POLYESTER。

某轮胎胎侧有“PLIES(2POLYESTER＋2STEEL＋NYLON)”标志，指此轮胎为半钢丝子午线轮胎，它的胎冠是由两层纤维帘布和两层钢丝及一层尼龙制成。

某胎侧有“TREAD：2PLIES POLYESTER2PLIESSTEEL SIDEWALL：2PLIES POLYESTER”标志。其含义为胎冠：由两层纤维帘线和两层钢丝制造；胎侧：由两层纤维帘线制成。

某胎侧有“TREAD：POLYESTER1＋STEEL2＋NYLON2”标志。其含义为胎冠：由一层纤维帘线和两层钢丝及两层尼龙帘线制成。

某胎侧有“TREAD：3PLIES 1POLYESTER＋2STEEL SIDEWALL：1POLYESTER”标志。其含义为这条轮胎的胎冠共有三层，即一层纤维帘线和两层钢丝制成。而胎侧是由一层纤维帘线制成。

某胎侧有“4PLIES(2STEEL＋2POLYESTER)”标志。其含义为这条轮胎的胎冠是由两层钢丝和两层纤维帘线共四层组成。

11)胎面磨耗位置标志

指示胎面已经磨损到必须进行翻新的标记。载货汽车和轿车轮胎通常以△符号标在外胎两侧，其他轮胎多半标于胎面上，也可标于外胎两侧。标志点表明，磨至此处后轮胎应进行翻新，否则不能保证安全使用。

12)生产日期

轮胎一般容许的储存年限是 5 年，所以选用前一定要注意其制造日期。制造日期标标在[DOT]字样后面的那组数字，一般为 4 个数字，如[3402]，其中前两个数字[34]表示第34周，[02]表示2002年。有些是三个数字，如[258]，则表示1998年第25周生产的轮胎。

13)按用途分类

汽车轮胎按用途可分为普通轮胎、特殊轮胎、雪泥轮胎、临时使用的备用轮胎、T型临时使用的备用轮胎。

普通轮胎：普通用途的轮胎。

特殊轮胎：特殊用途的轮胎，如混合用途（既可用于公路，也可用于越野）或有严格速度限制的轮胎。

雪泥轮胎：胎面花纹和结构设计与普通轮胎不同，在未冻结或已融化的雪地及泥泞区域行驶时，比普通轮胎具有更好的行驶性能的轮胎。M＋S表示雪泥轮胎的字母标志，也可用M·S、M/S等表示，"M"指泥地，而"S"指雪地。

临时使用的备用轮胎：不同于装在车辆上按规定行驶条件使用的轮胎，仅供限定行驶条件下临时使用的备用轮胎。

T型临时使用的备用轮胎：充气压力均高于标准型和增强型轮胎，仅供临时使用的备用轮胎。

14)方向标志

有些轮胎的花纹具有方向性，这种花纹主要考虑的是抓地性能，在安装这种轮胎时，要注意按滚动方向标记安装。如果轮胎上无标记，则以花纹的尖端先接触地面。这种有方向的花纹轮胎，如果在前后轮距等宽的越野车上使用，前轮的两个轮胎也可以反向安装。反向安装以后，如果车辆行驶在泥沙路上，前轮压痕变浅，可减少滚动阻力，节省燃料；同时，前轮滚过以后，路面稍加压实，这样有利于后轮通过，提高牵引力。

15)质量认证

世界权威部门的质量认证主要有：

DOT——美国交通部质量认证。

E——欧洲共同市场轮胎安全标志。

JIS——日本质量认证。

ISO 9000、ISO 9001、ISO 9002——国际质量认证。

1996年我国规定外国轮胎进入中国必须符合中国的质量标准，简称为"CCIB"，从1997年底开始在中国市场销售的进口轮胎，必须在轮胎侧壁显要位置镌刻"CCIB"字样；否则，即为不合格产品，禁止在中国销售。

15.3.8 其他

1)按大小分类

一般是指外胎的断面宽度在17in(1in＝25.4mm)以上的轮胎，这种轮胎属于巨型轮胎;外胎断面宽度在17in以下、10in以上的轮胎属于大型轮胎;外胎断面宽度在10in以下的轮胎属于中小型轮胎。

2)按充气压力分类

轮胎按充气压力分为高压胎(0.5～0.7MPa)、低压胎(0.15～0.45MPa)和超低压胎(0.15MPa以下)。

3)按花纹分类

胎按花纹分类有很多种,但大体上可以分为以下几种。

(1)直沟花纹

花纹沟基本呈轮胎周向的花纹,具有较好的横向附着性能;也叫普通花纹,之所以称它为普通花纹是相对越野花纹和泥雪花纹而言的。这种花纹操纵安定性优良,转动抵抗小,噪声低,特别是排水性能优秀,不容易横向滑移。

(2)横沟花纹

花纹沟基本呈轮胎轴向的花纹,具有较好的纵向附着性能。横沟花纹的驱动力、制动力和牵引力特别优秀,而且其耐磨性能极佳,因此,十分适合如推土机、挖掘机等工程车辆使用,但横沟花纹的操纵性和排水性能较差。

(3)纵横沟花纹

纵横沟花纹也叫综合花纹,它兼备了纵沟和横沟花纹的优点,因此,它也比较适合于吉普等越野车辆。

(4)泥雪地花纹

泥雪地花纹,顾名思义,是指专门适于泥地和雪地使用而设计的花纹。

4)"3T"指标

美国交通运输部规定,轿车轮胎上必须有轮胎磨耗(TREAD WEAR)、温度(TEMPERATURE)、牵引力(TRACTION)等标志。因为磨耗、温度、牵引力的英文单词第一个字母均为"T",故简称为"3T"指标。

"磨耗指标"衡量轮胎胎面耐磨性能和使用寿命,它的级别以具体数字表示。

"温度"衡量轮胎行驶时升温的高低,实际上与轮胎高速性能相关,它用A、B、C区别。A级为特优,B级为良好,C级为一般。

"牵引力"衡量轮胎与地面的附着性能,也以A、B、C三级区分。A级为特优,B级为良好,C级为一般。

美国政府要求凡出口到美国的轮胎都必须有"3T"指标。目前国内有的轮胎厂生产的轮胎上面也有"3T"指标。比如,桑塔纳2000型轿车使用的195/60 R 14轮胎,其"TREAD WEAR"为450,"TRACTION"为A,"TEMPERATURE"为A。普通型桑塔纳轿车用185/70R13轮胎上的"TREAD WEAR"为180,"TRACTION"为B,"TEMPERATURE"为B。

磨耗数字和公里数可以换算。通过试验,以磨耗100为基数,磨耗100可以行驶 48 000km，磨耗 200 为 96 000km。如上述桑塔纳 2 000 型轿车使用的 195/60 R 14轮胎磨耗为 450，它应当可以行驶 48 000×4.5＝216 000km；普通型桑塔纳轿车用 3185/70 R 13 轮胎的磨耗是 180，应当可以行驶 48 000×1.8＝86 400km。

5）工作量

轮胎上的载质量和速度的乘积叫"工作量"，即：

$$工作量＝载质量(W)×速度(v)$$

由公式可知，一般情况下，轮胎的工作量是固定的，如：185/70 R 13 88H 轮胎，它的负荷系数为 88，对应负荷能力为 560kg，速度符号为 H，对应的速度限值为 210km/h，工作量为 117 600。如果速度慢一些，负荷可以增大一些；如果负荷减小一些，它的速度可以加快一些。

15.4 绿色轮胎

绿色轮胎亦称环保轮胎、低污染轮胎、低滚动阻力轮胎，是指在保证轮胎基本安全性能（如抓地力）不损失的情况下，应用新材质和设计，降低轮胎滚动阻力，从而有效降低废气排放，达到环保效应的子午线轮胎。

数据显示，目前轮胎摩擦生热过程中释放出的二氧化碳已占全球矿物燃料释放的温室气体的 3％；汽车油耗有相当一部分用于克服轮胎摩擦阻力。欧盟委员会的数据显示，汽车轮胎滚动阻力所需能耗占到整车油耗的 20％左右。研究结果表明，轮胎的模具、花纹设计和轮胎结构和材料均对轮胎滚动阻力有影响。克服轮胎滚动阻力消耗的燃油占轿车总油耗的 14.4％、货车总油耗的 30％，而仅由胎面产生的滚动阻力就占轮胎滚动阻力的 49％，其他部件的影响比例分别为：胎侧 14％、胎体 11％、胎圈 11％、带束层 8％、其余部件 7％。由胎面直接造成的油耗约占 7.1％。轮胎滚动阻力是影响碳排放的主要因素之一，例如，滚动阻力每减少 20％，行驶 100km 的二氧化碳排放量就可减少 400g。降低胎面的滚动阻力并保证良好的抓地能力将是绿色轮胎最基本的要求。

绿色轮胎与传统轮胎相比具有弹性好、滚动阻力小、耗油低、生热低、耐磨、耐穿刺、承载能力大、乘坐舒适等优点。

15.4.1 性能特点

1）高环保

传统轮胎由于添加了有致癌作用的橡胶配合剂，它们随着胎面磨损散发在空气中，严重污染了环境，同时世界上每年有数亿条轮胎被废弃，它们不但占据大量空间，而且难以分解，对环境造成了极大威胁，被人们称为"黑色污染"。随着人们环保意识的不断提高，在继续努力降低滚动阻力的同时，已开始重视使用不污染环境的材料制造轮胎，而且努力延长轮胎的行驶里程，以减少废旧轮胎的数量。在大量汽车使用绿色轮胎以后，对节油和减少污染产生巨大作用。绿色轮胎的广泛应用每年将为全球节省数百万桶石油，并显著减少一氧化碳的排放量。

2)低消耗

习惯使用的黑色轮胎是以标准的合成橡胶和天然橡胶制成的，在汽车行驶温度升高的条件下，其防护材料的结构和性能都发生改变，同时车轮滚动的阻力也在增加。绿色轮胎与普通轮胎相比，减轻了轮胎质量，减少了复合材料的能耗(滞后损失)。所以，绿色轮胎与同等规格的轮胎相比，滚动阻力可降低 22%～35%，并因此减少汽车燃料消耗 3%～8%，使汽车 CO 的排放量有所下降，其他性能如耐磨耗、低噪声、干湿路面抓着力等均保持良好水平。

3)超安全

绿色轮胎通过优化胎体设计，以绝佳的弹性胎面改进汽车在光滑路面的抓地性能，使驾驶更平稳、制动距离更短，大大提高了驾驶安全性。研究证明，绿色轮胎产生的摩擦力可以减少汽车在湿滑或结冰路面上 15%的制动距离，使汽车的冬季驾驶性能提高 10%～15%。这对减少事故率和人员伤亡有着重大的意义。

15.4.2 结构特点

1)无内胎子午化

无内胎轮胎在外观上和结构上与有内胎轮胎近似，所不同的是无内胎轮胎内壁上附加了一层 2～3mm 厚的、专门用来封气的橡胶密封层，它是用硫化的方法黏附上去的，当轮胎穿孔后，由于其本身处于压缩状态而紧裹着穿刺物，故能长期不漏气，即使将穿刺物拔出，也能暂时保持胎内气压。无内胎轮胎有气密性好、散热好、结构简单、质量轻等优点。

轮胎结构大体可分为子午线和斜交结构两种。子午线结构与斜交结构的根本区别在于胎体。胎体是轮胎的基础，它是由帘线组成的层状结构。子午线轮胎胎体帘布层帘线与胎面中心线呈 90°。胎体层上部有帘线为周向排列的带束层，这种结构使帘线强度能够得到充分利用，故子午胎的帘布层数比斜交轮胎少 40%～50%。

从设计上讲，斜交轮胎有很多局限性，由于斜交轮胎交叉排列的帘线强烈摩擦，使胎体容易生热，而且加速胎面花纹磨耗，其帘线布局也不能很好地提供优良的操纵性和乘坐舒适性；而子午线轮胎的钢丝带束层则有较好的柔韧性以适应路面的不规则冲击，且经久耐用。它的帘布层结构还意味着在行驶中有小得多的摩擦，从而获得较长的胎面使用寿命和较好的燃油经济性。

子午线轮胎本身的优点使轮胎无内胎化成为可能。无内胎轮胎当轮胎被扎破后，不是像有内胎的轮胎那样爆裂，而是在一段时间内保持气压，从而提高了安全性。

由于子午线轮胎胎体的特殊结构，使得在行驶中轮胎的路面抓力大、效果好，由于胎体比较柔软，行驶中胎面变形小于25%～30%。装有子午线轮胎的汽车与装有斜交轮胎的汽车相比，其耐磨性可提高50%～100%，滚动阻力降低20%～30%，可以节约油耗6%～8%。从使用寿命来看，子午胎可以使用15～20万km，而斜交轮胎只有8～10万km。

2)宽低断面轮胎

低断面轮胎是指轮胎的高宽比，也称扁平率数值较小的轮胎。

随着轮胎胎圈部填充胶条高度增高，产生滞后损失的物质体积增加，胎侧下部的能量损失亦增加。同时，填充胶条高度增加会因胎侧的刚性增加而使胎侧部变形减小，而对滚动阻力影响较大的胎面部的变形相对增大，这会导致滚动阻力增加。

轮胎断面宽度增加将使胎侧部刚性减小，而对滚动阻力影响较小的侧部的变形增加，对滚动阻力影响较大的胎面部的变形减小。另外，随着轮胎断面宽度的加宽，胎面、带束层等主要部位的能量损失减小。

胎面半径增大时，可降低轮胎的滚动阻力。这是因为胎面半径增大时轮胎产生平面接地屈挠变形，使因轮胎断面方向的屈挠变形所产生的应变能变小的缘故。也就是说，滚动阻力随着胎面半径的增大而减小，这主要得益于胎冠部和带束层能量损失减小。

在日本公交行业的试验显示，驱动轮采用宽基轮胎替代并装双胎后，可降低滚动阻力10%以上，减轻车重50kg，缩短轮胎总宽145mm，节省橡胶20%。

3)双层胎面

双层胎面一般是由胎面和胎面基部两部分构成，其胎面与胎面基部胶具有不同的动态模量，胎面动态模量大于胎面基部动态模量。胎面基部厚度与胎面厚度之比为0.25～0.70。双层胎面轮胎具有高速、稳定、耐磨及生热低等优点。

15.4.3 材料特点

绿色轮胎的材料特点是使用新材料。新材料主要有如下几种。

添加硅配方：其核心是在胎面橡胶中添加硅材料，含硅的轮胎在具备优异抓地力的同时，产生较少的能量损失，从而降低滚动阻力和磨耗力，实现比普通轮胎更胜一筹的省油效果，并尽可能地延长轮胎寿命。

充油天然橡胶(OENR):不仅可以大幅度地降低滚动阻力,而且也能使冰面抓着性能同时得到提高。

聚丁二烯橡胶:聚丁二烯橡胶与溶聚丁苯橡胶可并用作为节油轮胎胎面胶,具有这种胎面胶的轮胎有最佳的抓着力与磨耗的综合平衡性能,还有较低的滚动阻力,能节省燃料5%。

发泡橡胶:指的是具有许多微型独立气泡的橡胶,用于胎面。发泡胎面除胎面胶的一般组分外,还含有结晶型间同立构1,2-聚丁二烯(粉末状,平均粒径为60nm),再配合发泡剂、抗氧剂等其他助剂。试验表明,使用发泡胎面制备的轮胎在干、湿路面上特别是在冰面上具有良好的制动和牵引性能,即使在炎热的夏季也完全能够保持驾驶稳定性、耐久性和低油耗。

聚氨酯弹性体:具有高耐磨、可着色、高耐切割性、优良的耐油及耐化学品等优点,而且对人体无害,又能完全生物降解,且不必添加炭黑和芳烃油,是制造轮胎胎面的理想材料。

白炭黑:双称水合二氧化硅、活性二氧化硅和沉淀二氧化硅,通过使用特殊的聚合物和白炭黑/硅烷体系,可以获得高的湿路面牵引性能和湿路面制动性能,并通过降低滚动阻力使燃料消耗降低5%。

BoTred(以淀粉为基料的新型填充剂):BoTred是一种以淀粉为基料的新型填充剂。先从玉米中提取玉米淀粉衍生物,变成微滴后经处理转换成生物聚合物填充剂。BoTred为球形粒子,便于将机械能降至最小和降低滚动阻力。

短纤维:短纤维的加入可以提高轮胎的刚性,使得轮胎在行驶过程中承受同样载荷时下沉量明显减小,即轮胎的变形减小,因而滚动阻力也下降;将短纤维用于轮胎胎面时,不仅可以提高胎面的刚性,而且可以使胎面的摩擦系数下降。将短纤维用于轮胎胎面及其他部位时,可通过短纤维的模量和各向异性来改变胶料的性能,以降低轮胎行驶过程中的噪声,另外还能提高轮胎的耐久性能。

15.5 锻造铝合金轮辋

与钢制轮辋相比,锻造铝合金轮辋在节能方面有显著优点。

1)减重效果显著

与钢制车轮相比,锻造铝合金轮辋减重效果显著,如表15.6所列。轮辋轻,转动惯量小,能有效改善加速性和制动性。

2)加速性能好

日本川西泰夫等对铝合金轮辋及钢轮辋载货汽车作了加速试验,测定了它们由50km/h加速到70km/h所需的时间与耗油量,结果见表15.7。

汽车铝合金轮辋的减重效果 表 15.6

车　　种	轮辋规格(inch)	铝轮辋质量(kg)	钢轮辋质量(kg)	减重效果(kg)	车辆与减重效果(kg)
4 轮轿车与客车	5.0J×14	5～8	7～9	2～3	8～12
8 轮中型汽车	6.0GB×16	11.5	17	5.5	33
10 轮大货车	7.5V×20	24.5	37	12.5	125
	7.5×22.5	23.5	42	18.5	185
	7.5VT×20	24.5	34	10.0	100
	8.25VT×22.5	24.5	42	17.5	170

铝合金轮辋与钢轮辋载货汽车加速时间试验 表 15.7

挡位	加速时间(s)		铝合金轮辋车加速时少用的时间(%)	加速时间耗油量(mL)		
	钢轮辋车	铝合金轮辋车		钢轮辋车	铝合金轮辋车	铝合金轮辋车节油量
5	13.52	12.65	6.4	183.7	172.5	11.2
6	18.66	17.95	3.8	185.0	178.0	7.0

3)承载能力高

锻造铝合金轮辋的承载能力是普通钢轮辋的 5 倍。锻造铝合金轮辋在承受 71 200kg 质量后才变形 5cm,铁轮圈内只承受 13 600kg 质量之后已变形 5cm。铝合金轮辋的高抗变形能力保证了车轮在任何情况下都不变形。该特性能提高驾驶稳定性、舒适性和轮胎耐磨性。

4)圆度精度高

钢轮辋的出厂合格标准是允许圆度误差为±5mm,车轮运转时微观上是椭圆的,特别是高速行驶,这种现象会导致轮胎的早期磨损。铝合金轮辋的精度高达 0.05mm,运转平衡性能佳。该特性能提高驾驶舒适性和轮胎耐磨性,在高速时消除转向盘抖动现象。

5)散热性好

铝合金轮辋的散温系数是钢轮辋的 2～3 倍,再加上铝合金轮辋的结构特性,很易将轮胎、制动系统产生的热量排散在空气中,正常行驶温度比钢车轮低 20～30℃。即便在长时间行车中连续制动的情况下,也能使车轮系统保持适当的温度。既能降低制动系统和车轮的老化,提高轮胎的使用寿命,更能降低爆胎概率。同时,由于温度较低,对制动系统不耐高温的材料及配件有极佳的保护效果,从而降低制动系统的维修费用。

6)抗冲击能力强

日本 JWL 测试,模拟一辆载货汽车以 50km/h 的速度撞向路边石头,相当于 910kg 的重物从高处跌下撞向轮胎与车轮：锻造铝合金轮辋只有轻微损坏，而钢轮辋损坏程度非常严重，铸造铝合金轮辋断裂成两部分。

7)坚固耐用

与钢轮辋相比，由于是整体锻造，无焊接点，所以坚固耐用。一般钢轮辋使用时间是 5 年，而锻造铝合金轮辋可达 30 年。

8)造型美观

锻造铝合金轮辋外表面比钢轮辋平整美观，滚动阻力小。对高级客车而言减少了装饰罩。

9)节油效果

日本川西泰夫等用钢轮辋总质量为 14.7t、铝合金轮辋总质量为 14.5t 的两辆载货车进行了耗油量试验。试验车速分别为 90km/h、80km/h、60km/h、40km/h、30km/h 及 20km/h，试验结果见表 15.8。由所列数据可见，安装了铝合金轮辋的载货汽车比安装钢轮辋的载货汽车节油，当车速为 60km/h 时，节油效果最为显著。

钢轮辋、铝合金轮辋载货汽车的油耗对比 表 15.8

车速 (km/h)	行程(km/L)		铝合金轮辋车的多行驶里程 (%)
	钢 轮 辋 车	铝合金轮辋车	
20	5.00	5.18	3.6
30	4.18	4.29	2.6
40	6.50	6.66	2.4
60	4.82	5.16	7.0
80	3.53	3.70	4.8
90	3.00	3.09	3.3

15.6 轮 胎 翻 新

轮胎翻新指对使用后的轮胎进行修补，重新换新胎面、胎侧橡胶或二者同时更换的过程，使轮胎胎体使用寿命延长的一种方法。

目前，我国年产轮胎已超过 1.6 亿条，同时每年有 1.2 亿多条轮胎报废，报废轮胎的利用率极低，对环境造成了严重的污染。当轮胎花纹全部磨损时，该轮胎的投资只使用了 30%，其余全靠多次翻新利用，轮胎翻新再用是节约投资的重要措施，轮胎翻新成为国际公认的废旧轮胎环保、有价值的再生利用方式。

GB 7037—2007《载重汽车翻新轮胎》和 GB 14646—2007《轿车翻新轮胎》对翻新轮胎作了相应技术规定。

15.6.1 胎体选择

(1)已经被翻新过的轿车轮胎，不应再次翻新。

(2)用于翻新的胎体，其胎侧标识应有速度符号(或最高行驶速度)、负荷指数(或最大负荷能力或层级)。

(3)凡有下列情况之一的轿车轮胎不应用于翻新：

①轿车轮胎胎侧速度符号小于或等于 L(120km/h)或速度符号大于或等于 H(210km/h)；

②由于超负荷或缺气造成明显损坏；

③胎体破裂或胎体异常变形；

④胎圈断裂或损坏；

⑤明显的油或化学物质或水侵蚀；

⑥胎面磨光且帘线暴露；

⑦胎侧磨损且帘线暴露；

⑧任何部位脱层；

⑨胎侧区域结构性破坏；

⑩内衬层老化或损坏且不能修理；

▮无内胎轮胎气密层老化或损坏且不能修理；

▮带束层翘边、松弛；

▮胎体碾线或跳线；

▮胎面虽有剩余花纹，但局部磨损不均匀且伤及缓冲层或带束层；

▮胎侧和胎肩有轻微的老化裂痕和切口，且伤及帘布层；

▮采用预硫化胎面翻新法翻新时，胎侧及胎肩有老化裂痕；用模型法翻新时，胎肩有轻微的老化裂痕和切口，且深及骨架层或伤及帘布层。

15.6.2 穿洞性损伤条件

用于翻新的轮胎胎体可有穿洞性损伤，其最多的穿洞性损伤的数量、尺寸及部位应符合相关规定(表 15.9～表 15.11)。

轿车轮胎穿洞性损伤数量、尺寸及部位(处理后测量骨架损伤最大部位)　　表 15.9

轮 胎 类 型	胎体损伤最大尺寸(mm)			最多修补处	损伤部位近边缘至胎趾禁翻区最小距离(mm)
	胎侧部位	胎肩部位	胎冠带束层		
速度符号 T 或最高速度能力 190km/h 及以下	钉眼	6	10	2	40
速度符号 T 或最高速度能力 190km/h 以上	—	—	3	1	40

载重汽车子午线轮胎穿洞性损伤极限(处理后测量骨架损伤最大部位)　　表 15.10

名义断面宽度	胎体损伤最大尺寸(mm)			最多修补处	损伤部位近边缘至胎趾禁翻区最小距离(mm)
	胎侧部位		胎冠带束层		
	垂直于帘线方向	沿帘线方向			
7.00 及其以下(205～235)	20	50	25	2	60
	10	90			
7.00 以上到 10.00(含 9,10,11)(245～285)	25	50	40	4	65
	20	75			
	10	100			
11.00 及其以上到 13.00(295～365)	40	50	40	40	70
	20	100			
	10	110			
14.00 及其以上(385 及其以上)	40	75	40	40	90
	20	100			
	10	127			

载重汽车斜交轮胎穿洞性损伤极限(处理后测量骨架损伤最大部位)　　表 15.11

轮胎负荷指数/最大负荷能力	轮胎穿洞最大尺寸(不超过同规格轮胎名义断面宽度的百分比)		
	胎　冠	胎　肩	胎　侧
121 及其以下/1 450kg 及其以下	30%	20%	20%
121 以上/1 450kg 以上	40%	30%	30%

15.6.3　翻新后要求

(1)轮胎翻新后,首先应在验胎机上逐条充以 150MPa 的气压进行人工检验,胎体完好,再充以胎侧上标识的压力进行检测,以检验翻新轮胎有无缺陷。

(2)应根据胎体及翻新轮胎的质量及检验情况确定翻新轮胎的速度等级和负荷能力。如不能达到原胎体的性能要求,应重新标记速度符号和负荷能力。任何情况下都不应高于原新胎速度等级及负荷能力。

(3)翻新轮胎不应装于转向轮。胎体损坏不具备翻新条件的胎体翻新后不得安装上路行驶。

(4)轮胎使用至胎面磨耗标志,不应继续使用。

(5)外观质量:

翻新轮胎应逐条进行外观检查。

轮胎表面凹坑或凸起的深度或高度,轿车翻新轮胎不大于 1.0mm、载重汽车翻新轮胎不大于 3.0mm,合模错位量轿车翻新轮胎不大于 0.5mm、载重汽车翻新轮胎不大于2.0mm，修补衬垫无翘边，其他按照HG/T 2177—2011《轮胎外观质量》的规定检查每条轮胎有无外观缺陷。

(6)外缘尺寸

翻新轮胎成品的最大断面宽度和最大外直径不超过GB/T 2978—2008《轿车轮胎规格、尺寸、气压与负荷》和GB/T 2977—2008《载重汽车轮胎规格、尺寸、气压与负荷》中规定的相同规格轮胎的最大使用尺寸；雪泥轮胎的断面高度和断面宽度可以超出普通花纹，但应不大于其尺寸的1%。

(7)安全性能

①翻新轮胎应进行强度试验，轿车翻新轮胎的最小破坏能应符合GB/T 4503—2006《轿车轮胎强度试验方法》规定的要求；最大速度大于或等于70km/h的载重汽车子午线翻新轮胎的最小破坏能应符合GB/T 4501—2008《载重汽车轮胎性能室内试验方法》规定的要求。

②翻新轮胎应进行耐久性试验，轮胎经过耐久性试验以后，轮胎气压不应低于规定的初始气压，轮胎不应出现(胎面、胎侧、帘布层、气密层、带束层或缓冲层、胎圈)脱层、帘布层裂缝、帘线剥离、帘线断裂、崩花、接头开裂、龟裂、修补衬垫翘边等缺陷。

③轿车翻新轮胎应进行高速性能试验，轮胎经过高速性能试验以后，轮胎的气压不应低于规定的初始气压，轮胎不应出现(胎面、胎侧、帘布层、气密层、带束层或缓冲层、胎圈)脱层、帘布层裂缝、帘线剥离、帘线断裂、崩花、接头开裂、龟裂、修补衬垫翘边等缺陷。

④轿车翻新无内胎轮胎应进行无内胎轮胎脱圈阻力试验，符合GB/T 4502—2009《轿车轮胎性能室内试验方法》规定的要求。

15.6.4 翻新轮胎标志

(1)每条翻新轮胎沿轮胎周向应等距离地设置不少于4个并能清楚观察到胎面磨耗的标志，轻型载货汽车和轿车其高度应不小于1.6mm，载货汽车轮胎其高度应不小于2.0mm。轮胎两侧肩部应模刻指示胎面磨耗标志位置的标记。

(2)每条轮胎上应有以下标志，其①～④项为模刻标志，③项为永久性的标志，⑤项可为水洗不掉的标志。

①轮胎规格；

②轮胎翻新厂商标、厂名或地名；

③翻轮胎标志“PETREAD”或“翻新”；

④翻新批号或胎号；

⑤出厂检验印记。

15.6.5 翻新胎识别

翻新胎分为顶翻胎、肩翻胎和全翻胎三种。顶翻胎、肩翻胎只要看胎冠(肩)部位是否有不规则的连接线即知;而全翻胎则需要用手摸或用工具轻挑轮胎的趾口内侧(胎圈部位),如果有粗糙的胶层覆盖或起层,就说明是全翻胎。

15.7 使用与维修

15.7.1 安全要求

汽车轮胎使用必须坚持“安全第一”的原则。GB 7258—2012《机动车运行安全技术条件》对汽车轮胎安全使用作了强制性规定。

(1)机动车所装用轮胎的速度级别不应低于该车最大设计车速的要求。

(2)公路客车、旅游客车和校车的所有车轮及其他机动车的转向轮不得装用翻新轮胎。

(3)同一轴上的轮胎规格和花纹应相同,轮胎规格应符合整车制造厂的出厂规定。

(4)乘用车用轮胎应有胎面磨耗标志。乘用车备胎规格与该车其他轮胎不同时,应在备胎附近明显位置(或其他适当位置)装置能永久保持的标识,以提醒驾驶员正确使用备胎。

(5)专用校车和卧铺客车应装用无内胎子午线轮胎,危险货物运输车及车长大于 9m 的其他客车应装用子午线轮胎。

(6)乘用车、摩托车及轻便摩托车和挂车轮胎胎冠上花纹深度应大于等于 1.6mm,其他机动车转向轮的胎冠花纹深度应大于等于 3.2mm;其余轮胎胎冠花纹深度应大于等于 1.6mm。

(7)轮胎胎面不允许因局部磨损而暴露出轮胎帘布层。轮胎不允许有影响使用的缺损、异常磨损和变形。

(8)轮胎的胎面和胎壁上不允许有长度超过 25mm 或深度足以暴露出轮胎帘布层的破裂和割伤。

(9)轮胎负荷不应大于该轮胎的额定负荷,轮胎气压应符合该轮胎承受负荷时规定的压力。具有轮胎气压自动充气装置的汽车,其自动充气装置应能确保轮胎气压符合出厂规定。

(10)双式车轮轮胎的安装应便于轮胎充气,双式车轮轮胎之间应无夹杂的异物。

(11)车轮总成的横向摆动量和径向跳动量:总质量不大于 3 500kg 的汽车不应大于 5mm;摩托车及轻便摩托车不应大于 3mm;其他机动车不应大于 8mm。

(12)最高设计车速大于 100km/h 的机动车,其车轮的动平衡要求应符合有关技术条件的规定。

(13)轮胎螺母和半轴螺母应完整齐全,并应按规定力矩紧固。

15.7.2 新胎质量

(1)轮胎试验

汽车轮胎质量要经过以下试验保证:

按 GB/T 521—2003《轮胎外缘尺寸测量方法》进行测定,以保证新胎充气后的断面宽度和外直径及胎面磨耗标志位置的高度。

按 GB/T 4503—2006《轿车轮胎强度试验方法》、GB/T 4502—2009《轿车轮胎性能室内试验方法》、GB/T 4501—2008《载重汽车轮胎性能室内试验方法》进行检验,以保证新胎使用的耐久性能。

同时,中国国家认证认可监督管理委员会颁布了 CNCA 03C 027—2001《机动车辆轮胎强制性认证实施规则轮胎产品》,以保证汽车轮胎产品质量。

(2)外观质量

轮胎试验确定的质量信息,汽车轮胎运用者仅能从轮胎标志、厂牌商标和供应商方面进行辨析,但在选购或使用中,更为直观、更易辨析的轮胎外观质量是其轮胎质量的重要信息。

国家标准对汽车轮胎外观质量要求有:

各种外胎不应有严重影响使用寿命的外观缺陷,各部件间脱层、海绵状、钢丝圈断裂、钢丝圈严重上抽、多根帘线断裂、胎里帘线起褶楞和胎冠出胶边带帘线等缺陷。

外胎与垫带不应有残缺和带身裂开。外胎和垫带的其他外观质量要求宜符合 HG/T 2177—2011《轮胎外观质量》。

若使用内胎和垫带,内胎应符合 GB 7036.1—2009《充气轮胎内胎 第 1 部分:汽车轮胎内胎》的规定,垫带应符合与外胎配套的使用要求。

汽车轮胎外观缺陷还有:胎冠圆周胶边、出沟,胎冠模口、花纹错位,模缝胶边、错位,花纹崩花、棱角呈圆形,胎冠、胎肩表面有杂质印痕、气泡或损伤,胎侧重皮、损伤、裂口或接头开,胎侧缺胶、有杂质印痕、气泡,胎圈内侧凹凸不平,胶圈外侧露帘线、包布打褶,胎圈破损、缺胶、重皮、裂口,胎圈宽窄不一,胎趾出边、圆角,胎里帘线裂缝、弯曲,帘线断,胎里凹凸不平、有杂质印痕、内衬层接头开,露帘线,胎体或胎圈变形。

(3)缺陷解释

硫化裂口:外胎内外表面以及内胎、垫带的表面浅而短的局部裂开现象。

缺胶:外胎、内胎、垫带表面胶量不足而出现的凹陷现象。

重皮:外胎、内胎、垫带的表面胶层局部出现重叠分层的现象。

海绵状:外胎、内胎、垫带的内部由于欠硫而产生的微小气孔群。

气泡:外胎、内胎、垫带的内部产生的局部鼓泡的现象。

出沟:外胎、内胎、垫带的表面出现不应有的局部沟痕。

表面不平:外胎、内胎、垫带的表面局部粗糙和出现不应有的凹凸痕迹。

接头裂开:外胎各部位接头处以及内胎、垫带的接头裂开的现象。

接头起棱:外胎、内胎、垫带各部位的接头处凸起的现象。

模缝错位:外胎、内胎、垫带模型接合处错位,出现高低不平的台阶。

杂物:外胎、内胎、垫带内部夹杂有非设计制造该部位用原材料的外来杂质。

胶边:胎面花纹位移,偏离设计位置的现象。

硫化脱层:硫化过程中,轮胎外胎各布层、胶层或部件之间的黏合面局部脱开的现象。

模口错位:胎冠中心线两侧的胎面胶表面高低不平的现象。

胎圈露线:胎圈表面露出或凸出帘线的现象。

胎圈变形:胎圈部位发性变形或表面凸不平的现象。

标志不清:外胎、内胎、垫带上的标志或字迹模糊不清的现象。

15.7.3 问题轮胎

问题轮胎主要指销标轮胎、割标轮胎、修补轮胎。在选用时要注意识别。

轮胎有全标轮胎、销标轮胎、割标轮胎三种。全标轮胎是轮胎生产企业将生产的轮胎由企业质检部门对照相应的国家标准或企业标准进行检测,各项指标均符合标准要求的新胎。

销标轮胎有两种情况:一种是检出存在影响使用寿命的缺陷,不符合标准要求,但仍有一定使用价值的轮胎;另一种是生产日期超过两年或3年的库存积压轮胎。销标轮胎在厂内叫副品胎或次品胎,生产厂家一般进行降价一次性处理给经销商,不负责售后服务。这种轮胎出厂前均用化学药品擦去或用刀除去厂名、商标、规格及有关质量标志的模刻印痕。销标轮胎都是新胎。

割标轮胎是用户购买的轮胎在使用中出现鼓包、串气、重皮等问题后,由经销商返回厂家,经检质人员确认质量问题,并由工作人员割去商标、字头或质量标志的一部分的轮胎。割标轮胎属废品胎,大部分厂家将割标轮胎按吨对外销售。

修补轮胎是将回收的胎面花纹磨损较小的轮胎经过修补后,以低价处理出售。修补过的轮胎因其有明显使用磨痕，极易识别。

15.7.4 轮胎装用

GB/T 9768—2008《轮胎使用与保养规程》和 JT/T 303—1996《汽车轮胎使用与维修要求》在 GB 7258—2012《机动车运行安全技术条件》的基础上对轮胎运用提出了进一步的要求。

(1)车辆使用的轮胎应与车辆出厂时的原配胎为相同或等效规格。

(2)车辆使用轮胎的花纹类型根据车辆使用条件、前轴后轴使用要求，可以选择不同的花纹类型。

(3)同轴应选择同一品牌、规格、结构、使用类型的轮胎，且要求轮胎磨耗程度接近相同，以保证外直径相同。

(4)装配定向花纹轮胎时，应使轮胎的旋转方向标志与车辆行驶方向一致。

(5)换装新胎时，应尽量做到整车或同轴同换。

(6)轮胎应安装在符合规定的轮辋上，不允许使用变形、裂纹、磨损、焊缝不平、尺寸超差的轮辋。

(7)斜交轮胎与子午线轮胎、无内胎轮胎与有内胎轮胎不得同车混装。

(8)轮胎安装前应对外胎、垫带、内胎、轮辋进行全面检查，保证各部件表面清洁，无杂物，并使用中性皂液或专用润滑剂涂抹胎圈底部和轮辋圈座等接触部位，但不应使用如润滑脂类等影响轮胎质量的润滑剂。

(9)轮胎充气时，应采用慢速充气，缓慢逐渐提高气压，避免气压突然升高，损坏轮胎及轮辋。

(10)新胎与翻新胎不得混装在同一轴上，高压胎与低压胎不得混装。

(11)双胎并装时，应搭配相同规格、结构、层级、花纹、成色的轮胎，普通斜交轮胎和子午线轮胎不得混装，两胎气门嘴应按 180°对称排列，并与制动鼓观察孔呈 90°。

(12)轮胎的装配和拆卸应由经过培训的专业人员进行。

15.7.5 轮胎使用

1)轮胎负荷

轮胎负荷应符合现行相关国家标准或轮胎制造商标明的规定。车辆上轮胎的实际负荷，不得超过轮胎负荷能力。车辆装载应分布均匀，避免某一轮胎负荷过重。

2)轮胎气压

(1)轮胎气压是指轮胎处于常温时所采用的气压，不包括由于车辆行驶增高的气压。使用气压的公差范围应符合表 15.12 的规定。

使用气压的公差范围 表 15.12

轮胎类型	公差(kPa)
轿车轮胎、摩托车轮胎	±10
载货汽车轮胎	±20

(2)测量轮胎充气气压,应在轮胎充分冷却后进行。

(3)长途汽车用轮胎气压每周检查一次,市区和短途车辆用轮胎每两周检查一次,最长不超过 15 天。

(4)车辆长途高速行驶及夏季行车时,应经常检查气压,若需补充气压时应等轮胎降温后再予以充气。车辆行驶时气压增加是正常的,同时也是轮胎设计时允许的,不应放气降压,也不应用冷水浇泼。

(5)子午线轮胎在使用中应严格保持标准使用气压。由于其结构原因,其下沉量和接地面积较大,与斜交胎相比往往误认为充气不足,应用气压表加以检定。

(6)气压与寿命

轮胎气压如高于规定标准 20%,平均寿命将降低 22%;如低于规定标准 20%,平均寿命将降低 19%。当轮胎压力不足时,每减少 0.7kg/cm^2 的压力将使车辆多消耗 1%的燃油。

(7)磨损与季节

轮胎在不同的季节磨损率不同,夏季磨损率最高,冬季最低。

3)轮胎速度

轮胎速度标号不得低于装配车辆的速度性能要求。车辆行驶速度不得长时间超过轮胎速度标号对应的速度,否则会引起轮胎过度生热而爆破。

4)驾驶行为

(1)应起步平稳、加速均匀、中速行驶,避免猛烈加速和紧急制动,以免损伤轮胎。

(2)时刻注意路面状况,选择路面,避开道路上的石块、尖锐或锋利的物体,防止刺伤轮胎。

(3)不得靠近路边石或人行道边行驶,避免胎侧与其他物体接触,特别是子午线轮胎。

(4)行驶中应尽量避免急转弯。停车后不准打转向盘,以防轮胎与轮辋发生切割作用。

5)良好车况

(1)前、后轮定位调整恰当,前轮侧滑量应符合规定,轴距的公差应调整到允许的公差范围内。

(2)轮胎轮辋径向跳动、轴线的端面圆跳动应符合技术要求,轮胎的动、静平衡符合规定。

(3)轮胎不得与其他机件发生干涉。

6)其他

(1)如果车辆停用时间超过半年应将车辆顶起,消除轮胎负荷,并对轮胎进行遮盖,避免日光照射及与油类、化学腐蚀品等相接触,同时应适当降低轮胎气压。

(2)轮胎在使用中,一旦被刺伤应及时卸下予以更换或修补,避免气压不足引起结构损伤或因水侵入损伤胎体帘线而导致轮胎脱层损坏。

(3)轮胎行驶中与路边石严重碰撞、出现剧烈振动、左右跑偏或在恶劣路面长距离行驶后,应及时由专业人员检查,不得延误。

(4)停车位置应干燥、清洁、无油污及杂物。严冬雨雪天气,应清除停车场地上的冰雪,以免轮胎与地面冻结。

15.7.6 轮胎维护

维护一般分为日常维护、一级维护、二级维护。

1)日常维护

轮胎日常维护结合车辆日常维护由驾驶员执行,在出车前、收车后及途中进行。主要内容有:

(1)检查各轮胎气压是否符合要求,气门嘴是否正常。

(2)检查轮胎螺母是否紧固,轮胎和其他机件是否有干涉现象。

(3)随车工具及备件是否齐全有效。

(4)清除轮胎花纹、双胎间石子和夹杂物。

(5)检查轮胎及轮辋是否有异常磨损和损坏。

2)一级维护

轮胎一级维护结合车辆一级维护,由专业轮胎工执行。

(1)检查轮胎螺母是否齐全完好,气门嘴、帽是否完好。如有损坏、丢失,应及时补齐装好或修好。

(2)检查轮胎磨损情况,如发现偏磨、起鼓变形或其他异常磨损时,应查出原因并予以消除。

(3)检查轮胎有无机械损坏,必要时可拆卸检查。如有损坏,应予以修理。

(4)检查轮胎搭配是否得当,轮辋、挡圈、锁圈是否正常。

(5)检查校正轮胎气压,使之符合有关规定。

3)二级维护

轮胎二级维护结合车辆二级维护,由专业轮胎工执行。除包括轮胎一级维护作业内容外，还应进行下列作业。

(1)检查轮胎花纹深度，必须符合 GB 7258 要求。

(2)胎冠、胎肩、胎侧、花纹不得有明显的损坏、偏磨、割裂、变形现象。前、后轮定位和前轮侧滑量调整应得当。

(3)视情进行轮胎解体检查。

①检查胎内有无脱层、老化、内伤、夹空、碾线、折断、起瘤和变形等形象。

②检查内胎、垫带有无咬伤、折皱、开裂等现象，气门嘴、芯是否完好。

③检查轮辋、挡圈、锁环有无变形、生锈、裂纹。

④检查轮辋螺栓、承孔有无过度磨损或损裂现象。

⑤轮胎装配有无不当。

⑥按 GB/T 521—2003《轮胎外缘尺寸测量方法》测量胎面花纹磨损及外周长，断面宽的变化。

15.7.7 轮胎换位

轮胎换位指对装配在同一车辆上的轮胎进行位置和行驶方向调换。所有道路在设计的时候都是向两边倾斜的，加上汽车自身悬架有一定的倾角存在，导致轮胎在使用一段时间后会出现单边磨损的现象，因此需要定期对轮胎进行交叉换位，防止单边磨损，延长轮胎使用寿命。

1)换位里程

轿车子午线轮胎每行驶 12 000～15 000km 进行一次轮胎换位并检测平衡；轿车斜交轮胎每行驶 8 000～10 000km 进行一次轮胎换位并检测平衡；载货汽车子午线轮胎每行驶 12 000～15 000km 进行一次轮胎换位并检测平衡；载重汽车斜交轮胎每行驶 8 000～10 000km 进行一次轮胎换位并检测平衡。

2)交叉换位法

轮胎的交叉换位适合于各种车辆，一般无向花纹轮胎交叉换位顺序如下。

两轴 4 轮车辆的交叉换位顺序为：右前轮换至右后轮，左前轮换至左后轮，右后轮换至左前轮，左后轮换至右前轮。

两轴 6 轮车辆的交叉换位顺序为：右前轮换至右后边轮，左前轮换至右后主轮，左后主轮换至右前轮，左后边轮换至左前轮，右后主轮换至左后边轮，右后边轮换至左后主轮。

三轴 8 轮车辆的交叉换位顺序为：右前轮换至第二轴右边轮，左前轮换至第二轴右主轮，第二轴右主轮换至第三轴右主轮，第二轴右边轮换至第三轴右边轮，第三轴右边轮换至第三轴左主轮，第三轴右主轮换至第三轴左边轮，第三轴左边轮换至第二轴左边轮，第三轴左主轮换至第二轴左主轮，第二轴左主轮换至左前轮，第二轴左边轮换至左前车。

3)循环换位法

循环换位法适用于两轴六轮、二轴六轮、三轴十轮的车辆，分为大、小循环。

三轴10轮车辆大循环换位顺序为：右前轮换至第二轴左主轮，左前轮换至第二轴左边轮、第二轴左主轮换至第三轴左主轮，第二轴左边轮换至第三轴左边轮，第三轴左主轮换至第三轴右边轮，第三轴左边轮换至第三轴右主轮，第三轴右主轮换至第二轴右主轮，第三轴右边轮换至第二轴右边轮，第二轴右边轮换至左前轮，第二轴右主轮换至右前轮。

三轴10轮车辆小循环换位顺序为：右前轮换至第二轴左主轮，左前轮换至第二轴左边轮、第二轴左主轮换至第三轴左主轮，第二轴左边轮换至第三轴左边轮，第三轴左主轮换至第三轴右边轮，第三轴左边轮换至第三轴右主轮，第三轴右主轮换至第二轴右主轮，第三轴右边轮换至第二轴右边轮，第二轴右边轮换至左前轮，第二轴右主轮换至右前轮。

4)混合换位法

该法主要适合于六轮二桥、六轮三桥和十轮三桥的车辆。其顺序见图15.3。

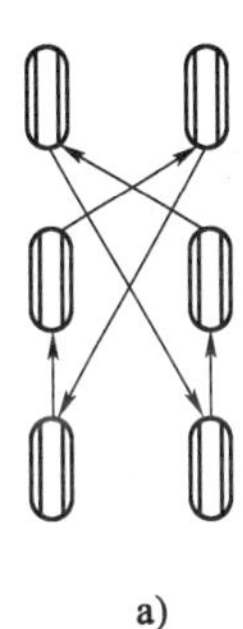
a)

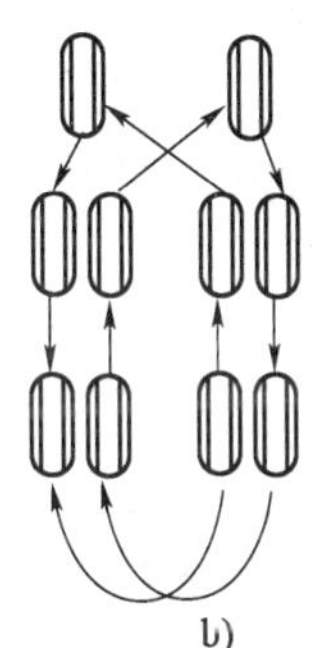
b)

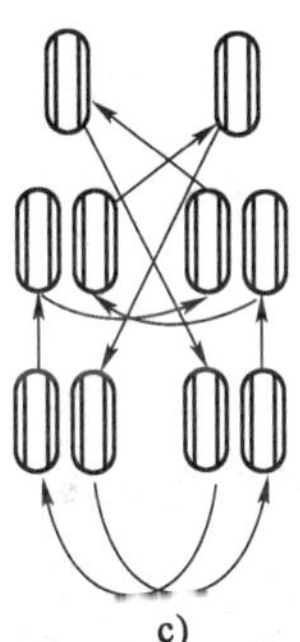
c)

图15.3 混合换位法换位顺序

a)三轴6轮三桥混合换位；b)、c)三轴10轮混合换位

5)分轴交叉换位法

该法主要适用于两轴6轮、三轴6轮、三轴10轮的车辆，其换位顺序见图15.4。

6)左右互调换位法

该法适用于各类车辆，其顺序见图15.5。

15.7.8 主要损伤

崩花：胎面花纹或花纹条掉落的现象。

起鼓：轮胎在使用过程中，由于材料膨胀或材料堆积引起的凸起现象。

切割：轮胎被尖锐物划伤，有明显豁开的现象。

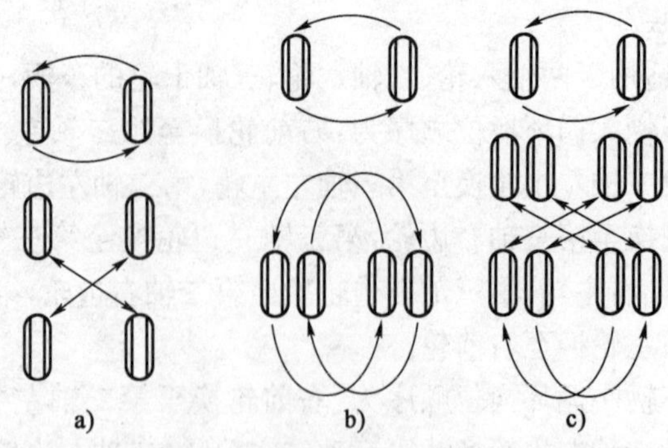

图 15.4　分轴交叉换位法换位顺序

a)六轮三桥分轴交叉换位；b)六轮二桥分轴交叉换位；c)十轮三桥分轴交叉换位

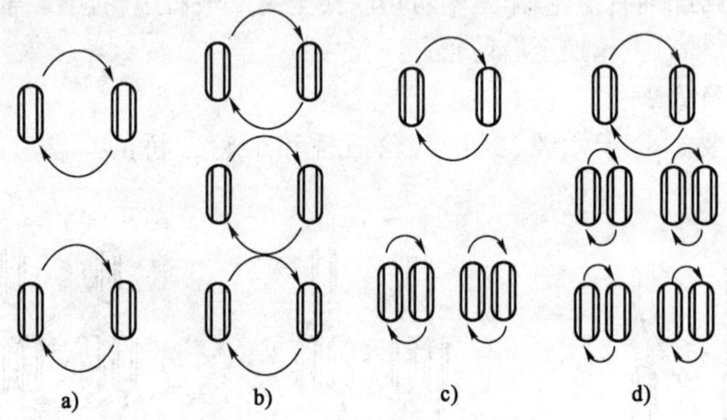

图 15.5　左右互调换位法

胎体异常变形：轮胎胎体形状出现过量的胀大、变形和扭曲等畸变。

龟裂：深达帘布层的胎面胶或胎侧胶的不规则裂口。

裂口：深达帘线的轮胎胎面、胎侧或气密层开裂，如接头裂开、花纹沟裂口等。

冲击内裂：轮胎在行驶过程中，由于冲撞异物而造成胎里裂口。

脱层：胶、帘布层、带束层之间脱离的现象。

翘边：胎面胶从胎身肩部掀起、修补垫边缘脱开、带束层边缘与胎体脱开的现象。

钉眼：轮胎被尖锐物刺穿的直径小于 6mm 的孔洞。

轮胎老化：轮胎中的高分子材料在光、热、空气、潮湿和机械力的作用下，出现发黏、变脆等性能逐渐降低的现象。

16 绿色维修

“绿色维修”，就是使汽车维修由原来的粗放型传统维修向现代集约化方式转变，在维修过程中做到低污染、低排放。

16.1 维修企业

16.1.1 4S店

4S店是集汽车销售、售后服务、配件和信息服务于一体的销售店。4S店是一种以“四位一体”为核心的汽车特许经营模式，包括整车销售(Sale)、零配件(Spare Part)、售后服务(Service)、信息反馈(Survey)等。它具有统一的外观形象，统一的标识，统一的管理标准，只经营单一品牌的特点。

汽车4S店在很大程度上受控于汽车生产厂家，基本经营活动都在为汽车生产厂家服务，为把汽车及配套商品快速而有效地从生产厂家手中流通到消费者手中努力，为维护生产厂家的信誉和扩大销售规模而勤劳工作。

汽车生产厂家出于自身品牌利益的原因，对汽车4S店的经营管理模式、业务流程、岗位的设置等都有标准的规定和要求，对产品价格、促销政策、销售区域、零配件和工时的价格也有较为强硬的规定和植入。

4S店只针对一个生产厂家的系列车型，有厂家的系列培训和技术支持，对汽车的性能、技术参数、使用和维修都非常熟悉，做到了“专而精”。

6S店是在4S店内容之外又增加了个性化售车(Selfhood)、集拍(Sale by amount)两项内容。

个性化售车就是针对用户个人的需求来生产汽车，比如一辆越野车可以加上全景天窗，享受越野的同时又享受到敞篷车的兜风快感，也不必为了买一辆敞篷车，而局限于其狭小的空间。

集拍，也就是集体竞拍或理解为团购，这是一种直接与销量挂钩的营销模式。销量越大，价格越低。对于用户，价格上有不少优惠；对于经销商，减少库存，减少资金积压，且可以借机增加销量。

4S旗舰店。旗舰(Flagship)一词指载有舰队或海军舰队指挥官并悬有指挥官旗帜的船只，旗舰店一词是来自欧美大城市品牌中心店的名称。4S旗舰店就是汽车生产厂家或汽车品牌4S店的城市中心店或地区中心店。

4S店的主要设备有：剪式举升机、高层液压举升机、车轮动平衡仪、大梁校正系统、短波红外线汽车烤漆机、轻型汽车排放检测设备、轮胎氮气制作机、无尘干磨系统、尾气排放系统、龙门举升机、四轮定位仪、空压机、二氧化碳保护焊机、烤漆房、电钻、抛光机、拆胎机、直流充电机、冷煤加注机等。

16.1.2 汽车整车维修企业

汽车整车维修企业是指有能力对所维修车型的整车、各个总成及主要零部件进行各级维护、修理及更换，使汽车的技术状况和运行性能完全(或接近完全)恢复到原车的技术要求，并符合相应国家标准和行业标准规定的汽车维修企业。按规模大小分为一类汽车整车维修企业和二类汽车整车维修企业。

GB/T 16739.1—2004《汽车维修业开业条件 第1部分：汽车整车维修企业》规定了汽车整车维修企业必须具备的人员、组织管理、设施、设备等条件，适用于汽车整车维修企业(一类、二类)，是交通行政主管部门对汽车整车维修企业开业审核和管理的依据。

1)质量管理

(1)应具有汽车维修的国家标准和行业标准以及相关技术标准。

(2)应具有所维修车型的维修技术资料及工艺文件，确保完整有效并及时更新。

(3)应具有汽车维修质量承诺、进出厂登记、检验、竣工出厂合格证管理、技术档案管理、标准和计量管理、设备管理及维护、人员技术培训等制度。

(4)应建立汽车维修档案和进出厂登记台账。汽车维修档案应包括维修合同，进厂、过程、竣工检验记录，出厂合格证副页，结算凭证和工时、材料清单等。

2)环境保护

(1)企业应具有废油、废液、废气、废蓄电池、废轮胎及垃圾等有害物质集中收集、有效处理和保持环境整洁的环境保护管理制度。有害物质存储区域应界定清楚，必要时应有隔离、控制措施。

(2)作业环境以及按生产工艺配置的处理“三废”(废油、废液、废气)、通风、吸尘、净化、消声等设施，均应符合有关规定。

(3)涂漆车间应设有专用的废水排放及处理设施，采用干打磨工艺的，应有粉尘收集装置和除尘设备，应设有通风设备。

(4)调试车间或调试工位应设置汽车尾气收集净化装置。

(5)生产厂房和停车场应符合环保各项要求。

3)设备条件

(1)企业应配备与其所承修车型相适应的量具、机工具及手工具。量具应定期进行检定。

(2)企业应配备表16.1～表16.3所列的通用设备、专用设备及检测设备，其规格和数量应与其生产纲领和生产工艺相适应。

(3)各种设备应符合相应的产品技术条件等国家标准和行业标准的要求。

(4)各种设备应能满足加工、检测精度的要求和使用要求。表16.3所列检测设备应通过型式认定,并按规定经有资质的计量检定机构检定合格。

(5)允许外协的设备,应具有合法的合同书,并能证明其技术状况符合③和④的要求。

通用设备 表16.1

序号	设备名称
1	钻床
2	电焊及气体保护焊设备
3	气焊设备
4	压力机
5	空气压缩机

专用设备 表16.2

序号	设备名称	大中型客车	大型货车	小型车	其他要求
1	换油设备		√		
2	轮胎轮辋拆装设备		√		
3	轮胎螺母拆装机	√	√	—	
4	车轮动平衡机		√		
5	四轮定位仪	—	—	√	
6	转向轮定位仪	√	√	—	
7	制动鼓和制动盘维修设备	√	√	—	
8	汽车空调冷媒加注回收设备	√	—	√	
9	总成吊装设备		√		
10	汽车举升机	—	—	√	一类应不少于5台
11	地沟设施	√	√	—	一类应不少于2个
12	发动机检测诊断设备		√		应具备示波器、转速表、发动机检测专用真空表功能
13	数字式万用电表		√		
14	故障诊断设备	—	—	√	
15	汽缸压力表		√		

续上表

<table>
<tr><th>序号</th><th>设备名称</th><th>大中型客车</th><th>大型货车</th><th>小型车</th><th>其他要求</th></tr>
<tr><td>16</td><td>汽油喷油器
清洗及流量测量仪</td><td>—</td><td>—</td><td>√</td><td></td></tr>
<tr><td>17</td><td>正时仪</td><td colspan="3">√</td><td></td></tr>
<tr><td>18</td><td>燃压油压力表</td><td>—</td><td>—</td><td>√</td><td></td></tr>
<tr><td>19</td><td>液压油压力表</td><td colspan="3">√</td><td></td></tr>
<tr><td>20</td><td>连杆校正器</td><td colspan="3">√</td><td>允许外协</td></tr>
<tr><td>21</td><td>无损探伤设备</td><td colspan="3">√</td><td>修理大中型客车必备,其他允许外协</td></tr>
<tr><td>22</td><td>车身清洗设备</td><td>—</td><td>—</td><td>√</td><td></td></tr>
<tr><td>23</td><td>打磨抛光设备</td><td>√</td><td>—</td><td>√</td><td></td></tr>
<tr><td>24</td><td>除尘除垢设备</td><td>√</td><td>—</td><td>√</td><td></td></tr>
<tr><td>25</td><td>型材切割机</td><td colspan="3">√</td><td></td></tr>
<tr><td>26</td><td>车身整形设备</td><td colspan="3">√</td><td></td></tr>
<tr><td>27</td><td>车身校正设备</td><td>—</td><td>—</td><td>√</td><td></td></tr>
<tr><td>28</td><td>车架校正设备</td><td>√</td><td>√</td><td>—</td><td>二类允许外协</td></tr>
<tr><td>29</td><td>悬架试验台</td><td>—</td><td>—</td><td>√</td><td>二类允许外协</td></tr>
<tr><td>30</td><td>喷烤漆房及设备</td><td>√</td><td>—</td><td>√</td><td></td></tr>
<tr><td>31</td><td>喷油泵试验设备</td><td colspan="3">√</td><td rowspan="11">允许外协</td></tr>
<tr><td>32</td><td>喷油器试验设备</td><td colspan="3">√</td></tr>
<tr><td>33</td><td>调漆设备</td><td>√</td><td>—</td><td>√</td></tr>
<tr><td>34</td><td>自动变速器维修设备
(见 GB/T 16739.2—2004)</td><td>—</td><td>—</td><td>√</td></tr>
<tr><td>35</td><td>立式精镗床</td><td colspan="3">√</td></tr>
<tr><td>36</td><td>立式珩磨机</td><td colspan="3">√</td></tr>
<tr><td>37</td><td>曲轴磨床</td><td colspan="3">√</td></tr>
<tr><td>38</td><td>曲轴校正设备</td><td colspan="3">√</td></tr>
<tr><td>39</td><td>凸轮轴磨床</td><td colspan="3">√</td></tr>
<tr><td>40</td><td>激光淬火设备</td><td colspan="3">√</td></tr>
<tr><td>41</td><td>曲轴、飞轮与离合
器总成动平衡机</td><td colspan="3">√</td></tr>
</table>

注:√ 为要求具备,—为不要求具备。

主 要 检 测 设 备 表 16.3

序号	设 备 名 称	其 他 要 求
1	声级计	
2	排气分析仪或烟度计	
3	汽车前照灯检测设备	二类允许外协
4	侧滑试验台	二类允许外协
5	制动检验台	修理大型货车及二类允许外协
6	车速表检验台	二类允许外协
7	底盘测功机	允许外协

16.1.3 汽车专项维修业户

汽车专项维修业户指从事汽车发动机、车身、电气系统、自动变速器、车身清洁维护、涂漆、轮胎动平衡及修补、四轮定位检测调整、供油系统维护及油品更换、喷油泵和喷油器维修、曲轴修磨、汽缸镗磨、散热器(水箱)、空调维修、汽车装潢(篷布、座垫及内装饰)、门窗玻璃安装等专项维修作业的业户(3类)。

GB/T 16739.2—2004《汽车维修开业条件 第2部分:汽车专项维修业户》规定了汽车专项维修业户应具备的通用条件,以及各专项维修的经营范围、人员、设施、设备等条件。本部分适用于汽车专项维修业户(三类),是交通行政主管部门对汽车专维修业户开业审核和管理的依据。

1)通用条件

(1)从事专项维修关键岗位的人员数量应能满足生产的需要,并取得行业主管部门颁发的从业资格证书,持证上岗。

(2)应具有相关的法规、标准、规章等文件以及相关的维修技术资料和工艺文件等,并确保完整有效、及时更新。

(3)应具有规范的业务工作流程,并明示业务受理程序、服务承诺、用户抱怨受理制度等。

(4)生产厂房的面积、结构及设施应满足专项维修作业设备的工位布置、生产工艺和正常作业要求。停车场地界定标志明显,不得占用道路和公共场所进行作业和停车,地面应平整坚实。租赁的生产厂房、停车场地应具有合法的书面合同书,应符合安全生产、环保和消防等各项要求。

(5)配备的设备应与其生产作业规模及生产工艺相适应,其技术状况应完好,符合相应的产品技术条件等国家标准或行业标准的要求,并能满足加工、检测精度的要求和使用要求。检测设备及量具应按规定经有资质的计量检定机构检定合格。

(6)使用、存储有毒、易燃、易爆物品，粉尘、腐蚀剂、污染物、压力容器等均应有安全防护措施和设施。作业环境以及按生产工艺安装、配置的处理“三废”(废油、废液、废气)、通风、吸尘、净化、消声等设施，均应符合国家有关法规、标准的规定。

2)发动机修理

主要设备：①压力机；②空气压缩机；③发动机解体清洗设备；④发动机等总成吊装设备；⑤发动机试验设备；⑥废油收集机；⑦数字式万用电表；⑧汽缸压力表；⑨量缸表；⑩正时仪；⑪汽油喷油器清洗及流量测量仪；⑫燃油压力表；⑬喷油泵试验设备；⑭喷油器试验设备；⑮连杆校正器；⑯排气分析仪；⑰烟度计；⑱无损探伤设备；⑲立式精镗床；⑳立式珩磨机；㉑曲轴磨床；㉒曲轴校正设备；㉓凸轮轴磨床；㉔激光淬火设备；㉕曲轴、飞轮与离合器总成动平衡机。

3)车身维修

主要设备有：①电焊及气体保护焊设备；②气焊设备；③压力机；④空气压缩机；⑤汽车外部清洗设备；⑥打磨抛光设备；⑦除尘除垢设备；⑧型材切割机；⑨车身整形设备；⑩车身校正设备；⑪车架校正设备；⑫车身尺寸测量设备；⑬喷烤漆房及设备；⑭调漆设备(允许外协)。

4)电气系统维修

主要设备有：①空气压缩机；②故障诊断设备；③数字式万用电表；④充电机；⑤电解液比重计；⑥高频放电叉；⑦汽车前照灯检测设备(允许外协)；⑧电路检测设备。

5)自动变速器修理

主要设备有：①自动变速器翻转设备；②自动变速器拆解设备；③变矩器维修设备；④变矩器切割设备；⑤变矩器焊接设备；⑥变矩器检测(漏)设备；⑦零件高压清洗设备；⑧电控变速器测试仪；⑨油路总成测试机；⑩液压油压力表；⑪自动变速器总成测试机；⑫自动变速器专用测量器具。

6)车身清洁维护

须取得节水管理部门的批准，符合当地节水及环保要求。主要设备有：①举升设备或地沟；②汽车外部清洗设备及污水处理设备；③吸尘设备；④除尘、除垢设备；⑤打蜡设备；⑥抛光设备。

7)涂漆

主要设备有：①举升设备；②除锈设备；③砂轮机；④空气压缩机；⑤喷烤漆房(从事轿车喷漆必备)或喷漆设备；⑥调漆设备(允许外协)；⑦吸尘、通风设备。

8)轮胎动平衡及修补

主要设备有：①空气压缩机；②漏气试验设备；③轮胎气压表；④千斤顶；⑤轮胎螺母拆装机或专用拆装工具；⑥轮胎轮辋拆装、除锈设备或专用工具；⑦轮胎修补设备；⑧车轮动平衡机。

9)四轮定位检测调整

主要设备有:①举升设备;②四轮定位仪;③空气压缩机;④轮胎气压表。

10)供油系统维护及油品更换

主要设备有:①不解体油路清洗设备;②换油设备;③废油收集设备;④举升设备或地沟;⑤空气压缩机。

11)喷油泵、喷油器维修

主要设备有:①喷油泵、喷油器清洗和试验设备;②喷油泵、喷油器密封性试验设备(从事喷油泵、喷油器维修的业户);③弹簧试验仪;④千分尺;⑤厚薄规。

12)曲轴修磨

主要设备有:①曲轴磨床;②曲轴校正设备;③曲轴动平衡设备;④平板;⑤V形块;⑥百分表及磁力表座;⑦外径千分尺;⑧无损探伤设备;⑨吊装设备。

13)汽缸镗磨

主要设备有:①立式精镗床;②立式珩磨机;③压力机;④吊装起重设备;⑤汽缸体水压试验设备;⑥量缸表;⑦外径千分尺;⑧厚薄规;⑨激光淬火设备(从事激光淬火必备);⑩平板。

14)散热器维修

主要设备有:①清洗及管道疏通设备;②气焊设备;③钎焊设备;④空气压缩机;⑤喷漆设备;⑥散热器密封试验设备。

15)空调维修

主要设备有:①汽车空调冷媒加注回收设备;②气焊设备;③空调电器检测设备;④空调专用检测设备;⑤数字式万用电表。

16)汽车装潢(篷布、座垫及内装饰)

主要设备有:①缝纫机;②锁边机;③工作台或工作案;④台钻或手电钻;⑤电熨斗;⑥裁剪工具;⑦烘干设备。

17)汽车玻璃安装

主要设备有:①工作台;②玻璃切割工具;③注胶工具;④玻璃固定工具;⑤直尺、弯尺;⑥玻璃拆装工具;⑦吸尘器。

16.2 汽车维修主要废弃物

汽车维修主要废弃物见表16.4。

汽车维修主要废弃物 表16.4

名　称	分　类	形　态	危　害
冷媒(氟利昂)	危险	气态	会破坏大气臭氧层,有毒有害气体
废油	危险	液态	含有致癌、致突变、致畸形物质及废酸、重金属等物质,对人体危害极大

续上表

名　称	分　类	形　态	危　害
清洗油(液)	危险	液态	高浓度的含油废液，易挥发，易燃
废漆及有机溶剂	危险	液态	易燃，有很强的挥发性，对人体有危害
润滑油、燃油滤芯	危险	固态	含有废油，易燃，具有危害性
油抹布	危险	固态	易燃，废油危害大
废蓄电池	危险	固态	铅酸电池中的重金属都有一定的毒性，重金属铅会造成贫血、腹痛和脉搏减弱及神经代谢、生殖等方面的疾病，严重时会致人死亡
制动蹄片	危险	固态	含有石棉等有害物
安全气囊	爆炸后为一般废弃物	固态	气体发生剂多为叠氮化钠，对人的眼、鼻、喉和皮肤有刺激作用，遇水有爆炸的危险
制动液	一般	液态	醇类或油类的物质，随意排放会造成污染
冷却液	一般	液态	含有色素添加剂及各类添加剂且有毒性
废水	一般	液态	维修各工序的废水含有的危害物质复杂，很难处理
废轮胎	一般	固态	黑色垃圾
空气滤芯	一般	固态	由金属、纸、塑料组成，处理难度大
离合器片	一般	固态	用胶黏合的混合体
碎玻璃	一般	固态	对人体有危害

16.3 废水处理

汽车修理养护企业废水来自汽车维修各工序排水、汽车清洗废水。其废水可分为三类，即车身清洁作业的洗车废水、发动机和汽车零部件清洗过程中产生的碱性含油废水、湿式打磨时产生悬浮物的打磨废水。

国家标准《汽车修理养护业水污染物排放标准(讨论稿)》规定了汽车修理养护企业水污染排放限值、污染控制技术规定、监测和监控要求。适用于现有汽车修理养护企业的水污染物排放控制与管理，以及汽车修理养护业建设项目的环境影响评价、建设项目环境保护设施设计、竣工验收及其运营期的污染物排放控制与管理。

16.3.1 相关规定

(1)现有和新建汽车修理养护企业洗车废水的循环利用率应达到80%以

上。在国土开发密度已经较高、环境承载能力开始减弱，或环境容量较小、生态环境脆弱，容易发生严重环境污染问题而需要采取特别保护措施地区的汽车修理养护企业应采用环保型洗车工艺和设备，对废水进行全部循环利用，不得外排洗车废水。

(2)零部件清洗碱性含油废水、湿式打磨时产生的废水应单独处理后，再排入废水收集系统。

(3)废油、冷冻液、润滑油及零部件的清洗废液、沉淀油泥等应单独收集回收，禁止排入地下水系统，应按国家固体废物管理的有关规定执行。

(4)新建汽车修理养护企业应按照国家环境保护总局令第28号《污染源自动监控管理办法》的规定，安装污染物排放自动监控设备，并与监控中心联网。

(5)监测的频次、采样时间等要求，按国家有关污染源监测技术规范的规定进行。

16.3.2 排放标准

1)现有企业

现有企业指标准实施之日前已建成投入使用或环境影响评价文件已通过审批的汽车修理养护企业及生产设施。该类企业执行表16.5规定的水污染物排放限值。

现有企业水污染物排放限值　　表16.5

序号	污染物项目	单位	排放限值	污染物排放监控位置
1	pH值	—	6～9	排污单位排放口
2	悬浮物(SS)	mg/L	30	排污单位排放口
3	化学需氧量(COD_{Cr})	mg/L	100	排污单位排放口
4	石油类	mg/L	5	排污单位排放口
5	阴离子表面活性剂(LAS)	mg/L	5	排污单位排放口
6	氨氮	mg/L	15	排污单位排放口
7	总氮	mg/L	25	排污单位排放口
8	总磷	mg/L	1	排污单位排放口
基准排水量	小型车	L/辆次	4	
	大、中型客车	L/辆次	40	
	大型货车	L/辆次	50	

注:基准排水量指用于核定水污染物排放浓度而规定的每辆(次)车洗车的废水排放量上限值。

2)新建企业

新建企业指标准实施之日起环境影响评价文件通过审批的新、改、扩建汽车修理养护企业及生产设施。该类企业执行表16.6规定的水污染物排放限值。

新建企业水污染物排放限值 表 16.6

序号	污染物项目	单位	排放限值	污染物排放监控位置
1	pH 值	—	6～9	排污单位排放口
2	悬浮物(SS)	mg/L	30	排污单位排放口
3	化学需氧量(COD_{Cr})	mg/L	100	排污单位排放口
4	石油类	mg/L	5	排污单位排放口
5	阴离子表面活性剂(LAS)	mg/L	5	排污单位排放口
6	氨氮	mg/L	15	排污单位排放口
7	总氮	mg/L	25	排污单位排放口
8	总磷	mg/L	1	排污单位排放口
基准排水量	小型车	L/辆次	4	
	大、中型客车	L/辆次	40	
	大型货车	L/辆次	50	

16.3.3 测定方法

水污染物分析测定方法见表 16.7。

水污染物分析测定方法 表 16.7

序号	污染物项目	方法标准名称	方法标准编号
1	pH 值	水质 pH 的测定 玻璃电极法	GB 6920—1986
2	悬浮物(SS)	水质 悬浮物的测定 重量法	GB 11901—1989
3	化学需氧量(COD_{Cr})	水质 化学需氧量的测定 重铬酸法	GB 11914—1989
4	石油类	水质 石油类和动植物油的测定 红外光度法	HT 637—2012
5	阴离子表面活性剂(LAS)	水质 水离子表面活性剂的测定 亚甲蓝分光光度法	GB 7494—1987
6	氨氮	水质 铵的测定 蒸馏和滴定法	GB 7478—1987
7	总氮	水质 总氮的测定 碱性过硫酸钾消解紫外分光光度法	GB 11894—1989
8	总磷	水质 总磷的测定 钼酸铵分光光度法	GB 11893—1989

16.3.4 污染物项目

1)pH 值

pH 值是水或废水中氢离子浓度的负对数值。pH 值的范围从 0～14，pH 值等于 7 时代表中性，也就是在此条件下氢离子和氢氧根离子数相等；pH 值小于 7 时为酸性；大于 7 时为碱性。pH 值是用来判断水或废水的化学和生物学性质的参数，它不是定量的测定数值，不能用其来说明水中的酸性物质或碱性物质的数量。水的 pH 值或高或低，对水生生物均有危害。

对碱性含油废水采用中和处理方法。

2)悬浮物

水中的悬浮物是指水样通过孔径为 0.45μm 的滤膜，截留在滤膜上并于 103～105℃烘干至恒重的固体物质。

悬浮物无论对饮用水、工业用水，还是渔业用水和灌溉用水，都是应受控制的重要参数之一。它不仅影响水质外观，有碍观瞻，而且从卫生学方面考虑，它影响到氯的消毒灭活效果。因为悬浮物常常可以成为水中微生物(包括致病菌)隐蔽而免受氯的灭活的载体。同时悬浮物还影响藻类的光合作用，对鱼类和其他水生植物的生长也有不良影响。同时还降低水的透光率，阻碍溶解氧向下部扩散，也妨碍表层水和深度水的对流。

3)COD

COD 表示的是化学需氧量，是指在规定的条件下，经重铬酸钾氧化处理时水样中的溶解性物质和悬浮物所消耗的重铬酸盐相应的氧的含量。

COD 对环境的危害表现为：污水中的有机污染物或无机污染物在生物分解过程中消耗水体中的溶解氧，当 BOD_5、COD 较高时，会将水体中的溶解氧消耗殆尽。这时水体不能确保得到自净，有机物可转入厌氧发酵，并释放出臭气和有害气体。

4)石油类

石油类污染物指石油原油及其产品，主要包括各种原油、汽油、柴油、煤油、润滑油等，其为混合物，主要成分为直链、支链和环烷烃类、多环芳烃及不饱和烃类等。

石油污染最直观的感觉是在水面上常常可以看到斑斓的彩色油膜。漂浮在水面的油膜，阻碍水面从空气中摄取氧气，破坏水中浮游植物的光合作用，致使水中溶解氧气逐渐减少。石油沉入水底，在厌氧条件下使底泥发酵，产生臭气。水中仅含 0.001mg/L 石油时，即可使水带油臭，影响饮用。由于石油中常含多环芳烃，故其具有致癌性，并可经鱼等水生生物形成的食物链富集后危及人体健康。石油经挥发分解后剩下的沥青块，会长期在底泥中储存。

5)氮、磷

水体中的氮、磷含量过高、停留时间过长，会引起某些水生生物(主要是藻类)大量繁殖，导致水体中的氧气不足，从而使其中的鱼类和其他水生生物大量死亡。

16.3.5 洗车废水处理

洗车废水水质根据车辆和洗车工艺的不同而异，一般清洗轿车为 30～50

L/辆。某汽车维修店洗车废水的典型水质见表16.8。

洗车废水水质(单位:mg/L)(pH除外)　　表16.8

项　目	pH	COD_{cr}	BOD_5	LAS	SS	石油类
水质(小型车)	7.63	244	34.2	2.6	89	2
水质(大型车)	5.72	516	85	1.742	206	7.4

洗车废水经沉淀油水分离、物化处理、活性炭吸附和膜过滤等措施处理后,可循环使用。洗车采用循环水回用方式,可利用率达80%以上,基本可不排废水。常用的洗车废水处理及回用技术有如下几种。

(1)混凝—沉淀(PAC吸附)—过滤—消毒工艺流程,见图16.1。

洗车废水 → 调节池 → 混凝沉淀 → 吸附过滤 → 消毒 → 回用水池 → 洗车

图16.1　混凝—沉淀(PAC吸附)—过滤—消毒工艺流程图

(2)沉淀—混凝—二级气浮—过滤—消毒工艺流程,见图16.2。

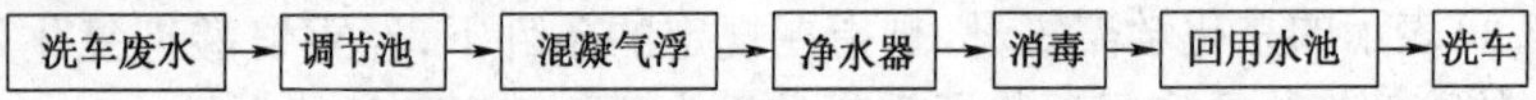

洗车废水 → 调节池 → 混凝气浮 → 净水器 → 消毒 → 回用水池 → 洗车

图16.2　沉淀—混凝—二级气浮—过滤—消毒工艺流程图

(3)洗车废水膜处理工艺流程,见图16.3。

洗车废水 → 调节池 → 混凝沉淀 → 过滤吸附 → 膜处理 → 消毒 → 回用水池 → 洗车

图16.3　洗车废水膜处理工艺流程图

16.3.6　碱性含油废水处理

对于碱性含油废水处理通常采用破乳—油水分离的方法净化处理,基本原理如下。

1)破乳

主要用外加药剂来破坏废液中乳化胶体溶液的稳定性,使其凝集。常用的药剂有氯化钙、氯化钠、氯化镁等。为了使油珠和其他悬浮物尽快分离,并生成微小的凝絮,还需投加混凝剂。常用的混凝剂有:硫酸铝、聚合氯化铝、硫酸亚铁、活化硅酸、聚丙烯酰胺等。

2)油水分离

通过破乳、凝聚处理,油珠和杂质生存凝絮,然后用物理方法使油水分层,去除沉淀,达到分离的目的。油水分离的方法有:自然浮上、加压浮上、电解浮上、凝聚沉淀和粗粒化等。

(1)自然浮上

将废液露天存放,经一定时间使乳化状油污形成小滴析出,浮在水面上,以利清除。

(2)加压浮上

对废液施加一定压力，使油污分子变大，与水分离，浮在水面上。

(3)电解浮上

向废液中加入电解质溶液，使油污颗粒形成较大的颗粒，与水分离，浮聚在水面上。

(4)凝絮沉淀

向废液中加入混凝剂，使油污颗粒失去稳定性，凝絮形成较大的颗粒，与水分离，沉淀于底层，以利清涂。

(5)粗粒化

用机械或物理的方法，使水中细小的胶体悬浮颗粒失去稳定性，经碰撞和凝聚变成较大颗粒或油污液体。

3)水质净化

经破乳、油水分离后，水中油分和有机物都大大降低，但水中还存在着微量的油和一些水溶性表面活性剂，可通过吸附、过滤除去。

16.3.7 含悬浮物废水的处理

对含悬浮物废水最常用的处理方法是沉淀法。即对大颗粒采用自然沉降法；对微米级颗粒采用化学混凝沉淀法。向水中投加各种无机盐混凝剂、高分子混凝剂或助凝剂，也可以是混凝剂和助凝剂结合使用。对于胶体乳浊状溶解物则可通过气浮等方法去除。

16.4 废物处理

汽车维修废物可分为液体和固体两大类。其中，液体废物主要有：废润滑油、制动液、冷却液、清洗油，废涂料(漆)及有机溶剂等；固体废物主要有：各种金属和塑料废件、制动蹄片与离合器片、各类滤芯、废蓄电池、废轮胎、油抹布(棉纱、手套)、包装桶(箱)、玻璃、织物等。

按可回收利用程度又可分回收与不可回收两类，按危险程度又可分为危险物和一般物。

汽车维修废物要分门别类予以收集、妥善保管与处理。废物回收指示标识图 16.4。

图 16.4 废物回收指示标识

16.5 废气处理

汽车维修中的废气源主要有涂装作业、空调修理、汽车尾气。

16.5.1 涂装作业废气

涂装作业的废气产生在表漆前处理及干燥过程中挥发的有机物，来源主要如下。

1）喷漆室的排气

为维持喷漆室内的作业环境，喷漆室内的换气风速应控制在0.25～1m/s的范围内。一般喷漆室内的排风量很大，溶剂蒸气浓度很低，喷漆室排风内还含有过喷产生的漆雾粉尘。这种粉尘（漆雾滴）的粒径为20～200μm，没有特大的风飞散不到远处而引起公害，成为废气处理的障碍。

2）晾干室的排气

晾干室的作用是使被涂物在涂装后，烘干或强制干燥前，使涂膜中的一部分溶剂顺利挥发而形成良好的涂膜，在这种排气中仅含有溶剂蒸气，几乎不含有漆雾。

3）烘干室的排气

从烘干室排出的废气，包括涂料系统排出的和燃料系统排出的。其中涂料系统排出的废气有涂膜中残留的溶剂、部分增塑剂或树脂单体等挥发物、热分解生成物、反应生成物等；燃料系统排出的废气为燃料燃烧废气。

涂装作业产生的废气主要是漆雾和溶剂挥发的蒸气。溶剂蒸气是一种毒性很大的气体物质，一般液态涂料的溶剂含量占50%～60%（硝基涂料甚至高达80%），这些溶剂在涂装中全部挥发成气体。为防止废气造成大气污染，常采用活性炭吸附、触媒燃烧和直接燃烧等方法进行治理。

（1）活性炭吸附法。活性炭吸附法是采用活性炭作为物理吸附剂，利用其毛细管的凝聚作用和分子间的引力，把有害物质吸附在活性炭表面上，使废气净化。

活性炭吸附法使用的设备有：预处理设备、吸附罐后处理设备、控制系统等。其工艺过程是：将有机溶剂挥发气体经过滤、抽风、冷却后送入吸附罐内，通过活性炭层，直至饱和，再以一定压力的工业蒸气处理饱和的活性炭，使之解析出被吸附的溶剂气体，然后将解析出的溶剂气体与水蒸气混合物经冷却器冷却并使其分层，最后回收有机溶剂。

活性炭吸附处理后，废气排放浓度可达到国家标准规定。该方法的优点是：可回收溶剂，可净化低浓度低温废气，不需加热。缺点是：需要预处理除去漆雾、粉尘、烟、油等杂质,高温废气需要冷却。

(2)触媒燃烧法。触媒燃烧法是将作为有机溶剂的气体加热至200～400℃,通过触媒层,进行氧化反应,这样可以在较低温度下燃烧,热能消耗少。其优点是:装置较小,燃料费用低,NO_x 生成少。缺点是:需要良好的预处理,催化剂和设备价格较贵等。

(3)直接燃烧法。直接燃烧法是将含有机溶剂的气体加热至 600～800℃,使其直接燃烧,进行氧化反应,分解为二氧化碳和水。其优点是:操作简单、养护容易;不需预处理,有机物可完全燃烧,有利于净化高浓度废气;燃烧热可作为烘干室的热源综合利用。缺点是:NO_x 排气增大,当单独处理时,燃烧费用较大。

16.5.2 空调制冷剂

国家环保总局环发〔2007〕173 号《关于汽车维修行业开展二氟二氯甲烷(CFC-12)制冷剂回收利用工作的通知》指出:为切实履行《关于消耗臭氧层物质的蒙特利尔议定书》,保护环境,根据《中国消耗臭氧层物质逐步淘汰国家方案》和《中国制冷维修行业氯氟烃产品(CFC)整体淘汰计划》的有关规定,自 2008 年 1 月 1 日起,从事汽车空调维修的企业应当逐步配备 CFC-12 制冷剂回收设备,在汽车空调维修过程中,必须将 CFC-12 制冷剂回收再利用。

JT/T 783—2010《汽车空调制冷剂回收、净化、加注设备》规定了汽车空调制冷剂回收、净化、加注设备的术语和定义、分类与型号、技术要求、试验方法、检验规则以及标志、包装、运输和储存等,适用于汽车空调制冷剂回收、净化、加注等。

JT/T 774—2010《汽车空调制冷剂回收、净化、加注工艺规范》规定了汽车空调制冷剂回收、净化和加注作业的基本条件、工艺过程及流程、工艺要求以及制冷剂储存和处理。

16.5.3 汽车尾气

调试车间或调试工位应设置汽车尾气收集净化装置。

汽车尾气收集净化装置一般由废气收集管、风机、喷射管、净化室、燃烧室、排气管组成。工作原理是:废气收集管的一端与汽车发动机废气排出口相连,另一端与风机输入端连接,风机的输出端通过喷射管进入净化室,净化室内放置净化剂,净化室设有气体出口与燃烧室连通,燃烧室与排气管连通;汽车发动机产生的废气经由废气收集管收集,风机加压后通过喷射管吹入净化室的净化剂中,净化剂将废气中的一氧化碳、二氧化硫氧化成二氧化碳和三氧化硫,溶于水后排出净化室,碳氢化合物由净化室的气体出口进入燃烧室充分燃烧,净化后的尾气通过排气管排出。

16.6 超声波清洗

汽车零部件的清洗在汽车维修过程中具有普遍性和必要性，是维修过程中必不可少的重要环节。目前对汽车零部件采用汽油人工刷洗方法，存在诸多问题：清洗成本高，需要消耗大量的汽油作为清洗剂；清洗工作量大，费力费时，清洗效果差；使用汽油清洗零件容易发生火灾和人身伤亡的事故；清洗废油的排放易造成环境污染。

超声波清洗机一般由电源(控制部分)和清洗槽两部分组成，其核心部件是黏结在清洗槽底部钢板下面的压电陶瓷换能器。清洗过程中，清洗槽内首先装满水，按比例加入弱碱性清洗剂，设备启动后，清洗液被自动加热，同时换能器将电源产生的高频信号转变成高频的机械震荡并在液体中疏密相间地传播，从而在液体中形成超声波。其清洗原理可用“空化”现象解释，超声波在液体中疏密相间地向前传播时，会形成数以万计的微小气泡(空化核)，当超声波以正压和负压交替产生的形式在液体中传播时(其交替的频率是每秒数万次)，这些小的空化核会在负压区因负压的突然产生而迅速长大，又会在正压区因正压的突然产生而急速闭合破裂，这就是超声空化作用。空化作用可以把声场能量集中起来，伴随着空化泡溃灭瞬间，在液体的极小空间内将其高度集中的能量释放出来，形成异乎寻常的高温和高压，而连续不断地产生瞬间高压就像有一连串小“爆炸”(空化效果)，当被清洗工件浸没于清洗溶液中时，超声波以强大的空化效果作用于(不断冲击)工件的内外表面，使物件表面及缝隙中的污垢迅速剥落，从而达到物件内外表面彻底净化的目的。此方法特别适合于复杂多孔、不能用硬物擦洗的光洁表面。

据有关企业统计，每台发动机清洗耗汽油 13L、每台变速器清洗耗汽油 4L、每套差速器清洗耗汽油 3L、每辆次二级维护耗汽油 5L、每辆次小修平均耗汽油 2L。使用超声波清洗机后，这些清洗用油完全可以节约。

16.7 绿色维修设备

交通运输部颁《绿色汽车维修技术应用节能减排量审核技术细则》对绿色汽车维修设备作了规范，具体见表 16.9。

绿色汽车维修技术所需主要设备设施一览表 表 16.9

分 类	主要设备和材料
绿色机电维修技术	超声波清洗设备

续上表

分　　类	主要设备和材料
绿色机电维修技术	制冷剂回收、净化、加注设备
	调试车间或工位尾气收集净化设施、装置
	汽车故障电脑诊断仪
	内窥镜
	异响诊断仪
	免拆清洗修复设备
	底盘测功机(用于测量排放和油耗)
	炭平衡油耗仪
绿色钣金技术	等离子切割设备
	点焊机
	二氧化碳保护焊机
	车身精密测量设备
	车身整形机
	铝合金车身修复成套设备
绿色涂漆技术	节能环保烤漆房
	无尘干磨设备
	水性漆喷涂设备(如喷枪、滤芯等)
	水性漆(材料)
	洗枪机
	稀料回收再利用设备
其他绿色维修技术	集中供气系统建筑设施、空压机等设备
	节水外部清洗机或者洗车水循环利用设施、设备

16.8 汽车配件

汽车使用寿命期一般为 10 年,这期间汽车不可避免地要进行修理、换件。汽车配件的质量直接关系到汽车修理后的技术性能,影响到汽车碳排放,同时劣质零配件的生产与应用也会增加碳排放。

据沿海某市质量检测中心对 20 家经营汽车配件的门市部进行检测后发现,几乎各种型号的轿车、货车、客车、中巴、面的、家用车、摩托车等所用配件中都有劣质产品,其中有近 1/3 配件无产地、无货号、来路不明。

使用合格的汽车配件是汽车运用低碳工程的重要环节,其基础是采购使用合乎质量要求的汽车配件。汽车使用者与维修企业要严把配件质量关，坚持配件检验制度，杜绝使用假冒、伪劣和“三无”配件；在配件、材料的采购环节，坚持节能环保产品优先的原则。

16.8.1 汽车配件分类与术语

1)分类

汽车配件分类见图16.5。

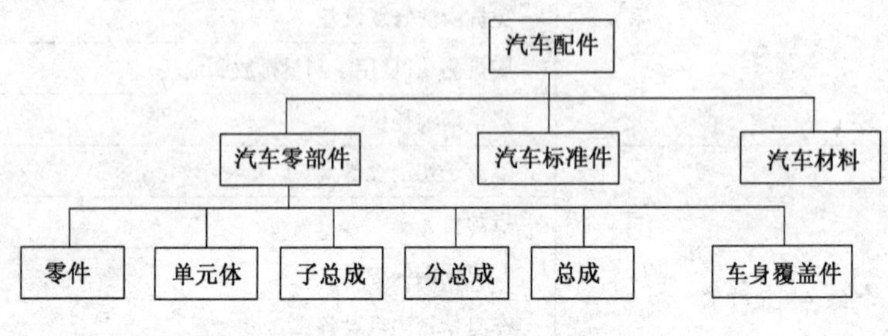

图16.5 汽车配件分类

2)术语

零件：不采用装配工序制成的单一成品、单个制件，或由两个及以上连在一起具有规定功能，通常不能再分解的(如含油轴承、电容器等外购小总成)制件。

单元体：由零部件之间的任意组合而构成具有某一功能特征的功能组合体，通常能在不同环境独立工作。

子总成：由两个或多个零件经装配工序或组合加工而成，对分总成有隶属装配级别关系。

分总成：由两个或多个零件与子总成一起采用装配工序组合而成，对总成有隶属装配级别关系。

总成：由数个零件、数个分总成或它们之间的任意组合而构成一定装配级别或某一功能形式的组合体，具有装配分解特性。

零部件：包括总成、分总成、子总成、单元体、零件。

车身覆盖件：由板材冲压焊接成形，并覆盖汽车车身的零件，如散热器罩、翼子板等。

汽车标准件：按国家标准设计与制造，对同一零件统一其形状、尺寸、公差、技术要求，能通用在各种仪器设备上，并具有互换性的零件，如螺栓、垫圈、销、键等。

汽车材料：汽车运行材料，如各种油料、溶液、汽车轮胎、蓄电池、标准轴承(非专用)等。汽车材料一般不编入各车型汽车配件目录。

16.8.2 不合格常用易损件的危害举例

1)制动蹄片

使用不合格制动蹄片,会引起制动力不足或制动失灵等情况发生,导致车辆不能正常制动,危害安全行车。制动“过软”导致制动蹄片早期磨损,在高温下会脱落;制动“过硬”导致制动盘(鼓)早期磨损,使制动距离延长。

2)制动盘(鼓)

不合格制动盘(鼓),由于材质及加工等原因,在使用中会过度磨损,高温状态下会开裂造成制动失灵。

3)火花塞

由于火花塞的工作环境是高温高压,不合格产品的电极容易烧蚀,造成电极间隙过大,火花塞放电能量不足,使冷起动困难,发动机内部积炭增多,起步、加速性能下降,油耗增加。

4)空气滤清器

不合格空气滤清器材料粗糙,匹配精度低,过滤效果差,杂质颗粒容易被吸进发动机,轻则加速发动机汽缸和活塞的磨损,使油耗增加,重则造成汽缸拉伤,缩短发动机的使用寿命。

5)机油滤清器

不合格内部材料及制造工艺粗糙,过滤性能差;无回流阻止机构或机构不可靠,容易引起曲轴及轴承等主要部件的过早磨损,大大缩短发动机的使用寿命。

6)燃油滤清器

不合格机油滤清器构造粗糙,滤纸质量低劣、疏密不匀,无橡胶密封条,过滤效果差,与燃油管的匹配精度低,可能会引起汽油泵及喷油嘴等部件的过早损坏,导致发动机出现工作不良、动力不足及油耗增加等情况。

7)正时皮带

不合格正时皮带的制造材料及工艺粗糙,有一股臭胶味,匹配精度差,容易磨损和断裂。假冒正时皮带使用寿命短,影响发动机工况,高速行驶时安全隐患较大。

16.8.3 汽车配件的选购

1)规格型号清楚

采购零配件时,首先要搞清楚采购什么型号规格的零配件,要使用学名或大家都能明白的称谓。查阅该车型的配件手册,按零件编号,结合旧件,确定新件。避免自己命名零件或使用不规范名称而导致买错,如将一汽生产的有 6 个前进挡、1 个倒挡的变速器叫做 7 速变速器,把有 5 个前进挡、1 个倒挡的变速器叫做

6 速变速器。这时要求购买 6 速变速器上的第一轴(实际想买 CA1 091 汽油车变速器的第一轴,有 5 个前进挡的),则可能会购买到 CA1 092 柴油车变速器(有 6 个前进挡)的第一轴。

规格型号实在搞不清楚的可拿旧件去对比买新件。

2)进货渠道纯正

在汽车品牌指定的特约零件经销商和维修服务商那里购买零件。熟悉原厂件零件号,如一汽大众以 165、119 等开头,奥迪 A6 原装进口以 4A0 开头。购买汽车配件一定要索要发票,并注明零件的详细产地。

3)零件外观检查

(1)看包装。原厂零配件包装很规范,印字清晰正规。包装盒上的产品名称、规格型号、数量、商标、厂名与厂址、电话号码、防伪标识齐全,包装盒内有产品质量合格证、生产许可证和检验员编号等。总成件如发电机、分电器、喷油泵等,会配有使用说明书。名牌产品往往使用上好的纸张,纸盒内另有塑料纸袋,纸盒开口处用透明胶带或胶水粘连。

(2)看工艺。正规产品的铸造模具、机械加工十分讲究,外观工整、棱角比较光滑,无毛刺、毛边,金属发光柔和,油漆平整,甚至直接将生产厂名铸造或用激光雕刻在零部件的外部,印字或铸字及标记清晰正规。如正规金属铸造件很少能够看出模具的接缝,装配部分加工精细,容易磕碰的地方还有保护装置;冲压件平滑工整、线条清晰、底漆光洁;橡胶、塑料制品线条清晰明快,没有人工切削的痕迹。而假冒的配件一般看起来很粗糙,尺寸误差很大。如发现新零件就有锈蚀斑点或橡胶件出现龟裂、老化现象,一些细小的结合处有脱焊、脱胶现象,这样的零部件多半有问题。

(3)看颜色。某些正厂配件表面指定某种颜色,若遇其他颜色,则为假冒伪劣零配件。对于表面有喷漆或镀层的配件来说,正品的喷漆或镀层看起来很均匀,厚度适中,很有质感,而且比较光滑。低劣产品外观有时虽然不错,但由于喷镀工艺差,表面容易出现裂纹、砂孔、夹渣、毛刺或毛边,而且粗糙灰暗。

(4)看防护。正规零件出厂之前都有防护层。如活塞销、轴承用石蜡保护;活塞环、缸套表面涂防锈油并用包装纸包裹;气门、活塞等浸防锈油后用塑料袋封装。选购时若发现防护层破损、包装纸丢失,防锈油或石蜡流失,应予退换。

(5)看记号。为保证配件的装配关系符合技术要求,一些正规零件表面刻有装配记号,比如正时齿轮记号、活塞顶部标记等装配标记,用来保证机件正确安装。若无记号或记号模糊则无法辨认,将给装配带来很大困难,甚至装错。

(6)看成色。翻新配件一般都有这样或那样的旧痕迹。比如离合器从动盘钢片或摩擦片,假货可能翘曲、较薄,也可能有摩擦过的痕迹,颜色暗等。废旧配件经简单加工,如拆、装、拼、凑、刷漆等处理,再冒充合格品出售。

有些零件因制造、运输、存放环境差，存放时间长，易出现变形，这些汽车配件会出现干裂、锈蚀、氧化、变色或老化等问题。

(7)看缺漏。正规的总成部件必定齐全完好，如总成件上的个别小零件漏装，该总成件即有问题，这会给装车造成困难。往往因个别小零件短缺，造成整个总成部件报废。

(8)看连接。如果发生离合器片铆钉松脱、制动软管脱胶、电器零件接头脱焊、纸质滤芯接缝处脱开等现象，则不能使用。

有些连接的零件之间是通过压装、胶接或焊接加工成形的，它们应该转动灵活，如有松旷、卡滞现象则不能用。

(9)看材质。正厂零部件是按设计要求采用合格材料。假冒产品多是采用廉价低劣的材料，粗制滥造，偷工减料，有的甚至改变内部构造，造成安全隐患。如塑料材质有生胶和熟胶之分，生胶材料硬而脆，容易折断，熟胶韧性较好，即使受外力也不易折断。汽车的前保险杠如果非常硬，那么其材质多半是生胶的。正规的塑料保险杠是熟胶的，很有韧性，不容易损坏。

4)零件简易检测

(1)敲击法。车辆上部分壳体及盘形零件有无裂纹，用铆钉连接的零件有无松动，轴承合金与底板结合是否紧密，可用敲击听音的方法进行检验。即用小锤轻击被检验零件，如发出清脆的金属敲击声，说明技术状态良好；如声音沙哑，可以判定零件裂纹、松动或结合不紧。

(2)比较法。用新的标准零件与被检验的零件相比较，从对比中鉴别被检验零件的技术状态。如用这种方法检验弹簧的自由长度和负荷下的长度，就可确定弹簧的技术状态。

(3)重量法。材质不同，重量也有差异，可与正厂产品比较重量以鉴别优劣。

(4)测量法。通过量具或仪器检验器材的尺寸、加工精度，根据器材的技术标准，来确定零件是否合格。

(5)探测法。对于隐伤，如曲轴、转向节等细微裂纹，一般采用浸油敲击法、磁力探伤法、荧光探伤及着色探伤；对于铸件的致密性，如汽缸、汽缸盖等铸件，一般都应经过压力试验。铸件不易构成密封的空腔，进行压力试验时，可用煤油来检查铸件的致密性；对钢件的内部缺陷，如气孔、缩孔、内部裂纹等可用射线探伤或超声波探伤。

16.8.4 国产汽车零部件编号

汽车零部件号指汽车零部件实物的编号，亦包括为了技术、制造、管理需要而虚拟的产品号和管理号。汽车零部件编号是汽车零部件的重要标识，在汽车零部件管理与采购中具有极其重要的作用，亦是鉴别零部件真假的重要依据。

QC/T 265—2004《汽车零部件编号规则》规定了我国各类汽车、半挂车的总成和装置及零件号编制的基本规则和方法，适用于各类汽车和半挂车的零件、总成和装置的编号。

1)汽车零部件编号表达式

完整的汽车零部件编号表达式由企业名称代号、组号、分组号、源码、零部件顺序号和变更代号构成。零部件编号表达式根据其隶属关系可按下列三种方式进行选择(图 16.6)。

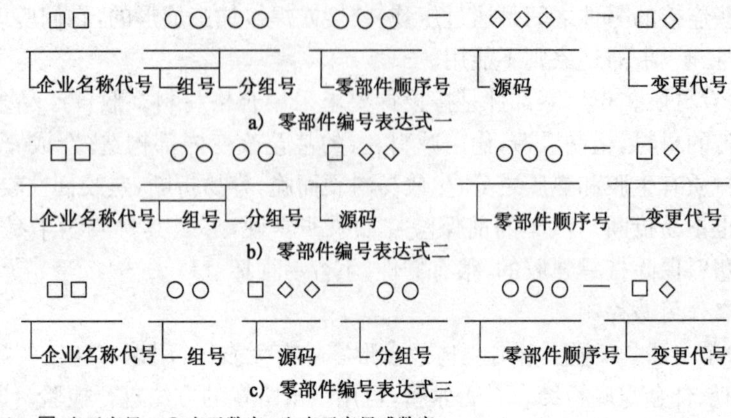

图 16.6 汽车零部件编号表达方式

2)企业名称代号

当汽车零部件图样使用涉及知识产权或产品研发过程中需要标注企业名称代号时，可在最前面标注经有关部门批准的企业名称代号。一般企业内部使用时，允许省略。企业名称代号由 2 位或 3 位汉语拼音字母表示。

3)源码

源码用 3 位字母、数字或字母与数字混合表示，企业自定。

(1)描述设计来源：指设计管理部门或设计系列代码，由 3 位数字组成。

(2)描述车型中的构成：指车型代号或车型系列代号，由 3 位字母与数字混合组成。

(3)描述产品系列：指大总成系列代号，由 3 位字母组成。

4)组号与分组号

用 2 位数字表示汽车各功能系统分类代号，按顺序排列。用 4 位数字表示各功能系统内分系统的分类顺序代号，按顺序排列。标准共规定了 64 个组号，1 026个分组号。表 16.10 是排气系与离合器的组号与分组号示例。

5)零部件顺序号

用 3 位数字表示功能系统内总成、分总成、子总成、单元体、零件等顺序代号，零部件顺序号表述应符合下列规则：

(1)总成的第3位应为零；

(2)零件第3位不得为零；

排气系、离合器组号与分组号 表16.10

组号	分组码	名　称	组号	分组码	名　称
12		排气系	16		离合器
	1200	排气系装置		1600	离合器总成
	1201	消声器		1601	离合器
	1202	谐振器		1602	离合器操纵机构
	1203	消声器进排气管		1603	液力耦合器
	1204	消声器隔热板		1604	离合器助力器
	1205	排气净化装置(催化转换器)		1605	储液罐
	1206	二次空气供给系统		1606	离合器取力器
	1207	排气再循环系统(ECR)		1607	离合器操纵管路
	1208	隔热板		1608	离合器总泵
	1209	尾管		1609	离合器分泵

(3)3位数字为001～009，表示功能图、供应商图、装置图、原理图、布置图、系统图等为了技术、制造和管理的需要而编制的产品号和管理号；

(4)对称零件其上、前、左件应先编号为奇数，下、后、右件后编号且为偶数；

(5)共用图(包括表格图)的零部件顺序号一般应连续。

6)变更代号

变更代号为2位，可由字母、数字或字母与数字混合组成，由企业自定。

16.8.5 汽车组合模块编号表达式

汽车组合模块编号表达式见图16.7。

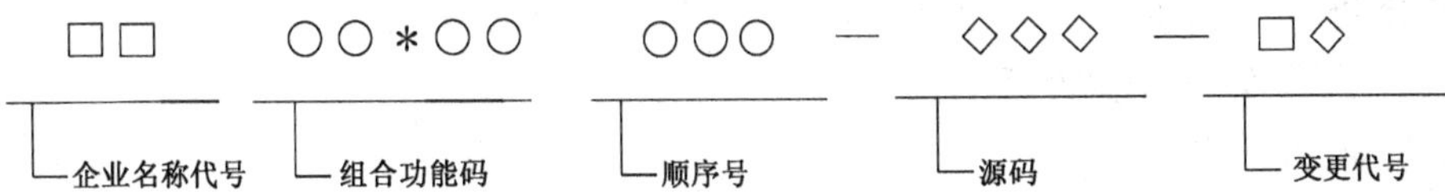

图16.7 汽车组合模块编号表达式

汽车组合模块功能码由组号合成，前两位组号描述模块的主要功能特征，后两位组号描述模块的辅助功能特征。例如：10×16表示发动机带离合器组合模块；10×17表示发动机带变速器组合模块；17×35表示变速器带手制动器组合模块。汽车组合模块编号见表16.11。

汽车组合模块编号表 表 16.11

组合模块号	组合模块名称
10×17	发动机变速器组合模块
10×16	发动机带离合器组合模块
17×35	变速器手制动器组合模块
18×35	分动器带手制动器组合模块
50×38	驾驶室仪表盘组合模块

16.8.6 国外汽车零部件编号举例

1)大众(含奥迪)汽车零部件编号规划

大众(含奥迪)汽车零部件划分为 10 个组,依次对应轿车的部件组,每一个主组又被划分为若干个子组,子组数目因尺寸和结构不同而异,在主组和子组里的备件是以结构顺序列出编号的。零件由 9 位数构成。前 3 位数通常表示机组和车型,但涉及单一总成,例如发动机、变速器和点火系统的零件号除外,第 4 位通常表示主组号,后面第 5 位和第 6 位数表示子组号,最后 3 位数表示零件的实际数字号码,零件的改动将通过 1 个或 2 个字母在零件号的第 10 位和第 11 位上标明。对带有颜色的件是通过 3 个数字或数字与字母的组合来标记颜色的。

例如:35A-885-805A-ZQ6

35A 是项目号;885 是后排座椅;805A 是后排靠背面套,更改了一次,更改编号是 A;ZQ6 是颜色号。

另注意:前—后—左—右的标志总是以行车方向为准给出,若某零件左右对称,则通常尾数是奇数时表示左侧件,偶数时表示右侧件。

2)丰田汽车零件编码规则

一般是由 10～12 位的数字构成,一般来说,前 5 位代表是零件类别,如 04111代表大修包,后 5 位为该零件所运用的车型,如 04111-46065 代表皇冠 3.0 的大修包,最后 2 位一般来说代表颜色。再比如 23300—33010,23×××代表发动机附件中的燃油系统,33×××代表车型,例如 CAMRY。

编码第一位代表的配件类型为:

0—修理件;

1—发动机配件,如 13101,代表活塞;

2—发动机附件,如发电机,马达等;

3—离合器、变速器、传动类配件;

4—底盘配件,如悬架、方向机、转向球头等;

5、6—外观、内饰件;

7—装饰件、饰条、防撞胶;

8—灯具及电器类；

9—油封、轴承、垫圈之类的小配件。

16.8.7 汽车零部件标识

汽车制造厂家对汽车零部件会作出标记规定。以浙江吉利控股集团有限公司汽车零部件标识规定(以一般性塑料件为例)作阐述。

浙江吉利控股集团有限公司企业 Q/JL 100 003《汽车零部件永久性标识规定》,该公司在汽车零部件上标示永久性标识的分类,塑料件、橡胶件及热塑性弹性体、复合材料部件和金属、电器件永久性标识的范围、要求、位置及出口车型海外认证零部件的特殊要求。

质量不小于 200g 的塑料件应有标志标识。标志标识由 A、B 两部分构成。

1)A 部分构成与各部要求

(1)A 部分由吉利企业标志英文字母 GEELY、产品型号、供应商代码、零件号(同图样号)、生产日期 5 部分构成。

(2)“GEELY”的样式要求按集团的相关规定,每个字母的高度为 10mm。

(3)“产品型号”指供应商对所提供的零部件按照行业规定制定的代号。表 16.12中的零部件必须标志产品型号,其他部件可依据需求进行标志。

(4)“供应商代码”按吉利集团内给定的代号。

(5)“件号”(同图样号),指所标识件的代号。当制品为左右对称件时,应在左侧件号前加大写 L,右侧件号前加大写 R。

(6) “年、月、日”(生产日期)采用指针式日期表示法进行。图中年、月、日的圆直径为 ϕ10mm。若因材料原因此尺寸不能清晰表示日期时,可适当增大,以清晰为准;若有特殊要求须用批次号表示时,按特殊要求进行标志。

(7)除有特殊规定外,所有的字体均为黑体,字高 5mm。在现有的技术、几何形状等原因影响识别时,则可对字体高度时行调整,但必须清晰。

2)B 部分构成与各部要求

(1)B 部分由回收利用标识符号及材料标识两部分构成,见图 16.8。

图 16.8 标识 B 部分构成

(2)回收利用标识符号指的是三角形的回收符号。

(3)“材料标记”应符合 QC/T 797—2008《汽车塑料件、橡胶件和热塑性弹性体件的材料标识和标记的规定》,见表 16.13。

吉利汽车关键零部件目录 表 16.12

零部件名称		零部件名称		零部件名称	
发动机总成	发动机	转向系	转向器总成	车身与附件	车身(驾驶室)
	发动机电控单元(ECU)		转向助力器		座椅※
	催化转换器		转向盘		座椅头枕※
	火花塞	制动系	制动软管		座椅面料※
	分电器		制动主缸		顶棚材料※
	高压线圈		制动主缸(液压、真空助力器)		侧围材料※
	点火线圈		制动蹄片		门内板材料※
	氧传感器		制动鼓		地板材料※
	炭罐		制动盘		前风窗玻璃※
	活性炭		制动阀		后风窗玻璃※
	燃油加热器(PCY)		防抱死装置		侧窗玻璃※
	高压油泵	电器设备灯具、仪表	喇叭※		天窗玻璃※
	喷油器		前照灯※		安全带※
	喷油嘴		前雾灯※		气囊
	微粒捕集器		后雾灯※		气囊起动装置
	调速器		前位灯※		后视镜※
	增压器		后位灯		下视镜
	中冷器		前示廓灯		汽车线束总成
	废气再循环系统(EGR)		后示廓灯		安全窗
	进气消声器		制动灯		排气管
	排气消声器		倒车灯※		空调
传动系	变速器		前转向灯※		门锁※
	分动器		后转向灯※		门铰链※
	传动轴		侧转向灯※		仪表板
	离合器		前回复反射器		风窗玻璃刮水器
行驶系	轮胎※		后回复反射器		风窗玻璃洗涤器
	轮辋		侧回复反射器		侧面及下部防护装置
	驱动桥		驻车灯		燃油箱总成※
	钢板弹簧		车速表		暖风机
	螺旋弹簧		组合开关		
	减振器				

注:※为标准发布时国家规定的强制认证产品,随着时间的推移应以国家最新要求为准。

一般性塑料件材料标记　　表 16.13

<table>
<tr><th colspan="2" rowspan="2">分　类</th><th colspan="2">实　例</th><th rowspan="2">备　注</th></tr>
<tr><th>说　明</th><th>代　号</th></tr>
<tr><td colspan="2">单一聚合物或共聚物</td><td>聚丙烯聚合物丙烯丁二烯—苯乙烯(ABS)共聚物</td><td>＞PP＜
＞ABS＜</td><td></td></tr>
<tr><td colspan="2">共聚混合物或合金制品</td><td>聚碳酸酯和丙烯腈—丁二烯—苯乙苯(ABS)的混合物，聚碳酸酯是主要成分</td><td>＞PC^{+}　ABS＜</td><td>主要成分在前边</td></tr>
<tr><td colspan="2">特征(已改进)</td><td>聚氨酯泡沫塑料</td><td>＞PUR-E＜</td><td></td></tr>
<tr><td colspan="2">填充与增强材料</td><td>含有 30%滑石粉的聚丙烯，含有 30%滑石粉和 25%玻璃纤维的聚丙烯</td><td>＞PP-T30＜
＞PP-(T30＋GF25)＜</td><td></td></tr>
<tr><td colspan="2">增塑剂</td><td>含有增塑剂邻苯二甲酸二丁酯的聚氯乙烯</td><td>＞PVC-P(DBP)＜</td><td>在聚合物的缩写代号后加连字符，然后是符号“P”后接圆括号，内为增塑剂的缩写代号</td></tr>
<tr><td colspan="2">阻燃剂</td><td>对于含有 15%矿物粉末和 25%玻璃纤维的取代酰胺 66，添加红磷(编号 52)为阻燃剂</td><td>＞PA66-(GF25＋MD15)FR(52)＜</td><td>在聚合物的缩写代号后加一个连字符，然后是符号“FR”后接圆括号，内为阻燃剂的代号</td></tr>
<tr><td rowspan="2">两种或两种以上成分的产品</td><td>每个材料很难单独作标记</td><td>对于带有玻璃的后车灯(聚甲基丙烯酸甲酯有机玻璃)和外壳(工程塑料)
※灯的玻璃很难作标记</td><td>Lens＞PMMA＜
Ref lecter＞BMC＜
Housing＞ABS＜</td><td>在部件上单独标上每个部件的英文名称和材料的种类</td></tr>
<tr><td>很难分开且一些材料不易看见</td><td>表层为(聚氯乙烯)，中间层为(聚氨酯泡沫塑料)，骨架丙烯腈-丁二烯—苯乙烯是主要成分的仪表板，可视为材料为聚氯乙烯</td><td>＞PVC，PUR，ABS＜</td><td>由面料向基材依次标示，中间采用逗号隔开，主要成分的材料符号下用下画线标明</td></tr>
</table>

注：材料缩写的字母应为黑体英文字体，其高度不小于 2mm，两端的“＞ ＜”角度为 90°，并应凸出显示，其凸出的高度为 0.5mm；现有的技术、几何形状等原因影响识别时，可对字体高度时行调整，但必须清晰。

(4)整个标识应根据部件的大小选择合适的规格，面积不得小于 25mm^2。如果需要缩小或放大标识，必须同比例缩小或放大。

3)A、B两部分的排布

A、B两部分的标识要求在零部件的同一个平面内显示出来，在部件的表面积大小允许的情况下，B部分的标识要排在A部分标识的右侧；如果表面积大小不允许A、B两部分标识左右排布，可将B部分标识排在A部分标识的下侧；如果受部件表面积大小的限制，则A、B两部分标识的具体位置视情标示。

4)标识要求

(1)标识应完整、正确、清晰和牢固。在零部件的寿命期内标识应完好、清楚可辨。

(2)标识形成的方式可分为铸造、模压、雕刻、喷涂或印刷、激光打印、不易损坏的黏性标签等。无论以何种方法标示标识，不应影响其被标识件的功能和质量。

(3)可根据零件的大小，按比例缩放标识，但"GEELY"字母高度不得小于5mm。

(4)当零部件因表面积干涉限制无法将标识全部标示出来时，可采取如下方法：

A部分的标识可按照"吉利企业标志GEELY"、"产品型号"、"供应商代码"、"件号(同图样号)"、"年、月、日"(或"批件号")的先后顺序选择标示。

如果是可回收利用的部件，B部分的标识必须全部标示。

(5)当一些零件由于装配位置的特殊性，使得标识的标示影响产品的功能时，可不按标准的规定执行而采用其他方法标示。

5)标识的范围

(1)对于国家或行业有强制规定的产品按规定执行，如轮胎、玻璃等。

(2)未达到标准规定重量的零部件的永久性标识可参照标准执行。

(3)标准未规定材料的零部件的永久性标识按图样规定执行。

(4)一般性规定：对于可进一步拆分的采用同种材料构成的部件(如机械变速器、电动机)可使用同一个标识；对于具有独立功能的电子电路部件可不标识，如线束、传感器等。

(5)白匣子件：白匣子件指由吉利负责设计，并对产品设计结果负责的部件。吉利负责向供应商提供设计结果，包括所有3D数模、2D图纸、产品标准或技术规范要求、试验要求、功能要求等技术资料，供应商进行产品生产所需的工装模具、检具及其他生产和物流器具的开发，并提供最终符合要求的产品。

对于被定义为白匣子件的零部件，其可拆卸的所有部件均需打印标识。

(6)灰匣子件：灰匣子件指由吉利负责及外形的周边设计，并提出产品的功能要求和技术状态描述的部件。由吉利与供应商共同承担内部结构设计、并对产品设计结果负责，供应商的3D数模、产品标准或技术规范要求、试验要求、功能要求等技术资料需得到吉利的书面确认。供应商负责产品生产所需的工装模具、检具及其他生产和物流器具的开发，并提供最终符合要求的产品。设计确定后，吉利可根据装配要求与供应商共同修改零部件外形装配结构。

对于被定义为灰匣子件的零部件由设计人员与供应商协商解决。

(7)黑匣子件。黑匣子件指由吉利负责及外形的周边条件设计，并提出产品的功能要求和技术状态描述的部件。由供应商承担内部结构设计，并对产品设计结果负责，3D数模、2D图纸、产品标准或技术规范要求、试验要求、功能要求等技术资料需得到吉利的书面确认。供应商负责产品生产所需的工装模具、检具及其他生产和物流器具的开发，并提供最终符合要求的产品。

对于被定义为黑匣子件的零部件，只需在供应商提供的供货状态的部件上标示。

6)标识位置

(1)标识应位于部件易于识别和读取的部位，标识的位置不得影响部件的使用和正常功用，并且满足汽车整车和部件产品的外设计要求。在部件进行维修时应保证标识不被损坏，更换时应保证更换件上标识完好。

(2)当制品面积不足时，可将内容分开进行标识。

16.8.8 汽车零部件再制造产品标识

国家发展和改革委员会与国家工商管理总局于2010年颁布了《关于启用并加强汽车零部件再制造产品标志管理与保护的通知》。

标志由标准图形和再制造中英文文字组成部分，所有权归国家发展改革委员会。未经所有权人允许，任何单位和个人不得使用、伪造或擅自改造标志。

汽车再制造零部件产品应在产品外观明显标志，对由于尺寸等原因无法标示的产品，应在包装和产品说明书中标注。标注在再制造产品上的标志应能永久保持。标志发布之前已销售的再制造产品可不再标注。标志仅表明该产品为再制造产品。可以单独在企业的特约维修点、广告宣传及互联网等场所或媒介等比例放大或缩小使用，也可与再制造企业名称、产品名称及型号等信息组合使用。

国家标准《汽车零部件再制造产品标识(征求意见稿)》对汽车零部件再制造产品标识的内容、标示位置、标示方法与标示要求进行了规定，适用于汽车零部件再制造产品。

1)再制造产品标识

该标识为通过标志、文字、符号、数字以及其他说明性内容，用以识别汽车零部件再制造产品的名称及其用途、生产企业、生产序列号、生产日期以及规格或型号的标记。

2)标识的内容

汽车零部件再制造产品标识中应至少包含以下内容:汽车零部件再制造产品标志,产品中文名称,再制造企业名称,再制造产品序列号,再制造产品生产日期,再制造产品规格或型号。

3)标识位置

汽车零部件再制造产品应在产品外观明显部位标注标识,对由于尺寸等原因无法标标识的产品,可只标汽车零部件再制造产品标志,无法标注标志的,应在产品包装和产品说明书中进行标注。

4)标示方法

(1)对于产品外包装、使用说明书和广告宣传材料上的标识,应采用印刷或喷涂等方式进行标示。

(2)对于汽车零部件再制造产品上的标识,制造厂应选择以下几种标示方式之一进行标示:

直接打刻在不易拆除或更换的零部件结构件上。

打印在标牌上,但此标牌应同样是永久固定在不易拆除或更换的零部件结构件。

使用柔性标签粘贴在产品上,标签及粘贴要求应符合相应标准的规定。

5)标示要求

(1)汽车零部件再制造产品标识应清楚易见、坚固耐久和不易替换。

(2)标识中的标志应使用图 16.9 所示标志。

图 16.9 汽车零部件再制造产品标识

(3)汽车零部件再制造产品标识的字码高度,若直接打刻在结构件上,则字高应不小于 2mm,深度应不小于 0.1mm。

6)汽车零部件再制造企业的标示责任

汽车零部件再制造企业应负责按标准规定的标示位置、标示方法和标示要求对再制造产品标识进行标示,并在产品说明书中对全部标识的标示位置、标示方式加以说明。

参考文献

[1] [美]马克·利纳斯. 聚焦:来自一个正在变暖的世界的讯息[M]. 杨晋,译. 上海:华东师范大学出版社,2008.

[2] [英]马克·赖纳斯. 六度:一个越来越热的星球[M]. 邓金娣,王云霞,译. 长沙:湖南科技出版社,2011.

[3] [日]山本良一. 2℃改变世界[M]. 王天民,董利同,王莹,译. 北京:科学出版社,2008 .

[4] 魏一鸣,刘兰翠,范英,等. 中国能源报告(2008):碳排放研究[M]. 北京:科学出版社,2008.

[5] 余志生. 汽车理论[M]. 北京:机械工业出版社,2011.

[6] 张文春. 汽车理论[M]. 北京:机械工业出版社,2010.

[7] 吴光强. 汽车理论[M]. 北京:人民交通出版社,2007.

[8] 冯健璋. 汽车发动机原理与汽车理论[M]. 北京:机械工业出版社,2005.

[9] 陈焕江,胡大伟. 汽车运用工程[M]. 北京:人民交通出版社,2011.

[10] [日]武藤真理. 汽车空气动力学[M]. 程正,译. 长春:吉林科学技术出版社,1992 .

[11] [德]米奇克,瓦伦托维兹. 汽车动力学[M]. 陈萌三,余强,译. 北京:清华大学出版社,2009.

[12] 傅立敏 . 汽车空气动力学[M]. 北京:机械工业出版社,2006.

[13] 黄向东 . 汽车空气动力学与车身造型[M]. 北京:人民交通出版社,2001.

[14] 张国忠,赖征海 . 汽车空气动力学与车身造型研究最新进展[J]. 沈阳大学学报,2005,12.

[15] 曹建明,李跟宝. 高等工程热力学[M]. 北京:北京大学出版社,2010.

[16] 刘永长. 内燃机原理[M]. 武汉:华中科技大学出版社,2004

[17] 倪计民. 汽车内燃机原理[M]. 上海:同济大学出版社,1997.

[18] 蒋德明,陈长佑,杨嘉林,等. 高等车用内燃机原理[M]. 西安:西安交通大学出版社,2006.

[19] 蔡凤田,等.《汽车驾驶节能操作规范》释义[M]. 北京:人民交通出版社,2011.

[20] 李猷嘉. 论液化天然气与管道天然气的互换性[J]. 城市燃气,2009,6.

[21] 大连市燃气管理处. 液化石油气、天然气、甲醇、乙醇、二甲醚五种车用燃料的对比分析[DB/OL]. 2006[2011-10-14]. http://gas. dl. gov. cn/WebNews .

[22] 中国天然气汽车网(知识讲堂).压缩天然气汽车(CNGV)的优缺点与液化天然气汽车 LPGV 比较[DB/OL]. 2010[2011-10-16]. http://www.trqqc168.com/news.

[23] 赖元楷. 天然气转换的热值标准选择[DB/OL]. 2007[2011-06-18]. http://www.egas.cn.

[24] 袁树明,赖建波,刘国莉,等.进口 LNG 与国内管道天然气互换性的判定[J].煤气与热力,2010,6.

[25] 庄继德.汽车轮胎学[M]. 北京:北京理工大学出版社,1996.